ALMANAQUE DOS SERIADOS

Ediouro

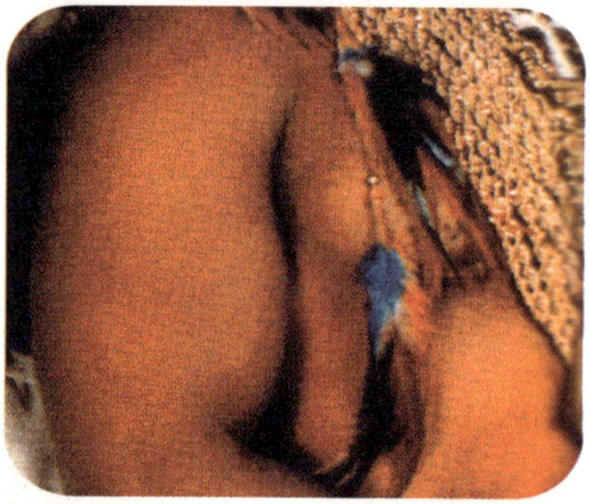

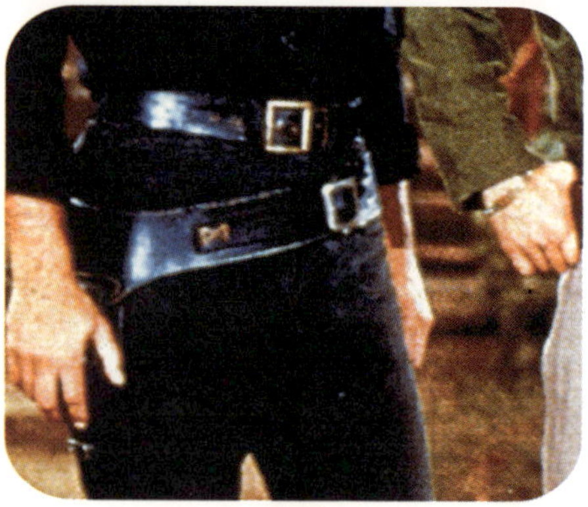

Almanaque dos Seriados

Paulo Gustavo Pereira

projeto gráfico de **Marcelo Martinez**

Ediouro

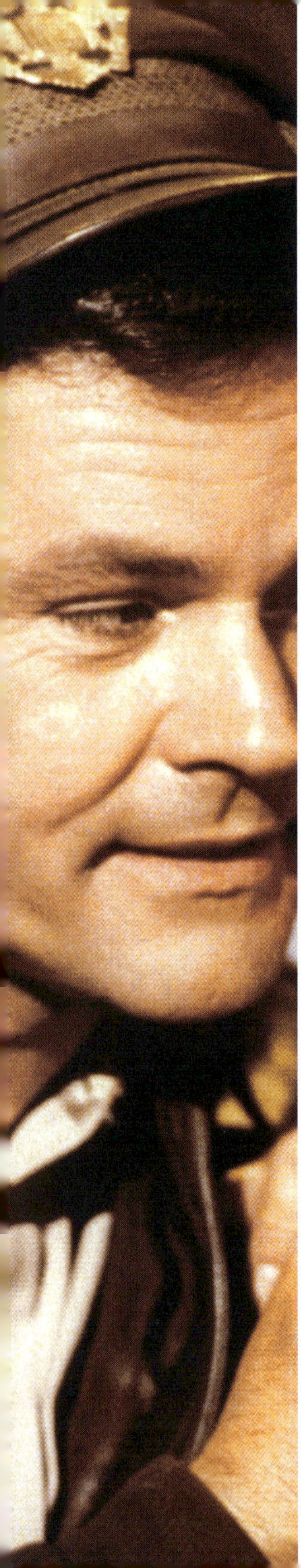

direção de arte e design
MARCELO MARTINEZ | LABORATÓRIO SECRETO

designer assistente
JOÃO FERRAZ

assistente de arte
MARIANA CARVALHO

edição de textos
ANDRÉ FONSECA

revisão técnica
PROJECTA CONSULTORIA

copidesque
MELISSA LEITE

revisão
FREDERICO DENTELHO
FLÁVIA SCHIAVO

Pequisa fotográfica
ANDREA BASSI

Colaboradores
PAULO EGYDIO NETO
RODRIGO RIGOTTI MAMANO

produção editorial
ADRIANE GOZZO

imagens
20TH CENTURY FOX TELEVISION (PP. 42, 64, 66, 67, 95, 140, 150, 165, 168, 171, 195, 196, 202, 203, 207, 212, 222, 228, 229, 242, 250, 262, 267, 282, 285, 292, 297, 300, 315), **ABC/DISNEY TELEVISION** (PP. 50, 147, 161, 193, 195, 210, 221, 239, 240, 260, 268, 272, 273, 278, 279, 287, 288, 304, 305, 306, 316-317, 322), **ALLIANCE ATLANTIS** (PP. 201), **ARY FERNANDES PRODUÇÕES** (PP. 40, 44), **BBC TELEVISION** (PP. 45, 238, 271, 283, 284, 306, 310), **CAPITÃO 7** (PP. 41), **CARSEY-WERNER COMPANY**(PP. 224), **CBS/PARAMOUNT** (PP.10-11, 17, 18, 27, 28, 30, 34, 35, 59, 61, 64, 72, 74, 75), **CBS/PARAMOUNT PICTURES** (PP. 102, 109, 113, 120, 122-123, 123, 124, 125, 128, 136-137, 145, 156, 158, 159, 178, 179, 181, 182, 198, 204, 205, 218, 221, 226, 230, 231, 237, 239, 243, 244, 248, 252, 254, 256, 257, 268, 277, 280, 285, 290, 298, 302, 325, 326), **CBS/PARAMOUNT TELEVISION** (PP.300, 302, 310, 315), **EVEREST VIDEO** (PP. 141, 142, 188), **FILMATION ASSOCIATES** (PP. 98, 105, 110), **FIREWORKS ENTERTAINMENT** (PP. 234, 274), **FOCUS FILMES** (PP. 49, 103), **FOUR STAR PRODUCTIONS** (PP.54, 57), **FREEMANTLE TELEVISION** (PP. 208), **GRANADA MEDIA** (PP. 14, 15, 16, 46), **HENSON PROCUTIONS** (PP. 200), **INTERNATIONAL TELEVISON COMPANY** (PP. 12), **KINOWELT HOME ENTERTAINMENT** (PP. 51, 53, 127), **MGM/UA TELEVISION** (PP. 18, 25, 37, 39, 47, 62, 70, 76, 155, 201, 206, 220, 307, 314), **NBC/UNIVERSAL PICTURES** (PP. 91, 92, 93, 94, 96, 104, 127, 129, 143, 148, 157, 162, 166, 173, 175, 181, 182,183, 187, 217, 233, 241, 249, 250, 254, 269, 286, 290, 295, 293, 311, 321, 324-325), **NBC/UNIVERSAL TELEVISION** (PP. 32, 36, 71, 305, 306, 310) **NEW WORLD TELEVISION** (PP. 176, 199), **P PRODUCTIONS** (PP. 112), **PLAYARTE** (PP. 5-6), **REDE GLOBO DE TELEVISÃO** (PP. 108, 152, 153, 215, 238, 299), **REEL MEDIA INTERNATIONAL** (PP. 54), **SFM ENTERTAINMENT** (PP. 54), **SONY PICTURES TELEVISION** (PP. 8, 16, 20, 21, 26, 38, 48, 52, 68, 69, 84-85, 86, 87, 112, 114, 118, 119, 121, 122, 123, 126, 132, 138, 144, 146, 150, 151, 155, 164, 170, 171, 174, 178, 180, 181, 182, 183, 192, 197, 213, 214, 216, 219, 223, 235, 240, 247, 252, 253, 272, 289, 291, 297, 303, 304, 313, 320, 324), **TELEVISA** (PP. 154), **TELEVISION PROGRAMS OF AMERICA** (PP. 39), **TF2** (PP. 271), **TOEI TELEVISION** (PP. 22, 23, 24), **TSUBURAYA PRODUCTION** (PP. 23, 236), **VIACOM ENTERPRISES** (PP. 163), **WARNER HOME VÍDEO** (PP. 13, 29, 43, 56, 77, 85, 99, 107, 115, 117, 126, 139, 148, 149, 160, 164, 169, 172, 177, 179, 180, 183-184, 194, 197, 227, 232, 246, 249, 251, 255, 258, 262, 266, 270, 275, 276, 289, 291, 292, 293, 294, 297, 298, 301, 303, 304, 307, 309, 312, 313, 321, 323, **ASSOCIAÇÃO DOS PIONEIROS DA RÁDIO E DA TV** (PP. 33, 100, 129, 130, 131, 299), **REPRODUÇÃO** (PP. 19, 27, 55, 58, 60, 62, 81, 82, 83, 84, 85, 111, 124, 127, 135, 167, 189, 209, 225, 263, 271, 284, 318, 319), **MARINA SIMÕES PEREIRA** (FOTO DO AUTOR/CAPA), **GETTY IMAGES** (CAPA).

Rua Nova Jerusalém, 345 Bonsucesso – CEP 21042-230 – Rio de Janeiro – RJ
T.(21) 3882-8200 • F.(21) 3882-8212 / 3882-8313 • WWW.EDIOURO.COM.BR

CIP-BRASIL. CATALOGAÇÃO-NA-FONTE.
CÂMARA BRASILEIRA DO LIVRO, SP, BRASIL.

Pereira, Paulo Gustavo
Almanaque dos seriados / Paulo Gustavo Pereira. - São Paulo: Ediouro, 2008

ISBN 978-85-00-02072-8

1. Artistas 2. Entretenimento 3. Séries de cinema – História e crítica 4. Séries de televisão – História e crítica I. Título.

08-01842 CDD 791.409

ÍNDICE PARA CATÁLOGO SISTEMÁTICO:
1. Seriados: Cinema e televisão: História e crítica 791.409

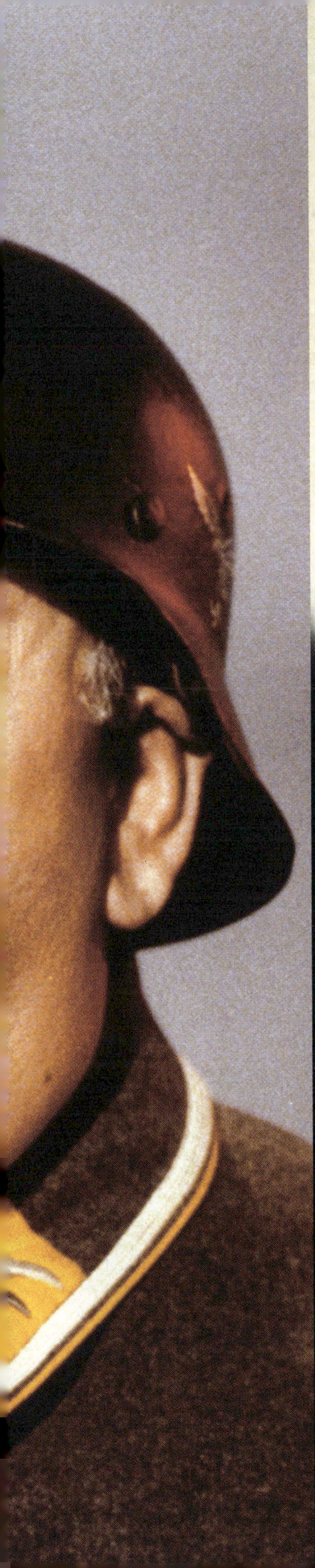

Dedicado a Marina, minha filha,
e a Paulo Pereira, meu pai.

50-60
p. 11
70
p. 89

OS CRIMINOLOGISTAS DE *CSI – NOVA YORK* NO HORÁRIO DO ALMOÇO

80
P. 137

90
P.191

00
P.265

OS TRÊS PATETAS, DO CINEMA PARA A TV.

Introdução

Este almanaque que você está prestes a ler é fruto de um trabalho que começou no início dos anos 80, após eu ler um divertido artigo de Marcos Faerman, no *Jornal da Tarde*, de São Paulo, onde comentava o lançamento de uma enciclopédia sobre séries de TV nos Estados Unidos. O artigo foi colocado no livro *Auika*, a famosa saudação dos Incas Venusianos, inimigos de Nacional Kid, o que me incentivou ainda mais na direção da pesquisa.

Por inúmeras razões que dariam por si só mais um livro, minha pesquisa ficou na geladeira por vários anos, até o início das transmissões da TV por assinatura no Brasil, nos anos 90. Com a avalanche de séries que chegavam diariamente pela TV, reativei o projeto de catalogar todas as séries exibidas nesse Brasil gigante. Na virada do século XXI, já havia conseguido levantar praticamente todas as séries que chegaram à TV brasileira em 50 anos de vida. O passo final foi dado pela Ediouro, por intermédio de Pedro Almeida, Marco Pólo e recentemente Fernanda Cardoso.

O objetivo do trabalho não foi mostrar tudo o que já foi exibido na TV brasileira do formato consagrado nos Estados Unidos, tanto para comédias de costumes como para séries dramáticas. Mas uma grande amostra do que passou de mais importante pela TV, de sua inauguração em 1950 até os dias de hoje. Pode ser que possa ter faltado alguma que você, leitor, considere mais importante. Ainda assim, tentei não deixar muita coisa de fora, para diminuir a frustração de fãs mais radicais.

Aproveite a leitura e, como eu, embarque nesse túnel do tempo.

Paulo Gustavo Pereira

50-60

Os Primeiros Vinte Anos das Séries na TV Brasileira

As duas primeiras décadas da televisão no Brasil apresentaram e consolidaram o formato "seriado" para o público. Nesse período, chegaram à telinha dezenas de séries de ação, suspense, aventura e humor, incluindo as produções nacionais que se aventuraram nessa área dominada pelos americanos. Mas é interessante notar que diversas delas, mesmo sendo apresentadas ao público muitos anos depois de sua estréia no mercado americano, acabaram abrindo espaço dentro da programação das emissoras, como a Tupi, a Record, a Excelsior e a Globo, e ganhando sua merecida audiência. Algumas delas tornaram-se clássicos e continuam sua trajetória até hoje com o DVD. Outras são lembradas por estarem presentes num determinado momento da história da TV, mesmo quando não conseguiram ter uma vida longa. Era complicado definir qual o gênero predileto do público, já que um drama poderia, por exemplo, se passar dentro de uma base aérea da Segunda Guerra, entre uma família de criadores de gado ou numa organização secreta do governo. Contudo, vários seriados tinham alguns fatores comuns, que foram reunidos nesta seleção daquilo que chegou e que foi produzido para as emissoras brasileiras durante as décadas de 50 e 60.

Investigadores Fora de Série

A figura do detetive particular sempre rendeu bons filmes e boas séries. Por não ter que depender constantemente do trabalho da polícia, esses investigadores tinham sempre algum trunfo na mão na hora de resolver um caso. A inteligência e o raciocínio lógico de Charlie Chan não deixavam dúvidas de que no final de cada episódio o crime seria solucionado pelo Sherlock Holmes chinês. Na série de TV, o papel ficou com J. Carrol Naish, cujo último trabalho na TV foi em 1968, no seriado **Agente 86**. Os anos da década de 1960 também foram importantes para mostrar que a tecnologia da época estava a serviço dos investigadores. Com mais humor e ironia, **Peter Gunn** usava todos os truques da profissão para conseguir resolver seus casos. Estrelada por Craig Stevens, a série marcou a estréia de Blake Edwards como criador e produtor de TV, e também o início da parceria entre Edwards e o compositor Henri Mancini, que fez a inesquecível música que abre o seriado. No entanto investigar um crime ou se afundar num caso complicado mantendo o bom humor fazia parte da dupla Stu Bailey e Jeff Spencer, que agitavam Los Angeles na série **77 Sunset Strip**. Usando inteligência e muita malandragem, Stu e Jeff conseguiam ajudar também a polícia, quando esbarravam com algum criminoso procurado. A série teve muito sucesso na virada dos anos 60, mas acabou depois de seis temporadas, quando a malandragem da dupla já não encantava mais o público. O lado mais sério dos P. I. (Private Investigators) foi representado por dois Joes: **Shannon** e **Mannix**, dois homens de fibra que encaravam qualquer desafio, quadrilha ou marido traído. Enquanto Shannon tinha um carro superequipado com telefone, gravador e radiocomunicador para investigar seus casos, Mannix contava com a boa intuição e a ajuda de seus contatos na polícia (os tenentes Malcolm e Tobias) e sua assistente Peggy. Na primeira temporada, Mannix trabalhava numa empresa de investigação chamada Intertech, cujo computador central lhe passava as missões. A idéia foi abandonada porque nem sempre ficava claro quem tinha alimentado o computador com as informações para solucionar o caso. E não pense que para combater o crime numa cidade grande como São Francisco você precisa de uma força-tarefa cheia de carros e policiais. Basta ter um homem numa cadeira de rodas que o crime descobrirá um novo inimigo. Assim é **Têmpera de Aço**, série estrelada por Raymond Burr, um ano depois de ter encerrado sua carreira como defensor público em Perry Manson. Robert T. Ironside era o chefe dos detetives da polícia de São Francisco, quando foi atingido por uma bala disparada por um franco-atirador, que o deixou paralisado da cintura para baixo. Para não perder o talento desse homem da lei, o departamento cria uma unidade especial de combate ao crime, com Ironside no comando. Seu

quartel-general é dotado de todas as facilidades e comodidades para alguém como ele, além de uma equipe superafiada e um motorista para sua van especial, que transportava o policial em sua cadeira de rodas para investigar a cena do crime. O último exemplar de investigador particular usava salto alto, lutava judô e caratê, e atendia pelo nome de **Honey West**, estrelada por Anne Francis, estrela do cultuado filme Planeta Proibido, de 1956. A série acompanhava as investigações dessa bela detetive, que não se intimidava com os perigos que tinha pela frente para solucionar um caso. A personagem surgiu dentro de um dos episódios de Chefe Burke, estrelado por Gene Barry e produzido por Aaron Spelling, responsável por levar a primeira e única temporada de Honey West para a telinha. Mesmo com episódios bem elaborados e um personagem forte, a ABC decidiu cancelar a série. Ainda não era tempo da mulher assumir uma série dramática sem ser uma dona-de-casa ou uma mãe de família. Mas Honey abriu caminho para **A Garota da Uncle**, estrelada por Stefanie Powers, e **Police Woman**, com Angie Dickinson.

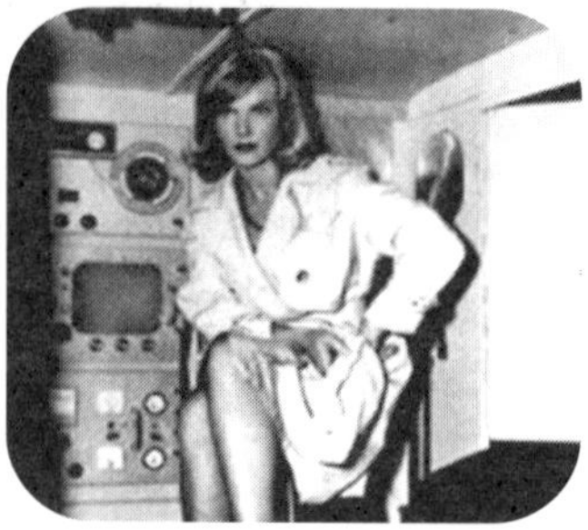

Você sabia?

★ HONEY WEST FOI A PRIMEIRA DETETIVE A ESTRELAR UM SERIADO.

★ O ATOR CENTRAL DE *TÊMPERA DE AÇO*, RAYMOND BURR, ACABOU TENDO UM PROBLEMA DE COLUNA POR CONTA DAS INCONTÁVEIS HORAS QUE PASSAVA SENTADO NA DESCONFORTÁVEL CADEIRA DE RODAS.

A Serviço de Sua Majestade

Depois que o presidente John F. Kennedy declarou que um de seus personagens prediletos da literatura era o agente britânico James Bond, da série concebida por Ian Fleming, os agentes secretos ingleses passaram a ser alvo de interesse dos produtores de TV americanos e ingleses. Antes disso, a principal produtora de séries para a televisão da Inglaterra, a ITC, já tinha arregaçado as mangas para contar um pouco das histórias de seus principais espiões, agentes secretos e aventureiros de um modo geral. Começou com **O Agente Secreto**, série estrelada por Patrick McGoohan em 1960. Durante a Guerra Fria, a Organização do Tratado do Atlântico Norte – OTAN – criou uma unidade especial de inteligência para acompanhar os passos de seus colegas do Pacto de Varsóvia. Um dos seus principais agentes é John Drake, um homem eficiente com as armas e as artes marciais, e também um grande sedutor. Seu codinome era Danger Man. Depois de várias missões para a OTAN, Drake começou a trabalhar para o MI9, como agente de segurança da rainha

da Inglaterra. Criada por Ralph Smart, responsável pelo primeiro seriado **O Homem Invisível,** a série ficou no ar até 1964, quando foi rebatizada de **Danger Man** (Homem Perigoso). A princípio com 30 minutos de duração, a série começou a apresentar aventuras duplas que, juntas, formavam um episódio de 60 minutos. O sucesso da série, tanto na Inglaterra como nos Estados Unidos, fez McGoohan investir num projeto pessoal, mostrando o que acontece com os agentes secretos que resolvem abandonar a profissão. **O Prisioneiro** durou apenas 17 episódios, mas é cultuado até hoje. Outros pistoleiros solitários estiveram envolvidos em aventuras no Velho Mundo, com um diferencial interessante: eram atores americanos trabalhando em produções inglesas. O primeiro deles foi Steve Forrest, em **O Barão**. Foi do produtor Robert Asher, que havia dirigido alguns episódios do popular seriado inglês **O Santo**, com Roger Moore, a idéia de mostrar um aristocrata americano, colecionador de antiguidades, envolvendo-se em aventuras policiais, de espionagens e, claro, amorosas. Filmado em locações na Inglaterra e na França, o seriado era sofisticado demais para o público americano. Outra tentativa da ITC no gênero foi **O Homem da Valise**, estrelando Richard Bradford. Ele é um ex-agente da CIA baseado em Londres, de onde é convocado para as mais diferentes missões, tanto pelos ex-patrões como pelos novos, do serviço secreto inglês. Um dos últimos projetos desenvolvidos pela ITC nos anos 60 transformou agentes em super-humanos na série **Os Campeões**. Três membros da Nêmesis, uma organização de segurança mundial sediada em Genebra, são dados como mortos durante uma missão na China. O avião deles havia caído perto da entrada da lendária cidade de Shangri-La, onde são ressuscitados pelos habitantes do lugar, ganhando poderes sobre-humanos, que os fazem ler a mente um do outro, além de ter percepção extra-sensorial e uma superforça. A cada missão, o público fica conhecendo um pouco mais de cada um dos fabulosos poderes desses campeões. Numa mistura de ficção e aventura, a série durou apenas uma temporada.

O diálogo de abertura de *O Prisioneiro*:

NÚMERO 6 – **Onde estou?**

NÚMERO 2 – **Na Vila.**

NÚMERO 6 – **O que você quer?**

NÚMERO 2 – **Informação**

NÚMERO 6 – **De que lado você está?**

NÚMERO 2 – **Isso será revelado. Nós queremos informação...**

NÚMERO 6 – **Vocês não a terão!**

NÚMERO 2 – **De um jeito ou de outro, nós a teremos.**

NÚMERO 6 – **Quem é você?**

NÚMERO 2 – **O Novo Número 2.**

NÚMERO 6 – **Quem é o Número 1?**

NÚMERO 2 – **Você é o número 6.**

NÚMERO 6 – **Eu não sou um número. Sou um Homem Livre!**

Somos Jovens

Foram poucos os seriados que se preocupavam em mostrar o papel da juventude americana no dia-a-dia da sociedade. Os produtores achavam que, para esse tipo de público, nada melhor do que uma comédia ou um seriado de aventura. Isso começou a mudar nos anos 60, quando a juventude começou a protestar contra a Guerra do Vietnã, a presença das forças armadas dos Estados Unidos em países do Terceiro Mundo ou, no caso do Brasil, a ditadura militar. Em **Rota 66**, conhecemos Tod Stiles, cujo pai recém-falecido lhe deixou como herança uma Corvette. Ele convence seu amigo Buz Murdock a viajar pelos Estados Unidos, parando para trabalhar temporariamente, e assim abastecendo o carro para seguir viagem. Durante vários anos, a dupla de amigos conheceu uma outra face da América, preconceituosa e mesquinha, e, depois, traumatizada com a morte recente de seu jovem presidente e as conseqüências do conflito no Vietnã. Várias vezes eles estiveram perto de perder suas vidas por defenderem a justiça por onde passavam. Depois de três anos de estrada, Buz resolve ficar numa cidade do interior, enquanto Tod convence o jovem Linc, que havia dado baixa no Exército, a seguir viagem com o novo amigo.

Amizade não é bem o que une Pete, Linc e Julie. Os três foram presos pelos mais diferentes delitos e são recrutados pelo capitão Greer para formar um grupo especial da polícia de Los Angeles chamado **Mod Squad**. A idéia de Greer é usar esses jovens delinqüentes, que não têm formação policial para se infiltrarem em organizações criminosas da cidade. E dá-lhe envolvimento com drogas, crime organizado, prostituição de adolescentes e tudo aquilo que o jovem americano tinha à sua disposição na América dos anos 60. A série foi criada pelo ex-policial Bud Ruskin, que se baseou em sua experiência de usar jovens para desbaratar quadrilhas de traficantes de drogas. Julie (Peggy Lipton) foi a primeira mulher agente infiltrada na história da TV americana. E numa época em que personagens negros pouco apareciam na TV fora da posição de serviçais, o seriado trazia como um dos protagonistas Linc (Clarence Williams III), que usava cabelo black power e tinha o visual mais cool do trio. Uma adaptação homônima para os cinemas foi realizada em 1999, com Claire Danes, mas pouca gente viu.

Um seriado completamente fora dos padrões, mas que cativou de imediato o público jovem, foi **Os Monkees**, estrelado pelo grupo pop homônimo. A idéia do programa surgiu dos produtores Bob Rafelson e Bert Schneider, fascinados com o sucesso do recente filme dos Beatles, *Os Reis do Iê-Iê-Iê*. O seriado apresentava um grupo musical no estilo do quarteto de Liverpool, cantando uma ou duas canções dentro de uma trama nada convencional, numa comédia que beirava o absurdo, como se fosse um desenho animado com humanos. A Columbia aceitou a produção da série, contratando os compositores Tommy Boyce e Bobby Hart, que compuseram a clássica abertura.

Abusando das gags visuais e recorrendo a piadas de duplo sentido como se fossem os Irmãos Marx, o quarteto fez história na TV, transformando-se no segundo programa mais cultuado daquele ano, quase empatando com **Jornada nas Estrelas**. O grupo era formado por Mike Nesmith, Peter Tork, Micky Dolenz e o inglês Davy Jones, todos na faixa dos 20 anos. Mike e Peter tinham experiência com música, e Davy e Micky já haviam trabalhado como atores. Algumas semanas antes da estréia, o grupo lançou o álbum The Monkees, contendo algumas das canções que fariam parte do seriado, como a canção-tema. Durante muitos anos, ficou a dúvida se eles tocavam ou não seus instrumentos, ou se eram dublados por outros músicos. Tudo se esclareceu quando, nos intervalos das filmagens, eles saíram em turnê pelos Estados Unidos, tocando ao vivo as músicas da série. O grupo também foi para o cinema com o filme *Head* (1968), uma tentativa de brincar com o filme dos Beatles, *Help!* (1965).

Os Comediantes

A dupla Bud Abbott e Lou Costello, responsável por sucessos do cinema como *Abbott & Costello às Voltas com o Fantasma*, migrou para a TV em um programa que resgatava alguns de seus famosos esquetes de rádio e cenas de seus filmes mais memoráveis. Mesmo conseguindo realizar as mesmas situações engraçadas na telinha, as constantes brigas de Costello com os produtores começaram a minar o programa, que ainda assim resistiu a duas longas temporadas com 26 episódios cada. Depois disso, Abbott se aposentou e Costello foi tentar a carreira solo, que também não decolou.

Já o caso de Moe, Curly e Larry, os famosos **Três Patetas**, é bem peculiar. Foi por causa de uma coletânea de curtas, exibida por uma emissora independente nos Estados Unidos, que uma nova geração de fãs transformou a série cinematográfica em um programa regular, tirando-os do ostracismo. Curly morreu de derrame em 1952, e foi substituído por Shemp Howard, que, descontente com a violência explícita do trio, deu lugar a Joe Besser. Com o sucesso do retorno dos Patetas, a Columbia decidiu fazer uma nova série de longas para o cinema nos anos 60, agora com Joe De Rita. Em 1965, o trio voltou à TV com uma nova série de programas em cores, que incluía um desenho animado toda semana.

O Nome do Show

Havia um preconceito velado de que os atores de cinema que iam para a TV estavam em fim de carreira. Em alguns casos, isso podia realmente ser verdade. Um exemplo foi o de Broderick Crawford, vencedor do Oscar de melhor ator e que se tornou astro da série **Patrulha Rodoviária**, após seu envolvimento com álcool. O ex-astro infantil Mickey Rooney, depois de vários anos na berlinda, conseguiu uma chance na série **Mickey**, onde interpretava o dono de um hotel de praia tentando se dar bem com sua família e os vizinhos. Não deu certo, mas deu a oportunidade de Rooney ser descoberto por uma nova geração de fãs, tirando-o do esquecimento.

No caso de Doris Day, a idéia de seu marido, Martin Melcher, era fazer um programa leve, mostrando uma viúva que deixa a cidade grande para morar com seus filhos numa casa de campo. Ou seja, uma comédia de situação convencional, mas com uma das grandes estrelas de Hollywood. **O Show de Doris Day** teve uma audiência excepcional e ficou no ar por cinco temporadas, sendo o último trabalho profissional da atriz, que, depois disso, resolveu se aposentar.

Vencedora do Oscar de atriz coadjuvante por *O Milagre de Annie Sullivan*, em 1962, a jovem Patty Duke recebeu o convite para uma série só dela, Patty Duke Show, visando o público adolescente. Ela interpretava dois personagens: Patty Lane, uma jovem extrovertida e sempre arrumando confusão, e Cathy Lane, sua prima que foi criada na Europa, mais introvertida. O motivo das duas serem tão parecidas é que seus pais, interpretados por William Schallert, são gêmeos. Ao final da série, Patty Duke decidiu apagar a imagem de jovem comportada, aceitando trabalhar na adaptação do livro de Jacqueline Susann, *O Vale das Bonecas*, em 1967. Em 1999, ela voltaria a interpretar as primas idênticas num especial para a TV.

Você sabia?

★ PATTY DUKE PERMANECE COMO A ATRIZ MAIS JOVEM A TER UM PROGRAMA COM SEU PRÓPRIO NOME.

Quem se deu muito bem na televisão foi Dick Van Dyke, quando Carl Reiner o convidou para estrelar **Dick Van Dyke Show**, mostrando as desventuras de um roteirista de TV dentro e fora de casa. O programa foi criado por Reiner, que fez o personagem principal, Rob Petrie, para ele mesmo interpretar, mas a CBS decidiu por Van Dyke. O seriado foi cancelado depois da primeira temporada, mas uma avalanche de cartas de fãs fez o programa voltar e permanecer por mais cinco temporadas. A química entre Van Dyke e Mary Tyler Moore era tão perfeita que o público acreditava que eles eram casados na vida real. Reiner depois fez carreira no cinema, dirigindo Steve Martin em sucessos como *O Panaca* (1979), *Cliente Morto Não Paga* (1982) e *Um Espírito Baixou em Mim* (1984).

Magia e Sedução

Que tal ser casado com uma bruxa, no sentido divertido da palavra? E morar com um gênio de curvas generosas? Durante os anos 60, a fantasia esteve presente em duas produções excepcionais, que se transformaram em clássicos da TV.

A Feiticeira, estrelada pela sua então esposa Elizabeth Montgomery, mostrava o dia-a-dia de James Stephens (Dick York), um publicitário de Nova York que descobre na noite de núpcias que se casou com uma poderosa feiticeira, Samantha. Ela, por sua vez, se apaixonou por esse mortal a contragosto da mãe, Endora, que fazia de tudo para atormentar James, lançando feitiços dos mais estranhos sobre o pobre mortal. A família de Samantha também adorava invadir sua casa e deixar James maluco. Eram a prima Serena, a tia Clara e o tio Arthur. *A Feiticeira* foi um dos primeiros grandes sucessos de audiência da então TV Paulista, emissora das Organizações Victor Costa, antes de ser adquirida pela Rede Globo. Depois de uma temporada, os Stephens ganharam a visita da cegonha: uma bela menina chamada Tabatha, que possuía os mesmos poderes da mãe. A série quase foi cancelada por conta das crises de coluna de Dick York, que o impediam de trabalhar, e pelo fato de a própria Elizabeth querer procurar outra coisa para fazer depois de cinco anos no papel. Mas como o seriado ainda estava no auge, Dick Sargent, que tinha certa semelhança com York, assumiu o papel de James. Resultado: mais três temporadas. O público aprovou o novo James e ainda viu nascer o segundo filho dos Stephens, Adam, que, para sorte do pai, não nasceu com os mesmos poderes da mãe e da irmã. Tabatha, aliás, ganharia sua própria série em 1977, **A Filha da Feiticeira**, estrelada por Lisa Hartman.

Você sabia?

★O NOME ORIGINAL DO PERSONAGEM PRINCIPAL, DARRIN STEPHENS, FOI SUBSTITUÍDO NA VERSÃO BRASILEIRA POR JAMES, POR SER UM NOME MAIS FÁCIL DE FALAR E MAIS MASCULINO.

★NO PILOTO EXIBIDO NO BRASIL, A ABERTURA DO PROGRAMA CHAMAVA A SÉRIE DE *AS FEITICEIRAS*, UM ERRO COMUM DO TRADUTOR, QUE NÃO PÔDE VER O EPISÓDIO ANTES DE COMEÇAR A DUBLAGEM.

★AS ENTÃO NOVATAS HELEN HUNT E JODIE FOSTER FORAM TESTADAS PARA SEREM TABATHA.

★A PRIMA SERENA TAMBÉM ERA INTERPRETADA POR ELIZABETH MONTGOMERY, SÓ QUE USANDO UMA PERUCA MORENA.

★A FAMOSA TORCIDA NO NARIZ FOI INVENÇÃO DA PRÓPRIA ELIZABETH MONTGOMERY, NUM TIQUE DESCOBERTO PELO SEU MARIDO DURANTE UMA CONVERSA. ALIÁS ELA NÃO MEXIA O NARIZ, E SIM A PARTE SUPERIOR DO LÁBIO, CAUSANDO O MOVIMENTO NO NARIZ.

Jeannie é um Gênio entrou no ar um ano depois de *A Feiticeira*. Criada pelo escritor Sidney Sheldon – que se inspirou no filme *Um Gênio Entrou Lá em Casa* (1964) –, a série mostrava as confusões e situações divertidas vividas pelo astronauta Tony Nelson, interpretado por Larry Hagman, que, após cair numa ilha deserta, descobre um gênio aprisionado numa garrafa. Para sua surpresa, o gênio era uma beldade saída dos contos das *Mil e Uma Noites*, chamada de Jeannie. Como ele não podia se livrar dela, Tony leva Jeannie para casa e sua vida vira de cabeça para baixo. Durante os primeiros episódios, ninguém conhecia o segredo da beldade que vivia com o astronauta. Mas depois de um certo tempo, seu companheiro de missões espaciais, o major Roger Healey, a descobre, aumentando assim as situações engraçadas. Quem desconfia de que há algo errado com o major Nelson é o médico e psiquiatra da NASA, o coronel Bellows, que, assim como acontecia com a sra. Kravitz, a vizinha abelhuda de *A Feiticeira*, nunca consegue provar as loucuras de Nelson, caindo como pato nos truques para preservar o segredo do major. Mesmo com uma razoável carreira no cinema, tendo estrelado filmes como *Viagem ao Fundo do Mar* (1961) e *As Sete Faces do Dr. Lao* (1964), foi com Jeannie é um Gênio que o sucesso chegou para Barbara Eden. Uma das grandes místicas da série é o fato de uma tremenda mulher bonita morar com um solteirão inveterado e nada rolar entre eles. Mesmo apaixonada pelo major Nelson, a quem se referia sempre como Amo, as investidas de Jeannie quase nunca davam certo. Até um dia, quando foi surpreendida com um pedido real de Tony, o que levou o seriado a uma nova direção. Grávida durante a primeira temporada, Barbara escondia sua gravidez usando uma roupa com mais lenços do que o normal. Nos bastidores da série, comentava-se que a quantidade de roupas que ela usava servia para aplacar a possível censura da época. Nem o seu sensual umbigo era mostrado. Dois telefilmes com a personagem foram produzidos posteriormente: *Jeannie é um Gênio – 15 Anos Depois* (1985) e *Jeannie Ainda é um Gênio* (1991).

Você sabia?

★ BARBARA EDEN FOI A PRIMEIRA LOIRA A FAZER UM TESTE PARA O PAPEL, JÁ QUE ATÉ ENTÃO SÓ HAVIAM APARECIDO CANDIDATAS MORENAS.

★ BARBARA EDEN ESTAVA GRÁVIDA DURANTE A PRIMEIRA TEMPORADA, O QUE ERA DISFARÇADO COM CLOSES OU UM VÉU ENORME COBRINDO A FRENTE DO SEU CORPO.

★ DE ACORDO COM BARBARA EDEN, OS EXECUTIVOS DA EMISSORA E OS CENSORES NEM HAVIAM PRESTADO ATENÇÃO NO SEU UMBIGO, ATÉ QUE, NA TERCEIRA TEMPORADA, ALGUÉM NOTOU QUE A ESCANDALOSA PARTE DO CORPO ÀS VEZES APARECIA DEPENDENDO DO MOVIMENTO. SOMENTE ENTÃO PEDIRAM QUE SEU UMBIGO FOSSE COBERTO.

A Primeira Invasão Japonesa

O primeiro seriado japonês a desembarcar na televisão brasileira foi **Nacional Kid**, exibido pela Record nos domingos à tarde. A série, dividida em quatro partes distintas, mostrava esse super-herói vindo de Andrômeda para defender a Terra de sua primeira ameaça, os Incas Venusianos. Ele podia voar, era praticamente indestrutível e tinha duas poderosas armas de raios nos coldres, além de lutar como um poderoso samurai. Usando a identidade do jovem professor Massao Hata, o herói era mentor de um grupo de jovens que sempre era alvo dos inimigos. Criado pelo desenhista Daiji Kazumine, a série foi a segunda produção da Toei Company e a primeira exportada para a América, chegando aos Estados Unidos em 1961. Foram quatro temporadas, em que o super-herói impedia a invasão dos Incas Venusianos, lutava contra os seres abissais, encarava os poderosos Subterrâneos, e revelava sua origem contra os Zarrocos. Com o sucesso do seriado, outros programas japoneses começaram a chegar. O primeiro foi **Os Agentes Fantasmas**, inspirados no mangá *Shonen Ninja Butai Gekkou*, sobre uma força especial composta de homens e mulheres trabalhando para as Nações Unidas, defendendo a Terra de grupos terroristas e outros alucinados por poder. Foi um dos primeiros programas a mostrar as técnicas ninjas na TV, misturando espadas samurais e armas modernas. Já o jovem Toshio, dado como desaparecido durante um acidente de avião, foi parar ainda bebê numa ilha vulcânica dominada por monstros, para desespero de sua mãe e seu irmão gêmeo Minoru. Criado por um animal que deveria estar extinto, Toshio torna-se **O Príncipe Dinossauro.** Para se defender dos inimigos e invasores da ilha, ele usa um bumerangue e conta com a ajuda de Nessie, um pequeno dinossauro, e a mãe dele, dez vezes maior. Com efeitos visuais bem rudimentares, o seriado inaugurou no Brasil uma pequena moda com bumerangues, que durou enquanto a série estava no ar.

Você sabia?

★NO ORIGINAL, OS INIMIGOS DESSA PRIMEIRA AVENTURA DE NACIONAL KID ERAM CHAMADOS DE INCAS. NA DUBLAGEM, COMO SOMENTE "INCAS" NÃO CAUSAVAM NENHUM ARREPIO, FOI ACRESCENTADA SUA ORIGEM ESPACIAL, DAÍ OS "INCAS VENUSIANOS".

★PICHADORES DE VÁRIAS CIDADES BRASILEIRAS COMEÇARAM A ESCREVER A FRASE "CELACANTO PROVOCA MAREMOTO", MUITO OUVIDA DURANTE O SERIADO.

Mas heróis gigantes foram os que mais marcaram presença na televisão, servindo de base para outros que vieram nas décadas seguintes. O primeiro foi **Ultraman**, que virou uma mania nacional. A história mostra o jovem Shin Hayata, membro da Patrulha Científica, indo investigar um estranho fenômeno nos arredores de Tóquio, quando sua nave sofre um acidente, chocando-se com a nave de Ultraman, um agente policial da Nebulosa M78, de onde vem sua energia e onde existem outros agentes como ele. Para restaurar a vida do humano, Ultraman se une a Hayata, concentrando sua matriz energética na Cápsula Beta. Quando prevê que a situação vai ficar complicada, Hayata ativa o dispositivo, transformando-se em Ultraman, que, com seus 40 metros de altura, encara qualquer tipo de monstro devastador. Salvo da morte certa pelo gigante alienígena da Nebulosa M78, Hayata assume a identidade secreta do herói, que jurou defender a Terra de invasores do espaço e qualquer outro tipo de criatura que ele possa encarar do alto de sua altura, e com os poderosos raios que saem de sua mão. Como ele é de energia pura, quanto mais está no solo terrestre, mais gasta energia, fazendo a luz de seu peito piscar freneticamente, num aviso de que é hora do herói acabar logo sua missão e voar para o Sol, para se recarregar. Criado por Eiji Tsuburaya, Ultraman tirou seu estúdio do buraco e inaugurou toda uma geração de Ultras que dura até hoje, como o Ultra Seven. Durante uma investigação, uma unidade do Esquadrão Ultra é interceptada pelo jovem Dan Moroboshi, que os alerta para uma possível invasão alienígena. Passada a desconfiança inicial, Dan é acolhido como novo membro da organização, passando a agir como **Ultra Seven**, sempre que a barra

pesa para os terrestres. Sua principal arma é uma espécie de adaga energética voadora que sai de seu elmo, com força suficiente para dividir no meio o monstro da semana. Assim como Ultraman, as histórias de Ultra Seven eram individuais, sempre com um desafio novo a cada episódio.

Vingadores do Espaço, criado por Osamu Tezuka para uma série de mangás, tornou-se o primeiro seriado de ação e efeitos visuais produzido em cores na história do Japão, seguido de *Ultraman*. A história mostrava o monstruoso Rodak querendo conquistar a Terra, usando para isso uma série de monstros gigantescos. O jovem Miko, filho do jornalista Tom Mura, consegue fotografar a nave de Rodak, sendo levado por Goldar para conhecer Matuzan, um eremita que mora no monte Olimpo. Matusan dá a Miko um apito ultra-sônico, que tem a capacidade de chamar tanto Goldar como a esposa dele, Silvar, e o filho Gam. Todos os Vingadores têm a capacidade de se transformar em naves de combate fortemente armadas, para enfrentar as criaturas monstruosas de Rodak. Já **Robô Gigante** foi a primeira série produzida por uma produtora e fabricante de brinquedos, a Toei, no Japão, inspirada na série de mangás de Mitsuteru Yokoyama. O imperador Guilhotina, do planeta Gargoyle, ordena que o dr. Guardian construa um gigantesco robô para ser utilizado como arma para a conquista da Terra. Mas no momento em que o gigante está para ser ativado, o garoto Daisaku acidentalmente acessa o relógio que controla o robô, que tem um comando de reconhecimento de voz único. Recrutado pela Organização Unicórnio para defender a Terra, Daisaku e seu amigo Minami enfrentam as forças de Guilhotina usando o poderoso Robô Gigante.

Os Poderes dos Super-Heróis Japoneses

NACIONAL KID – PODIA VOAR, ERA PRATICAMENTE INDESTRUTÍVEL E TINHA DUAS PODEROSAS ARMAS DE RAIOS NOS COLDRES, ALÉM DE LUTAR COMO UM PODEROSO SAMURAI.

ULTRAMAN – PODEROSOS RAIOS SAEM DE SUAS MÃOS, JÁ QUE ELE É FEITO DE ENERGIA PURA.

VINGADORES DO ESPAÇO – TODOS ELES TÊM A CAPACIDADE DE SE TRANSFORMAR EM NAVES DE COMBATE FORTEMENTE ARMADAS PARA ENFRENTAR AS CRIATURAS MONSTRUOSAS DO VILÃO RODAK.

ROBÔ GIGANTE – ALÉM DE PODER VOAR, ELE SOLTA FOGUETES PELOS DEDOS DAS MÃOS, TEM RAIO LASER NOS OLHOS, LANÇA CHAMAS PELA BOCA E POSSUI UM GOLPE FATAL: O SOCO DE UM MEGATON, EM QUE SUA MÃO SE DESPRENDE DO CORPO PARA ACERTAR O ADVERSÁRIO.

ULTRA SEVEN – SUA PRINCIPAL ARMA É UMA ESPÉCIE DE ADAGA ENERGÉTICA VOADORA QUE SAI DE SEU ELMO, COM FORÇA SUFICIENTE PARA DIVIDIR NO MEIO O MONSTRO DA SEMANA.

Estranhos no Ninho

Os produtores de séries também viajaram na idéia de colocar um grupo de pessoas num ambiente totalmente diferente do que aquele em que viviam. Assim aconteceu com **Rancho Alegre**, quando o casal Babs e Bill Hooten decide sair da cidade grande para abrir um hotel fazenda no interior. Só que o lugar ficar perto de uma reserva indígena, cujo líder, o chefe Olho de Águia, é um mestre em arrumar confusão. Enquanto tentam tocar o hotel, o casal tem que evitar ao máximo que o chefe apronte das suas, o que poderia fazer com que o Rancho Alegre deixasse de ser referência para os turistas. A comédia era dirigida pelo chileno Claudio Guzmán, responsável pelos episódios mais engraçados de *Jeannie é um Gênio*.

Outro peixe fora d'água é o milionário de Nova York, Oliver Wendell, que resolveu abandonar a advocacia e realizar um grande sonho: ter uma fazenda e viver do sustento da terra. Quem não gostou da idéia foi sua esposa Lisa, acostumada com o luxo da Park Avenue. Nascia aí **O Fazendeiro do Asfalto**, comédia que inaugurou uma faixa de humor na Tupi, fazendo dobradinha com **Guerra, Sombra e Água Fresca**. O casal Eddie Albert e Eva Gabor (irmã gêmea de Zsa Zsa Gabor) divertiu o público por seis temporadas, mostrando que trocar a cidade grande por uma casinha de chão de barro não era nenhum sonho de consumo. O mesmo se pode dizer daquela família de milionários que acabara de se mudar para uma fantástica mansão em Beverly Hills, **A Família Buscapé**. A série mostrava como Zé Buscapé, um caipira do Texas, descobre petróleo em sua modesta fazenda e vira milionário da noite para o dia. Estrelada por Buddy Ebsen, a série ficou nove anos em cartaz na CBS, quando a emissora resolveu encerrar a fase caipira de suas comédias, já que também exibia **Peticot Junction** e **O Fazendeiro do Asfalto**. Como os Buscapés moravam em Beverly Hills, era de se esperar que se encontrassem com várias celebridades, como John Wayne, que participou de um episódio da quinta temporada, inédito no Brasil.

Chegar no lugar errado na hora errada é um bom tema para uma comédia, mas quando é o tempo errado, aí a coisa fica bem mais complicada e hilariante. Em **Os Astronautas**, dois astronautas americanos vão parar na idade das cavernas, sendo abrigados pelo casal de trogloditas Shad e Gronk, que não entende muito bem os dois estranhos. Porém o sucesso inicial acabou antes mesmo de a série começar uma segunda temporada, depois que os roteiristas resolveram devolver os dois astronautas ao seu tempo original, mas levando com eles todos os nativos da idade da pedra. O resultado decepcionou os fãs e a série acabou cancelada. No entanto o criador Sherwood Schwartz não se desesperou, já que dois anos antes uma de suas idéias sobre gente perdida em algum lugar estranho havia se transformado num divertido seriado, cultuado até hoje: **A Ilha dos Birutas**. Um barco levando um grupo de turistas é pego durante uma tempestade, indo parar numa ilha supostamente deserta. Para tentar sobreviver nesse ambiente hostil, o grupo tem que tentar se acostumar uns com os outros, e especialmente saber lidar com as maluquices do imediato do capitão, o atrapalhado Gilligan.

Você sabia?

★RAQUEL WELCH FEZ O TESTE PARA SER MARY ANN EM *A ILHA DOS BIRUTAS*, MAS NÃO EMPLACOU SEU CALOR LATINO. JÁ A "SEIOS FARTOS" JAYNE MANSFIELD FOI CONVIDADA, MAS NÃO QUIS FAZER O PAPEL DE GINGER.

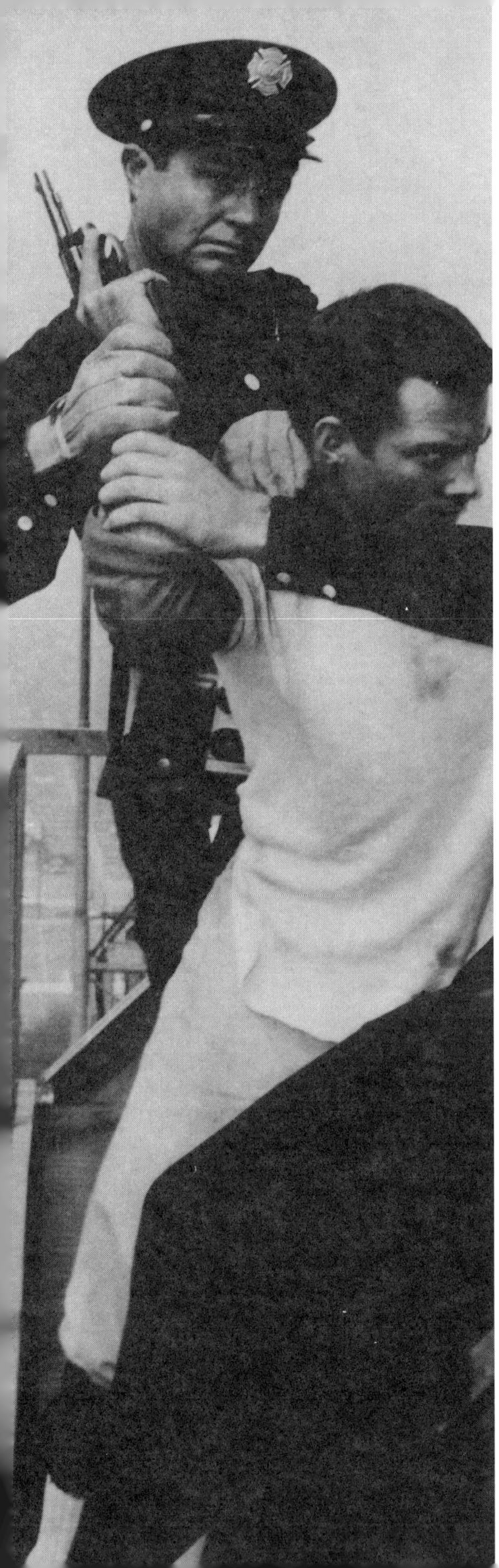

Histórias da Vida Real

Foi com **Cidade Nua**, baseado no filme homônimo de 1948, que o público passou a ver como as ruas da grande Nova York (foi a primeira série a ser filmada lá) não eram tão glamourosas como nos musicais da MGM. As filmagens dos episódios, rodados em estilo documental, eram feitas com a câmera no ombro e som direto, mostrando histórias do cotidiano da 65ª DP de Nova York. Por seus episódios passaram inúmeros atores que se transformariam em astros, como Dustin Hoffman, Jon Voight, Robert Duvall, Robert Redford e William Shatner. O estilo cinema-verdade, além de render vários prêmios, acabou inspirando outras produções de TV, como **Brigada 8**, que apresentava todas as semanas casos envolvendo a dupla de paramédicos do corpo de bombeiros de Los Angeles, Wes Cameron e Skip Johnson. Sempre narrados em primeira pessoa por Cameron, os episódios mostravam algum acidente e o trabalho dos dois bombeiros para resgatar as pessoas com vida.

No Brasil, as páginas policiais do jornal *O Globo* transformaram-se na fonte de inspiração para o repórter investigador Mario Moura, da série **22-2000 Cidade Aberta**, exibida pela Rede Globo em 1965. Moura (Jardel Filho) é um veterano repórter policial que não perde a oportunidade de tentar desvendar os casos que a polícia do Rio não consegue resolver. Ao lado do "foca" Carlinhos (Claudio Cavalcanti, estreando na TV), ele estava sempre se metendo em encrencas, sem falar nas constantes brigas com o editor do jornal. Primeira série de TV produzida pela Globo, foi filmada em película 16 mm, teve co-produção da Herbert Richers e patrocínio da Shell. Filmada na própria redação de *O Globo*, a série foi criada pelo cineasta Domingos de Oliveira (Todas as Mulheres do Mundo) e dirigida por Victor Lima, que depois do fim do seriado montou quatro episódios para exibi-los no cinema com o título de *A Um Pulo da Morte*.

Você sabia?

★ O NÚMERO QUE APARECE NO NOME DA SÉRIE ERA O NÚMERO DE TELEFONE DA REDAÇÃO DO JORNAL *O GLOBO*.

Em Nome da Lei

No conceito cinematográfico, ser um homem da lei significa que, na maior parte dos casos, o membro de uma organização oficial irá fazer cumprir a lei, custe o que custar. Nessas duas primeiras décadas, alguns desses personagens tornaram as noites na TV mais seguras para o público. Um dos primeiros foi **Falcão**, com Burt Reynolds na pele do detetive John Hawk, do Departamento da Promotoria de Nova York, que investiga casos sobre o crime organizado ou algum assassino em série. Falcão ainda tem que enfrentar o preconceito dentro e fora do departamento, por ser descendente direto da tribo dos iroquois.

Outra série que apresentou um homem da lei durão foi **Patrulha Rodoviária**, estrelada por Broderick Crawford. A série, que se baseava em episódios reais do dia-a-dia nas estradas da Califórnia, teve apoio imediato da polícia, interessada em divulgar o trabalho da patrulha rodoviária estadual. Os carros que apareciam na série eram os potentes Buicks Centuries, usados apenas pela corporação policial. Mas o apoio acabou a partir da terceira temporada, pois a polícia achou que os casos mostravam mais o trabalho policial do que o de educação no trânsito.

Outra série que se baseou em informações reais para ser produzida foi **Os Intocáveis**, da produtora Desilu. As histórias foram inspiradas na biografia de Elliot Ness, um agente do tesouro dos Estados Unidos incumbido de acabar com as atividades criminosas relacionadas com a Lei Seca. Seu grupo de agentes, apelidado pela imprensa da época de "Os Intocáveis", por não serem corruptos como a polícia de Chicago, desferiu vários e mortais golpes contra o crime organizado numa batalha que durou anos e custou muitas vidas. Uma das grandes sacadas da série foi aproveitar o jornalista Walter Winchell, muito conhecido do público americano por sua coluna radiofônica de fofocas do mundo artístico. Como narrador, ele garantia ainda mais o tom de documentário do seriado.

Você sabia?

★ ***OS INTOCÁVEIS*** **FOI UM DOS PRIMEIROS GRANDES SUCESSOS DA PRODUTORA DESILU, DE PROPRIEDADE DE LUCILLE BALL E DESI ARNAZ, ESTE ATÉ AMEAÇADO DE MORTE POR UM DOS CHEFES DA MÁFIA AMERICANA, QUE NÃO GOSTAVA DA SÉRIE.**

E quem não se lembra do chefe de polícia mais durão do Havaí, Steve McGarrett, que liderava o esquadrão **Havaí 5-0**, uma divisão da polícia de Honolulu? Durante 12 anos, nenhum crime era insolúvel nas mãos da equipe de McGarrett, um ex-fuzileiro naval que participou da Guerra da Coréia antes de trabalhar na policia do 50º estado americano. Jack Lord foi o único do elenco original que ficou no ar durante as 12 temporadas da série. Anos depois, o cenário do Havaí foi utilizado novamente para a produção de Magnum.

Você sabia?

★A ABERTURA DE *HAVAÍ 5-0*, COM A ONDA GIGANTE QUE PARECIA QUERER ENGOLIR O ESPECTADOR, É CONSIDERADA POR MUITOS COMO A MELHOR DAS SÉRIES DE TV. THE VENTURES, UMA DAS MAIS POPULARES BANDAS DE SURF MUSIC, É A RESPONSÁVEL PELA MÚSICA TEMA, "HAWAII 5-0", QUE CHEGOU AO QUARTO LUGAR NA PARADA AMERICANA DA REVISTA BILLBOARD.

★**JACK LORD FOI O ÚNICO DO ELENCO A PERMANECER NAS 12 TEMPORADAS, E ABANDONOU A CARREIRA DE ATOR APÓS A SÉRIE TERMINAR.**

Estranhos numa Terra Estranha

Quando o diretor Don Siegel fez *Vampiros de Alma* em 1956, a metáfora sobre a invasão comunista na América era muito evidente. O tema – seres de outro planeta disfarçados de humanos para nos conquistar – foi o que levou Larry Cohen a criar a série **Os Invasores**. Nela, o arquiteto David Vincent vê o pouso de uma nave e descobre as intenções hostis desses seres de outro planeta. Ele é o único que sabe da história e, obviamente, ninguém acredita nele. Todas as semanas, David levava quase o programa inteiro para fazer com que alguém acreditasse em sua história, conseguindo nos últimos momentos impedir mais um plano sinistro dos ETs do mal.

Do lado do bem, tivemos o fascinante tio Martin, da série humorística **Meu Marciano Favorito**. Estrelada por Ray Walston e Bill Bixby, a série mostrava o dia-a-dia desse marciano que veio à Terra para estudar o comportamento dos humanos e saber se eles poderiam causar algum problema no universo. Só que ele acaba se deixando envolver com a comunidade local, criando confusões que somente ele mesmo poderia resolver. Walston e Bixby trabalhariam juntos novamente na série **O Incrível Hulk**, no episódio "Meu Mágico Favorito".

Mas você não precisa vir de outro planeta para se considerar um estranho no ninho, como é o caso do repórter Glenn Evans, personagem principal de **Hong Kong**. Destacado para ser correspondente de um jornal americano na colônia britânica, Evans faz de tudo, menos escrever uma matéria dos casos que investiga, como tráfico de escravos, contrabando e crises políticas. O australiano Rod Taylor, conhecido por filmes como o clássico da ficção *A Máquina do Tempo* (1960) e *Os Pássaros* (1963), interpretava o papel principal.

Crianças Espertas

Mesmo com muitas séries de TV dedicadas ao público infanto-juvenil, foram poucas as que eram protagonizadas por crianças e adolescentes. No Brasil, o garoto Dudu e seus amigos eram presença marcante em **As Aventuras de Eduardinho**. Através de uma máquina do tempo, o grupo acompanhava de perto os principais fatos da história do Brasil e do mundo. A série, gravada em videoteipe, era estrelada por Dênis Carvalho, Reginaldo Vieira, Paulo Castelli e Aírton da Silva, e marcou a estréia na televisão do ator Marcos Paulo, filho do diretor Vicente Sesso.

Quem também fez sua estréia na televisão foi o jovem Micky Dolenz em **O Menino do Circo**. O futuro baterista dos *Monkees* interpreta Corky, um garoto que é adotado pelo Big Time Champion, um dos circos mais famosos do Oeste Americano. Além das aventuras do dia-a-dia, Corky é o responsável por cuidar de Bimbo, um elefante bebê que se torna seu inseparável amigo.

Mas quem acha que infância é algo singelo, não conhece Dennis Mitchel, o personagem principal de **Dennis – O Travesso**. Foi um dos primeiros seriados de TV baseados numa tira de jornal, criada por Hank Ketcham, mostrando as travessuras do jovem Dennis, que inocentemente sempre estava aprontando confusão, em especial com seu vizinho, o sr. Wilson. *Dennis – O Pimentinha*, como era chamada a tira de Ketcham no Brasil, mostrava o garoto como alguém muito mais sacana do que o normal, o que foi amenizado na televisão, onde o personagem tinha uma personalidade mais inocente.

A Rainha da Comédia

Uma das poucas unanimidades na história da televisão é Lucille Ball; estrelando um dos programas de maior audiência da TV americana, ela conquistou o público com seu carisma e seu dom natural de fazer as pessoas rirem com as coisas simples do cotidiano de uma atrapalhada dona-de-casa, em **I Love Lucy**, que durante os primeiros anos de exibição no Brasil, pela Tupi, foi batizada de **Eu Adoro Lucy** e exibida com legendas. A CBS tinha uma idéia de levar a comediante para um programa de rádio semanal, mas um de seus agentes foi convencido pelo marido (e co-astro) da atriz, Desi Arnaz, de que o caminho para a carreira do casal era a TV, que entrava nos lares americanos tão rápido como o rádio. Mesmo tendo feito dezenas de comédias no cinema, Lucille tinha dificuldades para se adaptar à nova mídia. E havia um outro problema: como fazer com que o programa fosse visto nacionalmente, numa época em que cada episódio tinha que ter a estrutura de um programa de TV, mas feito com a tecnologia do cinema. Ou seja, cada episódio seria gravado com três câmeras de cinema usando uma película do tipo preto-e-branco em um cenário fixo, com uma platéia ao vivo para garantir a autenticidade dos risos, como em qualquer comédia de situação dos dias de hoje.

Inicialmente, os produtores não achavam que o programa pudesse dar certo, especialmente pela insistência de Lucille em trabalhar com Desi, conhecido no meio artístico como canastrão e mulherengo. O que poucos sabiam é que Lucille entrou de cabeça na produção do programa para tentar salvar seu casamento, que vivia em constante ebulição por conta do comportamento do marido. Mas o piloto apresentado aos executivos da CBS, em que Lucy arma uma grande confusão por acreditar que Ricky tramou um plano para matá-la, mostrava que eles tinham nas mãos uma mina de ouro.

Foi com *I Love Lucy* que o termo "sitcom" (situation comedy / comédia de situação) se eternizou no mundo televisivo. A série foi a primeira a instituir nos seriados de TV a frase "convidado especial", quando vários astros de cinema começaram a pedir para participar dos episódios. É clássica a temporada em que Lucy, Ricky, Ethel e Fred vão para Hollywood, encontrando várias celebridades. Nesta fase, passaram pelo programa astros de primeira grandeza naquela época, como Rock Hudson, Richard Widmark, Cornel Wilde e Van Johnson. Outro momento histórico foi o anúncio de que Lucy estava grávida, algo simplesmente impensável na TV, já que até os quartos dos personagens eram mostrados como templos sagrados, com direito a camas de solteiro. Mas o sucesso do programa não trouxe a felicidade para Desi e Lucille. Ao terminar a última temporada, ela entrou com o pedido de divórcio e, como empresários, o casal montou a Desilu, uma das mais proeminentes produtoras de programas para a TV nos anos 50 e 60, responsável por séries como *Os Intocáveis* e *Jornada nas Estrelas,* e também por futuros programas estrelados por Lucille.

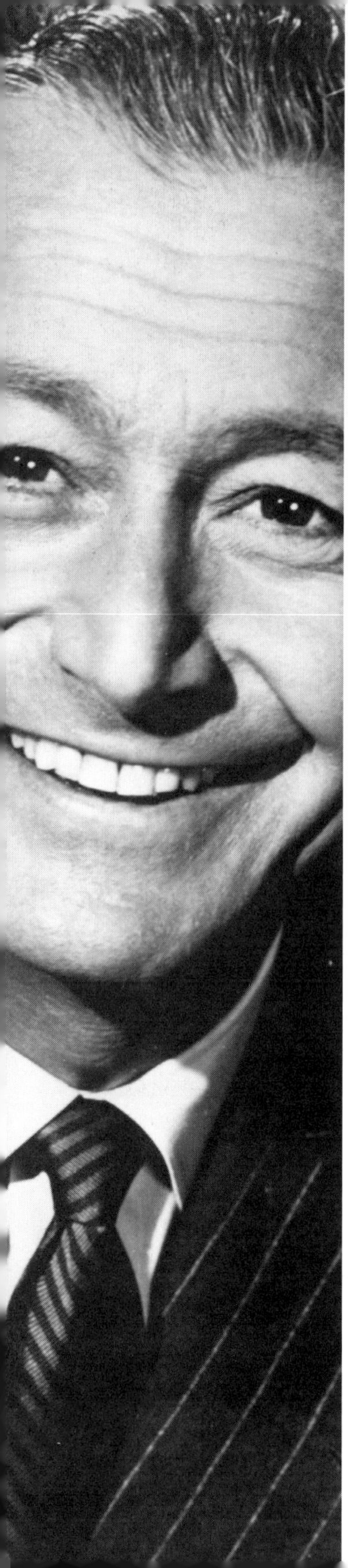

Médicos, Loucos e Apaixonantes

Médicos na televisão sempre foram algo para se destacar na programação. Afinal, além de tentar salvar vidas, eles são de carne e osso como todos nós, o que fazia com que seus dramas reais tocassem o público. O primeiro deles a ganhar espaço na TV foi o jovem **Dr. Kildare**, personagem criado na literatura pulp por Max Brand e adaptado para o cinema em 1938. A série produzida pela MGM entrou no ar mostrando o talentoso e jovem dr. James Kildare trabalhando no Blair General Hospital e tendo como chefe o experiente e paternal dr. Leonard Gillespie. Sua inexperiência em lidar com alguns pacientes, envolvendo-se pessoalmente em seus dramas, mostrava que a participação dele em cada caso era essencial.

Para **Ben Casey**, a situação era bem diferente. O dr. Casey (Vince Edwards) é um dos mais proeminentes e respeitados neurocirurgiões do Hospital-Geral de Los Angeles. Mas sua postura firme e decisiva nos casos que atende o levou a ser considerado um pouco rebelde por alguns de seus colegas. Durante a primeira temporada, Casey passou os episódios envolvido com os problemas pessoais de seus pacientes que seriam submetidos a cirurgias no cérebro. Na realidade, o seriado realizado pela produtora do ator e cantor Bing Crosby foi um painel do que estava acontecendo na virada da década de 50 para a de 60, com a sociedade americana envolvida com os conflitos da Coréia e da Guerra Fria. Os dramas vividos pelos personagens eram reais: abuso de drogas, violência sexual, conflitos familiares, etc. Ao contrário de seu principal concorrente na época, *Dr. Kildare*, que mostrava um médico ainda jovem enfrentando os desafios de sua carreira, Ben Casey foi mais além, conquistando um público que estava querendo algo mais real na televisão do que simplesmente uma telenovela bem produzida.

Três anos depois do final dos atendimentos de Casey e Kildare nos Estados Unidos, um dos produtores de Ben Casey, Al C. Ward, resolveu ampliar o leque dos bastidores da medicina, criando a série **Centro Médico**, que apresentava o cotidiano de dois médicos trabalhando duramente num dos principais hospitais de Los Angeles.

Ainda em 1969 surgia um outro médico na TV, um especialista dedicado que atendia na casa das pessoas e não se negava a tentar salvar uma vida em quaisquer circunstâncias. **Marcus Welby – Médico** trouxe novamente para a TV o talento e o carisma de Robert Young, que décadas antes foi eleito um dos pais prediletos da televisão, na série **Papai Sabe Tudo**.

O mais inusitado dos médicos que surgiram na telinha durante os primeiros vinte anos foi o dr. Tom Reynolds, também conhecido como **Ramar das Selvas**. Filho de missionários, o jovem Tom decide estudar medicina e voltar às selvas da Índia para ajudar os mais necessitados. A história se passa na virada do século 19, quando a medicina era praticada por poucos e, numa região menos desenvolvida, era conhecida como magia pura. No entanto, a série não ficava tentando descobrir a cura de algum tipo raro de febre, mas enveredava pela aventura e os mistérios escondidos nas selvas da região.

História de Casais

Hoje em dia, é comum um seriado ter um casal como protagonista. Mas nos primeiros vinte anos, ser casado não significava ter certas liberdades dentro ou fora do quarto. Nos Estados Unidos, a censura pegava pesado com seriados dirigidos ao público em geral e que continham cenas que levavam a audiência a pensar em sexo. Quando se mostrava um quarto do casal, as camas eram de solteiro.

No Brasil, a primeira série regular sobre casais foi **Alô Doçura**, baseada no programa de rádio *O Encontro das Cinco e Meia,* feito em 1953, sobre os problemas de relacionamento entre um casal. Criado e dirigido por um dos principais autores da teledramaturgia brasileira, Cassiano Gabus Mendes, o programa era feito ao vivo, com Eva Wilma e Mário Sérgio interpretando diferentes casais em situações engraçadas entre os dois. Em 1954, Mário foi substituído por John Herbert, e a química entre ele e Eva foi tão perfeita que o trabalho acabou em um casamento e dois filhos. Apelidados como Casal Doçura, a dupla de atores trabalharia no programa até 1964, quando a série sairia do ar definitivamente. O seriado foi ainda o primeiro no Brasil a adotar o formato de "sitcom".

Inspirada no filme *Uma Dupla do Outro Mundo (*1937), a série **Topper** deu continuidade às aventuras do casal de fantasmas milionários que adorava se divertir com o banqueiro Cosmo Topper (papel de Leo G. Carroll), responsável por cuidar da herança deles. Os efeitos especiais eram fracos, mas as piadas eram muito bem escritas. Também inspirado numa produção do cinema, *O Fantasma Apaixonado* (1947), **Nós e o Fantasma** mostrava a paixão enrustida entre a viúva Carolyn Muir e o fantasma do capitão Daniel Gregg. Depois da morte do marido, Carolyn resolve ir morar numa antiga propriedade na costa da Nova Inglaterra, descobrindo que o casarão era habitado pelo rabugento fantasma do capitão. Gostando da nova inquilina, Gregg começa a flertar com Carolyn, o que vai mexer muito com a vida dos dois. Diferente do filme, que ambientava a história no século 19, a série era passada nos dias de hoje. Mesmo com histórias interessantes, começou a ficar cada vez mais complicado manter o amor platônico entre os dois protagonistas, desapontando o público mais romântico.

Num Oferecimento de...

Na história da televisão mundial, são vários os casos de seriados que tiveram seus nomes vinculados ao de seus patrocinadores, como *General Electric Theater, Westinghouse Desilu Playhouse* e *Goodyear Theater*. No Brasil, existem vários exemplos desse tipo, já que vários seriados chegaram à TV nacional porque já vinham patrocinados.

Nos anos 60, o chocolate em pó Toddy, fabricado pela Quaker, assinou duas séries de TV para o público infanto-juvenil. A primeira delas foi **Os Patrulheiros Toddy**, mostrando as aventuras dos Patrulheiros do Texas, a famosa polícia do estado americano. Nas histórias modernas, os Patrulheiros eram mostrados perseguindo bandidos com seus possantes carros, e quando mostravam as histórias antigas, eram os mesmos personagens cavalgando no Velho Oeste. Depois deles vieram **Os Legionários Toddy**, com Larry Buster Crabbe como o capitão Gallant, comandante de um grupamento da lendária Legião Estrangeira.

Em **Lever no Espaço**, extraterrestres do planeta Verúnia chegam na Terra para tentar impedir que um cometa destrua o nosso mundo. Foi a primeira série de ficção científica produzida na TV brasileira, sendo exibida ao vivo todos os sábados, em 1957. Escrita por Cassiano Gabus Mendes, estrelada por Lima Duarte e Beatriz Segall e patrocinada pelos sabonetes Lever, a série só não durou mais do que uma temporada por causa dos seus custos astronômicos (sem trocadilho) para a época. As inovadoras chamadas para a estréia da série mostravam um pouco de chuvisco na tela e uma voz em off dizendo: "Atenção, terráqueos! Estamos chegando dia 12...".

Visando um público mais qualificado, **Os Contos de Fadas Bendix** trazia Shirley Temple apresentando a adaptação de várias histórias infantis. A famosa estrela mirim da Fox, que encantou gerações durante a recessão americana, também participava de algumas histórias como atriz, mas seu encanto de menina de cabelos cacheados já não era o mesmo. A série era patrocinada pela Bendix, fabricante de refrigeradores, fogões e máquinas de lavar.

Lei e Ordem

Antes dos advogados e dos tribunais ganharem espaço na televisão, principalmente a partir da década de 80, o papel do defensor público estava mais ligado ao crime do que a questões sobre divórcios, heranças ou disputas de sociedade. O primeiro seriado que se passa em um tribunal é **Perry Mason**, personagem que veio da literatura policial criado por Erle Stanley Gardner e que teve uma rápida passagem no cinema com Warren William no papel do advogado detetive de cadeira de rodas. Mason estava sempre na cena do crime, tentando descobrir pistas para livrar seus clientes da cadeia ou do corredor da morte. Apesar de a ação se passar num tribunal na maior parte do tempo, a série estava mais para um programa de investigação policial do que sobre justiça.

Você sabia?

★ PERRY MASON É O PERSONAGEM DE MAIOR LONGEVIDADE NA HISTÓRIA DAS SÉRIES DE TRIBUNAIS DA TV.

Mais focada nos casos dentro da corte estava **Os Defensores**. Depois de se formar na faculdade de direito, Kenneth Preston resolve trabalhar com seu pai, Lawrence, numa das mais importantes e respeitadas firmas de direito de Nova York. Juntos eles tentam resolver os casos que são apresentados em cada episódio, muitas vezes se envolvendo nos problemas dos clientes. Também pioneira em enfocar o mundo jurídico americano, a série continha grandes cenas de tribunal, especialmente quando atuavam juntos pai e filho.

Quem Conta um Conto...

As antologias sempre tiveram muita repercussão na história da televisão e algumas delas se transformaram em clássicos. Dois motivos para o sucesso: não existir um elenco regular, mas apenas um apresentador, e as histórias serem individuais. Muitas dessas antologias chegaram ao Brasil na virada da década de 60, quando as primeiras séries de TV começavam a ser dubladas para aumentar o público dessa nova mídia.

Além da Imaginação, produzida e apresentada por Rod Serling, foi a primeira a chegar por aqui, trazendo todas as semanas os mais estranhos e fantásticos contos de ficção, suspense e fantasia. A frase de abertura, narrada no original pelo próprio Rod Serling, entrou para a história da TV. O primeiro episódio, "Onde Estão Todos?", dava o tom do programa, sempre colocando um ser humano comum numa situação aparentemente fácil de ser solucionada, mas com um final sempre estranho e surpreendente. Neste primeiro episódio, vemos um astronauta que volta à Terra e descobre que não existe ninguém mais na cidade onde ele chega. Tudo está deserto e ele aos poucos começa a ficar enlouquecido com a possibilidade de ser o último homem sobre o planeta. A série foi fonte de inspiração para vários grandes cineastas da atualidade, como Steven Spielberg, Joe Dante e George Miller, que trabalharam juntos na versão cinematográfica do seriado. Recentemente a série foi redublada, incluindo mais de oitenta episódios que estavam inéditos na TV brasileira, e que foram exibidos pelo Universal Channel.

Já Walt Disney havia fechado um acordo com a rede ABC para colocar no ar uma nova série que levasse a assinatura da Disney, que em 1955 estava inaugurando seu primeiro parque temático na Califórnia. Nascia **Disneylândia**, a primeira grande produção da Disney para a televisão, mostrando não só os bastidores do futuro império que Walt Disney estava construindo, mas também vários desenhos animados de Donald, Mickey e Pateta, já exibidos nos cinemas, e seriados como **David Crocket** e **A Saga de Andy Burnett**. Em alguns programas, sempre apresentados por Walt Disney, ele mostrava os bastidores de algumas de suas produções cinematográficas, como *20.000 Léguas Submarinas*, ou desenhos clássicos, como *Branca de Neve e os Sete Anões*.

Mas foram as antologias de suspense e ficção que trouxeram mais público para a frente da TV nas décadas de 50 e 60. E gente de peso foi contratada para dar mais energia a esse tipo de programa, como foi o caso do cineasta inglês Alfred Hitchcock. Enquanto ainda comemorava o sucesso de filmes como *Disque M Para Matar*, *Janela Indiscreta* e *Ladrão de Casaca*, rodados entre 1953 e 1955, o mestre do suspense foi convidado pela Universal para ser o apresentador de uma nova série de TV batizada de **Suspense**. O trabalho de Hitchcock era apenas apresentar cada episódio de 30 minutos, contudo ele também dirigiu 17 deles. A série sofreu um pouco no início porque os patrocinadores queriam que o criminoso sempre fosse levado à justiça e nunca se desse bem, mas Hitchcock era contrário a isso, deixando a critério dos roteiristas criar todo tipo de situação, com justiça final ou não. A abertura e a música tema ("Funeral March for a Marionette", de Charles Gounod) acabaram ficando no imaginário coletivo como a marca registrada do grande cineasta.

O Homem que Falava Demais

Quem assistia a *Suspense* provavelmente se lembra das narrações de Hitchcock no início e no final de cada episódio. O que poucos sabem é que para cada programa mais de uma abertura e encerramento eram gravados, pois as conhecidas zombarias do diretor com os patrocinadores não eram apreciadas no mercado europeu. Sendo assim, para cada episódio ele filmava duas aberturas e dois encerramentos, um para o público americano (com as piadas sobre os patrocinadores) e outro para a audiência européia (com piadas sobre os americanos). Na terceira temporada, o diretor gravou seus textos até em francês e alemão, pois falava ambas as línguas fluentemente.

Outra figura proeminente do cinema de terror que também ganhou espaço na TV foi Boris Karloff na série **Impacto**. Todas as semanas, Karloff mostrava casos de fantasmas, criaturas das trevas, monstros e outros bichos, sempre com o objetivo de causar pânico no público. Um pouco mais implícita foi a série **Um Passo Além**, apresentada por John Newland, na qual cada episódio retratava um acontecimento bizarro cuja solução nunca se dava com explicações lógicas, mas também não se jogava a culpa em fenômenos paranormais. Nessa mesma linha de antologia, os ingleses traziam **Enigma**, os japoneses **Ultra Q** e os brasileiros conheceram **O Estranho Mundo de Zé do Caixão**. As histórias descritas em *Enigma* eram de dar medo mesmo, porque nenhuma delas terminava bem, geralmente com os supostos mocinhos e mocinhas entrando pelo cano ou se transformando naquilo que estavam investigando. Já *Ultra Q* misturava os monstros criados por Eiji Tsuburaya com histórias fantásticas inspiradas em *Além da Imaginação*. Com o sucesso de seus filmes de terror, José Mojica Marins foi convidado para levar sua criação cinematográfica Zé do Caixão para uma série de programas de contos de terror, batizado de **Além, Muito Além do Além**, que estreou na Rede Bandeirantes chamando a atenção do público. Porém o sucesso, segundo noticiado na época, subiu à cabeça de Mojica, que rompeu o contrato com a emissora e se transferiu para a Tupi, rebatizando o programa de *O Estranho Mundo de Zé do Caixão*. Entretanto a produção mais sofisticada não conseguiu cativar o público fiel que Mojica tinha na Bandeirantes, e a série foi para o espaço.

Para a ficção científica não existe antologia mais importante do que **Quinta Dimensão**, que trazia toda semana os mais fascinantes contos de ficção abordando viagens no tempo, invasores do espaço, dimensões paralelas e todos os tipos de subgêneros referentes ao tema. A abertura da série brincava com o fato de que, a partir daquele momento, o aparelho de TV seria controlado por forças além do nosso controle. Mas antologias também podiam falar de amor e casos reais. Em 1969, a Hanna-Barbera produziu uma série de pequenas histórias sobre relacionamentos, com um leve toque de humor, chamada **Amor – Estilo Americano**, que era exibida em episódios curtos de 9 minutos, intercalados com animações do famoso estúdio. E depois de finalizar uma bem-sucedida temporada da série Dragnet, Jack Webb produziu para a General Electric o programa **E Isso Aconteceu**, no qual narrava dramatizações de fatos verídicos.

Heróis de Estimação

Na televisão, um cão pode ser o amigo do homem tanto quanto um cavalo, um golfinho e até um elefante. Lassie e Rin Tin Tin têm em comum o fato de terem saído dos cinemas para a telinha. **Lassie** é uma cadela collie idealizada por Eric Knight no romance *Lassie Come Home*. A ação se passa numa fazenda do interior americano, onde a cadela Lassie ajuda a cuidar das criações, além de tomar conta das crianças. Ao lado de Lassie, Rin Tin Tin foi um dos grandes astros caninos do cinema, estreando em 1947. Mas a fama desse pastor alemão que vivia no Oeste Selvagem conquistou fãs do mundo inteiro com a série produzida pela Columbia, **As Aventuras de Rin Tin Tin**. Nela, vemos o dia-a-dia no Forte Apache, onde o jovem órfão Rusty foi adotado pelo exército depois de ter sido salvo de um ataque de índios. É ele quem cuida de Rin Tin Tin, um pastor alemão treinado para arriscar sua própria vida para salvar outra.

Você sabia?

★ *LASSIE* FOI UM DOS SERIADOS DE MAIOR LONGEVIDADE NA HISTÓRIA DA TV, PERMANECENDO NO AR DE 1954 A 1974, TOTALIZANDO 18 TEMPORADAS E 588 EPISÓDIOS.

A segunda espécie de animais que também fez fãs na TV foi a eqüina. Os graciosos cavalos brancos dos heróis do Oeste sempre se destacavam pela inteligência com que ajudavam seus donos contra os bandidos, como o Trigger de Roy Rogers ou o Tornado do Zorro. Na televisão, eles eram coadjuvantes até 1955, quando o produtor Leon Fromkess levou para a TV as aventuras do garanhão negro **Fury**.

Minha Amiga Flicka, que passou primeiro pelo cinema em 1943, se passa na virada do século 19, mostrando a amizade do jovem Ken com a égua Flicka. Para ter amigos de peso, nada melhor do que conhecer o gentil Ben e a poderosa Maya. **Ben – O Urso Amigo**, mostra o relacionamento do jovem Mark com um urso-pardo, criado desde filhote após perder a mãe. As aventuras vividas pela família de Mark giravam em torno da proteção ao meio ambiente, já que seu pai, Tom, era um guarda florestal. Tão poderosa como Ben era a elefanta **Maya**, que ajudava os jovens Terry e Raji a viajar pela Índia à procura do pai de Terry. A série acabou sendo cancelada pelo alto custo de cada episódio. O último dos animais inteligentes da TV também veio do cinema, do filme *O Menino e o Delfim* (1963). **Flipper** torna-se mascote dos irmãos Sandy e Bud, filhos do guarda Porter Ricks, responsável por uma reserva marinha na Flórida. Depois dessa série, Flipper apareceu novamente no cinema em uma produção de 1996 estrelada por Elijah Wood.

A empregada que roubou a cena

Ser uma empregada doméstica num programa de TV nunca pareceu muito promissor para nenhuma atriz, mas Shirley Booth quebrou este tabu. Premiada com o Oscar de melhor atriz pelo filme *A Cruz da Minha Vida* (1952), a atriz deu uma guinada radical quase dez anos depois, quando o produtor Harry Ackerman a convidou para estrelar sua própria série de TV. **Hazel** mostrava o dia-a-dia de uma empregada doméstica que não deixava ninguém se intrometer em como administrava a casa de seus patrões, incluindo os próprios. A série ficou no ar durante cinco temporadas e rendeu a Shirley dois Emmy como melhor atriz.

Heróis a Jato

Os anos 50 definiram a entrada do homem na Era do Jato, principalmente quando essa máquina de voar passou a ser usada para fins militares, como aconteceu na Guerra da Coréia. E são os pilotos militares quem mais apareceram na TV para mostrar que voar também era para os homens. **Jet Jackson – O Comandante Meteoro** é um ex-piloto de guerra que é convidado pelo governo americano para integrar a misteriosa organização chamada Esquadrão Secreto, criada para combater os inimigos da liberdade e da justiça. No Brasil, o seriado foi um dos primeiros a ganhar uma versão dublada. Baseado nas tiras de quadrinhos para jornais feitas por Milton Caniff, **Steve Canyon** tentou pegar o espírito do personagem, transpondo a ação da Segunda Guerra para o conflito dos americanos na Coréia, nos anos 50. Contando com imagens reais filmadas e cedidas pela Força Aérea dos Estados Unidos, o seriado mostrava o dia-a-dia do tenente-coronel Steve Canyon em suas missões de combate, entretanto deixava a desejar nos combates aéreos, focando os episódios nos dramas pessoais.

A produção brasileira **Águias de Fogo** narra as aventuras desse esquadrão da Força Aérea Brasileira, que tem o objetivo de defender a lei, a ordem e a soberania sobre o território nacional. Com apoio da Força Aérea Brasileira, a série conseguiu ser produzida, mas enfrentou problemas na distribuição. Várias cidades do interior do país assistiram ao programa com muito entusiasmo, enquanto nas grandes capitais do Sul e Sudeste a série foi muito mal programada pela Rede Tupi, passando despercebida pelo público. **Rocky Jones** também foi um intrépido piloto, com a diferença de que ele era responsável por patrulhar o espaço no século 21. A série era estrelada por Richard Crane, e foi uma das primeiras produções de ficção que surgiu nos anos 50 na TV, com uma produção modesta, porém com histórias bem cativantes, especialmente para o público juvenil.

Super-Heróis

Um dos primeiros super-heróis criados para a televisão foi o nosso **Capitão 7**, com simplicidade e muita garra. Depois de salvar a vida de um alienígena, o jovem Carlos é levado pelo ser do espaço para um planeta onde receberia uma educação mais avançada do que na Terra. Ao retornar, Carlos transforma-se no Capitão 7, que enfrenta todo tipo de perigo para trazer justiça e paz nas mais diferentes regiões do planeta. A série foi uma das primeiras no Brasil feitas ao vivo, já que não existia videoteipe naquela época. O astro Ayres Campos, mineiro de Uberaba, morreu em 2003 aos 80 anos, e marcou a memória da televisão brasileira, sendo reverenciado até os dias de hoje. Outro legado para a história da TV foi o trabalho de George Reeves em **As Aventuras do Super-Homem**. Embarcado num foguete por seu pai, o jovem Kal-El escapa do planeta Krypton logo antes dele explodir. Na Terra, ele é resgatado por Martha e Jonathan Kent, que o adotam com o nome de Clark Kent. Dotado de poderes sobre-humanos, Clark torna-se o Super-Homem, defensor da justiça e do modo de vida americano. Ao lado de *I Love Lucy*, a série foi um dos grandes sucessos da TV nos anos 50. As aventuras não exageravam nas possibilidades exibidas nos quadrinhos, por conta da limitação dos efeitos visuais. O Super-Homem voava contra uma parede que simulava nuvens, e a câmera ficava posicionada num ângulo de 90 graus para dar a impressão de vôo. A partir dessa data, o seriado começou a ser filmado em cores. George Reeves, durante os anos seguintes ao final do seriado, tentou de todas as formas se livrar do personagem, e acabou morrendo num inexplicável caso de suicídio com um tiro na cabeça, mistério que a polícia de Los Angeles não conseguiu explicar até hoje. Acabou virando uma lenda urbana de Hollywood: louco por não conseguir trabalhar, e acreditando que tinha adquirido os poderes do personagem, teria vestido seu uniforme de Super-Homem e se atirado de uma janela. O caso é retratado no filme *Hollywoodland – Nos Bastidores da Fama* (2006), em que Reeves é interpretado por Ben Affleck.

Você sabia?

★ O NÚMERO ESTAMPADO NO UNIFORME DO CAPITÃO 7 ERA UMA REFERÊNCIA DIRETA AO CANAL ONDE O SERIADO ERA EXIBIDO.

★ **NAS DUAS PRIMEIRAS TEMPORADAS DE *AS AVENTURAS DO SUPER-HOMEM*, O UNIFORME DO HERÓI ERA MARROM E BEGE, CORES IDEAIS PARA AS FILMAGENS EM PRETO-E-BRANCO. EM 1954, A SÉRIE PASSOU A SER COLORIDA, E O UNIFORME PASSOU A TER AS TRADICIONAIS CORES AZUL E VERMELHO.**

Outro ícone dos quadrinhos da DC Comics, **Batman**, também tentou sua sorte na televisão no seriado "camp" lançado em 1966, que respeitava a origem dos personagens, com o jovem Bruce Wayne, depois de ver seus pais assassinados, resolvendo se transformar num justiceiro mascarado para fazer justiça com as próprias mãos. A diferença era o tom mais cômico das aventuras, em que se sobressaía a ação. Os tons psicodélicos dos anos 60 transformaram o programa num sucesso entre o público jovem. O programa era incrementado com as famosas onomatopéias visuais nas cenas de luta com Batman e Robin enfrentando a gangue do vilão da semana. A série ainda trazia, pela primeira vez, alguns ícones do homem-morcego, como o batmóvel, a bat-lancha, o batcóptero, a batcicleta, o batsinal e o inigualável cinto de utilidades. Mesmo com o sucesso, os produtores resolveram incrementar o seriado a partir da terceira temporada, colocando Yvonne Craig como a sensual combatente do crime Batgirl. Infelizmente, a série foi tirada do ar ao final de sua terceira temporada. Os atores Adam West e Burt Ward acabaram tentando fazer carreira, mas sem o sucesso anterior. West aceitava aparecer vestido de Batman em inaugurações de shoppings e eventos do tipo. Ele deixou essas atividades quando o transformaram em bala-humana, disparada de um canhão num parque de diversões. Mas os dois emprestariam as vozes para o desenho animado feito em 1977 (*As Novas Aventuras de Batman e Robin*). A dupla de atores do cultuado seriado voltaria a se reunir no especial para a TV *De Volta à batcaverna*, no qual interpretam a si mesmos tentando descobrir quem roubou o batmóvel usado na série.

Bat-Curiosidades

★ *Batman* foi um dos seriados em que os grandes nomes de Hollywood nos anos 60 queriam aparecer, até mesmo os que raramente apareciam na TV. Frank Sinatra, Natalie Wood e Cary Grant eram grandes fãs da série que queriam estar nela, mas os produtores nunca conseguiram criar os personagens ideais para eles. Entre os astros que fizeram vilões na série, estavam Vincent Price (Cabeça-de-Ovo), Liberace (Chandell), Zsa Zsa Gabor (Minerva), George Sanders (sr. Frio), Otto Preminger (Sr. Frio), Eli Wallach (Sr. Frio), Joan Collins (Serena) e Roddy McDowall (O Traça).

★ **O criador do personagem, Bob Kane, disse que o seriado reviveu a popularidade de Batman e salvou os quadrinhos de terem sua publicação cancelada na época. Apesar disso, a maioria dos fãs das HQs desprezava a série, pelo conteúdo humorístico e pelos personagens estereotipados.**

★ Um dos vilões mais populares da série foi o Pingüim, interpretado por Burguess Meredith. O ator, não fumante, conseguiu imprimir a voz característica do personagem porque os cigarros irritavam a sua garganta. Ele participou de 26 episódios, o maior número de aparições de um vilão no seriado.

★ **Quando o seriado estreou, o mordomo Alfred havia sido assassinado alguns anos antes nos quadrinhos. Mas quando os produtores anunciaram que ele se tornaria um personagem regular na série, ele "ressuscitou" nos quadrinhos.**

★ 84 diferentes onomatopéias eram usadas nas cenas de luta, de "bam" a "kapow", tornando-se uma marca registrada da série.

★ **A tia Harriet Cooper entrou no seriado em parte porque nos bastidores havia um certo nervosismo pelo fato de Bruce Wayne e Dick Grayson, dois homens jovens e solteiros, morarem juntos.**

★ Antes de ir ao ar, *Batman* recebeu a pior avaliação nas exibições-teste para o público em toda a história da rede ABC. A série só foi ao ar porque muito dinheiro havia sido investido em sua produção.

★ **O sucesso do seriado interferiu nos rumos de dois outros exibidos na mesma época: *Perdidos no Espaço* e *O Agente da UNCLE* começaram com um tom mais sério e foram aos poucos inserindo mais humor e o estilo "camp" do concorrente.**

Baseado numa radionovela americana dos anos 30, **O Besouro Verde** surgiu em Los Angeles para combater o crime organizado ao lado de seu assistente Kato, um coreano treinado nas artes marciais. Mas seus métodos deixavam a polícia furiosa, e a dupla era perseguida como se fosse criminosa. Na realidade, o Besouro é a identidade secreta de Brit Reid, o dono do *Sentinela Diário*, um dos mais influentes jornais do país. Apenas sua secretária Casey e o promotor Scanlon sabem a verdade sobre Reid e o Besouro, ajudando-o em alguns casos a ocultar sua identidade. Diferentemente dos filmes *O Besouro Verde* (1940) e *O Besouro Verde Volta a Atacar* (1941), a série de TV produzida por William Dozier (também responsável por *Batman*) tentava resolver o crime da semana em meia hora, sobrando pouco tempo para que os heróis ficassem mais tempo na telinha. O grande mistério da série ainda sem solução é descobrir por que na versão brasileira *The Green Hornet* virou Besouro Verde e não Vespa Verde, como é chamado num dos episódios da série *Batman* ("A Satisfação de Batman"), quando a Dupla Dinâmica se encontra com o Besouro e Kato. O seriado acabou depois de 26 episódios, que ficaram na lembrança principalmente pela participação de Bruce Lee como Kato. O ator virou um astro de cinema internacional nos anos 70, o que fez com que a Fox reunisse vários episódios do seriado, lançando na tela grande dois filmes: *Kato e o Besouro Verde* (episódios "A Caça e os Caçadores", "Invasão Espacial" e "Extorsão Mortal"), e o inédito no Brasil *Fury of the Dragon* (episódios "Azares do Príncipe Encantado", "O Zumbido do Besouro", "Raio da Morte" e "O Segredo de Sally Bell"). No seriado, somente no décimo episódio ("Extorsão Mortal") Bruce protagonizava uma fantástica cena de luta, mostrando por que se tornaria uma lenda dos filmes de ação.

O Primeiro Herói Brasileiro da TV

Com pouco mais de dez anos de existência, a TV brasileira ainda era um terreno novo a ser explorado. Mesmo com a incidência das produções estrangeiras na ainda pequena grade de programação, a dramaturgia ainda estava restrita a novelas e teleteatros. No entanto, em 1961, a dupla Ary Fernandes e Alfredo Palácios dava o primeiro passo para criar um dos grandes momentos da televisão nacional, ao produzirem as aventuras do **Vigilante Rodoviário**. A fonte de inspiração da dupla de produtores era a Polícia Rodoviária do Estado de São Paulo, criada em 1948 pelo Governador Adhemar de Barros para dar emprego aos pracinhas que lutaram na Segunda Guerra. Filmado em película, algo muito raro para uma série de TV naqueles tempos, *Vigilante Rodoviário* estreou em março de 1961, levado ao ar na Tupi e patrocinado pela Nestlé. A bordo de seu Simca Chambord ou com sua motocicleta Harley Davidson, o inspetor Carlos enfrentava todos os tipos de criminosos e situações complicadas quando saía para trabalhar ao lado de seu fiel companheiro Lobo, um pastor alemão adotado quando ainda era filhote. Um dos objetivos da série era transmitir lições de civilidade, mostrando o trabalho de proteção e segurança dessa corporação da polícia. Mais de duzentos atores foram testados para o papel principal, que acabou ficando com o jovem Carlos Miranda, assistente de produção. Dublado por Astrogildo Filho, ele vestiu o uniforme de vigilante e alcançou sucesso instantâneo.

Durante um ano de exibição, a audiência das quartas-feiras à noite subiu às alturas, alegrando a Tupi e a Nestlé. Mas a série acabou cancelada por falta de patrocínio, principalmente depois que o presidente Jânio Quadros decretou uma taxação de 400% em produtos importados, fazendo com que o custo do filme tornasse quase inviável produzir um simples segmento de um episódio. Carlos Miranda deixaria a carreira três anos mais tarde para ingressar na Academia de Policia e se tornar um policial rodoviário de verdade. A única vez que voltou a interpretar o inspetor foi num dos episódios de *Águias de Fogo*, nova série de Ary Fernandes. Com o passar dos anos, e as reprises constantes da série pela Globo e pela Excelsior, Fernandes e Palácios remontaram alguns episódios para lançá-los no cinema, o que despertou a curiosidade de uma nova legião de fãs. Atualmente, apenas 26 dos 38 episódios estão preservados na Cinemateca Nacional.

Cante o Tema do Vigilante Rodoviário

De noite ou de dia,
firme no volante,
vai pela rodovia,
bravo Vigilante!

Guardando toda estrada,
forte e confiante,
é o nosso camarada,
bravo Vigilante!

O seu olhar amigo,
é um farol que avisa do perigo,
audaz e temerário,
pra agir a todo instante,
da estrada é o Vigilante,

Vigilante Rodoviário!

Gênios da Ciência

Foram poucas as séries de TV que apresentaram como protagonistas cientistas que usavam suas habilidades para ajudar os outros. Em **O Desafio do Homem**, George Nader era o dr. Glenn Gordon, um dos grandes exploradores ficcionais que surgiram na TV nos anos 50. Do outro lado do Atlântico, o dr. Peter Brady ficou invisível durante suas experiências e agora estava bancando o agente do governo inglês, já que ninguém podia vê-lo. Mas ele sempre mantinha o bom humor, mesmo quando era obrigado a andar no meio da rua sem roupa para cumprir uma de suas missões. A série era **O Homem Invisível**.

O Fantástico Mundo de Gerry Anderson

Gerry Anderson começou a trabalhar na televisão em 1957, num programa de marionetes chamado *The Adventures of Twizzle*, para o público infantil. Aos poucos, começou a desenvolver uma técnica especial, que ele batizou de *supermarionation*, tentando fazer com que os bonecos tivessem expressões faciais mínimas para ajudar no desenvolvimento das histórias. Com isso, ele começou a produzir uma série mais ousada, **SuperCarro**, mostrando as aventuras de um carro voador e cheio de recursos para enfrentar qualquer parada. Com o sucesso da série, feita em preto-e-branco, Gerry e sua esposa Sylvia começaram a pensar num novo projeto ainda mais arrojado, levando seus bonecos para a estratosfera. Nascia o primeiro seriado de marionetes de ficção científica chamado **Fireball XL-5**, nome da nave espacial pilotada pelo audaz Steve Zodiac, um patrulheiro espacial que tinha a missão de defender a Terra contra qualquer tipo de invasor, sempre auxiliado por sua assistente Vênus e por Robert, o robô. Foi com essa série que Anderson sedimentou uma de suas fundamentais parcerias, com o técnico em efeitos visuais e miniaturas Derek Meddings.

Logo após *Fireball*, o casal Anderson começou a pensar em produzir sua primeira série em cores, escolhendo para isso a divertida história do **Stingray**, um submarino nuclear que pertence à Patrulha Aquática para Segurança Mundial (WASP) é comandado pelo capitão Troy Tempest e pilotado pelo tenente George Lee Sheridan. Junto com eles está Marina, uma bela jovem que veio de Pacífica, uma cidade submarina. Ela não fala e tem uma queda secreta por Troy, que por sua vez arrasta um bonde por Atlanta, filha do comandante Shore, líder da Patrulha Aquática. A abertura do seriado foi uma das mais elaboradas, cheias de efeitos visuais criados por Meddings e com trilha de John Barry. Entretanto o grande salto de qualidade veio com a série considerada uma obra-prima do gênero, **Thunderbirds**, que mostrava a família do ex-astronauta Jeff Tracy dedicando-se a salvar vidas em qualquer lugar do planeta. Rica em detalhes técnicos e futuristas, a série foi um sucesso, gerando dois filmes para o cinema. Exibida nos domingos à tarde pela Rede Record, *Thunderbirds* foi uma fantástica jogada de marketing para a patrocinadora Royal, fabricante de gelatinas e pudins em pó. Quando o programa entrou no ar, seu nome era **Invencíveis Royal**. Nos anos 90, a série voltou a ser exibida pelo SBT, mas sem a dublagem original dos anos 60, perdida totalmente.

Curiosidades

★O rosto do boneco Troy Tempest, de *Stingray*, foi elaborado com base no rosto do ator James Garner, que na época estava fazendo sucesso no cinema e também na TV com *Maverick*.

★Os nomes dos filhos de Jeff Tracy em *Thunderbirds* são uma homenagem do criador Gerry Anderson aos verdadeiros astronautas Scott Carpenter, Virgil Grissom, Alan Shepard, Gordon Cooper e John Glenn.

★Para dar mais realismo à série, as mãos das personagens marionetes eram verdadeiras, filmadas em planos mais fechados.

Com o sucesso internacional de seu trabalho com as marionetes, Gerry Anderson acreditava que poderia ousar ainda mais. Em 1967, ele lançava **Capitão Escarlate**, uma série em que os bonecos não tinham mais o aspecto de caricaturas de humanos, mas pareciam humanos de verdade. A história do Capitão Escarlate começa com uma frustrada missão terrestre a Marte, onde o líder capitão Black destrói uma instalação dos Mysterons, pensando que são alienígenas hostis. Porém eles têm o poder de restaurar qualquer tipo de objeto ou pessoa, e assim destroem o veículo de Black, transformando-o num agente Mysteron, que tem como missão a destruição lenta e gradual da Terra. Para impedir isso, existe a Spectrum, uma força de segurança mundial comandada pelo coronel White, com seus vários agentes de campo e uma esquadrilha de caças pilotados por mulheres chamadas de Anjos. Na versão brasileira, o capitão Blue foi dublado por Oney Cazarré, e o capitão Escarlate, por Flávio Galvão. A série seguinte, **Joe 90**, apresentava o garoto de nove anos Joe McClaine, filho do professor Ian, que desenvolveu uma máquina para transferência de ondas cerebrais chamada Tremendão. Com ela, as habilidades de qualquer pessoa podem ser transferidas para outra, sem nenhum dano para ambas. A idéia do cunhado de Ian, o agente de segurança mundial Sam Loover, é transformar Joe num agente secreto e assim ajudar nos casos mais complicados. Afinal de contas, quem iria suspeitar de uma criança pilotando um avião soviético ou um caminhão de transporte de carga perigosa, usando armas sofisticadas? *Joe 90* foi a última série de *supermarionation* exibida no Brasil.

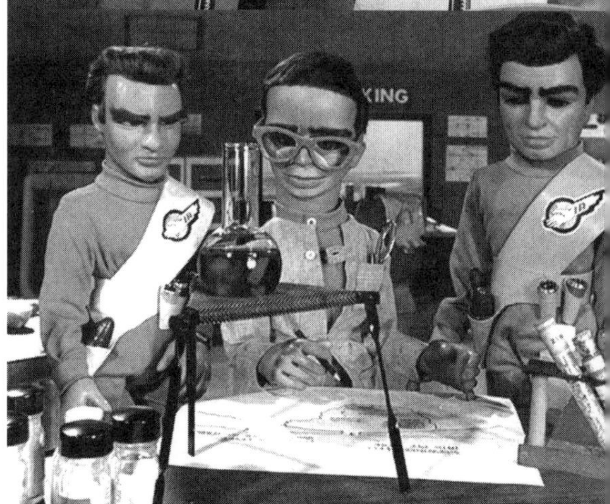

Cuidando dos Bichos

Um pouco de ecologia e respeito aos animais não faz mal a ninguém, por isso o produtor Ivan Tors resolveu levar para a TV uma versão de um de seus trabalhos no cinema. **Daktari** mostra o dia-a-dia da clínica veterinária do dr. Marsh Tracy, que cuida dos mais diferentes tipos de pacientes na África. Ele é auxiliado pela filha Paula, e sempre que tem algum tipo de problema com caçadores de marfim e outros contrabandistas, conta com a ajuda do coronel Hedley, do exército inglês. Além do leão Clarence, que está no elenco de apoio, *Daktari,* que significa "médico da selva" em suaíli, tinha também a chimpanzé Judy. Afinal, que tipo de seriado sobre a África seria este sem um chimpanzé inteligente? No ano seguinte, Tors resolveu voltar sua mente para outra produção envolvendo aquele continente, mas então com um projeto bem diferente, desta vez inspirado no filme *Hatari,* estrelado por John Wayne. **Cowboy na África** apresenta Jim Sinclair, um dos grandes campeões de rodeios dos Estados Unidos, que é contratado pelo comandante Hayes para transformar sua fazenda no Quênia em uma fazenda de gado tipicamente americana. Só que Jim terá que enfrentar problemas com os animais selvagens que rondam o lugar, além de encontrar no caminho traficantes de animais e marfim.

Olha Quem Está Falando

Quando falta uma boa idéia para um programa, um produtor pode apelar para qualquer coisa. Walter Brooks fez exatamente isso quando criou **Mister Ed**, sobre um cavalo que falava com seu dono, Wilbur, inspirado numa série de gibis da época. A série fez sucesso imediato, chegando a ganhar um Globo de Ouro de melhor show de TV, porém alguns protestaram contra o seriado, dizendo que o cavalo estava sofrendo maus-tratos e que colocavam alguma coisa em sua boca para que ele mexesse os lábios. Sem ter esse mesmo problema, Alan Burns e Chris Hayward levaram ao ar **Mamãe Calhambeque**. A série mostrava como o espírito da mãe de Dave Crabtree foi parar dentro de Porter 1928, um autêntico calhambeque conversível, conversando com o filho através do rádio do carro. Mas como o seriado tinha uma competição pesada na época, enfrentando *A Feiticeira, Jeannie é um Gênio* e o próprio *Mister Ed,* foi retirado do ar após uma temporada.

Capa, Espada e Muitas Flechas

Pegar alguns dos mais famosos heróis da literatura universal e transformá-los em um programa de TV foi uma das alternativas dos produtores para atrair a atenção do público. **As Aventuras de Robin Hood** foi uma das mais longas e interessantes versões da lenda do herói medieval, mostrando suas aventuras em temporadas de 39 episódios. Produzida em Londres, a série havia sido programada inicialmente para ser exibida para o público infantil, como uma pequena aula de história, mas acabou transformada num programa para todas as idades. Contemporâneo de Robin Hood, sir Ivanhoé também defendeu a justiça na Idade Média, mesmo não se tratando de uma adaptação fiel do livro de Walter Scott. Na série, **Ivanhoé** (o futuro 007 Roger Moore) vaga pela Inglaterra ao lado de seu escudeiro Gurth, como uma espécie de Robin Hood, tentando ajudar os mais necessitados. Outro contemporâneo da Idade Média é **Guilherme Tell**. Baseado na obra do alemão Friedrich Schiller, mostra as aventuras de um arqueiro lutando contra a injustiça causada pelo burgomestre Gessler, que tentava capturar o rebelde, o qual ganhava cada vez mais adeptos. A série fez sucesso nos anos 60, apesar das semelhanças com Robin Hood. Quem atuou na série em um pequeno papel foi Michael Caine.

O nosso herói de **Falcão Negro** também atuou contra a injustiça na Idade Média, numa produção brasileira realizada pela Tupi nos anos 50. Num distante reino medieval, a justiça era o principal objetivo do lendário Falcão Negro, que lutava contra os opressores do povo com sua habilidade na espada e sua astúcia contra mentes menos privilegiadas. Sua espada também estava à serviço de lady Bela, a donzela por quem era perdidamente apaixonado. Numa época em que a audiência na TV era disputada pela criatividade e não a tapa como nos dias de hoje, esse seriado fez a cabeça de muita gente, especialmente quem não apreciava as aventuras sobre-humanas do Capitão 7, contemporâneo do Falcão. A série, criação de Péricles Leal, era feita ao vivo semanalmente, mas depois de um certo tempo começou a ser exibida diariamente. Um dos episódios do programa Video Show, da Rede Globo, conseguiu reunir os atores que fizeram Falcão (José Parisi e Gilberto Martinho) para contar suas aventuras diante das câmeras. Numa delas, Gilberto era atingido por uma cadeira lançada pelo vilão Jece Valadão, ficando desacordado e gerando uma enxurrada de cartas e telefonemas perguntando se o herói havia morrido. Nos episódios seguintes, a recuperação do herói era mostrada. Outro momento ímpar, ocorrido com Gilberto, envolveu

um dos extras, que cairia morto pela espada do Falcão Negro. Com medo de se machucar com a estocada, o extra saiu da marcação de cena, mas levou a mão no peito e caiu morto. Como a cena ficou muito estranha, Martinho saiu com a frase: "Quer dizer que, além de miserável, és cardíaco?". Um dos personagens secundários durante alguns episódios foi o arqueiro Pé-de-Coelho, interpretado por Oliveira Sobrinho, também conhecido como José Bonifácio de Oliveira Sobrinho, o famoso Boni, da Rede Globo.

Os Três Mosqueteiros foi a primeira adaptação televisiva da história de Alexandre Dumas, mostrando as aventuras dos mosqueteiros do rei da França. A co-produção entre Itália e Inglaterra não durou muito, contudo marcou a presença de Sebastian Cabot, que foi astro dos filmes de terror produzidos por Roger Corman nos anos 60, além de apresentador da série **O Círculo do Medo**.

Os Primeiros Heróis Americanos

Num território desconhecido, eles lutam pela paz e pela justiça, e estão determinados a enfrentar qualquer tipo de obstáculo. Assim são alguns dos heróis da literatura americana que foram parar na TV. **O Último dos Moicanos**, adaptado do clássico livro de James Fenimore Cooper, narra as aventuras de Hawkeye, um branco criado por índios moicanos, e Chingachgook, o último representante da tribo indígena descrita no texto de Cooper. Filmada no Canadá, a produção tinha poucos recursos, no entanto usava as belas paisagens do país para dar um tempero diferente a cada aventura da dupla central. O astro John Hart também foi o pistoleiro com balas de prata na consagrada série **As Aventuras do Zorro**, na qual substituiu Clayton Moore. Depois de trabalhar para a Disney na série cinematográfica David Crockett, Fess Parker voltou a usar o boné de pele de castor, como um dos mais lendários desbravadores do Oeste americano do século 18, **Daniel Boone**. A série mostrava a vida de Boone com sua esposa Rebecca e seus filhos Israel e Jemima, e as dificuldades enfrentadas pelos pioneiros da época. Um de seus principais amigos era Mingo, um índio cheroqui que foi educado na escola do homem branco e sabe como ninguém os segredos que se escondem na floresta onde vivem. Pela simplicidade das histórias e pelo clima familiar com que os roteiros eram desenvolvidos, o seriado produzido pela Fox conquistou o público, ficando no ar por vários anos. Aqui

Cante a Música do Zorro

Em seu cavalo subindo a montanha
Vem chegando então o Zorro
Por onde passar a justiça fará
Deixando a marca do Zorro
Zorro, a espada não falhará.
Zorro, ajuda a quem precisar.
Zorroooooooo

no Brasil, exibido pela Record, o seriado ainda conseguiu ser exibido em cores no início dos anos 70, quando já havia terminado nos Estados Unidos.

A vida no inexplorado território da Califórnia no século 17, ainda sob o domínio espanhol, não era nada fácil. Os pesados impostos coletados sob o chicote dos representantes do governo da Espanha faziam qualquer sentimento rebelde morrer a cada estalada. Foi nesse clima de desespero que chegou o jovem Dom Diego de La Vega, recém-egresso de uma das principais escolas espanholas, onde se tornara um grande espadachim. Ao ver o povo de sua terra sofrendo, Diego e seu fiel empregado Bernardo criam a figura do **Zorro**, um herói mascarado cujo objetivo é acabar com a injustiça e desbancar o tirano capitão Monastário do poder da Califórnia. A ida para a TV desse herói, já conhecido do público no cinema, era um projeto antigo de Walt Disney que só decolou em parte; mas a versão latina de Robin Hood não tinha como não dar certo. A clássica abertura, mostrando o que o herói ia fazer no programa, com a música falando dos feitos do herói mascarado, é memorável. Outro destaque eram as bem coreografadas seqüências de duelo com espadas. As histórias desenvolviam-se em arco, com Zorro enfrentando um determinado tipo de problema, sempre ligado a um problema ainda maior. Entre os personagens constantes estavam Bernardo, o empregado que se fingia de surdo-mudo para obter informações importantes para seu patrão, e o lendário e roliço sargento Garcia, além do pai de Diego, Dom Alejandro, que na terceira temporada descobre a identidade secreta do filho e passa a ajudá-lo nas missões.

Depois de três temporadas, Zorro pendurou a espada e a máscara, todavia Williams voltaria em **Perdidos no Espaço**.

Futuro Promissor

Sally Field recebeu dois Oscars de melhor atriz por *Norma Rae* (1979) e *Um Lugar no Coração* (1984), mas sua carreira começou na TV, como a estrela do seriado **Gidget**, baseado na personagem de Sandra Dee no filme *Maldosamente Ingênua* (1959), uma adolescente que descobre o surf e o amor. A série aproveitava esses dois interesses para divertir o público com as confusões que Gidget aprontava, entretanto não decolou, levando Sally a trabalhar em seu primeiro longa, *Desbravando o Oeste* (1967). Partiu de Harry Ackerman, produtor de Gidget, o convite para Sally ser a irmã Bertrille, a personagem principal de **A Noviça Voadora**, a série que levou Sally ao estrelato. A personagem é uma jovem noviça que vai a Porto Rico trabalhar numa missão católica, onde as freiras usam uma espécie de chapéu nada convencional (uma das irmãs era Shirley Morrison, que, décadas depois, ganharia novo destaque como a empregada mal-humorada de Karen em **Will & Grace**). Como Bertrille é magra e baixinha, a combinação desse físico com seu hábito e chapéu, aliados a um bom vento, fazem com que a religiosa possa voar. Com essa habilidade, ela não só pode ajudar a melhorar o convento, como também se meter em todo tipo de confusão. Todas as freiras do convento sabem de seu segredo, além de seu amigo especial Carlos Ramirez, um bon-vivant da cidade. Após esse trabalho, Sally começou a se comprometer cada vez mais com o cinema.

Quebrando Barreiras

Assim como aconteceu no cinema, quebrar a barreira do preconceito racial não foi uma tarefa fácil para os negros americanos. Produzir uma série de TV em que um negro não fosse um ajudante de obras, engraxate ou cozinheiro, os tradicionais estereótipos racistas do cinema, era arriscado e também perigoso. Mas depois que Sidney Poitier recebeu o Oscar de melhor ator em 1964, por *Uma Voz nas Sombras*, em pleno auge dos movimentos civis americanos, parecia natural que o talento não fosse reconhecido pela cor. Antes dessa época, é clássico o caso de Nat King Cole, cujo programa de TV na NBC não conseguia patrocinadores nacionais por causa do preconceito racial. A série de espionagem **Os Destemidos** abriu as portas para acabar com o preconceito racial na TV. Bill Cosby, mais conhecido hoje por sua veia cômica, interpretava o técnico de tênis Alexander Scott, treinador de Kelly Robinson, papel de Robert Culp, um dos maiores jogadores da época. Na realidade, os dois são agentes secretos usando como disfarce os torneios de tênis do mundo inteiro para cumprir suas missões fora dos Estados Unidos. O produtor Sheldon Leonard lutou muito para que Cosby fosse mantido no papel, transformando o ator no primeiro negro a interpretar um personagem de destaque numa série dramática. Cosby acabou recebendo três Emmy como melhor ator em seriado dramático. Em 1994, Culp e Cosby voltaram a interpretar os personagens no telefilme *Os Espiões Estão de Volta*, título com que o filme foi lançado em vídeo no Brasil, demonstrando que a distribuidora não pesquisou a origem do filme.

No caso de **Julia**, o produtor Hal Kanter tinha que lidar com dois preconceitos, já que a personagem principal era viúva e negra. Julia Baker havia perdido o marido na Guerra do Vietnã e lutava para cuidar do filho. Ela é contratada como enfermeira e assistente do dr. Morton, e um laço de amizade se forma entre eles. Quem também ajuda Julia nos problemas domésticos é Sol Cooper, o zelador do prédio da viúva. Com tom de comédia dramática, Julia mostrou ao mundo o talento de Diahann Carroll, também dotada de uma voz fabulosa. A série Julia foi importante na história da televisão por acabar definitivamente com os estereótipos relacionados com a raça negra.

É Isso aí, Johnny...

Considerado o melhor Tarzã que já apareceu no cinema, o ex-atleta olímpico Johnny Weissmuller também se firmou na selva com outro personagem. O produtor Sam Katzman sabia que a carreira de Weissmuller como Tarzã já estava no fim, quando em 1948 ofereceu a ele a chance de interpretar no cinema o grande caçador Jim das Selvas. Foram 13 filmes até a fórmula ficar esgotada, e a Columbia decidir levar as aventuras para a TV. A série **Jim das Selvas** mostrava o dia-a-dia do grande caçador branco, seu filho Skipper e seu ajudante indiano Kaseem, impedindo que inescrupulosos caçadores depredassem a fantástica selva do Quênia. Apesar do baixo orçamento, o seriado tinha seu charme, especialmente na abertura, quando Jim das Selvas tirava o chapéu e mergulhava do alto de um morro para cair num lago. Assim como fazia em **Tarzã**, contracenando com a macaca Chita, Johnny tinha como companheira a macaca Tamba. Mais de dez anos se passariam até a televisão ser levada para a selva novamente, com o ator Ron Ely interpretando a criação de Edgar Rice Borroughs, Tarzã. A versão moderna trazia um homem macaco muito mais civilizado, que falava normalmente. Talvez tenha sido esse o problema do seriado, que ficou pouco tempo no ar. Muitos de seus episódios foram agrupados como longa-metragem para serem exibidos nos cinemas do interior americano. Mesmo com o físico para ser o herói da selva, Ron Ely parecia muito sofisticado como Tarzã.

Um Agente Nada Discreto

Uma série que se tornou cult e é exibida até hoje, mostrando o talento crescente de Mel Brooks para comédias alucinadas, é **Agente 86**. O mundo está sendo ameaçado por uma das mais terríveis organizações criminosas, a Kaos. Temendo pela segurança, o governo americano convoca Maxwell Smart (Don Adams), agente secreto do Controle, a mais eficiente organização de contra-espionagem já formada pelos Estados Unidos. O único problema é que Smart, também conhecido pelo codinome de agente 86, é o espião mais atrapalhado de todos. Se ele não conseguir impedir a Kaos de conquistar o mundo, todos irão morrer... de rir, é claro. Criado pela dupla Mel Brooks (o futuro cineasta de filmes como *O Jovem Frankenstein*) e o ator Buck Henry, o seriado transformou-se num dos grandes sucessos da TV nos anos 60, especialmente pela sátira aos heróis dos filmes de espionagem como Matt Helm, Derek Flint e, obviamente, James Bond. A companheira de trabalho de Smart era a agente 99 (Barbara Feldon), sempre apaixonada pelo colega, e quem na maioria das vezes conseguia resolver os casos antes de 86, mas deixava o colega levar o crédito. Assim como seus companheiros de profissão, Max tinha alguns aparelhos e armas fora do comum, mas que nunca funcionavam quando ele precisava. O melhor deles era o sapatofone, cujo nome não precisa de muita explicação. Para conversar secretamente com o chefe (Edward Platt), ele sempre pedia o cone do silêncio, que descia sobre a mesa para evitar que outras pessoas ouvissem o que os dois diziam, e que também nunca funcionava. Também marcaram época as frases de efeito de Max, cuja tradução ficou perfeita, assim como a voz de Adams, feita por Bruno Netto: "E... vou adorar!", "Desculpe por isso, chefe!", "O velho truque...", "Você acreditaria se..." e "Errou por um tantinho assim...". Após cinco temporadas, houve uma tentativa de trazer o personagem para o cinema, mas que acabou rendendo apenas dois telefilmes: *A Bomba que Desnuda* (1980), sem a participação de nenhum grande personagem do seriado, e *Agente 86... De Novo?* (1989), desta vez com Barbara Feldon.

Curiosidades

★A passagem do Agente 86 pelas portas que sempre se abrem até a cabine telefônica faz parte dos momentos clássicos da TV, tendo sido homenageada até num episódio de *Os Simpsons*.

★A agente 99 originalmente seria agente 69, mas os censores da rede NBC acharam o nome muito "sugestivo sexualmente". Aliás, o nome real dela nunca é revelado. Mesmo quando ela se casa com Smart, passa a ser chamada apenas como sra. Smart.

★O episódio piloto foi o único filmado em preto-e-branco.

★Barbara Feldon era mais alta que Don Adams. Para criar o efeito contrário, ele atuava em cima de uma plataforma ou ela ficava num nível abaixo. E na maior parte da série, ela nunca usou saltos altos.

Lendas Vivas

Uma das grandes lendas do Velho Oeste, William Bartley Masterson, conhecido como **Bat Masterson**, ganhou seu seriado de TV interpretado por Gene Barry, conhecido por interpretar galãs em filmes de baixo orçamento e de ter participado do clássico *A Guerra dos Mundos* (1953). Masterson era um jogador profissional, galante com as mulheres e que respeitava as regras, não tolerando injustiças. Segundo a lenda, ele fazia parte do grupo de pistoleiros e homens da lei que tinha como "líder" Wyatt Earp. O chapéu e a bengala foram suas marcas registradas e Barry soube usá-las como nenhum outro. Convidado pelo patrocinador do programa, Gene Barry veio ao Brasil em 1961, onde realizou uma série de apresentações musicais, sendo recebido até mesmo pelo presidente João Goulart, que, diziam, era fã do programa. Em um dos shows, em que cantava clássicos da música americana e o tema de abertura da série, Gene sorteou uma das bengalas usadas em Bat Masterson.

Você sabia?

★ A MÚSICA DE ABERTURA NO ORIGINAL ERA CANTADA PELO PRÓPRIO ATOR GENE BARRY. NO BRASIL, A VERSÃO BRASILEIRA FICOU SOB RESPONSABILIDADE DE CARLOS GONZAGA.

Já dizia a máxima literária que se a lenda é mais forte do que a realidade, publica-se a lenda. É exatamente o que acontece na versão para a TV das aventuras do famoso homem da lei **Wyatt Earp**. Os episódios mostravam Earp e seus comandados enfrentando os mais diferentes fora-da-lei em aventuras de meia hora. A série pertencia ao grupo das que tinham muito mais do que 22 episódios por temporada, daí a quantidade exagerada de programas em apenas seis anos no ar. A quinta temporada, por exemplo, teve 41 episódios. Conhecido como um dos personagens da história real do Oeste americano, James Butler Hickok, cujo apelido era Wild Bill (Selvagem Bill), foi um dos mais famosos delegados federais da época. **O Valente do Oeste** foi levado para a TV depois de fazer muito sucesso no rádio, também interpretado pela dupla Guy Madison e Andy Devine, representando a dupla de justiceiros que vagava pelo Oeste ajudando os mais desafortunados. Outra lenda do Oeste americano que entrou na TV foi **Johnny Ringo**. Depois de deixar a carreira de fora-da-lei, Ringo decide que chegara a hora de se aposentar e tentar algo diferente. Ele vai para uma pequena cidade no interior do Oeste americano, onde é nomeado xerife, decidindo servir com honra o distintivo que começara a usar. Apaixonado por sua namorada Laura Thomas, Ringo tinha um truque especial para derrotar os bandidos: sua arma tinha uma bala extra. O grande destaque da série é o fato de ser o primeiro trabalho como produtor de Aaron Spelling, o homem responsável por centenas de seriados de sucesso como *As Panteras, Barrados no Baile* e *Charmed.*

Você sabia?

★ *WYATT EARP* TERMINOU COM UM EPISÓDIO INCOMUM DIVIDIDO EM CINCO PARTES, MOSTRANDO O FAMOSO DUELO NO O.K. CURRAL, ONDE EARP, SEUS IRMÃOS E DOC HOLLIDAY ENFRENTARAM A FAMÍLIA CLANTON.

Heróis da Fronteira

Nada como um herói cruzando o Velho Oeste para defender a justiça com suas próprias mãos e armas. Durante muitos anos, esse estilo romanceado de justiceiro funcionou muito bem na televisão. Um dos primeiros a entrar na telinha foi o pistoleiro solitário chamado **Zorro**. Depois de ser emboscado e quase morto por uma quadrinha de ladrões, o patrulheiro John Reid é salvo por um índio chamado Tonto. Jurando levar a justiça onde quer que ela seja necessária, Reid adota o nome de Zorro e parte com Tonto para uma série de aventuras no Velho Oeste. Usando apenas balas de prata em suas armas, Zorro usava uma roupa azul-claro e seu cavalo se chamava Silver ("Aiô, Silver!"). No original, Zorro se chamava *The Lone Ranger* (O Pistoleiro Solitário). No Brasil, o nome Zorro foi adotado por conta dos quadrinhos, lançados no país bem antes do surgimento do verdadeiro Zorro na série da Disney. Baseado numa radionovela muito popular nos anos 40, **As Aventuras de Cisco Kid** mostrava o herói mexicano e seu fiel companheiro Pancho como um Robin Hood do Velho Oeste. Cisco Kid era bom de luta e de armas, deixando a parte humorística para o atrapalhado Pancho. No final de cada episódio, a dupla tinha um bordão característico, com Cisco dizendo "Oh, Pancho..." e Pancho rindo "Oh, Cisco". A série foi a primeira da televisão a ser filmada em cores. Já Roy Rogers era um tipo diferente de herói do Oeste. Ele começou sua carreira tocando música country com diversos grupos nos anos 30, em Hollywood. Quando montou sua própria banda, *Roy Rogers e os Filhos dos Pioneiros*, o sucesso começou a aparecer. Ele permaneceu no cinema por mais de cem produções, sempre fazendo o papel de bom mocinho e cantor. Em 1951, foi para a TV na série **Roy Rogers**, com sua futura esposa Dale Evans, numa série de aventuras em que a dupla, o cavalo Trigger e o cachorro Bullet faziam a festa contra os malfeitores.

Você sabia?

★ O TRIGGER DE ROY ROGERS FOI CONSIDERADO O CAVALO MAIS ESPERTO DO CINEMA, E CO-ESTRELOU COM ROY A MAIORIA DE SEUS FILMES E TAMBÉM A SÉRIE DE TV, EM QUE ERA CREDITADO NO ELENCO (ASSIM COMO O CACHORRO BULLET).

Os Almofadinhas

Poderíamos dizer que eles estão sempre no lugar errado. É o tipo de herói que não gasta suas balas a menos que haja um bom motivo para isso, da mesma maneira que evita brigar para não sujar suas roupas. Inevitavelmente, acabam sempre se envolvendo nas piores confusões. É o caso dos irmãos Bret e Bart **Maverick**, que resolveram adotar o Oeste americano como seu principal campo de trabalho. Não que eles queiram cuidar de uma fazenda ou levar o gado para pastar. A dupla, que sabe manejar bem as armas, gosta de jogar, de garotas e de se divertir até o último suspiro. O problema é que esse tipo de atividade geralmente dá dor de cabeça aos seus oponentes, que gostariam de ver os sortudos irmãos Maverick longe, na cadeia ou até mesmo mortos. Mais uma criação de Roy Huggins, responsável por outros faroestes de peso como *Cheyenne* e *O Homem de Virgínia*. O sucesso da série chegou também ao Brasil, levando os patrocinadores a trazer James Garner para uma visita promocional. Ele deixou o seriado em 1960, depois de processar a Warner por quebra de contrato. Em seu lugar entraria Roger Moore, como o primo Beau, habilidoso nas cartas e armas e com as mulheres, algo comum para os membros da família Maverick.

Para o graduado em West Point e ex-oficial da União durante a Guerra da Secessão conhecido como Paladino, nada melhor do que usar seu talento de pistoleiro para ganhar dinheiro, oferecendo suas habilidades para quem quiser pagar, tornando-se uma espécie de vingador romântico do Oeste. Vestindo-se invariavelmente de preto e com suas armas sempre impecavelmente limpas, esse **Paladino do Oeste** deixava o conforto de seu quarto no Hotel Carlton de São Francisco para prender um renegado, capturar uma quadrilha de ladrões de banco ou salvar alguma donzela em perigo. Sempre por um preço. Seu cartão continha a frase que dá origem ao nome original da série: *Have Gun Will Travel* (Disponível para Tudo). Criado pela dupla Sam Rolfe e Herb Meadow, o programa tinha como objetivo mostrar uma variação do faroeste convencional, muito comum em diversas produções que estavam no ar durante os anos 50. O personagem era uma mistura de cavaleiro inglês com vaqueiro, mas seu charme acabou rendendo a Richard Boone duas indicações ao Emmy. Durante os primeiros anos de exibição, a Record fez várias promoções, sorteando a roupa preta do herói do Oeste entre o público jovem.

Pistoleiros Solitários

Assim como aconteceu no cinema, o faroeste sempre se deu muito bem na televisão, especialmente em suas primeiras décadas. Além de contarem a formação de cidades históricas, as aventuras de famílias de pioneiros ou momentos importantes da conquista do Oeste, os seriados também abriam sua programação para os conhecidos pistoleiros solitários, aqueles homens que vagavam pelo Oeste, colocando suas armas para brigar por uma causa que muitas vezes nem era a sua. Esse herói solitário começou a surgir com o fim da Guerra da Secessão, como aconteceu com Cheyenne Bodie, que resolveu viajar pelo Oeste, enfrentando os mais diferentes perigos. Mestiço, ele recorre às armas e aos punhos para defender os fracos nessa terra selvagem. Inicialmente, **Cheyenne** fazia parte do programa semanal **Warner Brothers Present**, mas acabou se transformando num sucesso, ganhando seu próprio horário. E aí começaram os problemas. Enquanto o astro Clint Walker brigava com a Warner por um aumento de salário, a série foi suspensa, e no lugar se revezavam Bronco e Sugarfoot. A Warner acabou fechando um acordo com Clint quase dois anos depois, entretanto, nesse meio tempo, Ty Hardin conquistara sua própria audiência como o errante Bronco Lane, personagem que cruzou por Cheyenne e **Sugarfoot**. Para azar de Clint, a série foi cancelada em 1963. **Bronco Lane** é um homem do Oeste selvagem que vaga pelo Texas ajudando pessoas e salvando vidas. Introspectivo, ele tenta não se meter em encrencas, porém sua habilidade com armas acaba sendo um chamariz para conflitos de vida e morte.

Quem não quer dor de cabeça é bom não se envolver com Lucas McCain, também conhecido como **O Homem do Rifle**. Num rancho no interior do território do Novo México, Lucas McCain quer apenas cuidar de sua propriedade e ver seu filho Mark crescer. Experiente com armas, sempre que o xerife da cidade de North Fork precisa de sua ajuda, ele não hesita em tirar sua Winchester modificada para colocá-la a serviço da lei. Um detalhe: sua habilidade com essa arma é tanta que ele consegue disparar várias balas num piscar de olhos.

O último sobrevivente da Guerra Civil perdeu a batalha em **O Rebelde**. Johnny Yuma é um jovem soldado confederado em busca de sua própria identidade, logo depois que o Sul perdeu para o Norte. A série criada e produzida por Nick Adams virou cult

Você sabia?

★ ***CHEYENNE* FOI A PRIMEIRA SÉRIE DE TV PRODUZIDA POR UM GRANDE ESTÚDIO DE HOLLYWOOD, A WARNER BROTHERS.**

por mostrar o primeiro faroeste psicológico da televisão, e por ter se baseado em James Dean para criar o personagem. Outro pistoleiro solitário que ficou dez anos no ar levando justiça ao território de Wyoming era **O Homem de Virgínia**. O personagem surgiu nas páginas do livro *The Virginian*, escrito por Owen Wister no começo do século 20, e considerado até hoje o precursor do gênero faroeste na literatura. A série foi o primeiro trabalho regular na TV de Lee J. Cobb, conhecido pelo papel do policial que investiga os estranhos crimes ocorridos em *O Exorcista* (1973). Assim como acontecia com muitas outras séries dessa época, *O Homem de Virgínia* tinha um numeroso elenco, a ponto de em alguns episódios apenas um dos atores centrais aparecer.

Você sabia?

★ OS EPISÓDIOS DE *O HOMEM DE VIRGÍNIA* TINHAM 74 MINUTOS, E ERAM EXIBIDOS EM SESSÕES DE UMA HORA E MEIA, FATO INCOMUM NA ÉPOCA.

Da Terra Nascem os Homens

Cidades e regiões do Oeste Selvagem também foram pontos de referência para produtores de TV. **Laramie**, por exemplo, era uma homenagem a uma parada de carruagens no território do Wyoming, em 1870. Para ajudar na recuperação da fazenda de gado, os irmãos Slim e Andy Sherman aceitam trabalhar como ajudantes da estância, enfrentando os perigos que esse trabalho pode gerar. Uma das primeiras produções da NBC, inaugurando uma linha de programas que levaria sua marca e serviria de modelo para outros estúdios. Mas nem tudo são brigas e tiros na conquista desse Oeste Selvagem, como imaginou o produtor Paul Junger Witt para a série **E As Noivas Chegaram**. Na virada do século 19, um dos grandes problemas da região madeireira da montanha Véu de Noiva, no interior americano, é literalmente a falta de mulheres. Com uma população de lenhadores e exploradores de madeira, a prefeitura da cidade não está mais dando conta de acalmar os ânimos. Mas para Jason Bolt e seus irmãos, a solução é "importar" mulheres de Seattle e tentar botar água fria na panela de pressão. Não que ele vá transformar o lugar num prostíbulo. Pelo contrário, Jason vai conseguir noivas para os principais e mais brigões solteiros da cidade. É claro que vai enfrentar resistência de seu principal concorrente, Aaron Stempel, mas, pela paz da região, vale tentar de tudo. Comédia levemente inspirada no musical *Sete Noivas para Sete Irmãos*, além de ser um dos primeiros papéis na TV de David Soul, que nos anos 70 seria um dos astros de **Justiça em Dobro**.

Os Pioneiros

Nada melhor do que colocar uma família na linha de frente dos faroestes para extrair um bom drama dos conflitos gerados pela região. Um clássico do gênero é **Bonanza**, que teve início em 1959. A idéia de mostrar as aventuras de uma família de rancheiros no Oeste Selvagem partiu do produtor David Dortort, que jamais imaginara que esse programa se transformaria num fenômeno de audiência durante os 15 anos em que ficou no ar pela NBC americana. A história mostra a vida de Ben Cartwright (Michael Landon), um homem que conseguiu criar os três filhos num ambiente inóspito e selvagem, mas com dignidade e respeito aos valores familiares. Inspirado em **Camelot**, o produtor e criador de Bonanza colocou os Cartwrights na Fazenda Ponderosa, local onde sempre aconteciam as mais diferentes situações envolvendo ladrões de gado, assaltantes e crises familiares diversas, e algumas dessas situações lembravam o momento pelo qual a sociedade americana estava passando: preconceito racial, envolvimento em conflitos estrangeiros como a Guerra do Vietnã e o abuso de substâncias tóxicas como o álcool. No Brasil, a série foi primeiramente exibida em preto-e-branco, dentro dos estúdios da Tupi, em São Paulo, eram realizadas sessões especiais para convidados, onde alguns episódios eram projetados em cores. Além disso, vários episódios especiais foram apresentados nos cinemas brasileiros. Em 1988, 1993 e 1995, foram feitos três filmes para a televisão mostrando os descendentes dos Cartwrights.

No Oeste, uma mulher forte e com pulso para conduzir sua própria família também merecia respeito, como acontecia em **Big Valley**. Na segunda metade do século 19, a Califórnia começava a se tornar um lugar civilizado para se criar uma família. É no vale de San Joaquin que fica a Fazenda dos Barkley, liderada pela matriarca Victoria. Viúva de Tom, ela conseguiu mandar seu filho mais velho, Jarrod, para a universidade, onde ele se formou advogado para ajudar a comandar a fazenda da família. O mesmo não aconteceu com o turrão Nick, que sempre gostou de ser o vaqueiro da casa, cuidando diretamente do trabalho duro da fazenda, muitas vezes ajudado por sua irmã caçula, Audra. Mas a vida dos Barkleys muda quando descobrem que Tom teve um filho fora do casamento, chamado Heath, que, segundo sua própria madrasta, é tão cabeça-quente quanto o pai. Agora juntos, os Barkleys vão enfrentar todas as semanas os mais diferentes problemas para poder manter a fazenda. Considerada a resposta feminina ao seriado *Bonanza, Big Valley* trouxe para a televisão o talento de uma das mais brilhantes atrizes do cinema americano, Barbara Stanwyck, ao lado de Lee Majors e Linda Evans, que depois estrelariam *O Homem de Seis Milhões de Dólares* e *Dinastia*, respectivamente.

Mas quem segurou uma barra de verdade para manter a família longe da extinção foi Big John Cannon, personagem principal de **Chaparral**. Depois de muita luta, a família dele finalmente está estabelecida no Arizona. Mesmo enfrentando os mais diferentes perigos neste território ainda selvagem, Big John (Leif Erickson) acredita que o futuro deles está no rancho High Chaparral. Quando sua esposa é morta durante um ataque dos índios, Big John forma uma aliança com a família Montoya, casando-se com Victoria. Mesmo a contragosto de seu irmão Buck, ele fará de tudo para manter suas terras e transformar Chaparral no lugar dos sonhos de sua falecida esposa. Um dos últimos grandes faroestes da TV, levou a assinatura do produtor David Dortort, o mesmo de *Bonanza*.

A idéia de uma família desbravando o Oeste americano foi também aproveitada em **Lancer**, produzido pela Fox. A série mostra o rancho da família Lancer, situado na Califórnia, sendo repetidas vezes alvo de malfeitores. Disposto a enfrentar esses bandidos, o patriarca Murdoch Lancer manda buscar seus filhos, que estavam afastados da fazenda. Juntos, eles deixam de lado os problemas pessoais para defender o rancho de todas as formas possíveis. Por ser muito parecido com *Bonanza*, que ainda estava no ar liderando a audiência, Lancer acabou depois de duas temporadas.

Você sabia?

★ *Gunsmoke* é a série de TV que ficou mais tempo no ar na história da televisão americana: 20 anos (1955-1975). O curioso é que o seriado quase foi cancelado em 1967, em razão da baixa audiência. Mas o então presidente da rede CBS, William S. Paley, alterou o dia de exibição e recuperou o público. O astro, James Arness, e Milburn Stone foram os únicos atores a permanecer no elenco durante todos os 635 episódios.

★ **O maior astro dos faroestes no cinema, John Wayne, recusou estrelar *Gunsmoke* e preferiu continuar na tela grande, para a sorte de James Arness.**

O Homem da Lei

O que faz um seriado ambientado numa das mais tradicionais cidades do Oeste Selvagem americano, Dodge City, ser um sucesso de audiência por vinte anos? A resposta está em seu personagem principal, o delegado Matt Dillon (James Arness), um homem de caráter irrepreensível, bom no gatilho, duro com os bandidos, e gentil com mulheres e crianças. **Gunsmoke** mostrava o dia-a-dia dessa cidade, para onde migravam aventureiros, rancheiros e pioneiros em geral, sempre em busca da sorte nos territórios inexplorados. Mas quando a coisa apertava, Dillon entrava em cena para resolver qualquer problema. Vencedor do Emmy de melhor série dramática, o programa conquistou o público americano, que o prestigiou já em suas primeiras temporadas, e os 233 episódios iniciais tinham 30 minutos de duração. O restante do seriado, que foi exibido até 1975, foi produzido com um hora de duração. Arness interpretou Dillon em todas as temporadas, incluindo mais cinco telefilmes posteriores. Com esse trabalho, ele foi nomeado delegado federal honorário, por personificar um personagem que representava os valores da corporação centenária de agentes federais dos Estados Unidos.

O Homem dos Esportes Radicais

O produtor Ivan Tors, húngaro de nascimento, sempre gostou muito de ficção científica, esportes e animais. Após se formar em Yale, teve sua atenção voltada para a televisão. Seu primeiro programa, inédito no Brasil, foi **Science Fiction Theater**, uma antologia de ficção científica ao vivo. A série ficou no ar por duas temporadas, tempo suficiente para que ele se lançasse a um novo e ousado projeto, **Aventuras Submarinas**, que se tornou um clássico no gênero. A série mostra o dia-a-dia de Mike Nelson (Lloyd Bridges), um ex-fuzileiro naval especializado em mergulho, que transformou suas habilidades na água numa fonte de renda. Como mergulhador, ele é contratado para quase todo tipo de trabalho submarino, de recuperação de objetos perdidos a instalação de cabos de comunicação. É claro que a cada novo trabalho um novo perigo acontecia, fazendo com que um simples mergulho de rotina se transformasse numa aventura mortal. A série foi inspirada no filme *Guerreiro Submarino*, produzido por Tors em 1958. Diversos futuros astros fizeram participações especiais na série, como Leonard Nimoy, Bruce Dern, Dennis Hopper, Jack Nicholson, além dos filhos de Lloyd, Beau e Jeff.

Você sabia?

★ *AVENTURAS SUBMARINAS* FOI A PRIMEIRA SÉRIE DE TV CUJA AÇÃO PRINCIPAL SE PASSAVA EMBAIXO D'ÁGUA. OS EPISÓDIOS ERAM FILMADOS NAS BAHAMAS OU EM UM TANQUE CONSTRUÍDO NOS ESTÚDIOS EM VANCOUVER.

O tema mergulho seria novamente utilizado por Tors em outra série, **Os Aquanautas**. Dupla de mergulhadores profissionais especializada em salvamentos envolve-se com vários perigos na tentativa de recuperar a carga de embarcações naufragadas na costa da Califórnia. A série marcou a estréia na TV de Ron Ely, que depois estrelaria *Tarzã*. Mesmo com as imagens submarinas eletrizantes, a maior parte da ação se passava sobre a água. Outro esporte que fascinava Ivan Tors era o pára-quedismo, o que o fez produzir **Rip Cord** em 1962. A série mostrava a dupla Ted e Jim, donos da Rip Cord, uma pequena empresa de pára-quedismo, que mais salvava pessoas e prendia bandidos do que ensinava a pular de pára-quedas. Ivan Tors aproveitou sua experiência para produzir um longa-metragem para a Metro, chamado *A Volta ao Mundo Sob o Mar* (1966), reunindo os astros de seriados que ele produziu, como Lloyd Bridges (*Aventuras Submarinas*), Brian Kelly (*Flipper*), Marshall Thompson (*Daktari*) e David McCallum (*O Agente da UNCLE*).

Antes de Dallas

Inveja, cobiça, ódio, preconceito, ciúme... todos os ingredientes básicos para uma boa novela também serviam para se transformar em enredo de seriado. Mas para prender a atenção do espectador, uma boa história e um bom elenco também eram necessários, como provou **A Caldeira do Diabo**. A série é baseada em um romance que também foi adaptado para o cinema em 1957, num clássico estrelado por Lana Turner. Mostra o dia-a-dia de uma pequena cidade da Nova Inglaterra, fundada pela família Peyton, uma das mais tradicionais da região. As histórias giram em torno dos relacionamentos familiares, com suas intrigas e desilusões, passando por problemas financeiros e até mesmo criminais. O número exagerado de episódios (514) justifica-se porque a ABC resolveu colocar essa espécie de telenovela no horário nobre, criando dois dias semanais para a exibição, que foi de 1964 a 1969. No Brasil, foram exibidos poucos episódios da série, já que a produção local de novelas estava dando sinais de que reinaria absoluta nos lares brasileiros. Outro drama que se passa no interior americano é **Bus Stop** (Parada de Ônibus), ligeiramente inspirado no clássico filme estrelado por Marilyn Monroe, *Nunca Fui Santa* (1956). Na cidade de Sunrise, no interior do Colorado, a pequena parada de ônibus de propriedade de Grace serve de palco para os pequenos dramas que acontecem com as pessoas que passam pelo local.

Mia Farrow escreveu em suas memórias que nunca esperava que a *A Caldeira do Diabo*, em que viveu a frágil Allison MacKenzie, fosse fazer tanto sucesso. Ela precisou contar com o poder do seu então marido Frank Sinatra para encerrar o contrato após dois anos. Logo em seguida ela faria *O Bebê de Rosemary* (1968), que a transformou em estrela do cinema. Outro ator do seriado que virou astro na tela grande foi Ryan O'Neal, a partir do sucesso mundial de *Love Story* (1970).

O formato de quase telenovela, mostrando os problemas das ricas famílias americanas, acabou sendo uma influência para outros seriados posteriores, como **Dallas** e **Dinastia**.

É Guerra!

A televisão entrou na Segunda Guerra Mundial quase 15 anos após o conflito ter acabado. O motivo era muito simples: tentar retratar a campanha dos Aliados em todos os lugares onde enfrentaram e derrotaram seus inimigos. A primeira série sobre os soldados americanos na Europa, depois da invasão da Normandia em 1944, foi **Combate**. A cada episódio são mostradas as missões de dois grupos diferentes, um liderado pelo sargento Saunders (Vic Morrow) e outro pelo tenente Hanley (Rick Jason). Além de combater os alemães, os soldados americanos ainda tinham tempo para ajudar os habitantes das cidades devastadas pelos bombardeios, principalmente as francesas. A série foi filmada em Los Angeles, no que sobrou dos famosos estúdios da MGM, que na época já estavam sendo usados pela televisão. Já **Almas em Chamas** foi inspirada no filme de mesmo título de 1949, estrelado por Gregory Peck. A série mostra o trabalho do 918º Regimento do Ar da Força Aérea Aliada e seu trabalho durante a Segunda Guerra Mundial. Liderados pelo general Frank Savage, o regimento ficava baseado num campo secreto no interior da Inglaterra, de onde se deslocava para missões na Europa. Também inspirada num filme homônimo, **Os Ratos do Deserto** mostra as aventuras de quatro membros do Grupo de Patrulheiros do Deserto contra os tanques do Afrika Korps, do marechal-de-campo alemão Erwin Von Rommel, no norte da África.

Outra vertente da Segunda Guerra foi o trabalho dos agentes que iam além das fronteiras inimigas, arriscando suas vidas para cumprir suas perigosas missões. O primeiro seriado nessa linha é **Jericó**, nome de um grupo de agentes aliados, especialistas em detonar a máquina de guerra alemã. Composto de um agente do serviço de inteligência do exército americano, um membro da força aérea da França e um agente da marinha britânica, o trio tinha as missões mais explosivas, colocando em prática a habilidade de cada um para escapar sem nenhum arranhão. Já o grupo do tenente Garrison não tinha nada de militar, porém sabia exatamente o que fazer contra os alemães. Eles eram **Os Guerrilheiros**, seriado inspirado no filme *Os Doze Condenados* (1967), apresentando um grupo de ex-criminosos recrutados por um agente da inteligência do exército, o tenente Garrison, cuja missão era atuar com comandos dentro dos territórios ocupados pelo exército alemão na Europa. Para entender mais a fundo como os americanos sempre respeitaram a arte da guerra, nada melhor do que conhecer por dentro um dos mais importantes campos de treinamento dos fuzileiros navais: o Campo Pendleton, perto de San Diego, Califórnia, tema de **O Tenente**. A série, engavetada ainda em sua primeira temporada, focava o dia-a-dia dos soldados treinando para serem os melhores dos melhores, mas mostrando muito pouco desse treinamento.

A Guerra é uma Piada

Antes que *MASH* entrasse no ar nos anos 70, com sua crítica social ao envolvimento dos Estados Unidos na Guerra da Coréia e, por tabela, no Vietnã, criticar um conflito armado por meio de uma sátira também fez parte do dia-a-dia da televisão nos anos 60. Em 1965, a televisão americana receberia duas novas séries que tinham como objetivo não levar a guerra muito a sério. **A Escuna do Diabo** mostrava as missões da tripulação do USS Kiwi, uma escuna de 70 anos de idade cedida pelo governo da Nova Zelândia para os americanos usarem como navio-espião no Pacífico, e assim saber sobre a movimentação dos japoneses naquela região. A série foi inspirada no filme *O Pior Calhambeque do Mundo* (1960), mas com o nome da embarcação foi alterada de Echo para Kiwi. Mesmo com o tom de comédia, os episódios também eram marcados pelas aventuras das missões e as situações de perigo constante. Já a idéia de **Guerra, Sombra e Água Fresca** era mesmo fazer rir ao apresentar um grupo de militares aliados que jamais tentavam fugir do famoso Campo 13, por mais que tivessem oportunidade de fazê-lo. Na realidade, os prisioneiros haviam montado lá dentro um grande esquema de espionagem, realizando missões secretas de sabotagem e ajudando outros militares a escapar da Alemanha, tudo pelo campo de prisioneiros. A série ficou vários anos no ar, elevando Bob Crane à categoria de astro da TV. Mas a carreira de Crane começou a entrar em declínio quando começaram a surgir informações sobre seu envolvimento em orgias, as quais foram fotografadas e gravadas em videoteipe. Detalhes sobre esse caso, que terminou tragicamente com o misterioso assassinato do ator, encontrado morto num hotel, estão no filme *Auto Focus*, de 2002, com Greg Kinnear intepretando Bob Crane.

A Década de Irwin Allen

O produtor Irwin Allen deu uma fantástica contribuição à televisão nos anos 60. Responsável por obras cinematográficas de fantasia e ficção, como *O Mundo Perdido* (1960) e *Viagem ao Fundo do Mar* (1961), Allen viu grandes possibilidades de se dedicar à produção de séries depois de um convite da Fox. Seu primeiro trabalho foi levar do cinema para a TV as aventuras do primeiro submarino nuclear com janelas. Em sua primeira temporada, feita em preto-e-branco, **Viagem ao Fundo do Mar** mostrava as aventuras do Seaview enfrentando os mais diferentes perigos dentro e fora d'água. Esse início estava mais para uma série de espionagem, com poucos episódios desvendando os mistérios do fundo do mar e as criaturas que nele habitam. A partir do segundo ano, a série ganhava cor e também o Subvoador, uma nave auxilar capaz de voar e mergulhar, saindo da proa do submarino. Comandado pelo almirante Nelson e pelo capitão Lee Crane, o Seaview enfrentou os mais diversos perigos, quando a série começou a dar sinais de cansaço. Na última temporada, Lee e Nelson se revezavam para ser o herói do episódio, enfrentando invasores espaciais, criaturas-plantas e até mesmo um homem-lagosta.

O segundo trabalho de Irwin foi adaptar o romance *A Cidadela dos Robinsons*, sobre uma família de náufragos. A diferença é que em vez de ambientar a ação no século 18, os Robinsons seriam a primeira família de astronautas a viajar pelo espaço para dar início à colonização de um planeta de Alfa Centauro. Surgia mais um clássico da TV, **Perdidos no Espaço**, mostrando como a família, em sua primeira missão no espaço, acabava fugindo totalmente de sua rota inicial, passando os próximos três anos da série tentando voltar para casa. Allen produziu um piloto em que dois personagens, que se tornariam importantes na série, ainda não existiam: o Robô e o dr. Smith (Jonathan Harris). No entanto a rede CBS queria um antagonista e pediu um novo piloto. A dupla de personagens, juntamente com Will (Bill Mumy), fez a série acontecer, especialmente pelo jeito afetado que Smith assume na metade da primeira temporada. Os roteiristas tinham muito trabalho, pois precisavam manter a idéia de uma série de ficção mesmo quando os episódios falavam de deuses nórdicos, caubóis do espaço, magos, bruxos, donos de lojas de departamentos e jardineiros. Aliás, o episódio em que Smith é transformado numa planta, depois que pousa num planeta governado por uma cenoura gigante, mostrava que a série já não tinha muito o que dar. Isso evidentemente não preocupava Irwin Allen, que havia engatilhado dois outros projetos novamente em parceria com a Fox.

Curiosidades

★ **O episódio piloto de *Perdidos no Espaço*, filmado no deserto de Mojave, foi o mais caro produzido por uma rede de TV até então.**

★ A série teve que enfrentar a dura concorrência de *Batman* no mesmo horário. Em vez de enfatizar os aspectos diferenciais do programa, o produtor Irwin Allen resolveu copiar o estilo do concorrente, transformando *Perdidos* em uma comédia. O tema familiar cedeu lugar às tramas de ação e aventura. Os críticos não gostaram do resultado, mas o público aprovou, e a série freqüentemente ganhava de *Batman* no Ibope.

★ **Quando o piloto foi exibido para os executivos da CBS, eles começaram a rir, irritando o produtor Allen, que depois descobriu que a razão da risada é que os engravatados perceberam que tinham uma mina de ouro nas mãos.**

★ Cleópatra foi a culpada pelo cancelamento da série. Em 1968, apesar da popularidade, *Perdidos* não foi renovado para a quarta temporada. A Fox havia investido rios de dinheiro na produção de *Cleópatra*, mas o filme foi um grande fracasso nos cinemas, obrigando o estúdio a pedir que suas divisões (como era o caso da rede CBS) absorvessem as perdas financeiras. O produtor Allen não aceitou os cortes no orçamento e preferiu cancelar a série.

★ **Jonathan Harris, que fazia o dr. Smith, foi o primeiro ator a aparecer nos créditos de um seriado como "especialmente convidado".**

★ Trinta anos após o encerramento da série, a Austrália ainda a exibia no horário nobre.

★ **Por não conseguirem parar de rir durante as filmagens do infame episódio "A Rebelião dos Vegetais", Guy Williams e June Lockhart não apareceram nos dois programas seguintes.**

O primeiro era **O Túnel do Tempo**, um projeto bilionário do governo americano que, de tão secreto, ninguém sabia exatamente para que funcionava. Afinal, qual a importância de saber como o general Lee perdeu a batalha de Gettysburg, ou como escapar da Ilha do Diabo ou ainda saber sobre o assassinato de Lincoln? O fato é que os cientistas Tony Newman e Doug Phillips são arremessados para as mais diferentes épocas e acontecimentos históricos, nunca sabendo se um dia voltariam às instalações do Projeto Tic-Toc. A grande sacada de Allen foi fazer o seriado aproveitando todas as imagens de filmes épicos ou históricos do acervo da Fox, barateando a produção ao máximo. Infelizmente, começou a faltar idéia para novos roteiros e os dois cientistas jamais retornaram ao tempo presente. Apesar da baixa audiência, a ABC quis renovar a série, que alcançou prestígio junto aos críticos. Mas para isso pediu que Allen cortasse o orçamento em um terço. Ele recusou e o seriado teve apenas uma temporada. A tripulação da nave de passageiros Spindrift, da série **Terra de Gigantes**, foi pega por uma tempestade iônica num vôo subespacial entre Nova York e Londres, que os lançou numa outra dimensão, aterrissando a nave num planeta similar à Terra, só que habitado por gigantes. Esta foi a última grande série produzida por Irwin Allen, que voltou para o cinema, causando um problema na produção do seriado, já que a ordem era economizar tudo o que fosse possível.

Você sabia?

★EM 2002, A FOX PRODUZIU UM NOVO PILOTO PARA *O TÚNEL DO TEMPO*, ATUALIZANDO A SÉRIE E MOSTRANDO UM ACIDENTE NUMA USINA DE FORÇA QUE ABRE UM VÓRTICE TEMPORAL. OS CIENTISTAS DOUG E TONY (AGORA UMA MULHER) VÃO INVESTIGAR E FICAM PRESOS NUM PARADOXO TEMPORAL. O PROJETO ACABOU ENGAVETADO.

★O NOME DO PLANETA ONDE SE PASSAVA *TERRA DE GIGANTES* NUNCA FOI MENCIONADO.

★IRWIN SABIA COMO PRODUZIR SÉRIES, EXTRAINDO O MELHOR DAS PIORES SITUAÇÕES. TALVEZ SEJA POR ISSO QUE, EM TODOS OS SEUS SERIADOS, COM EXCEÇÃO DE *VIAGEM AO FUNDO DO MAR*, OS PERSONAGENS UTILIZAVAM SEMPRE AS MESMAS ROUPAS EM TODOS OS EPISÓDIOS. HAJA DESODORANTE PARA USAR ENTRE UMA VIAGEM NO TEMPO E A FUGA DE UM GRUPO DE GIGANTES ENFURECIDOS!

Em Direção ao Oeste

Muitos aventureiros e homens de visão começaram a perceber que mesmo com selvagens, terras inóspitas e um tempo quente demais, o Oeste Selvagem era uma região de futuro. Esses momentos foram registrados em algumas produções interessantes como **Caravana.** Depois da Guerra Civil, um grupo de pioneiros resolve embarcar numa grande viagem para a Califórnia, enfrentando todos os perigos que o Oeste oferecia para esses desbravadores. Em **Cavalo de Ferro**, o empresário e jogador Ben Calhoun (Dale Robertson) não imaginava os problemas que teria quando resolveu assumir a construção de uma nova ferrovia no Oeste. Além de uma forte concorrência, ele e seus comandados têm que enfrentar ladrões de trens, assaltantes dos mais diversos e a fúria dos índios da região. Já **Casey Jones** era baseado na vida de um dos primeiros engenheiros de ferrovia dos Estados Unidos, que ajudou a construir várias estradas de ferro importantes pelo Oeste Selvagem, criando o Cannonball Express, um dos mais modernos e velozes trens da época. Depois desse homens intrépidos, com suas idéias e máquinas maravilhosas, o Oeste nunca mais foi o mesmo.

Pai é Pai

A figura paterna sempre foi muito forte na TV. Várias comédias dramáticas conseguiram firmar sua audiência durante anos, exatamente porque o personagem principal era um desses pais memoráveis. É o caso da série **Papai Sabe Tudo**. Na pacata e tranqüila cidade de Springfield vive a família Anderson. Jim é o típico pai de família preocupado em ser um bom profissional para cuidar de sua esposa Margaret e seus filhos Betty, Bud e Kathy. Todos os problemas que ocorrem no dia-a-dia dos Andersons são invariavelmente resolvidos por Jim, que sempre encontra uma solução para tudo. Originalmente o programa foi criado para o rádio, com Robert Young fazendo o papel de Jim Anderson. A adaptação televisiva deu tão certo que o show ficou no ar por seis temporadas, com mais de 200 episódios. Robert Young venceu o Emmy duas vezes como melhor ator, enquanto Jane Wyatt recebeu três como melhor atriz. A série foi a única exibida pelas três redes americanas durante seus anos de produção, o que não resolveu a queda de interesse a partir da quarta temporada. Jane depois se transformou num ícone para os fãs de ficção científica por interpretar Amanda, esposa do embaixador Sarek e mãe de Spock em Jornada nas Estrelas.

Em **Meus Três Filhos**, Fred McMurray é Steve Douglas, um pai superatencioso, que cuida de seus três filhos desde que a esposa morreu. Para ajudá-lo, ele conta com o sogro Bub, que faz de tudo para agradar os netos, mesmo que para isso tenha que brigar com eles. Depois que o mais velho se casa com a namorada da escola, Steve aceita o conselho de seu filho e adota o vizinho Ernie, que perdera os pais. Agora ele tem novamente seus três filhos dentro de casa. A série entrou para a história da TV como a comédia que durou mais tempo no ar: foram 12 anos e 380 episódios. Uma das curiosidades da produção é o fato de que o ator colocou em seu contrato que todas as suas cenas deveriam ser gravadas em primeiro lugar, para que ele, assim, tivesse mais tempo livre. A série ganhou o Globo de Ouro de melhor comédia.

Não é Minha Família

Já disseram que a família é a base da sociedade. Mas quem disse isso nunca conheceu **Os Matusquelas**. A série mostrava o dia-a-dia de Elinore e Walter Hathaway, um típico casal de subúrbio americano que resolveu criar três chimpanzés como se fossem crianças de verdade. A situação inusitada não cativou muito o público, levando a Columbia a desistir de uma segunda temporada. Outra bizarra família era composta por um frankenstein, uma vampira, um vovô vampiro, um garoto lobisomem e uma beldade loira de olhos azuis. Essa estirpe vinda da Transilvânia chama-se **Os Monstros**, e tentam levar a vida da melhor maneira possível, mesmo que para isso tivessem que assustar toda a vizinhança da rua do Pássaro Preto, 1313. A série conseguiu reunir os monstros dos cultuados filmes de terror da Universal dos anos 30 e 40, criando situações totalmente malucas e engraçadas. A série gerou um longa para o cinema e vários filmes para a TV. Já os Addams ganharam duas grandes produções para o cinema e dois telefilmes, mostrando o apelo que **A Família Addams** sempre teve. Criada como tira diária de jornal por Charles Addams, a série foi idealizada por David Lery, que gostava da criatividade das histórias boladas por Charles. Os personagens pareciam saídos de uma casa de saúde mental. Eles eram bem diferentes dos *Monstros*, porque para eles não existia normal ou anormal, mesmo quando pediam para a Coisa (uma mão com personalidade própria) que os ajudasse com algumas tarefas. Moravam com eles o irmão de Gomez, Funéreo, e o estranho e calado Tropeço, um mordomo de dois metros de altura. Os Addams disputavam a audiência com *Os Monstros*, e talvez tenha sido por isso que ambas as séries acabaram tão prematuramente.

Curiosidades

★Bill Mumy, o eterno Will de *Perdidos no Espaço*, foi a escolha original para fazer Eddie Monstro em *Os Monstros*, mas seus pais não aprovaram a extensa maquiagem que seria necessária.

★Beverley Owen, que interpretou Patty nos 13 primeiros episódios de *Os Monstros*, era na verdade morena e usava uma peruca loira.

★Al Lewis, que interpreta o vovô, sempre foi um ativista político e um crítico feroz do governo de George W. Bush, como testemunhou a câmera do documentarista brasileiro Sergio Oksman, no curta *Adeus, América,* filme finalizado meses após a morte do ator, em fevereiro de 2006.

★Carolyn Jones levava duas horas para ser maquiada como Mortícia em *A Família Addams*. O toque final era a enorme peruca feita de cabelo humano.

★Ted Cassidy, o mordomo Tropeço, também cedia sua mão para "interpretar" a Coisa, que normalmente era uma mão direita. Ocasionalmente Cassidy usava sua mão esquerda para ver se alguém notava a diferença.

Complicações em Família

Produzido por Desi Arnaz, **As Sogras** revelava que nem todo bom relacionamento com o vizinho pode ser encarado numa boa. Herb e sua esposa Eve têm como vizinhos Roger e Kaye. Os casais se dão muito bem, até que seus filhos resolvem se casar e morar na garagem da casa de Herb, o que deixa Roger muito irritado. Entretanto os vizinhos prometem se dar bem para a alegria dos recém-casados, o que não acontece em um simples episódio. Eles brigam por qualquer motivo, sempre gerando uma situação divertida para o espectador. Mas o melhor exemplo de como uma família pode enlouquecer qualquer um está em **A Família Trapo**. O nome da série, que ganhou popularidade já no primeiro ano de exibição, foi inspirado na família Von Trapp, do filme *A Noviça Rebelde*. Gravado no auditório dos teatros Record e Paramount, em São Paulo, o seriado era programa obrigatório nos sábados à noite. O foco é o dia-a-dia dessa família tipicamente paulistana, com o patriarca Pepino (Otelo Zeloni) tentando sobreviver com um salário curto e despesas altas, e tendo que bancar a folga do cunhado, Carlos Bronco Dinossauro (o inesquecível Ronald Golias, que trouxe o personagem do cinema), que não quer saber de trabalhar para ajudar com as despesas, e principalmente com o salário do mordomo Gordon (Jô Soares). Mesmo com todo esse carma, Pepino curtia a esposa Helena (Renata Fronzi) e os filhos Verinha (Cidinha Campos) e Sócrates (Ricardo Corte Real), o gênio da família. Foram cerca de 150 episódios produzidos durante cinco anos, mas depois que o programa passou a ser feito em estúdio, sem a participação da platéia, a audiência começou a cair. A série contava com a participação de diversos atores e cantores, como Elis Regina, Ronnie Von, Jair Rodrigues, Hebe Camargo, Roberto Carlos, Nara Leão e Agnaldo Rayol. Do acervo de episódios, só dois sobreviveram à má administração da Record e aos incêndios que a emissora sofreu, um deles é o clássico que contou com a participação de Pelé.

Você sabia?

★A SÉRIE *A FAMÍLIA TRAPO* FOI UM MARCO NA HISTÓRIA DA TELEVISÃO BRASILEIRA, LIDERANDO A AUDIÊNCIA DURANTE ANOS. SUA INFLUÊNCIA SE FEZ NOTAR POSTERIORMENTE EM SERIADOS COMO *SAI DE BAIXO* E *A GRANDE FAMÍLIA*.

★COMO O PROGRAMA ERA GRAVADO AO VIVO NUMA TACADA SÓ, IMPREVISTOS ACABAVAM INDO AO AR, DEIXANDO OS EPISÓDIOS AINDA MAIS ENGRAÇADOS. QUANDO RONALD GOLIAS QUERIA IR AO BANHEIRO, INTERROMPIA OS DIÁLOGOS, COLOCAVA A MÃO NO VENTRE E AVISAVA: "VOU ALI". O ATOR OTELO ZELONI RESPONDIA: "NINGUÉM SUPORTA A PESTE", DIVERTINDO A PLATÉIA PRESENTE.

★A ATRIZ CIDINHA CAMPOS, EM UMA DECLARAÇÃO EMOCIONADA APÓS A MORTE DE RONALD GOLIAS, REVELOU QUE ELE NÃO PERMITIA QUE A RECORD MANDASSE LAVAR O TERNO QUE SEU PERSONAGEM USAVA NO SERIADO. PARA ELE, O TERNO LAVADO PERDERIA SUA MÍSTICA E ELE NÃO CONSEGUIRIA TRABALHAR.

Profissão Perigo

Lutar para impedir que os comunistas acabem com o modo de vida americano e de seus aliados foi o sonho de todo reacionário de direita durante muitos anos, até que as regras da economia mundial fizeram os soviéticos decretarem o fim de um regime totalitário e castrador. Antes que isso acontecesse, Estados Unidos e Inglaterra lançaram mão de seus melhores agentes secretos para impedir que os vermelhos avançassem o sinal, principalmente na televisão, onde a fantasia sobre essa profissão de alto risco era muito mais interessante que a realidade. Em **Contra-Espionagem**, um casal de espiões disfarçados de caçadores de talentos viaja pela Europa em missões especiais para os governos inglês e americano, tentando impedir que os serviços secretos soviético e chinês tramem contra o mundo livre. Primeiro trabalho importante na TV de David Hedison, antes de fazer sucesso com *Viagem ao Fundo do Mar*. Ambos os seriados foram exibidos no Brasil simultaneamente para aproveitar a popularidade do ator. Já o **Departamento S**, comandado por sir Curtis Seretse, é a divisão formada pelos melhores agentes da Interpol. Suspense, ação e um pouco de sexo faziam o dia-a-dia desse trio, para quem nenhum obstáculo era grande o suficiente para a solução de um caso. A série durou apenas uma temporada, mas rendeu o "spin-off" **Jason King**, batizado com o nome do agente secreto mais popular da sua antecessora, interpretado por Peter Wyngarde.

Dois agentes especiais fizeram carreira na TV: Napoleon Solo (Robert Vaughn) e Illya Kuryakin (David McCallum) trabalham para a UNCLE (United Network Command for Law Enforcement), uma força multinacional de defesa em constante patrulhamento contra os inimigos do mundo livre. Contra eles está a THRUSH, uma organização terrorista que utiliza o que há de melhor em tecnologia para o crime. Nasceu assim **O Agente da UNCLE**. A primeira temporada foi produzida em preto-e-branco, mas a audiência ainda não agradava a NBC, então os produtores resolveram fazer viagens com o elenco para várias cidades, numa campanha promocional jamais vista na época. O resultado deu certo: com altos índices de audiência, a série ganhou o sinal verde para a segunda temporada, produzida em cores. Alguns episódios duplos acabaram no cinema para aproveitar o sucesso do seriado na TV. Além disso, Napoleon Solo faria uma participação especial na comédia *A Espiã de Calcinhas de Renda* (1966), estrelada por Doris Day. O telefilme *A Volta do Agente da UNCLE* (1983) mostra a dupla 15 anos depois de terem se afastado da agência de espionagem. A UNCLE também dava espaço para suas agentes femininas. No "spin-off" *A Garota da UNCLE*, a jovem April Dancer (Stefanie Powers) era recrutada para ser a mais nova espiã do mundo livre contra as artimanhas da THRUSH, mas ela foi destituída do cargo antes de começar a segunda temporada. Ainda assim, foi a primeira agente secreta da TV a ter seu próprio seriado.

Você sabia?

★A SÉRIE *O AGENTE DA UNCLE* ORIGINALMENTE SE CHAMARIA *SOLO*, EM REFERÊNCIA AO AGENTE AMERICANO VIVIDO POR ROBERT VAUGHN. MAS O FILME *007 CONTRA GOLDFINGER* FOI LANÇADO NA ÉPOCA COM UM VILÃO DE MESMO NOME, O QUE PROVOCOU A MUDANÇA.

★A TERCEIRA TEMPORADA TEVE MUDANÇAS, COM A DOSE DE COMÉDIA AUMENTANDO EM RAZÃO DA ONDA "CAMP" QUE INVADIU A TV COM *BATMAN* E *AGENTE 86*. O PÚBLICO NÃO GOSTOU E A AUDIÊNCIA CAIU. MESMO COM O RETORNO AO TOM MAIS SÉRIO NA TEMPORADA SEGUINTE, O SERIADO FOI CANCELADO.

E quem já ouviu falar de uma agência de contra-espionagem tão eficiente e secreta que seus chefes negam sua existência? Assim é **Missão Impossível**, criada por Bruce Geller (o mesmo de *Mannix*), que mostra uma equipe de infiltração do governo americano que recebia missões como desacreditar um governante, roubar uma fórmula secreta, impedir a posse de um líder rebelde e falsificar provas. Chamado de IMF (*Impossible Mission Force,* traduzida na versão brasileira da AIC, disponível em DVD, como **Patrulha MI**), o grupo, liderado primeiramente por Daniel Briggs (Steven Hill) e posteriormente por Jim Phelps (Peter Graves), tinha em mãos todos os recursos para realizar suas missões: dinheiro, tecnologia e agentes especializados. Na abertura do programa, o chefe de campo recebia a missão num lugar público, e depois escolhia quem iria fazer parte da equipe IMF. Cada membro era um especialista em disfarces, eletrônica, mecânica ou demolição. As missões sempre eram as mais arriscadas possíveis, daí o nome de batismo da equipe. Como a série refletia a política externa dos Estados Unidos, depois do vexame no Vietnã boa parte do público não estava disposta a encarar a interferência ilícita de agentes americanos nos países do Terceiro Mundo. Daí para a queda de audiência e o fim da série em 1973 foi um passo. Geller tentou colocar *Missão Impossível* no ar mais uma vez em 1988, novamente com Peter Graves no elenco, mas desta vez foram apenas duas temporadas.

Curiosidades

★ Greg Morris (Barney) e Peter Lupus (Willy) foram os únicos atores de *Missão Impossível* que permaneceram nas sete temporadas.

★Cancelada em 1973, a série foi a última remanescente da onda de seriados sobre agentes secretos que se popularizou nos anos 60, com títulos como *O Agente da UNCLE*, *Agente 86* e *Danger Man*.

★O ator Steven Hill, por ser judeu ordoxo, deixou a série ao final da primeira temporada porque as gravações dos episódios invariavelmente invadiam as noites de sexta, quando começa o sabá. Por isso, várias cenas do personagem de Bill, Briggs, escolhendo os agentes da missão, foram reaproveitadas de outros episódios.

James West foi o primeiro agente secreto de que se tem notícia a atuar, durante o governo do presidente Ulysses Simpson Grant, no século 19. Mestre em boxe e artes marciais (Robert Conrad dispensava o uso de dublês), tinha uma destreza sem igual com armas, e sabia como encantar as mulheres e infernizar seus inimigos. Seu parceiro de todas as horas e inventor de suas principais armas era o mestre dos disfarces Artemus Gordon (Ross Martin). Michael Garrison, criador da série, imaginou o que poderia acontecer se James Bond vivesse no Velho Oeste. O seriado foi cancelado não por baixa audiência, mas por que a CBS considerava a violência excessiva.

Estas São as Viagens...

Jornada nas Estrelas é um dos principais ícones da cultura pop mundial. Criada por Gene Roddenberry, é um dos seriados de ficção mais vistos na TV mundial, depois de ter sido menosprezado pela emissora que o exibia originalmente nos Estados Unidos. No futuro, depois de terem sido quase totalmente aniquilados, os humanos vivem em paz entre si. Não há fome nem miséria, as diferenças sociais não existem mais e o homem, finalmente, pode viajar por outros mundos para encontrar novas civilizações. Nesse futuro, existe a Federação Unida de Planetas, uma espécie de ONU interplanetária, da qual faz parte a Frota Estelar, cuja missão é explorar a galáxia e também defendê-la em caso de um ataque aos membros da Federação. O centro da série são as aventuras da nave estelar USS Enterprise, sob o comando de James T. Kirk (William Shatner), um dos cadetes da Academia da Frota mais condecorados por sua habilidade e determinação diante do perigo. Na hierarquia da Enterprise, o segundo no comando é o tenente-comandante Spock (Leonard Nimoy), oficial de ciências que é meio humano e meio vulcano e está sempre sério. Logo em seguida, está o oficial médico dr. Leonard McCoy (DeForest Kelley), que, mesmo com toda a tecnologia do universo à sua disposição, ainda prefere brincar com seu equipamento médico quando o assunto é curar as pessoas. Logo depois vem o chefe da engenharia, Montgomery Scott, ou Scotty (James Doohan). Ele conhece tudo da Enterprise e sua habilidade já salvou incontáveis vezes a vida da tripulação. Na ponte de comando temos os jovens oficiais do leme, Hikaru Sulu (George Takei) e Pavel Checov (Walter Koenig), e nas comunicações, a tenente Uhura (Nichelle Nichols). Toda essa miscigenação era porque Roddenberry acreditava na igualdade dos povos. No futuro por ele imaginado, a cor e a raça nunca seriam empecilhos para nada.

Na história da televisão americana, *Jornada nas Estrelas* é um capítulo à parte. Quando Gene apresentou a idéia da série para a NBC, a ordem foi produzir um piloto para a avaliação do seu potencial. Os executivos consideraram o episódio muito cerebral, mas abriram a possibilidade de um novo piloto.

O segundo piloto, com mais ação, foi aprovado. Para alguns problemas de produção, Gene teve idéias geniais, como criar o dispositivo de teletransporte, que fazia com que a tripulação descesse num planeta qualquer, sem que a nave também precisasse fazer o mesmo. Ele também criou os comunicadores, sem imaginar que antes do século 21 eles se transformariam nos milhões de celulares espalhados pelo mundo. Durante as duas primeiras temporadas, Roddenberry conduziu o programa diretamente, discutindo os roteiros e conversando com o elenco. No entanto as pressões para acabar com a série eram muito fortes, e para não se desgastar ainda mais com os executivos da NBC, ele se afastou, deixando a produção executiva com Fred Freiberger. Após a terceira temporada, a série foi cancelada, e desde então, com suas constantes reprises em emissoras de todo o mundo, *Jornada nas Estrelas* se transformou num fenômeno que resiste até hoje.

Curiosidades

★O primeiro piloto – não aprovado pela emissora – é estrelado por Jeffrey Hunter, como o capitão Christopher Pike. O segundo já era estrelado pelo canadense William Shatner como o capitão Kirk, e contava com a presença de Spock, o único personagem do primeiro piloto mantido no elenco.

★A entrada do personagem Checov na segunda temporada visava atrair o público jovem – especialmente as garotas – que prestigiavam séries como *Batman* e *Os Monkees*.

★James Doohan, o Scotty, perdeu o dedo direito médio na Segunda Guerra Mundial. A maior parte das suas cenas era filmada tentando esconder esse detalhe.

★Após o cancelamento da série, o departamento de marketing da NBC confrontou os executivos que tinham tomado a decisão. Eles consideravam *Jornada* um grande sucesso comercial. Embora a série nunca tivesse ultrapassado o número 52 no ranking geral de audiência, ela tinha a maior concentração de espectadores entre os 16 e 39 anos, justamente a faixa de público mais visada pelos anunciantes.

★Leonard Nimoy (o sr. Spock) é o único ator a aparecer em todos os episódios. Seu personagem foi originalmente concebido para ter a pele vermelha, mas os testes de maquiagem mostraram que nos televisores preto-e-branco a cor pareceria preta. Como na época a maior parte das TVs ainda não eram em cores, Nimoy escapou de fazer hora extra na maquiagem.

★Quando o seriado estreou, os críticos se dividiram e a audiência ficou abaixo do esperado. Na segunda temporada, a série passou a ocupar novos dias e horário na grade de programação, mas o Ibope desceu. A NBC ia cancelar a produção, porém uma enxurrada de cartas de fãs demoveu a emissora da idéia. Na terceira temporada, a audiência continuou a cair, em parte em razão de um novo (e ruim) horário de exibição. Os fãs tentaram mais uma vez salvar a série, no entanto desta vez seus apelos não foram ouvidos.

Em Busca de Justiça

O que você faria se fosse acusado de um crime que não cometeu? Aguardaria calmamente sua ida para o corredor da morte, ou na primeira oportunidade tentaria descobrir quem foi o responsável por seu infortúnio e tentaria levá-lo você mesmo para o corredor? Roy Higgins tinha essa resposta no clássico **O Fugitivo**, onde o proeminente dr. Richard Kimble é acusado de assassinar sua esposa e condenado à morte, mesmo alegando que vira sair de sua casa um homem com um braço só. Quando ele é conduzido pelo tenente Gerard para a prisão, o trem onde ambos viajam sofre um acidente e Kimble escapa, passando a ser perseguido por todos os estados americanos. Um libelo sobre justiça e preconceito, *O Fugitivo* conseguiu manter a atenção do público durante quatro anos de intensas perseguições. O público americano parou para ver o último episódio, em 1967, quando Kimble conseguiu, finalmente, capturar o assassino e entregá-lo a Gerard. Foi o episódio mais assistido na história da televisão americana, posto que ocupou até 1978, quando *Dallas* bateu o recorde. A tentativa de reeditar a série em 2000, com Tim Daly como Kimble, não deu certo e se encerrou na primeira temporada.

Você sabia?

★ *O FUGITIVO* FOI O PRIMEIRO SERIADO A TER UM EPISÓDIO FINAL EM QUE TODA A TRAMA ERA RESOLVIDA E OS MISTÉRIOS, SOLUCIONADOS.

★ **O HOMEM DE UM BRAÇO PERSEGUIDO PELO DR. RICHARD KIMBLE NÃO ERA RESULTADO DE EFEITOS ESPECIAIS, COMO MUITOS ACREDITAVAM. O ATOR BILL RAISCH REALMENTE PERDERA O BRAÇO DIREITO AO SERVIR NA MARINHA DURANTE A SEGUNDA GUERRA.**

★ A SÉRIE TORNOU-SE TÃO POPULAR QUE NA ALEMANHA UMA REVISTA TENTOU LANÇAR UM CONCURSO EM QUE OS LEITORES CAÇARIAM O ATOR DAVID JANSSEN PELAS RUAS DE BERLIM.

★ **O CRIADOR ROY HIGGINS ENFRENTOU BASTANTE DIFICULDADE PARA VENDER O PROJETO DA SÉRIE, UMA VEZ QUE A IDÉIA DE UM HOMEM INJUSTAMENTE CONDENADO FUGINDO DA POLÍCIA ERA VISTA COMO UMA CRÍTICA AO SISTEMA JUDICIÁRIO AMERICANO.**

Estilo Robin Hood

Roubar dos ricos para dar aos pobres também pode ser o lema de alguns dos heróis da TV. Depois de ser o justiceiro inglês em defesa do rei Ricardo Coração de Leão em *Ivanhoé*, e um jogador de cartas do Velho Oeste em *Maverick*, Roger Moore aceitou o convite para inter-pretar Simon Templar, também conhecido como **O Santo**. Personagem criado por Leslie Charteris na década de 30, O Santo ganhou fama no cinema interpretado por George Sanders. Foi ele quem estabeleceu as principais características do personagem, um bon-vivant que usa suas habilidades de ladrão internacional para roubar dos verdadeiros criminosos, distribuindo suas riquezas para os menos afortunados. Moore injetou cinismo no personagem. A partir da segunda temporada, Simon tem em seu encalço o inspetor Teal, que considera o Santo um criminoso comum. É mais ou menos o caso de Alexander Mundy, também conhecido como **O Rei dos Ladrões**. Ele é preso quando um de seus golpes não dá certo e é levado à presença de Noah Bain, chefe do serviço secreto americano, que lhe faz a proposta de trabalhar para o governo em vez de ir para a prisão. Mundy diz que não quer ser espião, no que Bain lhe responde: "Não lhe peço que espione, só quero que roube!". Também dotado do espírito de corrigir as injustiças por onde passa está o advogado Paul Bryan (Ben Gazarra), personagem principal de **Alma Torturada**. Sua vida tem uma grande reviravolta quando seu médico lhe comunica que ele tem uma rara doença terminal, e que lhe restam apenas dois anos de vida. Determinado a viver intensamente cada minuto que resta, ele sai pela América vivendo as mais diferentes aventuras. O criador da série, Roy Higgins, é o mesmo de *O Fugitivo*. Num dos episódios, Paul está num boteco em cujo palco canta ninguém menos que Jorge Ben Jor, acompanhado de Sergio Mendes.

Abrindo o Jogo

Política, intrigas e crime estão por trás do dia-a-dia da poderosa Howard Publications, comandada por Glenn Howard (Gene Barry, o Bat Masterson), que sempre está envolvido nos bastidores do poder nos Estados Unidos. Com ele estão os repórteres investigativos Jeff Dillon e Dan Farrell. Em comum, esses três nomes têm um único objetivo: a busca da verdade, custe o que custar. Uma das novidades que a Universal resolveu introduzir em **Os Audaciosos** era que os três personagens principais não viviam uma aventura em conjunto (muitas vezes nem se cruzavam no prédio). A idéia de mostrar que nem tudo são flores no Reino Unido começou com **Os Vingadores**, série que misturava ficção, espionagem e aventura, sem deixar de lado um pouco de crítica social na arcaica estrutura de poder da Inglaterra. John Steed era membro do serviço secreto inglês e tinha como parceira uma mulher, geralmente uma proeminente cientista. Durante os oito anos que o programa durou, ele trabalhou com a dra. Cathy Gale, a dra. Emma Peel e a novata Tara King. A série foi a última produção inglesa a entrar na grade de programação de uma rede americana, a ABC.

As Famílias mais Famosas

A FAMÍLIA BUSCAPÉ – o gentil Zé Buscapé, transformado em milionário da noite para o dia; a senil vovó Buscapé, que sempre sabia como lidar com uma situação; a filha Elly May, linda e ingênua; e o estúpido sobrinho Joca.

THUNDERBIRDS – o milionário, ex-astronauta e viúvo Jeff Tracy salvava vidas em perigosas missões, tendo como equipe seus próprios filhos: Scott, Virgil, Alan, Gordon e John.

BONANZA – um dos pais mais famosos da TV, Ben Cartwright criava os três filhos, Joseph, Adam e Eric, em meio ao ambiente hostil do Velho Oeste. Cada um nasceu de uma mãe diferente, todas falecidas.

BIG VALLEY – a viúva Victoria era a matriarca da rica e poderosa família Barkley, comandando um rancho na Califórnia de 1870. Seu filho Jarrod era um advogado que cuidava das questões legais, enquanto o agressivo e cabeça-quente Nick lidava com as tarefas físicas do dia-a-dia. A linda caçula Audra cavalgava muito bem e era protegida por todos. Junta-se a eles depois o sincero e reservado Heath, que a família descobre ser filho do pai falecido com outra mulher. Um quarto filho, Eugene, sai da primeira temporada sem maiores explicações.

CHAPARRAL – a família Cannon, liderada pelo viúvo Big John, luta para manter seu rancho Chaparral, enfrentando a hostilidade dos índios. Seu irmão Buck e seu filho Billy Blue o ajudam, apesar das desavenças com Big John, que se casa com Victoria, da poderosa família Montoya, por interesses políticos. O irmão dela, Manolito, também passa a viver com os Cannons.

PAPAI SABE TUDO – a idealizada família Anderson era formada por Jim, sua esposa Margaret e os filhos Betty, Bud e Kathy. Diariamente, o pai chegava do trabalho, colocava seu confortável suéter e lidava com os problemas diários dos filhos em crescimento.

A FAMÍLIA ADDAMS – a família mais macabra da TV é formada pelo casal Gomez e Mortícia Addams, seus filhos Vandinha e Feioso, tio Funéreo (irmão de Gomez) e a Vovó. O tio Fester e o primo Itt aparecem às vezes.

A FAMÍLIA TRAPO – o centro da série era o folgado Bronco, que armava muita confusão quando o assunto era trabalho, infernizando a vida do cunhado Pepino, casado com Helena. Eles tinham um casal de filhos, Verinha e Sócrates.

Da Telona para a Telinha

Muitos atores de sucesso no cinema se deram bem também na televisão. Conheça alguns deles:

DORIS DAY – antes de ter uma série com seu próprio nome (*Doris Day Show*), a atriz havia construído uma sólida carreira no cinema, em filmes que se tornaram clássicos, como *Ardida como Pimenta* (1953), *O Homem que Sabia Demais* (1957) e *Confidências à Meia-Noite* (1959).

BORIS KARLOFF – projetou-se no cinema ao estrelar *Frankenstein* (1931), e a partir daí se estabeleceu como um dos maiores ícones do cinema de terror de todos os tempos. Na TV, apresentou as histórias horripilantes da série *Impacto*.

ROBERT WAGNER – o tipo bem americano do galã lhe rendeu um contrato com a Fox, para quem ele fez uma série de filmes, em que sua aparência era mais importante que o talento. Mesmo assim, ele relutou em aceitar o convite para estrelar a série *O Rei dos Ladrões*, reconhecendo mais tarde que foi a decisão correta. Ainda seria o astro de outros seriados, entre eles *Casal 20*.

BARBARA STANWICK – indicada quatro vezes ao Oscar, teve uma extensa carreira cinematográfica em filmes como *Bola de Fogo* (1941), *Adorável Vagabundo* (1941) e *Pacto de Sangue* (1944), mas só ficou conhecida do grande público americano em 1965, com *Big Valley*. A matriarca da família Barkley se tornou um dos personagens femininos mais marcantes na história dos seriados.

Os seriados que funcionaram no cinema....

Os Intocáveis (1987) é uma das obras-primas de Brian de Palma, que revelou Kevin Costner como Elliot Ness e deu o primeiro Oscar da carreira a Sean Connery.

Maverick encerrou sua carreira na TV em 1957, mas somente em 1994 foi adaptado para os cinemas, com Mel Gibson como Bret Maverick, papel defendido na série por James Garner, que co-estrela o filme como outro personagem.

Missão Impossível gerou o filme homônimo de 1996, estrelado por Tom Cruise. Os fãs da série ficaram desapontados com o tratamento que o único personagem da série, Jim Phelps (no filme, interpretado por Jon Voight), recebeu. A música tema também permaneceu. O filme estourou mundialmente e teve duas continuações.

O culto a **Jornada nas Estrelas** gerou seis longas-metragens: *Jornada nas Estrelas: O Filme* (1979), *Jornada nas Estrelas II: A Ira de Khan* (1982), *Jornada nas Estrelas III: À Procura de Spock* (1984), *Jornada nas Estrelas IV: A Volta Para a Terra* (1986), *Jornada nas Estrelas V: A Última Fronteira* (1989) e *Jornada nas Estrelas VI: A Terra Desconhecida* (1991).

Na adaptação para o cinema de **O Fugitivo** (1993), o assassinato da esposa do dr. Richard Kimble faz parte de uma complexa trama envolvendo uma multinacional da indústria farmacêutica. Harrison Ford ficou com o papel, mas Tommy Lee Jones, como Gerard, é quem levou o Oscar.

A **Família Addams** deu sorte na tela grande. O filme homônimo de 1991 foi um sucesso de bilheteria, gerando a continuação *A Família Addams 2* (1993). Raul Julia e Anjelica Huston eram Gomez e Mortícia.

... e os que não funcionaram

A Feiticeira (2005) é considerado umas das bolas fora na consagrada carreira de Nicole Kidman. O filme mostra a produção de uma nova versão do seriado para a TV, no melhor estilo metalinguagem.

Perdidos no Espaço (1998) manteve o tom mais sério da primeira temporada, com Gary Oldman como o dr. Smith e participações de quase todo o elenco do seriado, exceto por Bill Mumy e Jonathan Harris.

As Loucas Aventuras de James West (1999), apesar do astro Will Smith no papel-título, decepcionou nas bilheterias e foi destruído pela crítica.

O trio de peso Ralph Fiennes, Uma Thurman e Sean Connery não impediu que **Os Vingadores** (1998) fosse um retumbante fracasso. Das três agentes com quem John Steed vivia suas aventuras na série, a mais popular, Emma Peel, foi a escolhida para permanecer no longa.

Aberturas que Ninguém Esquece

"Sempre que leis de qualquer estado são quebradas, uma bem-treinada organização autorizada entra imediatamente em cena. Pode ser a Polícia Estadual, a Tropa Estadual, a Milícia, uma organização armada ou a Patrulha Rodoviária. Essas são as histórias de homens cujo treinamento, habilidade e coragem reforçaram e preservaram nossas leis estaduais."

Patrulha Rodoviária

"Há uma quinta dimensão além daquelas conhecidas pelo homem. É uma dimensão tão vasta quanto o espaço e tão desprovida de tempo quanto o infinito. É o espaço intermediário entre a luz e a sombra, entre a ciência e a superstição; e se encontra entre o abismo dos temores do homem e o cume dos seus conhecimentos. É a dimensão da fantasia. Uma região além da imaginação."

Além da Imaginação

"Mais veloz que um jato! Mais duro que o aço! Super-Homem invencível! Cavaleiro da paz e da justiça! Nacional Kid!"

Nacional Kid

"Os invasores! Alienígenas em um planeta moribundo. Seu destino: a Terra. Seu objetivo: transformá-la em seu mundo. Começou no deserto, com um homem cansado demais para seguir viagem. Começou com o pouso de uma nave de outra galáxia... Agora, David Vincent sabe que os invasores chegaram. Que eles têm a forma humana. E, de alguma forma, David deve convencer outros de que o pesadelo já começou..."

Os Invasores

"O espaço... a fronteira final. Estas são as viagens da nave estelar Enterprise, em sua missão de cinco anos, para explorar novos mundos, novas civilizações. Audaciosamente indo, onde nenhum homem jamais esteve..."

Jornada nas Estrelas

"Não há nada errado com seu televisor. Não tente ajustar nada. Nós estamos controlando a transmissão. Nós estamos controlando o horizontal. Controlamos o vertical. Na próxima hora, fique sentado para o que você vai ver e ouvir. Você irá participar de uma grande aventura. Uma eletrizante experiência que alcança os mistérios da mente até a quinta dimensão."

Quinta Dimensão

MULHERES DE TIRAR O FÔLEGO

LINDA EVANS – nos anos 60, a Audra de *Big Valley* ainda não podia aparecer tão insinuante quanto em *Dinastia*, mas a loira já era um colírio vestida de fazendeira.

ANNE FRANCIS – fez história na TV com *Honey West*, a primeira personagem detetive a estrelar um seriado. Para se disfarçar, ela usava de vestidos de gala a uma sexy roupa de oncinha.

YVONNE CRAIG – ela nunca havia assistido a um episódio de *Batman* quando aceitou o convite para ser a Batgirl, mas logo se transformou na atriz mais popular da série, com sua interpretação sexy e dinâmica (e a roupa colada lilás, claro).

DIANA RIGG – foi a mais sensual agente secreta da série *Os Vingadores*, como a bela srta. Emma Peel, companheira de brigas e investigações do cavalheiro John Steed. Assim como Honor Blackman, que foi a primeira Vingadora, Diana também trabalhou na cinessérie do agente James Bond.

BARBARA EDEN – a barriga de fora de *Jeannie é um Gênio* motivava o público masculino a contribuir para a alta audiência. A sensualidade e beleza da atriz, aliás, foram dois fatores que fizeram o criador da série, Sidney Sheldon, a escolhê-la de cara.

Frases que Ficaram na Memória

OS BORDÕES DO AGENTE 86:
"E... VOU ADORAR!"; "DESCULPE POR ISSO, CHEFE!"; "O VELHO TRUQUE..."; "VOCÊ ACREDITARIA SE..."; "ERROU POR UM TANTINHO ASSIM...".

ZORRO PARA SEU CAVALO:
"AIÔ, SILVER!"

NA ABERTURA DOS EPISÓDIOS DE *MISSÃO IMPOSSÍVEL*, O CHEFE DE CAMPO RECEBIA A MISSÃO EM UM LUGAR PÚBLICO. A GRAVAÇÃO INFORMAVA O ALVO E O OBJETIVO, SEMPRE TERMINANDO COM A LACÔNICA FRASE:
"SE VOCÊ OU ALGUM MEMBRO DO IMF FOR CAPTURADO OU MORTO, O MINISTÉRIO NEGARÁ QUALQUER ENVOLVIMENTO. ESTA FITA SE AUTODESTRUIRÁ EM CINCO SEGUNDOS. BOA SORTE, JIM".

"VIDA LONGA E PRÓSPERA",
PREGAVA O SR. SPOCK EM *JORNADA NAS ESTRELAS*.

O TEXTO DE TRANSFORMAÇÃO DE HAYATA EM *ULTRAMAN*, DITO PELO PRÓPRIO HERÓI:
"QUANDO ESTIVER EM PERIGO, USE A CÁPSULA BETA. E VOCÊ, HAYATA, SE TRANSFORMARÁ NO ULTRAMAN... ULTRAMAN..."

"EU NÃO ESCUTAR NADA, EU NÃO VER NADA...",
ERA O QUE O SARGENTO SCHULTZ DIZIA EM *GUERRA, SOMBRA E ÁGUA FRESCA* QUANDO ACHAVA QUE HOGAN E SEUS HERÓIS ESTAVAM APRONTANDO DEMAIS.

Os Pioneiros

Além do Ibope, **A Feiticeira** quebrou várias barreiras sociais na TV, como mostrar um casal que dormia junto numa mesma cama, algo inédito para um programa de TV, incluindo as novelas da tarde. Nem Lucille Ball, que foi a rainha da comédia na televisão americana, teve essa regalia, sempre dormindo com Rick Ricardo em camas separadas. Outro avanço foi o fato de Samantha, mesmo construindo o seu lar ideal com James, ser filha de pais separados.

Os Destemidos foi a série que deu o pontapé inicial para acabar com o preconceito racial na TV, com dois agentes secretos como personagens centrais, um deles negro e vivido por Bill Cosby, que, anos depois, se tornaria um dos mais populares astros da televisão americana.

Estranhos, mas sexualmente ativos, Gomez e Mortícia Addams, de **A Família Addams**, foram o primeiro casal na TV americana que dava a entender que tinham uma vida sexual. Os atores John Astin e Carolyn Jones queriam que os dois fossem um antídoto aos pais assexuados que se viam nos seriados.

Os Audaciosos inovou ao criar três séries dentro de uma. Isso acontecia porque o seriado tinha três personagens principais, e cada episódio era centrado em somente um deles. O grupo não vivia aventuras em conjunto, como era comum nas outras séries.

OS MAIORES GALÃS DOS ANOS 50/60

RICHARD CHAMBERLAIN – *DR. KILDARE*

JAMES GARNER – *MAVERICK*

LEE MAJORS – *BIG VALLEY*

ROBERT CONRAD – *JAMES WEST*

ROGER MOORE – *O SANTO*

WILLIAM SHATNER – *JORNADA NAS ESTRELAS*

Cães que roubavam a cena

LASSIE, O CÃO MAIS FAMOSO DO MUNDO, ESTRELAVA A SÉRIE COM SEU NOME. LASSIE ERA UMA COLLIE CORAJOSA, LEAL, INTELIGENTE E PROTETORA. :::: **RIN TIN TIN**, O PASTOR ALEMÃO, ENFRENTAVA BANDIDOS E ÍNDIOS AO LADO DO MENINO RUSTY EM *AS AVENTURAS DE RIN TIN TIN*. :::: **TRAMP** UM CACHORRO PELUDO QUE FAZIA A ALEGRIA DOS FILHOS DE STEVE DOUGLAS EM *MEUS TRÊS FILHOS*. :::: **LOBO** UM PASTOR ALEMÃO QUE FAZIA DUPLA COM O INSPETOR CARLOS EM *VIGILANTE RODOVIÁRIO*.

Saindo do armário: DICK SARGENT, o James Stephens nas últimas temporadas de *A Feiticeira*, revelou ser gay em 1991, ao descobrir que estava com câncer de estômago e ter receio de que o público achasse que ele estava com AIDS. :::: O Dr. Kildare, RICHARD CHAMBERLAIN, símbolo sexual da TV e do cinema, saiu do armário somente em 2003, quando lançou sua autobiografia. Ele afirmou que, aos 69 anos, já não era mais um galã e, portanto, não precisava mais se preocupar em manter uma imagem irreal. :::: Conhecido por seus músculos e beleza na década de 50, o astro de *O Desafio do Homem*, GEORGE NADER, causou surpresa quando se descobriu que ele era gay. Ao falecer em 1985, Rock Hudson o nomeou como um de seus beneficiários porque Mark Miller, companheiro de Nader, foi secretário de Hudson. :::: GEORGE TAKEI, o comandante Hikaru Sulu de *Jornada nas Estrelas*, tornou pública sua homossexualidade em 2005, em uma entrevista para a revista *Frontiers*.

As duplas do barulho

MISTER ED
WILBUR E MISTER ED

OS DESTEMIDOS
OS AGENTES SECRETOS ALEXANDER SCOTT E KELLY ROBINSON

VIGILANTE RODOVIÁRIO
INSPETOR CARLOS E O CÃO LOBO

JAMES WEST
JAMES WEST E ARTEMUS GORDON

AGENTE 86
AGENTE 86 E AGENTE 99

PERDIDOS NO ESPAÇO
DR. SMITH E O ROBÔ

MAVERICK
OS IRMÃOS BRET E BRAT

AS AVENTURAS DE CISCO KID
CISCO KID E PANCHO

BUD ABBOTT E LOU COSTELLO SHOW
ABBOTT E COSTELLO

RE

DETETIVES DO HAVAÍ :::: BRIGADA 8 :::: AS AVENTURAS DO SUPER-HOMEM :::: TERRA SEM LEI

AS AVENTURAS DE RIN-TIN-TIN ::::
DENNIS – O TRAVESSO ::::
O MENINO DO CIRCO

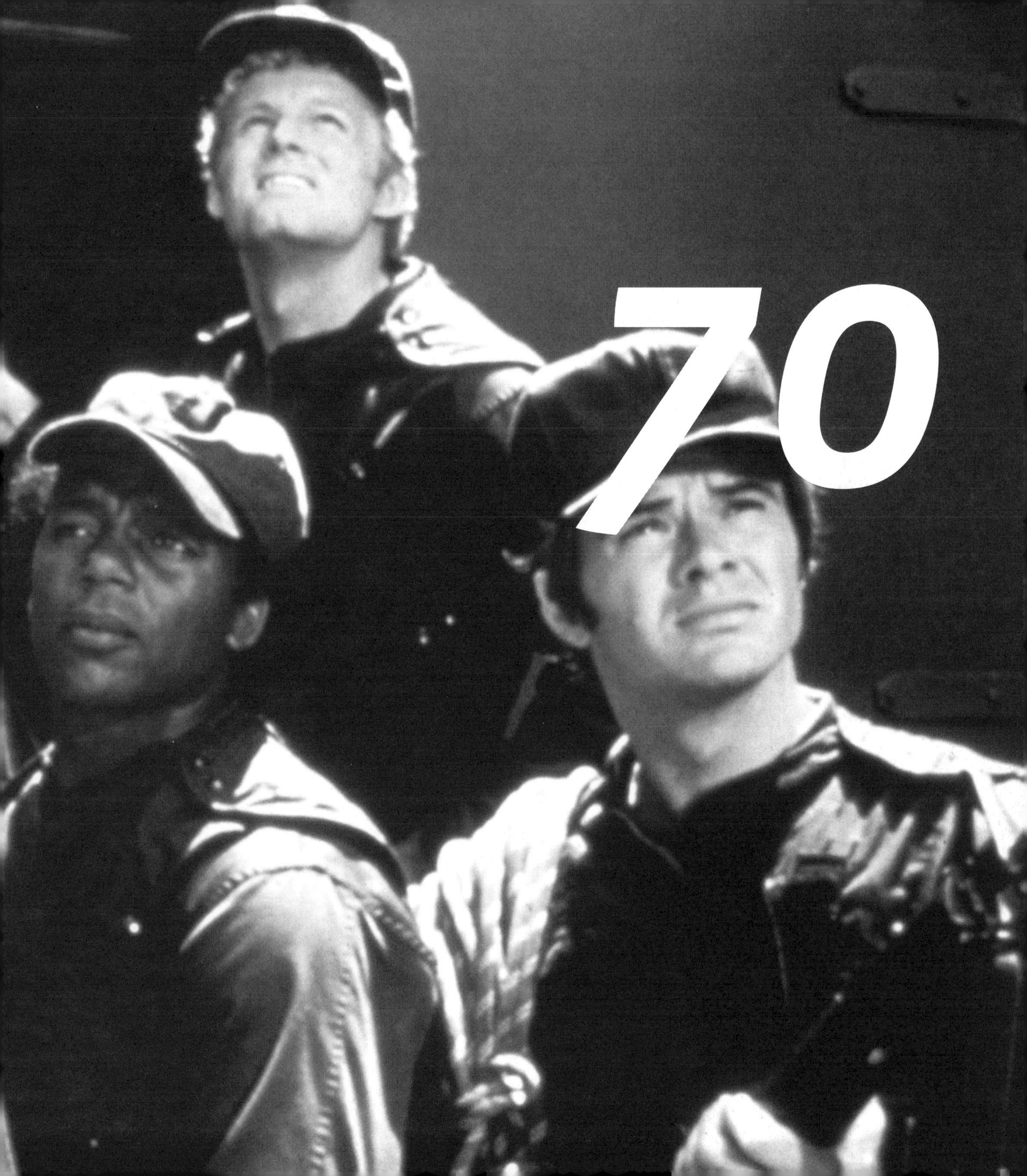
70

As Cores Chegam à TV Brasileira

A entrada em operação do sistema de transmissão em cores foi um dos grandes avanços na televisão brasileira. Enquanto nos países mais desenvolvidos as cores já faziam parte do cotidiano do público havia mais de dez anos, somente em 1972 o Brasil resolveu ter um padrão de cores próprio. O famoso PAL-M, adotado da tecnologia alemã, criou uma reserva de mercado inócua, que levou o país a ficar isolado tecnologicamente do resto do mundo durante décadas. Aliás, as cores só começaram a ficar populares quando o preço dos televisores passou a ficar mais acessível ao público em geral, por volta do final dessa década. E, com isso, um universo novo começou a surgir na telinha, não só com séries que exploravam as cores em todos os sentidos, mas também com a oportunidade de a dramaturgia brasileira aproveitar essa nova tecnologia, criando suas primeiras séries dentro do novo padrão de cores. Os anos 70 marcam também o fim dos seriados de longa duração na programação das TVs brasileiras. A ascensão da Rede Globo dá total liberdade aos núcleos de dramaturgia para criarem uma programação com novas séries, ao mesmo tempo que restringe o horário de exibição de seriados estrangeiros, já batizados pejorativamente pela imprensa de "enlatados".

O Crime no Horário Nobre

Durante os anos 60, a Universal Pictures, na época chamada de MCA, era conhecida por suas séries de ação e dramas policiais. Porém um novo conceito, que ia revolucionar a produção para a TV, estava sendo desenvolvido pelo estúdio. Parceira da NBC, uma das três principais redes americanas de televisão, o estúdio começou a produzir filmes diretamente para a TV, os chamados "made-for-TV", que se transformaram num programa especial dos sábados à noite, World Premiere (no Brasil, esses filmes foram exibidos pela Rede Globo na nova sessão de cinema do canal, Premiere Mundial). Na realidade, a Universal criou uma oportunidade única de desenvolver pilotos para seriados; se agradassem em sua exibição nos sábados à noite, poderiam ganhar uma série regular. E para mostrar o que poderia ser feito nesse sentido, o estúdio produziu um primeiro filme que mais tarde seria conhecido como o piloto de uma das séries policiais mais famosas da TV: Fórmula para Matar (1968), estrelado por Peter Falk como o persistente e investigativo tenente Columbo, da polícia de Los Angeles. Basicamente o filme já mostrava algo diferente: um crime sendo cometido e Columbo tentando provar que seu principal suspeito era o culpado. O que ele sempre habilmente conseguia, quase levando o suspeito à loucura, já que o tenente sabia como manipular a situação e conseguir as provas necessárias para prender o suspeito. Com o sucesso de audiência, nasceu o programa **NBC Mistery Movie**, batizado no Brasil de **Os Detetives**, no qual semanalmente se revezavam na telinha **Columbo**, o impertinente xerife do Novo México Sam McCloud e os casos investigados pelo comissário de polícia de São Francisco Stewart McMillan e sua esposa Sally. Cada uma dessas séries tinha um estilo bem diferente: Columbo era o investigador criminalista estilo Sherlock Holmes, sempre atento aos detalhes do crime e ao possível criminoso. A primeira fase da série teve 45 episódios com durações entre uma hora e meia e duas horas, e a segunda, 16 episódios de duas horas. Entre 1991 e 2003, mais oito filmes foram produzidos. McCloud era inspirado no filme *Meu Nome é Coogan* (1968), mostrando um típico homem da lei (Dennis Weaver, de *Gunsmoke*) de uma cidade do Oeste americano usando suas habilidades para desvendar crimes na cidade de Nova York. Já **McMillan e Senhora** tinha um tom mais leve e bem-humorado, com o comissário sendo ajudado pela esperta esposa, que também se metia em algumas confusões no percurso para desvendar o crime. O casal era interpretado por um dos maiores astros do cinema, Rock Hudson (em seu segundo trabalho na TV, após quase 60 filmes no cinema) e Susan Saint James (de *Os Audaciosos*). No Brasil, os três pilotos foram exibidos dentro da sessão **Premiere Mundial da Globo**, e as séries foram ao ar na Rede Tupi, dentro do programa **Os Detetives**.

Você sabia?

★ STEVEN SPIELBERG DIRIGIU O PRIMEIRO EPISÓDIO DE *COLUMBO*, INTITULADO "UM CRIME QUASE PERFEITO".

★ POR CONTA DE UMA DISPUTA CONTRATUAL, SUSAN SAINT JAMES DEIXOU *McMILLAN E SENHORA* NA QUINTA TEMPORADA. OS PRODUTORES MATARAM SUA PERSONAGEM EM UM ACIDENTE AÉREO E A SÉRIE PASSOU A SE CHAMAR APENAS McMILLAN.

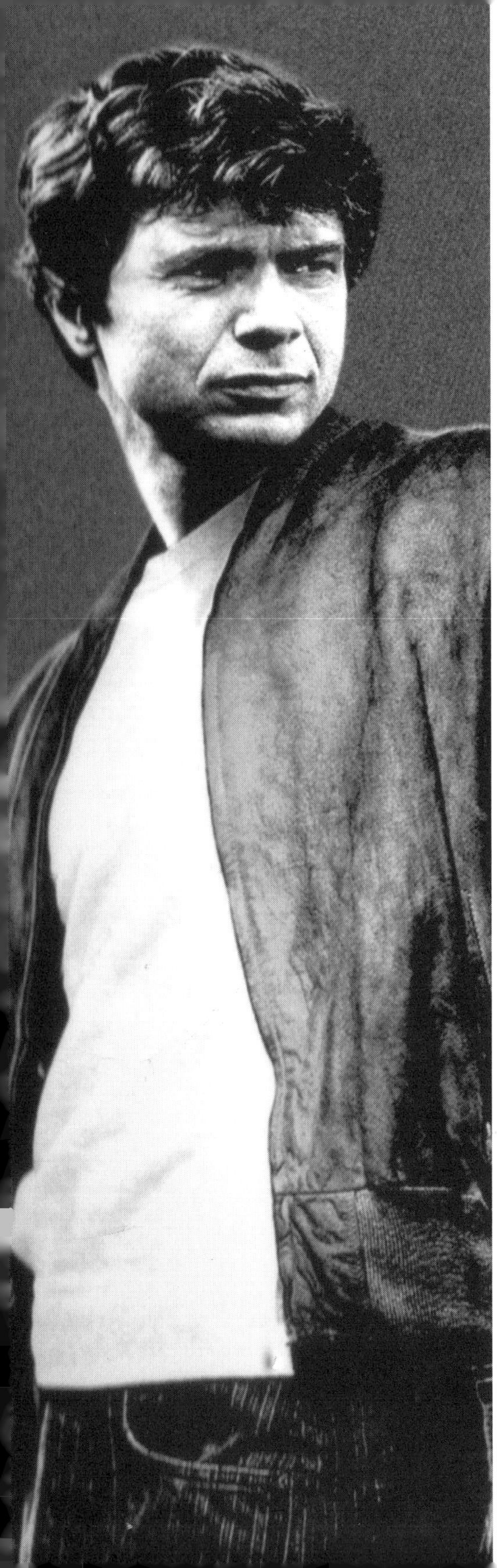

O trio inicial, Columbo, McMillan e McCloud, fez com que a Universal investisse em novos detetives para ampliar essa linha de programas. Neste segundo grupo, apresentados no Brasil pela Rede Record, estão **Banacek**, **Hec Ramsey** e **Madigan**. Thomas Banacek é considerado um dos melhores investigadores de seguros de Boston, sempre conseguindo resultados. Foi por essa série e pela irreverência do personagem-título que George Peppard foi chamado para encabeçar o elenco de *Esquadrão Classe A* anos depois. Já a série do ex-paladino Richard Boone leva a investigação criminal para o Velho Oeste, onde Hec Ramsey ajuda o jovem e inexperiente xerife da cidade de New Prospect, em Oklahoma, a resolver os crimes que acontecem na região. O terceiro membro dessa nova rodada de detetives é o sargento Dan Madigan, personagem baseado no filme homônimo de 1968, também com Richard Widmark no papel-título. Madigan é um policial que gosta de quebrar as regras da investigação para obter resultados, mas sem desres-peitar a justiça. Além dessas séries, também foram produzidos outros segmentos para **Os Detetives**, que ficaram inéditos no Brasil.

Em Nome da Lei

Nos anos 70, quando a contracultura estava dando sinais de decadência e o envolvimento dos Estados Unidos nos conflitos do Leste Asiático ganhavam pouco a pouco mais espaço na televisão, o público americano recebia dentro de casa cada vez mais policiais diferentes para impor a lei e a ordem. Burt Reynolds, que já havia feito outra série policial, **Falcão**, agora era **Dan August**, um policial que não se intimida com nenhum criminoso. Com cenas de ação de tirar o fôlego, a série só não foi para a frente porque os custos de produção assustaram a ABC, produtora da série. Já a cidade de São Francisco era o cenário para a produção estrelada pelo consagrado Karl Malden e pelo novato Michael Douglas, **São Francisco Urgente**. A série apresentava esses dois homens da lei, cada qual com seu estilo de trabalho: a experiência do tenente Mike Stone, que conhece muito bem as ruas de São Francisco, e a energia e empolgação do detetive Steve Keller, batendo de frente com os criminosos. No final da quarta temporada, Michael Douglas sai da série e cede lugar para Richard Hatch, interpretando o detetive Dan Robbins. Em **Baretta**, vamos conhecer o detetive Tony Baretta, policial de Los Angeles que não gosta de

trabalhar com nenhum parceiro. *Baretta* acabou durando 80 episódios. Outro policial que tinha seu próprio estilo de combater o crime na cidade grande era o tenente Theo Kojak. Criado por Abby Mann – vencedor do Oscar de melhor roteiro por *O Julgamento em Nuremberg* (1961) –, **Kojak** apresentava uma forma diferente de investigações de crimes em Nova York. Tudo era centralizado na figura do tenente Kojak (Telly Savalas), grego de nascimento, que gostava de chupar pirulitos e fumar uma marca especial de cigarros de cor marrom, que virou moda nos anos 70. Em 1976, Savalas e Robert Blake empataram na entrega do Globo de Ouro, na categoria de melhor ator em série dramática.

As mulheres também podiam impor a lei e a ordem nessa época? Não era fácil a competição, mas a sargento Suzanne Anderson, também conhecida como Pepper, topava qualquer parada para levar os criminosos à justiça. **Police Woman** foi criado por Robert E. Collins, de *Dan August* e *Police Story*, que apresentou a idéia de uma policial usando disfarces nas investigações durante um episódio da série *Police Story*, também estrelada por Angie Dickinson. Foram quatro temporadas em que Pepper passou o diabo para provar que também era páreo para os machões da TV nos anos 70. Entretanto nem todos os agentes da lei do horário nobre eram detetives ou policiais. Jim O'Hara era um dos mais competentes agentes do Departamento do Tesouro Americano, e não deixava dúvidas sobre sua atuação contra vários criminosos de colarinho branco. **O'Hara** foi mais um trabalho de David Janssen, conhecido pela série *O Fugitivo*. Para fechar essa galeria de lei e ordem, temos **Petrocelli**. Tony Petrocelli é um descendente de italianos que conseguiu a duras penas se formar em direito em Harvard. Mas ele abandonou uma posição de destaque numa grande firma de advocacia para morar com a mulher no interior e, assim, ajudar os mais necessitados.

Você sabia?

★ALGUNS DOS MELHORES EPISÓDIOS DE *POLICE WOMAN* FORAM DIRIGIDOS POR MICHAEL MANN, QUE MAIS TARDE SE TORNARIA UM DOS MAIS RESPEITADOS CINEASTAS AMERICANOS, COM FILMES COMO *O INFORMANTE* (1995) E *COLATERAL* (2004).

Homens e Mulheres Muito Especiais

Poder respirar embaixo d'água, ter superforça e não ser visto durante uma missão perigosa são algumas das características de vários personagens que transformaram a televisão no palco de grandes aventuras fantásticas. É o caso do piloto de testes Ben Richards, da série **O Imortal**. Ele descobre que seu sangue tem um tipo raro de imunidade que nunca o deixará morrer de qualquer tipo de doença ou ferimento leve. Por causa disso, passa a ser perseguido por um milionário que quer essa imortalidade, ao mesmo tempo em que busca seu irmão – que também pode ser um imortal – pelos Estados Unidos. A idéia era boa, mas acabou durando pouco, pois, apesar do tema, a série lembrava muito *O Fugitivo*. Outro perseguido foi **O Homem do Fundo do Mar**, série estrelada por Patrick Duffy, que depois se tornaria astro como o Bobby Ewing de *Dallas*. Encontrado à deriva no oceano, Mark Harris podia respirar sob a água. Contudo o rapaz perdera a memória e não sabia sua própria origem. "Adotado" por um instituto de oceanografia, Mark vai participar de várias missões para salvar o mundo. Mas a audiência ele não salvou, já que o seriado terminou com apenas 17 episódios.

Quem teve mais sorte com a audiência foi o casal atômico **Ciborgue – O Homem de Seis Milhões de Dólares** e **A Mulher Biônica**. A vida do astronauta Steve Austin (Lee Majors) deu uma guinada radical quando um acidente durante o teste de um veículo espacial o levou à beira da morte e para a mesa de cirurgia. Interessado em ter um novo agente de campo, a CIA financia o projeto de reconstrução de Austin, transformando-o no primeiro ciborgue (parte homem, parte máquina) dos Estados Unidos. Agora, como um superagente, Austin vai enfrentar forças estrangeiras usando toda a potência de seus novos membros movidos a energia nuclear. A série causou um impacto inicial tão positivo que levou o produtor Harve Bennett a desenvolver um "spin-off" a partir do episódio especial no final da segunda temporada, intitulado de **A Mulher Biônica**. Jaime Sommers (Lindsay Wagner), ex-namorada de Steve Austin, sofre um acidente durante um salto de pára-quedas. Culpando-se pelo que acontecera à namorada, Steve briga para que a CIA também utilize a tecnologia biônica para salvar a vida dela.

Você sabia?

★O HOMEM DE SEIS MILHÕES DE DÓLARES TINHA UMA VELOCIDADE SOBRE-HUMANA E PODIA SALTAR MAIS ALTO DO QUE QUALQUER HOMEM. SUA VISÃO ERA REFORÇADA COM RAIOS INFRAVERMELHOS, PODENDO ATINGIR UMA ENORME DISTÂNCIA. ELE TAMBÉM ERA CAPAZ DE LEVANTAR QUALQUER PESO E QUEBRAR QUALQUER MATERIAL. A MULHER BIÔNICA TAMBÉM ATINGIA GRANDES VELOCIDADES E PODIA DAR GRANDE SALTOS, E AINDA ERA DOTADA COM UMA SUPER-AUDIÇÃO E UM BRAÇO MUITO FORTE.

Para completar a lista de agentes do governo americano com talentos especiais, temos o dr. Daniel Westin e Sam Casey. Em **O Homem Invisível**, temos o dr. Westin descobrindo acidentalmente a fórmula da invisibilidade e usando esse talento agregado para missões especiais. Um acidente também foi o responsável pelo desaparecimento de Sam Casey, conhecido como **Gemini Man**, que agora usa um relógio para estabilizar suas moléculas; este, quando pressionado, pode deixá-lo invisível por até 15 minutos. Se passar disso, ele jamais será visto novamente. As duas séries foram criadas por Harve Bennett e Steve Bochco, e mesmo usando o que havia de melhor em efeitos visuais, acabaram desaparecendo da telinha.

Saindo do Cinema para a Televisão

O cinema foi fonte para muitos produtores desenvolverem novos projetos para a telinha. No entanto nem sempre o que é bom num veículo funciona em outro. Yul Bryner tentou repetir na TV o grande sucesso dos palcos e do cinema de *O Rei e Eu* na série **Anna e o Rei** – sobre as engraçadas relações entre uma governanta inglesa e o rei do Sião, mas não conseguiu. O mesmo aconteceu com Richard Roundtree ao levar para a TV o detetive durão e implacável **Shaft**, já que a TV não permitia algumas de suas abordagens mais pesadas. Tony Franciosa vestiu os sapatos que foram de Dean Martin para uma nova versão do agente secreto **Matt Helm**, mas agora como detetive particular e sem todas as beldades que desfilavam seminuas nos filmes da cinessérie. Na versão televisiva de **O Planeta dos Macacos**, o problema é que mudaram demais a idéia dos filmes do cinema, fazendo com que os humanos também falassem como os macacos. Nesta nova versão, que durou apenas 14 episódios, os astronautas Alan e Burke, ajudados pelo chimpanzé Galen, tentam escapar todas as semanas do general-gorila Urko.

A adaptação mais acertada para a TV foi **MASH**, filme de Robert Altman indicado ao Oscar. O filme narra, sob um divertido e cínico ponto de vista, o trabalho da unidade médica MASH 4077 durante a guerra da Coréia, nos anos 50. Para a televisão, o programa foi feito como se fosse uma comédia de situações, incluindo as risadas em off e com duração de 30 minutos por episódio. É um dos maiores sucessos da TV mundial até hoje, com 11 temporadas e 250 episódios, incluindo um especial de duas horas que encerrou a série em 1983, conquistando os mais altos índices de audiência da TV americana até hoje, visto por cerca de 125 milhões de telespectadores. No Brasil, foram exibidas apenas as cinco primeiras temporadas, dubladas. No final da terceira temporada, todo o elenco foi surpreendido com a saída de McLean Stevenson, que interpretava o coronel Blake. Dispensado do comando do MASH 4077, Blake viaja para os Estados Unidos, quando seu avião cai. A notícia de que ele havia morrido no desastre foi dada no exato momento em que a cena era rodada, pegando todos os atores de surpresa. Foi a realidade dentro da ficção.

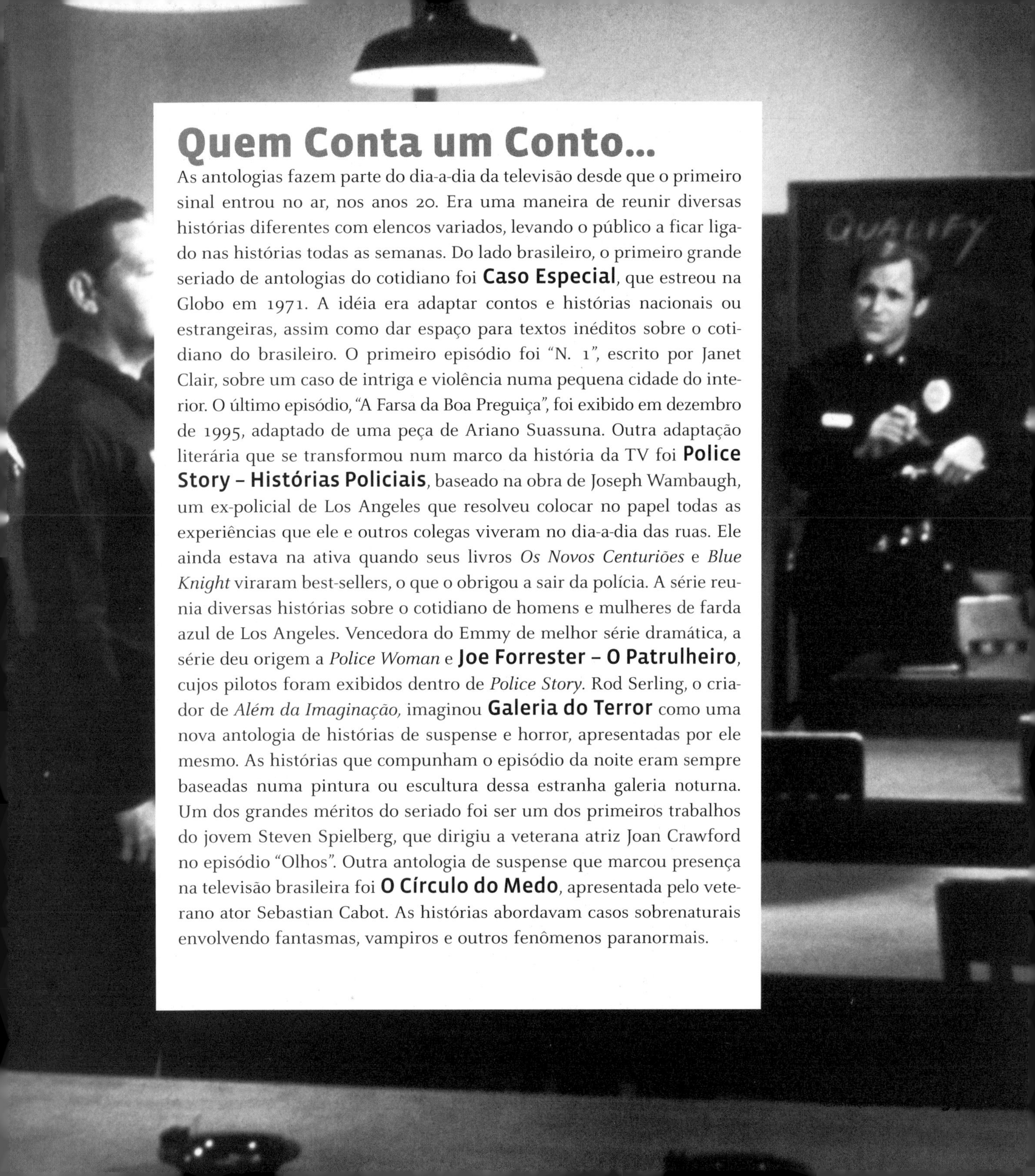

Quem Conta um Conto...

As antologias fazem parte do dia-a-dia da televisão desde que o primeiro sinal entrou no ar, nos anos 20. Era uma maneira de reunir diversas histórias diferentes com elencos variados, levando o público a ficar ligado nas histórias todas as semanas. Do lado brasileiro, o primeiro grande seriado de antologias do cotidiano foi **Caso Especial**, que estreou na Globo em 1971. A idéia era adaptar contos e histórias nacionais ou estrangeiras, assim como dar espaço para textos inéditos sobre o cotidiano do brasileiro. O primeiro episódio foi "N. 1", escrito por Janet Clair, sobre um caso de intriga e violência numa pequena cidade do interior. O último episódio, "A Farsa da Boa Preguiça", foi exibido em dezembro de 1995, adaptado de uma peça de Ariano Suassuna. Outra adaptação literária que se transformou num marco da história da TV foi **Police Story – Histórias Policiais**, baseado na obra de Joseph Wambaugh, um ex-policial de Los Angeles que resolveu colocar no papel todas as experiências que ele e outros colegas viveram no dia-a-dia das ruas. Ele ainda estava na ativa quando seus livros *Os Novos Centuriões* e *Blue Knight* viraram best-sellers, o que o obrigou a sair da polícia. A série reunia diversas histórias sobre o cotidiano de homens e mulheres de farda azul de Los Angeles. Vencedora do Emmy de melhor série dramática, a série deu origem a *Police Woman* e **Joe Forrester – O Patrulheiro**, cujos pilotos foram exibidos dentro de *Police Story*. Rod Serling, o criador de *Além da Imaginação,* imaginou **Galeria do Terror** como uma nova antologia de histórias de suspense e horror, apresentadas por ele mesmo. As histórias que compunham o episódio da noite eram sempre baseadas numa pintura ou escultura dessa estranha galeria noturna. Um dos grandes méritos do seriado foi ser um dos primeiros trabalhos do jovem Steven Spielberg, que dirigiu a veterana atriz Joan Crawford no episódio "Olhos". Outra antologia de suspense que marcou presença na televisão brasileira foi **O Círculo do Medo**, apresentada pelo veterano ator Sebastian Cabot. As histórias abordavam casos sobrenaturais envolvendo fantasmas, vampiros e outros fenômenos paranormais.

Poderosos Super-Heróis

Quando Batman conseguiu fazer sucesso no horário nobre da TV americana com seu estilo debochado, muitos produtores pensaram que adaptar personagens dos quadrinhos, especialmente super-heróis poderosos, pudesse ser um bom negócio. É claro que nessa década os efeitos visuais estavam muito longe de conseguir o realismo que uma série dessas precisava ter. Em 1974, o roteirista e produtor William M. Marston desenvolveu para a TV o piloto do que seria o programa sobre Diana Prince, a **Mulher Maravilha**, com Cathy Lee Crosby no papel principal. *A Mulher Maravilha* só ganhou sinal verde para ser produzida dois anos depois. Na segunda temporada, a série mudou de emissora e foi atualizada, tirando Diana Prince dos anos 40 e levando-a para os dias atuais, trabalhando ao lado de Steve Trevor no Serviço Secreto americano.

Você sabia?

★LYNDA CARTER LANÇOU UM ÁLBUM EM 1978 CHAMADO *PORTRAIT*. ELA NÃO PASSOU NO TESTE PARA INTERPRETAR A PERSONAGEM NO PILOTO, MAS DEPOIS VENCEU 2.000 CANDIDATAS PARA ESTRELAR A SÉRIE.

★NOS BASTIDORES, A TENSÃO ENTRE LYNDA E SEU CO-ASTRO LYLE WAGGONER (O MAJOR STEVEN TREVOR) ERA TÃO GRANDE QUE AS CENAS EM QUE OS DOIS APARECEM JUNTOS FORAM DIMINUINDO CADA VEZ MAIS NO DECORRER DA SÉRIE.

★NOS TRÊS PRIMEIROS EPISÓDIOS, A TRANSFORMAÇÃO DE DIANA EM MULHER MARAVILHA ERA MOSTRADA EM CÂMARA LENTA, COM A FUSÃO DE IMAGENS DAS DUAS. COMO O MÉTODO SAÍA MUITO CARO, A PARTIR DO QUARTO EPISÓDIO, ELA JÁ FICAVA PRONTA COM UM GIRO E UM CLARÃO VERMELHO E AZUL.

★A MULHER MARAVILHA COMBATIA O MAL COM TRÊS INCRÍVEIS ACESSÓRIOS: UM CINTO DOURADO QUE LHE DAVA MUITA FORÇA, UM BRACELETE QUE DESVIAVA TIROS E UM LAÇO DOURADO QUE OBRIGAVA AS PESSOAS A DIZEREM A VERDADE.

O mesmo aconteceu com Bill Bixby quando resolveu assumir o papel do cientista Bruce Banner na série **O Incrível Hulk**. Inspirada nos quadrinhos criados por Stan Lee, a versão televisiva do gigante verde sofreu radicais alterações em relação ao que eram as aventuras nos gibis. David Bruce Banner (Bill Bixby) é um médico que pesquisa uma força oculta nas pessoas que é liberada em momentos de estresse. Durante a pesquisa, o dr. Banner descobre que as pessoas que tiveram essa experiência de superforça foram expostas a raios gama, vindos do Sol. Na simulação que faz em seu laboratório, ele toma uma dose quase letal dos raios, mas os efeitos só aparecem quando ele tenta trocar um pneu durante a chuva, fazendo-o virar o Hulk, que destrói rapidamente seu objeto de ódio momentâneo, o carro. E se isso não bastasse, o produtor e roteirista Kenneth Johnson faz com que o Hulk, acidentalmente, causasse a morte da cientista apaixonada por Banner, transformando o médico num fugitivo da justiça e perseguido por Jack McGee, um jornalista de um tablóide criado para o seriado. A combinação de um super-herói com um passado complicado fez o seriado decolar na audiência, transformando Banner e Hulk em figuras popu-

lares em todos os países onde a série foi exibida, um sucesso para a Marvel Comics. O mesmo não aconteceu com o personagem mais popular da Marvel de Stan Lee, **O Homem-Aranha**. A série, estrelada por Nicholas Hammond, durou apenas 15 episódios, mas não saiu do ar por ter uma produção de baixo orçamento, sem cenas de ação dignas do herói aracnídeo.

Você sabia?

★ **LOU FERRIGNO, ATOR QUE INTERPRETAVA O INCRÍVEL HULK, PASSAVA BOA PARTE DO TEMPO EM UM TRAILER REFRIGERADO, PARA EVITAR FICAR SUADO E ESTRAGAR A MAQUIAGEM VERDE EM SEU CORPO.**

★ EM CADA CIDADE PELA QUAL O DR. DAVID BANNER PASSAVA, ELE ADOTAVA UM NOVO SOBRENOME.

★ **OUTRO EX-MISTER UNIVERSO TAMBÉM FEZ TESTE PARA O PAPEL DE HULK: ARNOLD SCHWARZENEGGER, MAS ELE NÃO FOI CONSIDERADO ALTO O SUFICIENTE.**

★ NO BRASIL, A SÃO PAULO ALPARGATAS CONTRATOU BILL BIXBY E LOU FERRIGNO PARA FAZER UMA CAMPANHA DE LANÇAMENTO DE UM NOVO JEANS, QUE RESISTIA ATÉ AO INCRÍVEL HULK.

A Filmation, uma das mais antigas produtoras de desenhos animados de super-heróis, como *Batman* e *Super-Homem*, foi responsável por criar **A Poderosa Ísis** e trazer para a telinha o Capitão Marvel. Criado em 1940, o humano mais poderoso da Terra passou pelo cinema no ano seguinte e também pelos quadrinhos, até ganhar essa versão para a TV. **As Aventuras do Capitão Marvel** tinha um enfoque totalmente diferente da origem do herói. Gritando "Shazam!", Billy invocava os poderes dos deuses, que o transformavam em Capitão Marvel. Também era uma frase de efeito o que transformava a jovem arqueóloga Andrea Thomas na Poderosa Ísis. Durante uma escavação, ela encontra um amuleto que pertencia à deusa egípcia Ísis, que lhe concede poderes especiais para defender o bem contra o mal. Ao sinal de qualquer problema, Andrea grita "Poderosa Ísis!", transformando-se na super-heroína. Como as duas séries foram produzidas pela mesma companhia, era comum um personagem de uma participar num episódio da outra, deixando as histórias mais interessantes.

Você sabia?

★ A PODEROSA ÍSIS FOI UM DOS POUCOS SUPER-HERÓIS NA TELEVISÃO QUE NÃO TEVE ORIGEM NOS QUADRINHOS.

★ **SHAZAM É UM ACRÔNIMO PARA SALOMÃO (SABEDORIA), HÉRCULES (FORÇA), ATLAS (ENERGIA), ZEUS (PODER), AQUILES (CORAGEM), MERCÚRIO (VELOCIDADE).**

O Drama Nosso de Cada Dia

A produção de seriados nacionais ganhou um novo ânimo por meio do departamento de dramaturgia da Rede Globo, que resolveu investir na criação desse gênero muito popular nos Estados Unidos. A grande diferença é que esse novo material não teria heróis ou detetives espertos, mas pessoas do dia-a-dia, vistas nas telenovelas e colocadas em situações especiais que pudessem ser interpretadas pelo público como algo de sua própria vivência. O mais importante, porém, estava no fato de que essas produções começaram a ousar mais em seus temas, principalmente com os ventos da abertura política que começaram a soprar no final dos anos 70.

A primeira série a chegar ao horário nobre foi **Ciranda Cirandinha**, criada por Paulo Mendes Campos como um dos episódios da antologia *Caso Especial*. O seriado mostrava o cotidiano de quatro amigos que dividiam um apartamento no centro do Rio: Tatiana (Lucélia Santos), Helinho (Fábio Jr.), Suzana (Denise Bandeira) e Reinaldo (Jorge Fernando). O objetivo era pintar um quadro sobre a juventude carioca do final dos anos 70, mostrando um pouco das questões vividas por eles, como sexo, drogas, solidão e violência na cidade grande. A série foi responsável por mostrar o talento desses quatro jovens atores, que depois seguiram carreiras de sucesso. A música "Pai", de Fábio Jr., foi tocada pela primeira fez no episódio "Toma que o Filho é Seu", que mostrava o dilema de um pai solteiro.

No final da década de 70 começavam a aparecer no Brasil os primeiros sinais de abertura política, e o clima se refletiu em Ciranda Cirandinha, com seu retrato do comportamento juvenil daquela época. Ainda assim, o episódio piloto foi reprovado pela Censura Federal, e só liberado após o diretor Daniel Filho e o roteirista Euclydes Marinho viajarem até Brasília. O ator Jorge Fernando revelou que, dos dez programas produzidos, apenas seis foram liberados pela Censura para exibição.

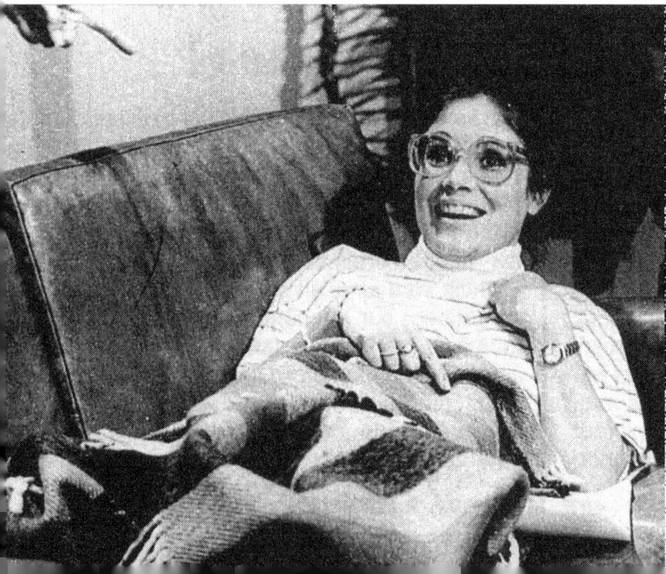

A dupla de caminhoneiros Pedro e Bino, de **Carga Pesada**, também foi inspirada por um episódio de *Caso Especial* ("Jorge, um Brasileiro"). Com direção de Milton Gonçalves e Gonzaga Blota, a série apresenta, a cada episódio, um pouco da diversidade cultural brasileira. Drama e aventura faziam parte da vida desses dois caminhoneiros, que sempre se envolviam direta ou indiretamente com algum acontecimento durante suas viagens. O fato é que o Brasil conheceu um pouco mais de si mesmo pelas aventuras da dupla vivida por Antônio Fagundes e Stênio Garcia. Conhecer o outro lado do casamento e as repercussões de uma separação foi a idéia básica para a produção de outra preciosidade da TV brasileira. Inspirado no filme *Uma Mulher Descasada* (1978), e dirigido por Daniel filho, nascia **Malu Mulher**, um dos grandes momentos da TV brasileira. A socióloga Malu (Regina Duarte), casada há 13 anos com Pedro Henrique (Denis Carvalho), começa a questionar seu relacionamento, principalmente após descobrir sobre a infidelidade do marido. Contudo o seriado brasileiro de maior longevidade no período foi **Plantão de Polícia**, estrelado por Hugo Carvana como o repórter policial investigativo Waldomiro Pena, uma das estrelas do jornal *Folha Popular*, diário carioca especializado em crimes e violência. O diferencial narrativo dessa série policial em relação às produções americanas era deixar de lado as perseguições e os tiroteios e centrar o foco no lado humano dos perso-nagens. Todas essas séries foram exibidas em outros países com grande sucesso.

Curiosidades

★ *Plantão de Polícia* marcou a estréia na TV do autor Aguinaldo Silva e de Lucinha Lins, que até então era apenas cantora.

★ **Lançada em 1979, a série já retratava o aumento da criminalidade no Rio de Janeiro. No primeiro ano, isso era atenuado com um núcleo temático mais humorístico, mas na segunda temporada, a violência urbana ficou em destaque.**

★ A canção-tema de *Malu Mulher*, "Começar de Novo", foi feita para o seriado por Ivan Lins e Vítor Martins. Convidada para cantá-la, Maria Bethânia recusou e Simone, na época ainda não tão conhecida, aceitou gravá-la. A música fez um enorme sucesso, e foi regravada até por Barbra Streisand e Sarah Vaughan.

★ **Muitos dos temas abordados pela série – como aborto, pílulas anticoncepcionais e virgindade – ainda eram tabus na época, causando freqüentes problemas com a censura. O próprio Boni (ex-vice-presidente da TV Globo) autorizou a equipe de criação a ousar no conteúdo. Mas o criador Daniel Filho mais tarde revelaria que os roteiros sofriam mudanças constantes, ocasionando em diferentes personalidades para a personagem a cada episódio.**

★ As reclamações do público que considerava o seriado um atentado à moral e aos bons costumes não impediram *Malu Mulher* de ser um sucesso de audiência, especialmente entre o público feminino. A série chegou a ser exportada para mais de 50 países.

★ ***Malu Mulher* ganhou vários prêmios internacionais, entre eles o prêmio Ondas 79, da Sociedade Espanhola de Radiodifusão, e o prêmio Íris 80, da Associação Americana de Programadores de Televisão.**

★ Marília Pera foi cogitada para estrelar a série, mas o criador Daniel Filho queria Regina Duarte desde o início do projeto.

Mary e Seus Amigos

Foram poucas as produções nos anos 70 que conseguiram fazer com que seus personagens secundários tivessem a oportunidade de mostrar um pouco melhor suas personalidades em programas feitos especialmente para eles. Tudo isso graças a **Mary Tyler Moore**, série criada pela atriz que dividiu a cena com Dick Van Dyke no seriado dos anos 60. Ela faz Mary Richards, que vai morar em Minneapolis e consegue um emprego de assistente de redação da WJM TV, cujo chefe é o rigoroso Lou Grant. O sucesso da série levou Mary Tyler Moore a fortalecer sua produtora de TV, a MTM Enterprises, que fez, entre outras séries, *Chumbo Grosso* e *Remington Steele*. A série ganhou o Emmy por três anos consecutivos.

Você sabia?

★A ABERTURA DE *MARY TYLER MOORE* – AO SOM DE "LOVE IS ALL AROUND", CANTADA POR SONNY CURTIS – TORNOU-SE UMA DAS MAIS FAMOSAS ENTRE AS SÉRIES DE TV, A PONTO DE UMA ESTÁTUA EM HOMENAGEM À ATRIZ TER SIDO CONSTRUÍDA NA ESQUINA ONDE ELA APARECE JOGANDO SEU CHAPÉU PARA O ALTO.

★A MTM ENTERPRISE, EMPRESA DE MARY TYLER MOORE, FOI A RESPONSÁVEL PELA PRODUÇÃO DO SHOW AMERICANO DE XUXA MENEGHEL, EM 1993.

Com personagens fortes como Lou, Rhoda e Phyllis, os produtores resolveram criar novas séries a partir deles. **Rhoda** foi a primeira. Depois de passar três anos em Minneapolis, ela desiste do frio da cidade para viver na capital do mundo, Nova York. Seus problemas de relacionamento com a irmã Brenda (Julie Kavner, a voz original da Marge de *Os Simpsons*) e a mãe Ida fazem parte de seu dia-a-dia, assim como tentar encontrar um bom relacionamento. Afinal, ficar sozinha em Nova York não é uma boa perspectiva para ninguém. A série conseguiu a atenção do público e da crítica, com Valerie Harper conquistando o Globo de Ouro e o Emmy de melhor atriz. Já os criadores de **Phyllis** optaram por fazer uma comédia com um pouco de drama. Ela também sai de Minneapolis, mas para voltar à sua cidade natal, São Francisco, depois da morte do marido. Mesmo solitária e com esse drama pessoal, ela tem que tocar a vida para educar as filhas. Cloris Leachman, vencedora do Oscar de atriz coadjuvante por *A Última Sessão de Cinema* (1971), também venceu o Globo de Ouro de melhor atriz (comédia) por *Phyllis*. É interessante saber que ambas as séries foram lançadas enquanto *Mary Tyler Moore* ainda estava no ar. O que não aconteceu com **Lou Grant**, estrelada por Edward Ashner, que estreou após o encerramento do seriado que lhe deu origem. O diferencial é que Lou agora é um jornalista sério do *Los Angeles Tribune*, mas não existe nenhuma referência a seu passado em Minneapolis. Investigando qualquer tipo de caso, de políticos corruptos a problemas sociais, ele tem como grande obstáculo e ao mesmo tempo aliada a dona do jornal, Margaret Pynchon. Essa é a única série dramática que se originou de uma comédia. A ousadia de seus temas, sempre atuais e bem politizados, fez com que a série se transformasse na voz dos liberais americanos, sendo assistida por vários jornalistas e estudantes universitários.

Estranhos Numa Terra Mais Estranha Ainda

O que teria acontecido com Robinson Crusoé, clássico personagem da literatura universal, se não tivesse viajado sozinho? **A Família Robinson**, sobre um grupo de pessoas que tem que sobreviver numa ilha quase deserta, foi a última criação de Irwin Allen para a TV. Envolvido com o cinema desde o sucesso de *O Destino do Poseidon* e *Inferno na Torre*, o famoso produtor não pôde participar da série como gostaria, tentando transformar essa nova produção no que *Perdidos No Espaço* (que tinha a mesma temática) representou para os anos 60. A série teve apenas 24 episódios, com destaque para a presença de Helen Hunt (do seriado *Louco por Você*), em um de seus primeiros trabalhos na televisão. O guarda florestal Rick Marshall e seus filhos Will e Holly também se perdem em um lugar estranho em **O Elo Perdido**. Eles estavam fazendo um passeio de barco quando um terremoto os lança dentro de uma falha no tempo, fazendo-os parar numa época em que os dinossauros dominavam a Terra. Pelo menos é o que achavam, até começarem a encontrar seres de outros planetas. Nessa terra perdida, eles encontram ajuda em Cha-Ka, uma criatura descendente do homem, que aos poucos aprende a falar como eles. Mesmo com efeitos visuais menores, a série é cultuada até hoje (uma nova versão foi lançada em 1991) por suas histórias bem elaboradas.

Você sabia?

★UM DIALETO DE 200 PALAVRAS FOI CRIADO ESPECIALMENTE PARA OS PAKUNIS, OS ESTRANHOS SERES MEIO HUMANOS MEIO MACACOS DE *O ELO PERDIDO*.

Um lugar realmente complicado para se perder é a ilha que fica numa das pontas do Triângulo das Bermudas, na série **Viagem Fantástica**. Ali, um grupo de pesquisadores que sobreviveram a um naufrágio descobre que a ilha tem passagem para várias dimensões de tempos e lugares diferentes. Por uma delas eles encontram Varian, um homem que veio do século 23, que vai tentar ajudar o grupo a escapar. Uma boa idéia que não deu certo, com a série sendo cancelada depois de dez episódios. Destaque para a participação de Roddy McDowall, que trabalhou na série *O Planeta dos Macacos*. Pior mesmo é descobrir que o lugar onde você morou toda a sua vida não passa da ala de uma superespaçonave chamada Arca, que está vagando no espaço desde que a tripulação morreu durante uma tempestade de meteoros. Assim é **Starlost – A Estrela Perdida**, série canadense criada por Harlan Ellison, consagrado escritor de ficção. A gigantesca nave espacial Arca transporta centenas de cidades que deixaram a Terra há centenas de anos, depois que o planeta pereceu por causa da poluição. A missão da Arca era levar os sobreviventes até uma nova galáxia e, assim, achar um planeta para os humanos poderem viver. Mas o acidente fez todas as unidades povoadas desconhecerem a verdadeira história da Arca. Produção de baixo orçamento feita em vídeo, teve apenas 16 episódios, porém garantiu seu lugar como série cultuada, sendo estrelada por Keir Dullea, astro de *2001 – Uma Odisséia no Espaço* (1968). Todavia foram os ingleses que chegaram com uma idéia diferente sobre o que é ser estranho numa terra diferente com **Seres do Amanhã**. A série mostrava um grupo de adolescentes que podiam se comunicar por telepatia e também se transportar para qualquer lugar apenas com a força do pensamento. Num laboratório secreto instalado sob Londres, eles formavam a última linha de defesa da Terra contra possíveis invasores, tanto do espaço como de outras dimensões.

Um Planeta Complicado Chamado Terra

Na ficção, nosso ilustríssimo planeta já sofreu o diabo com guerras nucleares, hecatombes da natureza, invasões espaciais e colisão com outros astros da galáxia. Na televisão, a história dos sobreviventes – e sempre há sobreviventes – já foi contada de diversas formas. Produzidas pela Universal, duas séries mostravam pontos de vistas diferentes sobre os sobreviventes. **Galáctica – Astronave de Combate**, ambientada em um futuro distante, mostra 12 colônias humanas que entraram em guerra contra os cilônios, uma raça de seres cibernéticos que não querem saber de paz nem de conviver com gente de carne e osso. Os humanos que conseguiram sobreviver ao devastador ataque desses seres são escoltados pela última astronave de combate, liderada pelo comandante Adama (Lorne Greene, o *Bonanza*), que tem a idéia de levar o resto da humanidade para o lendário planeta que deu origem às colônias: sim, a Terra. Por ter uma produção cara e com efeitos visuais sofisticados para uma série de TV (feitos por parte da equipe de *Guerra nas Estrelas*), *Galáctica* não conseguiu emplacar mais do que uma temporada, apesar dos bons números de audiência. Para recuperar um pouco o investimento, a Universal lançou o episódio piloto nos cinemas. Quem também não tem uma vida nada fácil para se adaptar à sociedade terrestre do futuro é o astronauta **Buck Rogers**. Inspirado na série de tiras para jornais dos anos 30, o seriado mostra Rogers pilotando um ônibus espacial, quando uma pane o leva a ficar hibernando por vários séculos. Ele acorda no século 25 e descobre que a Terra está em luta contra o Império Drakoniano, liderado pela bela e sensual princesa Ardala. Rogers passa a fazer parte de um esquadrão de combate. A segunda temporada é passada no espaço, numa tentativa de subir a audiência e seguir a linha de *Jornada nas Estrelas*. O tiro saiu pela culatra e a audiência foi ainda menor. A curiosidade dessas duas séries é que elas não deixaram de lado uma idéia criada por George Lucas em *Guerra nas Estrelas*: andróides como companheiros dos humanos. Em *Galáctica*, o garoto Boxey tem um cão-robô como companheiro, enquanto Rogers tem o pequeno e safado robô Twiki.

Você sabia?

★ *GALÁCTICA – ASTRONAVE DE COMBATE* FOI A PRIMEIRA SÉRIE SEMANAL DE TV CUJOS EPISÓDIOS CUSTAVAM MAIS DE UM MILHÃO DE DÓLARES.

★ OS VILÕES DRAKONIANOS DE *BUCK ROGERS* DESAPARECEM TOTALMENTE NA SEGUNDA TEMPORADA.

Mas, para quem não alcançou as estrelas, ficar no planeta depois de uma hecatombe qualquer pode render algumas idéias interessantes. O século 25 também é o palco de **Ark II**, em que um trio de jovens cientistas e o superinteligente chimpanzé Adam tentam descobrir locais na Terra que conseguiram sobreviver à poluição e à guerra nuclear para restabelecer a superfície como lar dos humanos. O veículo Ark II é um laboratório de pesquisas superequipado, e que também possui um veículo auxiliar parecido com o jipe da Lua e um cinturão-foguete usado para chegar mais rápido a locais de difícil acesso. Em **Fuga nas Estrelas**, numa sociedade do futuro, as pessoas vivem até os 30 anos e depois desaparecem num ritual chamado Carrossel. Suas vidas são controladas por um relógio vital implantado no momento do nascimento, com data de validade. Quem tenta fugir é perseguido pelos sentinelas chamados de Sandmen. A série acompanha a fuga do ex-sandman Logan 5 e de Jéssica 6 em busca de um lugar chamado Santuário, arriscando suas vidas num planeta totalmente desolado, com sobreviventes muito violentos. O seriado baseava-se num pequeno clássico dos filmes de ficção, *Fuga no Século 23* (1976), por sua vez baseado em um romance. O que poderia acontecer com a Terra se um dia a Lua saísse de sua órbita e fosse passear pelo Universo? O produtor e cria-dor dos *Thunderbirds*, Gerry Anderson, imaginou **Espaço 1999**, série que mostrava a Base Lunar Alpha, encarregada de fazer experiências científicas e também monitorar o cemitério de resíduos nucleares. Um acidente ali faz com que uma gigantesca explosão tire a Lua de sua órbita, lançando a estação e seus moradores numa viagem pelo espaço. A série reuniu, pela segunda vez, Martin Landau e Barbara Bain, na época casados na vida real, e que anteriormente trabalharam em *Missão Impossível*.

Era uma Vez no Oeste...

Presença forte na televisão dos anos 50 e 60, as séries ambientadas no Velho Oeste conseguiram sobreviver na década seguinte, mesmo quando o cinema começava a desmascarar a colonização americana nos territórios selvagens, que resultou na quase aniquilação da cultura nativa do índio americano. Agora a idéia era dar um enfoque mais humano ao dia-a-dia de homens e mulheres que rumaram para o Oeste em busca de uma nova vida. **Os Pioneiros** é um exemplo bem realista dessa fase, baseado nos livros de Laura Ingalls, que narra as histórias da saída de sua família do Kansas para conquistar novos ares no território de Minnesota, na fronteira com o Canadá. A vida de sete garotos que dão duro numa fazenda de gado no território do Novo México é o tema de **Os Cowboys**, inspirado no longa-metragem homônimo estrelado por John Wayne em 1972. Além do trabalho, eles enfrentam os constantes ataques dos comanches e dos ladrões de gado que aparecem na região. A série enfocava o difícil amadurecimento dos garotos. O jovem Kwai Chang Caine, da série **Kung Fu**, é filho de um americano com uma chinesa, e passa sua juventude num templo Shaolin onde aprende a filosofia chinesa e as artes marciais de defesa e ataque. Mas o assassinato de seu mestre pelo sobrinho do imperador leva Caine a fazer justiça com as próprias mãos. Fugindo para os Estados Unidos, ele vai para o Oeste onde procura descobrir o paradeiro de seu irmão desaparecido, enquanto enfrenta o preconceito e a violência daquela terra selvagem. A série deveria ter sido estrelada por Bruce Lee, mas o próprio preconceito discutido dentro do seriado o impediu de ser o astro, já que os executivos da ABC achavam que o público americano não estava preparado para ver um asiático estrelando um seriado. O papel do monge shaolin defensor dos oprimidos acabou nas mãos de David Carradine, que não tinha nenhuma experiência em artes marciais.

Você sabia?

★ O USO DA CÂMERA LENTA NAS CENAS DE LUTA DE *KUNG FU* FICOU FAMOSO NA ÉPOCA. NO BRASIL, O SUCESSO FOI TANTO QUE ALGUNS LIVROS SOBRE O SERIADO FORAM PUBLICADOS.

★ BRUCE LEE IA ESTRELAR A SÉRIE, E CHEGOU A SE ENVOLVER NA PRODUÇÃO. PORÉM A EMISSORA ACHOU QUE O PÚBLICO AMERICANO NÃO IA QUERER VER UM ASIÁTICO ESTRELANDO UM SERIADO (APESAR DE O ATOR SER CONHECIDO PELO SUCESSO DE *O BESOURO VERDE*) E DEU O PAPEL PARA DAVID CARRADINE. SEU FILHO BRANDON PARTICIPA DE UM DOS EPISÓDIOS DO SERIADO.

Bichos Muito Talentosos

Um macaco agente secreto e um pato contador de histórias. Em **Saturnino**, uma das raras produções da TV francesa que chegaram por aqui, conhecemos esse esperto patinho amarelo, que gosta de contar suas histórias envolvendo clássicos da literatura. Com cenários próprios e um figurino de dar inveja a qualquer produção de cinema, *Saturnino* passava mensagens de companheirismo, amizade e amor ao próximo, em histórias curtas de 15 minutos de duração. Sempre narrado pelo próprio pato (no Brasil dublado por Ary Toledo), a produção ainda contava com uma doninha, um cachorro, gatos e marmotas, entre outros animais. **Lancelot Link** também foi uma produção bem trabalhosa, ao reunir um elenco formado apenas por chimpanzés e gorilas domesticados para contar as aventuras de um superagente secreto e sua luta contra a Chump, organização criminosa que queria conquistar o mundo. A idéia dos produtores era fazer uma série infantil, mas o resultado acabou agradando mais ao público adulto. O macaco tá certo!

Você sabia?

★O PATO SATURNINO TAMBÉM ATACOU NO MERCADO FONOGRÁFICO. O DUBLADOR DO PERSONAGEM NA VERSÃO ORIGINAL (E TAMBÉM ROTEIRISTA DA SÉRIE) RICET BARRIER GRAVOU ALGUNS DISCOS NARRANDO AS AVENTURAS DO BICHINHO AVENTUREIRO.

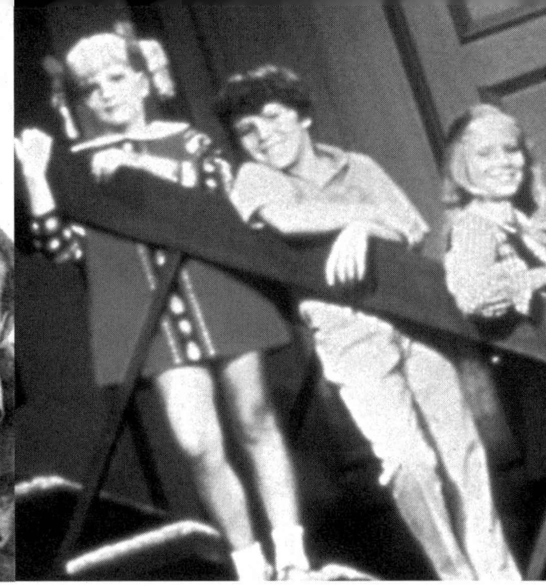

Família é Família

As séries de TV não ficam completas sem mostrar o dia-a-dia de uma típica família da época. É o caso de **Os Waltons**, série lançada após o sucesso de uma produção para a TV, inspirada na obra de Earl Hammer Jr. Narrada em primeira pessoa pelo jovem John Boy (Richard Thomas), a saga da família Walton durante a recessão americana dos anos 30 tentava recuperar a inocência na televisão, tratando a cada episódio de problemas convencionais como crescimento dos filhos, namoro, casamento, educação, velhice, nascimento e morte. A série ficou dez anos no ar, recebeu diversos Emmys, e o encerramento de cada episódio, com John Boy, transformou-se em referência do seriado. Contudo é na comédia que as famílias mais convencionais se transformam em astros da TV. Max Nunes e Marcos Freire criaram **A Grande Família**, adaptando para a realidade brasileira a série *Tudo em Família*, um dos grandes campeões de audiência da TV americana, mas que só chegou ao Brasil nos anos 80. A casa onde viviam os personagens era pequena, porém cabia muita gente: Lineu (Jorge Dória) e sua esposa Nenê (Eloísa Mafalda), mais os filhos Júnior (Osmar Prado), Tuco (Luiz Armando Queiróz) e Bebel (Djenane Machado / Maria Cristina Nunes), casada com o folgado Agostinho (Paulo Araújo), além do pai de Nenê, seu Floriano (Brandão Filho), aposentado que dormia no sofá da sala. Mostrando o dia-a-dia de uma típica família brasileira de classe média baixa, foi o primeiro seriado produzido no Brasil (pela Rede Globo) a ser considerado uma comédia de costumes (sitcom). A partir do segundo ano, os episódios passaram a ser escritos por Oduvaldo Vianna Filho (Vianinha) e Armando Costa. A série adotou um tom de crônica irônica e passou a tratar de questões como desemprego, corrupção e a situação política vigente. O autor usava metáforas para driblar a censura, mas a série sofria pressões constantes do órgão federal, que marcava em cima principalmente do contestador personagem Júnior.

Para a família Partridge, dinheiro e falta de emprego não eram problemas. Mas como uma bela viúva conseguia administrar a casa, os filhos, a economia do lar e ainda sair em turnê com uma banda de rock? Assim era **A Família Dó-Ré-Mi**, estrelada pela vencedora do Oscar de atriz coadjuvante Shirley Jones (por *Entre Deus e o Pecado*, de 1960) e o futuro pop star David Cassidy. O programa apresentava Shirley, uma típica dona-de-casa de subúrbio, mudando seu estilo de vida depois que seu filho Danny consegue convencer o famoso empresário Reuben Kincaid a escutar uma gravação feita com o grupo formado por ele e seus irmãos. Inicialmente, Shirley Jones seria a principal vocalista da banda, porém como Cassidy tinha um talento natural para cantar, todas as músicas ficaram para ele, enquanto Shirley e Susan Dey ficavam no acompanhamento. Contudo o sucesso de David fora da telinha, onde ele se transformara num ídolo juvenil (especialmente do público feminino), começou a atrapalhar a produção do programa. O ator e cantor estava desgastado com o ritmo pesado de filmagens e shows, a ponto de os produtores cogitarem substituí-lo a partir da quarta temporada pelo cantor Rick Springfield, o que acabou não acontecendo, já que a série se encerrou. O seriado deixou marcas nas paradas de sucesso, emplacando músicas como "I Think I Love You", que vendeu mais de 4 milhões de cópias somente nos Estados Unidos.

Se na década de 50 a família americana mais controlada e seguidora de princípios morais foi os Andersons, de *Papai Sabe Tudo*, os Brady conquistaram seu lugar duas décadas depois. **A Família Brady** foi uma criação do roteirista e produtor Sherwood Schwartz, responsável pelas comédias *A Ilha dos Birutas* e *Os Astronautas*. Inspirado no filme *Os Seus, os Meus, os Nossos* (1968), a série mostrava o arquiteto Mike Brady, viúvo e pai de três garotos, apaixonando-se por Carol Tyler, também viúva e mãe de três meninas. Nos bastidores, o clima era tenso porque Robert Reed nunca gostou do papel de Mike Brady, insinuando que Sherwood lhe dissera que a série seria um drama familiar, e não uma comédia. O próprio produtor comentava que se a série tivesse tido uma sexta temporada, Carol ficaria novamente viúva.

Você sabia?

★A ATRIZ SHIRLEY JONES, DE *A FAMÍLIA DÓ-RÉ-MI*, ERA MADRASTA NA VIDA REAL DE DAVID CASSIDY, QUE INTERPRETAVA SEU FILHO NO SERIADO. ELE SÓ SOUBE QUE CONTRACENARIA COM ELA QUANDO GANHOU O PAPEL.

★*A FAMÍLIA BRADY* FOI LEVADA PARA OS CINEMAS EM 1995, EM *A FAMÍLIA SOL-LÁ-SI*. A DISTRIBUIDORA DO FILME NO BRASIL CONFUNDIU A ORIGEM DO FILME COM OUTRA SÉRIE, *A FAMÍLIA DÓ-RÉ-MI*, COMETENDO A GAFE NA ESCOLHA DO TÍTULO EM PORTUGUÊS.

Em Nome da Fantasia

Entre os produtores que mais usaram seus talentos para criar emoções e fantasias para o público infanto-juvenil na TV dos anos 70 estão os irmãos canadenses Sid e Marty Krofft. Essa dupla invadiu a telinha com histórias sobre reinos mágicos, viagens no tempo, criaturas lendárias e super-heróis diferentes. Durante muitos anos eles trabalharam com marionetes e outros shows de bonecos em parques americanos, até que foram contratados pela Hanna-Barbera para produzir as roupas do quarteto de apresentadores do **Banana Split Show**. Com o sucesso do programa, eles conseguiram convencer a NBC a desenvolver uma antiga idéia, sobre um menino que possui uma flauta mágica e se perde num reino imaginário cheio de figuras divertidas. Nascia aí **A Flauta Mágica** (também conhecida como **A Flauta Encantada**), mostrando as aventuras do jovem Jimmy e de Freddie, a flauta que toca e conversa com todo mundo. A série durou pouco tempo, mas serviu para a dupla sentir como era produzir uma série com bonecos para a TV e, a partir daí, eles não pararam mais. Ainda criaram na seqüência **Os Bugaloos**, uma banda de rock com asas de insetos que vive sendo perseguida pela bruxa da floresta, Benita Bizarra. Depois veio **Sigmund e os Monstros Marinhos**, apresentando um monstro marinho que é a vergonha da família por não gostar de assustar as pessoas. Além de *O Elo Perdido*, os irmãos Kroffts produziram **A Mulher Elétrica e a Garota Dínamo**, uma dupla de heroínas com poderes eletrizantes; **Dr. Encolhedor**, sobre três adolescentes encolhidos por um vilão; e **Se Meu Bug Falasse**, mostrando um carrinho bem incrementado e com alma de aventureiro.

Contudo foi Jim Henson quem levantou a bola dos programas com bonecos ao produzir para a NBC o **Muppet Show**. Sua idéia era elevar o padrão do gênero, apresentando convidados especiais que dariam o tom do episódio. A base do programa era o dia-a-dia de uma companhia de teatro e suas dificuldades para conseguir realizar todos os números e apresentações. O diretor da produção é o sapo Caco, personagem que já aparecera em **Vila Sésamo**, e com ele um elenco de figuras antológicas como a srta. Piggy, o urso Fozzie, o contra-regra Scooter, Gonzo e suas galinhas amestradas, e a banda de rock Electric Mayhem, que tem como baterista o bizarro Animal. A maior dificuldade da série era conseguir gente famosa para participar do programa antes mesmo de ele entrar no ar.

A estratégia foi convidar os amigos dos amigos. Passaram pelo programa astros da música, do cinema e da televisão, como Charles Aznavour, Lena Horne, Peter Ustinov, Rita Moreno, Julie Andrews, Roger Moore, Peter Sellers, Vincent Price, Steve Martin, Rudolf Nureyev, Elton John, Bob Hope, John Cleese, Alice Cooper, Sylvester Stallone, Henry Bellafonte, Roy Rogers, Cheryl Ladd, Dudley Moore, Christopher Reeve, Lynda Carter, Gene Kelly, James Coburn e Paul Simon.

Você sabia?

★JIM HENSON QUERIA QUE A SÉRIE *MUPPET SHOW* SAÍSSE DO AR NO AUGE DE SUA CRIATIVIDADE E POPULARIDADE, E CONSEGUIU. NA ÚLTIMA TEMPORADA, A AUDIÊNCIA ESTAVA MAIS ALTA DO QUE NUNCA.

★**O PERSONAGEM ANIMAL FOI INSPIRADO NO BATERISTA DO THE WHO, KEITH MOON.**

★*MUPPET SHOW* FOI UM MARCO NA HISTÓRIA DA DUBLAGEM BRASILEIRA, GRAÇAS AO TRABALHO DE CAETANO ZAMA PARA A ÁLAMO, AGORA PRESERVADO EM DVD PARA AS NOVAS GERAÇÕES.

Dois é Demais

Muitas produções para a TV colocavam no centro da ação as mais diferentes duplas. Na década de 70, séries com duplas eram comuns, principalmente nas comédias de costumes. É o caso de **Shazan, Xerife & Cia.**, trazendo da novela *O Primeiro Amor* os mecânicos Shazan (Paulo José) e Xerife (Flavio Miggliacio), que percorriam o interior do Brasil de bicicleta procurando uma peça mágica que os possibilitaria construir uma bicicleta voadora. Foram os primeiros personagens de uma novela a ganharem um seriado só para eles, um marco na produção nacional. Já **Kika e Xuxu** tiveram uma origem diferente: a dupla fazia um quadro dentro do humorístico *O Planeta dos Homens*, onde as conotações sexuais eram o prato principal. Porém para o seriado, com texto de Luís Fernando Veríssimo, as situações passaram a ser mais amenas, já que ele fechava a programação das tardes na Rede Globo. Quem também estava nas tardes da Globo era a dupla **Holmes e YoYo**, com as aventuras do detetive Alexandre Holmes, designado para trabalhar com um novo parceiro, o andróide YoYo. As confusões dos episódios eram muito parecidas com as vividas por Maxwell Smart e seu amigo robô Hymie, o que acabou sendo o fator para o cancelamento da série.

Alguns seriados ingleses também fizeram história como o divertido **Persuaders**, também com Roger Moore fazendo dupla com Tony Curtis. Eles são dois playboys recrutados pelo juiz Fullton para investigar os mais diversos crimes que a polícia não consegue solucionar. E por que eles desistem do seu cotidiano de prazeres carnais para se meterem em confusão e arriscarem suas vidas? Porque a dupla está endividada, e Fullton pode ajudá-los a sair do poço. Completamente alucinados são os detetives de rua da polícia de Los Angeles Dave Starsky e Ken Hutch, da série **Starsky e Hutch – Justiça em Dobro**. A idéia era mostrar que atitudes diferentes podem ser muito úteis para combater o crime. A dupla usa um Ford Torino vermelho e branco, que virou a marca registrada da série. Trazendo para a TV a violência e o espírito de malandragem das ruas, a série fez bastante sucesso nos EUA e também no Brasil, tornando-se um dos seriados-referência da década de 70.

Heróis Gigantes e Monstros Engraçados

Na década de 70, ninguém poderia prever que os seriados com super-heróis japoneses, robôs gigantes e monstros devastadores fossem fazer tanto sucesso no Brasil, como aconteceria nos anos 80. Com **O Regresso de Ultraman** (que posteriormente virou *Ultraman Jack*) o público brasileiro começou a conhecer um pouco o que era a Família Ultra da Nebula M78, os defensores do Universo. O primeiro Ultraman tinha como identidade secreta o patrulheiro Hayata, membro da Patrulha Científica. Depois chegou Ultra Seven, que assumiu a identidade de Dan Moroboshi para trabalhar no Esquadrão Ultra, entidade mundial de combate a invasores do espaço. E finalmente veio o novo Ultraman, Hideki Goh, um ex-piloto de carros que morre ao salvar um garoto e seu cão. Vendo o sacrifício do humano, Ultraman salva a vida de Goh, fundindo sua essência com a dele, um conceito inédito até então para esses personagens. Para poder ajudar os terrestres a enfrentar os perigos que vinham do espaço, Goh consegue ser recrutado como oficial do GAM – Grupo Antimonstros, uma equipe similar à Patrulha Científica e ao Esquadrão Ultra. Apesar do nome, a série não era uma continuação do Ultraman original, e sim um retorno da "marca" Ultraman. Com o sucesso desse personagem e seus sucessores, surgiram os clones. A TV Fuji, uma produtora independente, criou **Spectreman**, um robô que tinha a capacidade de assumir a forma humana, criado por um grupo de cientistas espaciais da Nebula 71, conhecidos como Dominantes. Eles enviam o robô para a Terra para impedir que a poluição e os ataques do maligno dr. Gori destruam o planeta. Spectreman assume a identidade de Kenji Gamou para se unir ao Grupo Antipoluição, comandado pelo chefe Kurata. O herói tinha que derrotar os inimigos pela força, porque sua arma principal, o SpectroFlash, só dava um tiro e o deixava fraco depois de usá-lo. Ou seja, uma maneira de economizar nos efeitos visuais, já que a estrutura do programa era de uma pobreza de dar inveja, e talvez seja exatamente isso que tenha transformado a série num programa cultuado até hoje.

Esses Homens Especiais e Suas Investigações Perigosas

Nos primeiros anos da história da televisão, as séries de detetives seguiam o mesmo esquema da literatura policial. Mas nos anos 70, esses personagens deixaram de ser idealistas e começaram a trabalhar por dinheiro. Frank Cannon não se assemelhava ao visual-padrão do detetive particular de Los Angeles. Entretanto mesmo gordo e quase careca, ele é considerado um dos melhores de sua área, não havendo nenhum caso complicado que ele não consiga resolver com sua astúcia e o revólver 38 cano curto. **Cannon** foi o maior sucesso da carreira do ator William Conrad. Assim como Cannon, **Barnaby Jones** também não seguiu os padrões do típico investigador particular, transformando-se num sucesso de público. Prestes a se aposentar e passar sua agência de detetives para o filho Hal, Jones (Buddy Ebsen, de *A Família Buscapé*) muda de idéia quando Hal é assassinado. Com a ajuda de sua nora Betty, ele tenta solucionar o caso que a polícia não conseguiu resolver e decide continuar a trabalhar em sua agência.

Você sabia?

★O DETETIVE NICK, DE *CANNON*, APARECEU EM ALGUNS EPISÓDIOS DO COLEGA *BARNABY JONES*, AJUDANDO-O A ENCONTRAR OS ASSASSINOS DO FILHO.

★O PUBLICITÁRIO WASHINGTON OLIVETTO CRIOU A CAMPANHA DE LANÇAMENTO DE *CANNON* NA REDE BANDEIRANTES COM A SEGUINTE FRASE: "ESSE É O MAIS NOVO HERÓI DO HORÁRIO NOBRE DA REDE BANDEIRANTES. IMAGINE A CARA DO BANDIDO".

Outro detetive dessa galeria é Jim Rockford, de **Arquivo Confidencial**. Ao sair da cadeia, ele resolve dar um passo diferente e começa a trabalhar como detetive particular para ganhar uma grana tentando resolver o problema dos outros. Por esse trabalho, James Garner, que já havia feito sucesso na TV como *Maverick*, recebeu o Emmy de Melhor Ator. Harry O é Harry Orwell, um ex-policial de Los Angeles que é obrigado a se retirar da linha de fogo depois de levar um tiro quase fatal. Ele se muda para San Diego onde tenta levar a vida

como investigador, o que lhe dá mais trabalho do que quando estava na polícia, além de pagar menos. Último seriado estrelado por David Janssen, de *O Fugitivo*, antes de sua morte em 1980. Las Vegas é o cenário para os casos investigados por Dan Tanna (Robert Urich), em **Vega$**, criada por Michael Mann (o mesmo de *Miami Vice*). Ele é um ex-boina verde que resolveu usar as técnicas aprendidas no Vietnã na tentativa de resolver os casos para os quais é contratado. Mais uma produção assinada por Aaron Spelling, que fez Dan Tanna participar de um dos episódios de *As Panteras* antes mesmo de *Vega$* estrear.

Para fechar o cerco aos criminosos está a dupla de investigadores de **Switch**, o ex-policial Frank MacBride e o ex-golpista Pete Ryan. Os dois usam seus talentos para aplicar golpes em bandidos, obrigando-os a revelar seus planos e crimes. Com muito mais humor, o seriado reuniu pela primeira vez dois conhecidos astros da TV, Robert Wagner (*O Rei dos Ladrões*) e Eddie Albert (*O Fazendeiro do Asfalto*). E que tal um trio de agentes supersofisticados, que usam a mais moderna tecnologia para investigar seus casos em qualquer lugar do mundo? Em **Controle Remoto**, a World Securities é uma agência de segurança privada encarregada de missões especiais para os mais seletos clientes. Utilizando as mais avançadas tecnologias de monitoração, a empresa utiliza três de seus melhores agentes, os quais viajam pelo mundo monitorados diretamente pelo controlador Cameron, que fornece qualquer tipo de informação de que Hugh, Nick ou C.R. precisem. Todos eles usam um implante dentro da orelha, que lhes permite receber informações sem que ninguém perceba, além de uma microcâmera disfarçada de botão ou abotoadura, que permite a Cameron fazer seu trabalho. Mesmo de curta duração, foi uma das séries mais vistas do ano na Globo, graças ao charme de suas histórias e ao talento do trio central de astros, já conhecidos do público brasileiro: Doug McClure trabalhou em *O Homem de Virgínia*, Hugh O'Brian em *Maverick* e Tony Franciosa em *Os Audaciosos*.

Nunca Diga Dessa Fonte Não Beberei

Com **Tabatha – A Filha da Feiticeira**, o criador da série original William Asher tentou fazer um "spin-off" mostrando a filha de Samantha e James Stevens já adulta e tendo que lidar com seus poderes mágicos. Sem o mesmo carisma de Elizabeth Montgomery, Lisa Hartman era apenas um rosto bonito. Com o sucesso do filme *Loucuras de Verão* (1973), dirigido por George Lucas, os anos 50 voltaram à moda. **Dias Felizes – Happy Days** pegou essa onda de nostalgia e se transformou num enorme sucesso de público nos Estados Unidos. O seriado mostrava o relacionamento de Richie e seu melhor amigo Potsie, enfrentando bravamente os anos de estudos no colégio Jefferson High, na cidade de Milwaukee. A dupla está sempre tentando impressionar as garotas da escola, mas sempre fracassa. Só não ficam na pior porque contam com a amizade de Fonzie, um rebelde sem causa que às vezes é tão atrapalhado quanto os amigos. Estrelada por Ron Howard, a série serviu de inspiração para a novela **Estúpido Cupido**, que transportava a nostalgia para uma pequena cidade do interior paulista nos anos 60.

Cidade da Perdição

Dona de uma das maiores companhias de petróleo do Texas, a família Ewing não esperava que o filho caçula Bobby aparecesse casado com Pamela Barnes, filha de Digger Barnes, inimigo mortal de Jock Ewing. No passado, ele e Digger vieram para o Texas para procurar petróleo e fazer fortuna. Mas algo nebuloso sobre a amizade entre Digger e Ellie, mulher de Jock, transformou os parceiros em inimigos eternos. Assim como a história de Romeu e Julieta, o casamento entre Bobby e Pam foi o estopim para que JR, o filho mais velho, resolvesse mostrar o quão maquiavélico era, tentando acabar com o casamento do irmão e ao mesmo tempo destruir a família Barnes, especialmente o irmão de Pam, Cliff. O que poderia ser apenas mais um drama no estilo de *A Caldeira do Diabo* transformou-se em **Dallas**, um fenômeno de audiência mundial, até mesmo no Brasil, em que a Rede Globo exibiu diariamente os 29 episódios das duas primeiras temporadas na faixa das dez da noite, espaço reservado para suas minisséries. Depois disso, *Dallas* ganhou espaço todos os domingos após o *Fantástico*. Foram 14 temporadas no total, mas nem todas passaram no Brasil. A Globo tirou o seriado do ar, que depois foi exibido pela Bandeirantes.

Muitas coisas curiosas aconteceram na produção. Na série, uma das conseqüências do falecimento do patriarca da família é a descoberta de que Ray Krebbs, o capataz do rancho, é um filho bastardo de Jock, o que não impede Elie de acolhê-lo como membro da família Ewing. Ela era interpretada por Barbara Bel Geddes, que saiu da série para um tratamento de câncer de mama, sendo substituída pela consagrada estrela Donna Reed, que ganhou um Oscar de melhor atriz com *A Um Passo da Eternidade* (1953). O que não agradou Larry Hagman, que queria pôr sua mãe, Mary Martin, como a nova Ellie. Mas, após o tratamento, Barbara retornou ao seriado, Reed foi despedida e processou os produtores. Por ser o canalha que todos amavam odiar no seriado, JR também teve seus momentos de glória na série, quando ficou à beira da morte depois de uma tentativa de assassinato. A revelação do culpado deu uma das maiores audiências da história da televisão americana. Entretanto o fato mais bizarro ligado a *Dallas* talvez tenha sido a morte de Bobby no final da oitava temporada, em 1985. Ele é atropelado pela meia-irmã de Pamela, a ciumenta Katherine, que não queria ver os dois juntos novamente. Nos bastidores, a verdade é que Patrick Duffy estava cansado da série e pediu para sair definitivamente para se dedicar à direção dos episódios. Mas ele não esperava a péssima repercussão junto ao público, fazendo a audiência do seriado despencar durante a nova temporada. Pressionado, ele concordou em voltar, desde que houvesse uma explicação lógica para seu retorno. E o que inventaram? Que toda a temporada anterior, com os Ewings de luto pela morte de Bobby, e Pamela se preparando para casar com Mark Graison, foi um sonho de Pam! Quatro telefilmes foram produzidos, um deles enquanto a série ainda estava no ar: *Dallas – Como Tudo Começou* (1986).

Bastidores

★Jim Davis, o Jock, faleceu em 1981. Os fãs não quiseram ver outro ator no papel, então o patriarca desapareceu num acidente de avião e entrou no seriado Clayton Farlow (Howard Keel), que se casou com Ellie e se tornou um personagem popular.

★Victoria Principal, a Pamela, recusou-se a participar do último episódio porque não teve a garantia de que a série não teria outra temporada.

★O episódio que revelou quem matou JR bateu o recorde de audiência na televisão americana, mas depois foi superado pelo final de *MASH*.

★Larry Hagman e Ken Kercheval (Cliff Barnes) foram os únicos atores a permanecer no elenco durante as 14 temporadas.

★Diversos atores, incluindo Jim Davis e Barbara Bel Geddes, filmaram a cena em que JR leva um tiro, até que fosse decidido quem seria o autor da tentativa de assassinato. A arma está até hoje em exibição pública.

★*Dallas* foi originalmente produzida para ser uma minissérie em cinco partes, razão pela qual a primeira temporada é tão curta.

QUEM ERA QUEM NA FAMÍLIA EWING

O PATRIARCA **JOCK** (JIM DAVIS) FUNDOU A EMPRESA DE PETRÓLEO. ELE ERA CASADO COM **ELLIE** (BARBARA BEL GEDDES), QUE ADMINISTRA O RANCHO ONDE A FAMÍLIA VIVE, EM SOUTHFORK. O CASAL TEM TRÊS FILHOS: JOHN ROSS, OU APENAS **JR** (LARRY HAGMAN), O MAIS VELHO E IMPLACÁVEL PRESIDENTE DA EMPRESA, CASADO COM A EX-MISS TEXAS **SUE ELLEN** (LINDA GRAY); **BOBBY** (PATRICK DUFFY), O CAÇULA BONZINHO, QUE SE CASOU COM **PAMELA BARNES** (VICTORIA PRINCIPAL), FILHA DO MAIOR RIVAL DE NEGÓCIOS DOS EWINGS; E **GARY** (TED SHACKELFORD), QUE, CONSIDERADO UMA OVELHA NEGRA PELO PAI, SE MUDA PARA A CALIFÓRNIA COM SUA ESPOSA **VALENE** (JOAN VAN ARK).

De Noite ou de Dia Salvando Vidas

Duas das mais populares séries dramáticas de ação dos anos 70 têm seus correlatos nos anos 50: *Emergência* e *Brigada 8*: **Patrulha Rodoviária** e **Chips**. *Brigada 8* mostrava o cotidiano da equipe de resgate do Corpo de Bombeiros de Los Angeles. **Emergência** focava não somente o trabalho dos bombeiros, mas também o que acontece com a vítima de um acidente quando chega ao hospital. As histórias acompanham os paramédicos Roy e John atendendo casos que têm desdobramentos com os bombeiros. Durante as sete temporadas em que permaneceu no ar, a série recebeu elogios do corpo de bombeiros de várias cidades dos Estados Unidos por sua contribuição no salvamento de vidas reais, já que várias técnicas apresentadas nos episódios foram utilizadas por diversas pessoas em situações críticas e de risco de morte.

Os patrulheiros das grandes avenidas e rodovias expressas de Los Angeles são conhecidos como **CHIPs – Califórnia Highway Patrol** (polícia rodoviária da Califórnia), e fazem de tudo para garantir a segurança de quem está dentro ou fora de um carro. Um dos grandes sucessos da TV nos anos 70, a série tinha como um atrativo o fato de que seus episódios nunca exageravam no retrato da violência nas estradas. Quando acontecia um acidente, o explosivo

Ponch (Erik Estrada) e o tranqüilo Baker (Larry Wilcox) atendiam as vítimas, desviavam o trânsito e faziam a vida correr normalmente. Sempre com um astral elevado, o seriado transformava um acidente numa lição de moral para os motoristas. Em 139 episódios, houve apenas uma morte, num acidente causado por um motorista alcoolizado. Os dois atores acabaram acertando as diferenças anos depois, e retomaram seus papéis no telefilme *Chips-99* (1998).

Você sabia?

★ O SUCESSO MUNDIAL DE *CHIPS* FEZ OS DOIS ATORES VIAJAREM POR DIVERSOS PAÍSES, INCLUINDO O BRASIL. LARRY WILCOX ESTEVE AQUI, GRAVOU UM COMERCIAL E CHEGOU A SE ENCONTRAR COM O ATOR CARLOS MIRANDA, O VIGILANTE RODOVIÁRIO.

★ **JON E PONCH NUNCA SACARAM SUAS ARMAS DURANTE TODA A SÉRIE.**

★ O ESTRELISMO DE ERIK ESTRADA CAUSOU MUITOS PROBLEMAS PARA A PRODUÇÃO. NA QUINTA TEMPORADA, ELE ABANDONOU OS SETS DE FILMAGEM E FOI PROCESSADO PELA MGM. O ATLETA BRUCE JENNER, QUE NÃO ERA ATOR, ENTROU NO SEU LUGAR E NÃO AGRADOU NOS SETE EPISÓDIOS QUE FEZ. A COMPANHIA VOLTOU ATRÁS E CEDEU AOS PEDIDOS DE ESTRADA PARA CONTINUAR. SEU CO-ASTRO LARRY WILCOX ACABOU SAINDO DA SÉRIE POR NÃO AGÜENTAR MAIS O COLEGA, QUE HAVIA SE TORNADO SEX SYMBOL JUNTO AO PÚBLICO FEMININO. E OS ATORES QUE O SUBSTITUÍRAM TAMBÉM NÃO GOSTAVAM NADA DAS REGALIAS DO ASTRO.

★ **ERIK ESTRADA SOFREU UM SÉRIO ACIDENTE DE MOTO QUANDO FILMAVA UMA CENA DO SERIADO, CHEGANDO A PASSAR ALGUNS DIAS NA UTI. ATÉ SUA COMPLETA RECUPERAÇÃO, ALGUMAS CENAS FORAM FILMADAS LITERALMENTE NA CAMA DO HOSPITAL.**

Belas Mulheres, Tiros e Muita Imaginação

Um dos produtores mais prolíficos da televisão americana foi Aaron Spelling. E nos anos 70, várias de suas criações conquistaram o público e outras se transformaram em ícones de uma época. **Os Novatos** apresentava um grupo de jovens policiais de Los Angeles e suas dificuldades no primeiro ano de trabalho nas ruas. Mas para conter a violência, nada melhor do que um grupo de policiais treinados com as mais sofisticadas técnicas de combate e que manejam armas modernas para encarar qualquer bandido ou terrorista. Assim nasceu a série **SWAT** (Special Weapons And Tatics), a elite da polícia da Califórnia, cujo know-how acabou se espalhando por outras forças policiais, vindo parar até aqui no Brasil. Apesar do sucesso, a controvérsia em torno da violência do seriado causou seu cancelamento na segunda temporada. Deixando os barbados de lado, Spelling criou três detetives belas e sensuais, mas ao mesmo tempo mortais e perigosas: **As Panteras**. O trio atendia os clientes mais complicados da agência de investigações de Charlie Townsend, um milionário que já foi da comunidade de inteligência americana e agora só quer saber de desfrutar os prazeres da vida, enquanto suas garotas salvam o mundo com a ajuda de Bosley.

Você se lembra?

★ **Na maioria dos episódios, ouvia-se apenas a voz de Charlie. Ele apareceu poucas vezes, mas seu rosto nunca era mostrado. As panteras viviam tentando conhecê-lo.**

★ A idéia original era ter uma atriz morena, uma loira e outra ruiva. Kate Jackson e Farrah Fawcett já haviam preenchido as duas primeiras, quando os produtores desistiram da ruiva e assinaram com a morena Jaclyn Smith.

★ **Diversos roteiristas foram despedidos da série porque as três estrelas estavam sempre pedindo histórias melhores.**

★ Kim Basinger fez vários testes para interpretar uma das detetives, no entanto só conseguiu uma participação em um dos episódios. Já Michelle Pfeiffer chegou a ser considerada para o papel de Tiffany.

★ **Com seu famoso penteado, os cabelos loiros e provocantes fotos publicitárias (incluindo uma famosa de maiô), Farrah Fawcett (na época casada com Lee Majors, o *Homem de Seis Milhões de Dólares*) logo se tornou a atriz de mais destaque entre *As Panteras*. Quando ela saiu da série, descontente com a personagem, sua substituta Cheryl Ladd conseguiu segurar a audiência.**

★ Kate Jackson foi a única a ser indicada para o Emmy (por três anos consecutivos, aliás).

O TROCA-TROCA DAS PANTERAS. O ELENCO DE *AS PANTERAS* SOFREU DIVERSAS ALTERAÇÕES AO LONGO DAS SEIS TEMPORADAS. INICIALMENTE O TRIO ERA COMPOSTO DE FARRAH FAWCET (**JILL**), KATE JACKSON (**SABRINA**) E JACLYN SMITH (**KELLY**). QUANDO FARRAH SAIU, CHERYL LADD ASSUMIU SEU LUGAR COMO **KRIS**, IRMÃ DE JILL. ESSA FORMAÇÃO PERMANECEU POR DUAS TEMPORADAS. EM 1979, FOI A VEZ DE JACKSON SAIR, ENTRANDO A MODELO SHELLEY HACK COMO **TIFFANY**, NUMA TENTATIVA DE TRAZER UM TOQUE DE ELEGÂNCIA PARA O TRIO. MAS ELA DUROU APENAS UMA TEMPORADA, SENDO TROCADA POR TANYA ROBERTS, COMO **JULIE**, UMA EX-MODELO QUE VIROU DETETIVE. JACLYN FOI A ÚNICA A PERMANECER DURANTE TODO O SERIADO. CLARO QUE TANTAS MUDANÇAS SE REFLETIRAM NA QUEDA DE AUDIÊNCIA.

Spelling também gostava de antologias, mas queria adicionar um elemento diferente. Foi pensando assim que ele criou **O Barco do Amor**, apresentando várias histórias sobre os viajantes que embarcavam num luxuoso transatlântico e que, durante a viagem, tinham suas vidas e seus dramas pessoais resolvidos de alguma maneira, sempre sob o olhar atento da tripulação comandada pelo capitão Stubing. Entre comédias e dramas, o seriado ficou nove anos no ar gerando uma continuação mais moderna estrelada por Robert Urich em 1998. E que tal adicionar a esses dramas pessoais um pouco de mistério e fantasia? O resultado está em **A Ilha da Fantasia**, um lugar onde todos os desejos – ou quase todos – poderiam ser realizados. Os convidados desse luxuoso resort tropical eram recepcionados pelo enigmático sr. Roarke e seu auxiliar, o anão Tatoo. Os dois conversavam no início do episódio, revelando ao público em que tipo de história cada um dos novos visitantes da ilha estaria envolvido. O primeiro piloto foi considerado muito sério e sinistro, com um fechamento trágico para alguns dos visitantes. Antes do seriado, *A Ilha da Fantasia* já havia sido apresentada em dois telefilmes, em 1977 e 1978.

A FAMÍLIA DÓ-RÉ-MI

O QUINTETO :::: A FAMÍLIA BRADY :::: DIAS FELIZES :::: PAPAI SABE TUDO

CHEYENNE :::: JAMES WEST :::: COURO CRU :::: GUNSMOKE :::: DEADWOOD

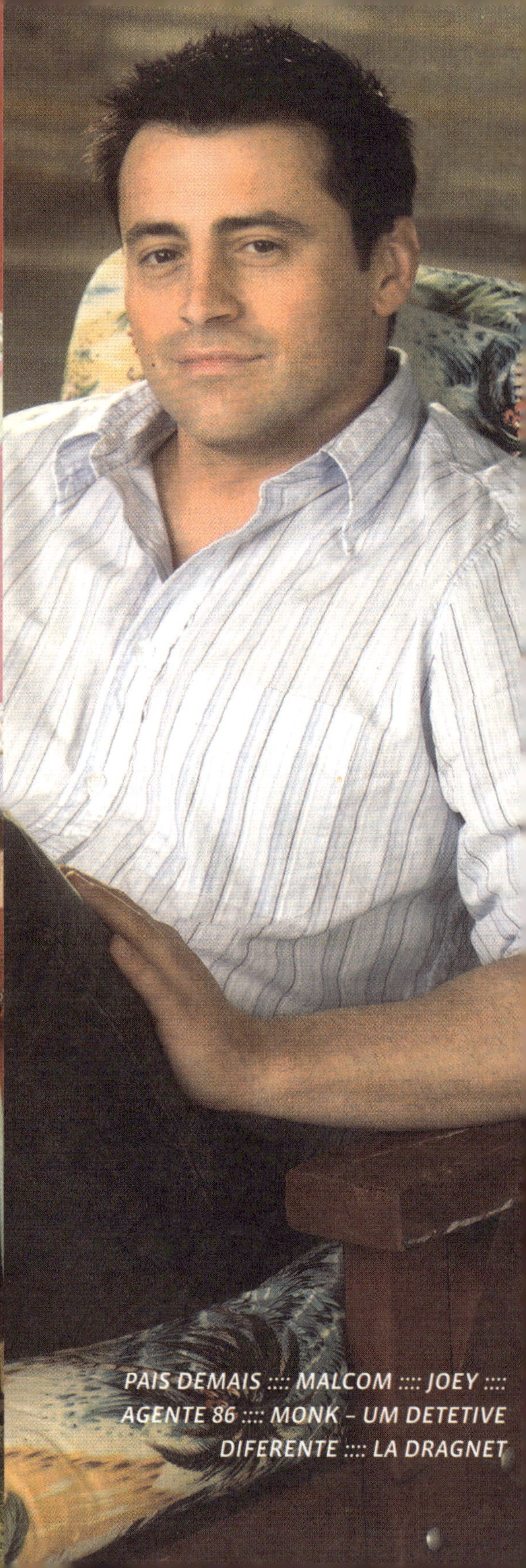

PAIS DEMAIS :::: MALCOM :::: JOEY :::: AGENTE 86 :::: MONK – UM DETETIVE DIFERENTE :::: LA DRAGNET

COMBATE :::: O JOVEM INDIANA JONES

Curiosidades

★ PARTE DAS FILMAGENS DE *O BARCO DO AMOR* ACONTECIA EM NAVIOS DE VERDADE, ENQUANTO ELES REALIZAVAM SUAS VIAGENS REGULARES. OS PASSAGEIROS APARECIAM COMO FIGURANTES, E ESSES CRUZEIROS SEMPRE LOTAVAM.

★ A ORIGEM DO MISTERIOSO SENHOR ROARKE NUNCA FOI REVELADA. NEM O PÚBLICO NEM OS VISITANTES DA ILHA SABIAM COMO ELE HAVIA CHEGADO LÁ OU COMO CONSEGUIA REALIZAR AS FANTASIAS.

★ NA SÉTIMA TEMPORADA, HERVÉ VILLECHAIZE DEIXOU A SÉRIE POR QUESTÕES SALARIAIS. NO LUGAR DO SIMPÁTICO TATOO, ENTROU O MORDOMO LAWRENCE.

★ A SÉRIE FOI REFILMADA EM 1998 COM MALCOM MCDOWELL COMO O SR. ROARKE, MAS FOI CANCELADA APÓS APENAS 13 EPISÓDIOS.

Estamos Sozinhos?

Há sempre um produtor querendo misturar suspense com ficção, e terror com mistério. Em **Sexto Sentido**, o público conhecia o dr. Michael Rhodes, um professor universitário interessado em assuntos paranormais. Ele e sua assistente Nancy são freqüentemente convidados a investigar estranhos casos envolvendo pessoas com percepção extra-sensorial, espíritos e possessões demoníacas. **Kolchak e os Demônios da Noite** nasceu em um longa para a televisão chamado *A Noite do Stalker* (1972), com o repórter investigativo Carl Kolchak investigando os estranhos assassinatos em Las Vegas, que ele acredita – e somente ele – serem cometidos por um vampiro. Depois ele se muda para São Francisco, onde encontra um assassino imortal em *A Noite do Estrangulador*, (1973). Por causa do sucesso dos dois filmes, a Universal resolveu produzir a série sobre esse audacioso repórter investigativo. Mas não funcionou e acabou cancelada, sendo cultuada até hoje. Assim como **UFO**, série sobre uma organização mundial que tenta impedir a invasão da Terra por alienígenas hostis. Dotada de todos os recursos disponíveis, a SHADO possui um computador-satélite que informa qualquer atividade estranha no espaço. Caso um alienígena penetre no campo de ação, a Base Lunar é acionada para colocar no ar uma esquadrilha de caças espaciais com alto poder de fogo. Na Terra, a linha de defesa é feita no mar pelo SkyDiver, um supersubmarino que tem um jato anfíbio com armas de última geração. Se algum alienígena consegue pousar, a SHADO utiliza a Unidade de Transporte Móvel, com tanques especiais.

Você sabia?

★ O PRODUTOR CHRIS CARTER AFIRMA QUE SUA PRINCIPAL INSPIRAÇÃO PARA CRIAR *ARQUIVO X* FOI O SERIADO *KOLCHAK E OS DEMÔNIOS DA NOITE*. O ATOR DARREN MCGAVIN PARTICIPOU EM DOIS EPISÓDIOS DA SÉRIE, COMO O AGENTE DO FBI ARTHUR DALES.

Eles Vieram do Cinema

Até o final dos anos 70, trabalhar em televisão era algo menor dentro da carreira de um ator americano. Era preferível atuar em produções cinematográficas menores do que estar na TV. Apesar do preconceito, vários veteranos do cinema resolveram testar a televisão como campo de trabalho. James Franciscus, dos filmes *O Vale do Gwangi* (1969) e *O Segredo do Planeta dos Macacos* (1970), esteve duas vezes à frente de um seriado. A primeira delas foi **Longstreet**, onde fazia o investigador de seguros Mike Longstreet, que ficou cego após um atentado. Reaprendendo a viver sem sua visão, ele consegue apoio do treinador de artes marciais Li Tsung (Bruce Lee) para ajudá-lo a superar sua deficiência. Quando adquire mais confiança, resolve voltar a investigar casos para os quais sua companhia pede opinião. Em seguida, fez um agente federal encarregado de casos de espionagem dentro dos Estados Unidos em **Hunter**. Mesmo trabalhando com um elenco de primeira, com Linda Evans e Ralph Belamy, a série não decolou e teve apenas oito episódios.

No início dos anos 70, quando as cores começaram a chegar na TV, a Rede Tupi exibiu uma série estrelada pelo consagrado Glenn Ford, onde ele fazia um xerife de uma típica cidade do Sudeste americano. **Glenn Ford é a Lei** era uma espécie de faroeste moderno, com um visual muito incrementado. A série não durou mais que uma temporada, para a infelicidade dos fãs do astro de *Gilda* (1946), o clássico com Rita Hayworth. Outro veterano do cinema que tentou uma aproximação com a televisão foi Anthony Quinn, duas vezes vencedor do Oscar de ator coadjuvante por *Viva Zapata!* (1952) e *Sede de Viver* (1956). Aproveitando o nome do ator, a Universal batizou a série como **Anthony Quinn e a Cidade**, onde o ator interpretava o prefeito de uma pequena cidade, tentando resolver os dramas cotidianos de seus habitantes. Um programa sério que também não conseguiu uma audiência significativa.

Cante o Tema de Abertura da *Vila Sésamo*

Todo dia é dia, toda hora é hora
De saber que este mundo é seu
Se você for amigo e companheiro,
Com alegria e imaginação.

Vivendo e sorrindo
Criando e rindo,
Será muito feliz e todos...
Serão também

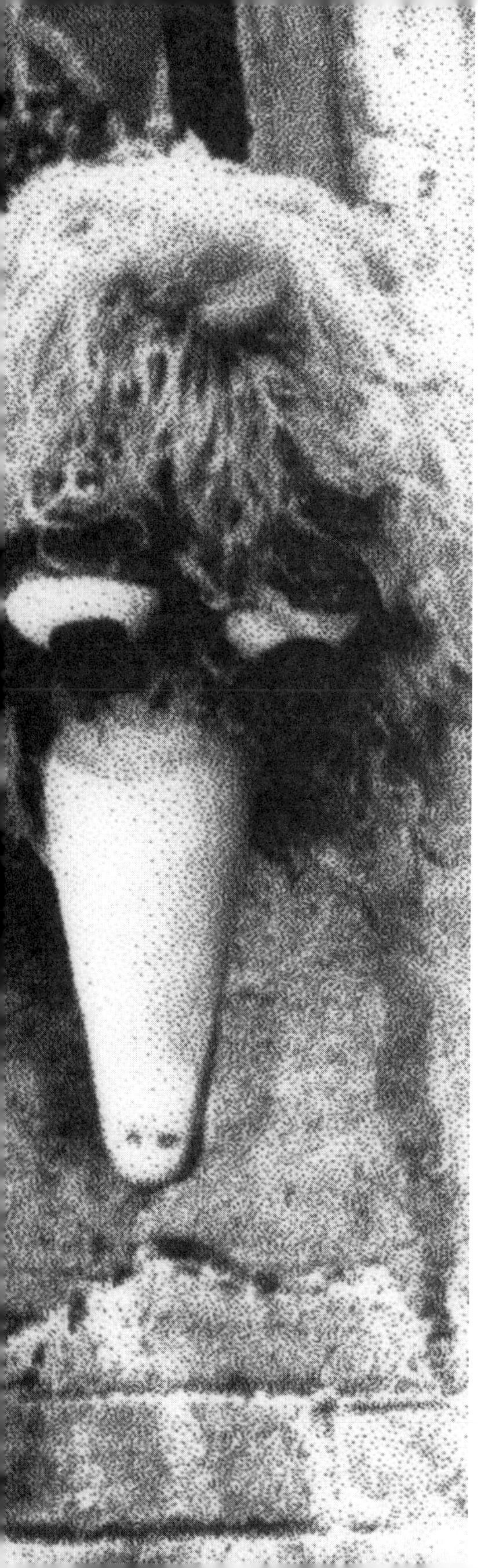

Antes da Xuxa e Muito Melhor

Quando **Vila Sésamo** estourou na televisão brasileira, fazer um programa infantil ainda significava manter a velha fórmula de uma apresentadora, crianças no palco, desenhos animados, sorteios, brindes, e uma reza forte para que a criança ficasse grudada na televisão enquanto a mãe cuidava da casa. Com *Vila*, dizer que a TV tem um papel importante na educação da criança deixou de ser uma frase de efeito para se tornar realidade. A idéia de fazer a versão brasileira da americana *Sesame Street* partiu de Boni, na época diretor-geral da Central Globo de Produções, e Cláudio Petráglia, então diretor da TV Cultura. Numa parceria até então inédita na história da TV brasileira, as duas emissoras uniram seus esforços para produzir a série, já que a Globo ainda não tinha estúdio para as gravações. Inicialmente, o programa era exibido na Cultura (mais tarde somente na Globo) e seguia fielmente os padrões impostos pela *Children's Television Workshop*, a criadora original. Os métodos pedagógicos apresentados baseavam-se na técnica de repetição e assimilação.

A partir de 1974, a Globo assumiu totalmente a produção da série e criou roteiros inteiramente nacionais, ensinando às crianças noções de higiene, comportamento no trânsito, língua portuguesa, meio ambiente e outros assuntos. A série mostrava o dia-a-dia de uma pequena vila operária numa cidade grande, com os personagens humanos interagindo com bonecos manipulados, com os episódios segmentados em pequenos quadros. Na época do regime militar, os atores eram obrigados a gravar na frente de um censor imposto pelo governo. Entre os personagens, estavam o Juca (Armando Bógus), sua esposa Gabriela (Aracy Balabanian) e a professora Ana Maria (estréia na TV de Sônia Braga). Entre os bonecos, tínhamos o ranzinza Gugu, que não gostava de sair de seu barril; o estranho elefante Funga-Funga e o popular Garibaldo (vivido por Laerte Morrone), uma árvore enorme com pernas longas que adorava aprender coisas novas. A série também aproveitava bonecos do original, como Caco, Cosmo, Come-Come e a dupla Ênio e Beto, que discutiam muito por causa de bolachas. Naum Alves de Souza (que se tornou um famoso dramaturgo) foi o artista encarregado de dar vida aos bonecos brasileiros. Já as versões das canções eram feitas por Marcos Valle e Paulo Sérgio Valle.

Vila Sésamo fecharia seu acesso ao público em 1977, deixando órfãs as próximas gerações de telespectadores que buscavam algo inteligente para ver na telinha. E até hoje muita gente sente falta.

Aberturas que ninguém esquece

O Homem de Seis Milhões de Dólares – "Steve Austin. Astronauta. Um homem semimorto. Senhores, nós podemos reconstruí-lo. Temos a tecnologia para fazer o primeiro homem biônico do mundo. Steve Austin será esse homem. Muito melhor do que era. Melhor, mais forte, mais rápido."

Ciborgue

"Doutor David Banner... médico, cientista. Em busca da força que todos possuem, acaba recebendo uma dose maciça de raios gama e agora, quando se enfurece ou se sente ultrajado, se transforma e tem de enfrentar a sua maldição: o Incrível Hulk!"

O Incrível Hulk

"Era uma vez três panterinhas que entraram para a polícia. E a cada uma foi destinada uma missão perigosa. Mas eu as afastei de tudo isso. E agora trabalham para mim. Meu nome é Charlie."

As Panteras

Detetives com muito estilo

COLUMBO – com seu casaco de chuva desbotado e seu velho Peugeot, ele costumava ser menosprezado pelos suspeitos, os quais ele tentava provar que eram os criminosos. Com seu jeito educado e suas conversas sobre a esposa, ele conquistava a confiança deles e os fazia revelar as falhas que não permitiam aos crimes serem perfeitos. :::: **BARETTA** – era especializado em disfarces, que ele usava para se infiltrar em gangues. Nada convencional, morava num quarto de hotel barato e não trabalhava com parceiros, resolvendo seus casos com informantes de rua. :::: **BARNABY JONES** – investigava os crimes que pareciam impossíveis de serem resolvidos. Sua inteligência e sagacidade o diferenciavam dos demais detetives da TV nos anos 70. :::: **VEGA$** – o veterano do Vietnã Dan Tanna dirige um Thunderbird conversível vermelho 1957, tem um escritório dentro do cassino de Philip Roth e carrega uma Magnum 44. Tem duas belas secretárias, Beatrice e Angie, esta última surda-muda. :::: **AS PANTERAS** – na composição original, elas eram: a líder Sabrina, racional e bastante hábil para se disfarçar e mudar de voz; a sexy e atlética Jill; e a esperta e calculista Kelly.

As famílias mais famosas

OS PIONEIROS – a unida e boazinha família Ingalls era formada pelo casal Charles e Caroline, e suas três filhas: Mary, Carrie e Laura (que narra as aventuras). A eles se juntaram depois as crianças adotadas Albert, James e Cassandra.

OS WALTONS – o casal John e Olivia Walton tinha oito filhos: John Boy (o mais velho, de 17 anos, que narra o seriado), Jason, Mary Ellen, Erin, Ben, Jim Bob e Elizabeth (vivos). Joseph, o oitavo, irmão gêmeo de Jim Bob, morreu no nascimento. A vovó Esther e o vovô Zeb, pais de John, também moram na fazenda.

A GRANDE FAMÍLIA – o veterinário mal pago Lineu é casado com Nenê, dona-de-casa que superprotege os filhos, todos sustentados pelo pai: o estudante politizado Júnior, o hippie largado Tuco e Bebel, casada com o garçom de motel Agostinho. O aposentado seu Flor é pai de Lineu.

A FAMÍLIA DÓ-RÉ-MI – a família de músicos que viajava pelo país a bordo de um ônibus era comandada por Shirley Partridge, mãe dos cinco jovens que compunham a banda *The Partridge Family*: o vocalista principal e guitarrista Keith, a tecladista Laurie, o baixista Danny, o baterista Chris e a tamborinista Tracy. A mãe Shirley também tocava teclados.

Frases que ficaram na memória

"VOCÊ NÃO IA GOSTAR DE ME VER NERVOSO", **DIZIA O DR. DAVID BANNER AOS SEUS DESAFETOS, QUE NÃO SABIAM QUE ELE SE TRANSFORMAVA EM O INCRÍVEL HULK. PELO MENOS ELE ALERTAVA ANTES...**

"BOA NOITE, JOHN BOY. BOA NOITE, MARY ELLEN." **ERA ASSIM QUE TERMINAVAM OS EPISÓDIOS DE *OS WALTONS*.**

"BOM DIA, CHARLIE!", **DIZIAM AS PANTERAS EM UNÍSSONO.**

"O AVIÃO! O AVIÃO!", **GRITAVA TATOO EM *A ILHA DA FANTASIA*, ANUNCIANDO COM UM SINO QUE OS VISITANTES ESTAVAM CHEGANDO.**

Os modismos da década

KOJAK FEZ TANTO SUCESSO NO BRASIL QUE O NOME DO POLICIAL CARECA VIROU SINÔNIMO DE CALVÍCIE. ELE TAMBÉM FOI TEMA DE MARCHINHA DE CARNAVAL: "KOJAK METE BRONCA NA MOÇADA / É TIRA VALENTE, RESPEITADO".

O FORD TORINO USADO PELA DUPLA DE POLICIAIS DE **STARSKY E HUTCH – JUSTIÇA EM DOBRO** VIROU SONHO DE CONSUMO PARA OS JOVENS DA ÉPOCA, QUE TAMBÉM COPIAVAM O ESTILO VISUAL DOS PERSONAGENS.

O SUCESSO DE **CHIPS** NO BRASIL GEROU UMA SÉRIE DE PRODUTOS, DE BRINQUEDOS EM MINIATURA ATÉ ROUPAS.

AS PANTERAS FOI UM SUCESSO DE AUDIÊNCIA LOGO QUE ENTROU NO AR. ELAS ESTIVERAM EM TODA PARTE: CARTÕES, BONECAS, PÔSTERES, CAMISETAS, QUEBRA-CABEÇAS E DIVERSOS OUTROS PRODUTOS. FORAM AINDA CAPA DE VÁRIAS REVISTAS, INCLUINDO A *TIME*. SEM CONTAR O PENTEADO DA FARRAH FAWCETT, REFERÊNCIA DA MODA NOS ANOS 70 ATÉ HOJE.

Da telinha para a telona

MICHAEL DOUGLAS já alternava trabalhos no cinema e na TV quando co-estrelou a série *São Francisco Urgente*, mas foi a partir daí que decolou de vez na telona, chegando a receber dois Oscars: como melhor ator em 1987 por *Wall Street* e com o melhor filme em 1975 por *Um Estranho no Ninho*, que ele produziu e pelo qual deixou a série.

Após reinar na televisão americana nos anos 60 e 70 com *Dick Van Dyke Show* e o seriado com seu nome, **MARY TYLER MOORE** estrelou nos cinemas *Gente Como a Gente* (1980), pelo qual ganhou um Globo de Ouro de melhor atriz (drama) e foi indicada ao Oscar, num papel dramático bastante diferente da persona que ela criou na TV. Apesar do sucesso do filme, a atriz fez poucas aparições na tela grande.

BURT REYNOLDS conseguiu em *Falcão* seu primeiro trabalho como astro principal de uma série de TV. O perfil desse personagem serviu como base para o detetive *Dan August*, outra série estrelada por ele, que o levou para o cinema, onde fez bastante sucesso nos anos 70 e 80 com filmes como *Amargo Pesadelo* (1972) e *Agarra-me se Puderes* (1977).

ROGER MOORE estabeleceu uma bem-sucedida carreira na TV como astro dos seriados *Ivanhoé, Maverick* e *O Santo*. *Persuaders* não foi tão bem, mas o cancelamento da série permitiu que ele aceitasse ser o novo James Bond, substituindo Sean Connery. Sua primeira atuação como o agente secreto foi no filme *Com 007 Viva e Deixe Morrer* (1973).

Os seriados que funcionaram no cinema...

Muppet Show foi uma das séries que mais gerou filmes para o cinema: *O Mundo Mágico dos Muppets* (1979), *A Grande Farra dos Muppets* (1981), *Os Muppets Conquistam Nova York* (1984), *O Conto de Natal dos Muppets* (1992), *Os Muppets na Ilha do Tesouro* (1996) e *Muppets do Espaço* (1999). Sem contar os telefilmes. Demorou 20 anos para que **As Panteras** chegassem aos cinemas no filme homônimo que foi um grande sucesso em 2000, com o trio Cameron Diaz, Drew Barrymore e Lucy Liu. Já a seqüência *As Panteras – Detonando* (2003) não se deu tão bem.

Os pioneiros

Police Woman foi o primeiro seriado estrelado por uma policial. A beleza de Angie Dickinson paralisou os espectadores masculinos. :::: O primeiro orgasmo feminino na TV brasileira apareceu em 1979, em **Malu Mulher**. No episódio "De Repente, Tudo Novamente", numa cena de sexo entre Regina Duarte e Paulo Figueiredo, a câmera focalizava a mão da personagem fechada, e depois abrindo num espasmo. :::: **Mary Tyler Moore** trouxe a revolução feminina da época para a TV. Lançada em 1970, mostrava o cotidiano de uma mulher solteira de 30 anos, que enfrentava com bom humor e muito jogo de cintura o machismo predominante na redação do jornal de TV onde trabalhava. :::: As aventuras do casal **Kika & Xuxu** eram contadas como histórias em quadrinhos, numa linguagem inovadora para a época, que parece não ter sido bem compreendida pelo público, já que o seriado brasileiro durou apenas quatro meses.

... e os que não funcionaram

Mesmo estrelada pela famosa dupla de comediantes Ben Stiller e Owen Wilson, **Starsky & Hutch – Justiça em Dobro** (2004) não vingou na telona. A decisão de manter a ação nos anos 70 parece não ter atraído os jovens, público potencial para esse tipo de filme.

Outro fracasso foi **SWAT** (2003), estrelado por Colin Farrell e Samuel L. Jackson no lugar de Robert Urich e Steve Forrest.

O poder feminino nos anos 70

Numa época em que as mulheres provocaram um aumento no número de casais separados no Brasil, enfrentando o machismo e a sociedade, **Malu Mulher** mostrava na TV as dificuldades, as tristezas e as alegrias da recém-separada Malu, criando sua filha adolescente Elisa. :::: **Mary Tyler Moore** levou a liberação feminina para os lares americanos já no início da década de 70. Sua personagem Mary Richards rompe o noivado e se muda para outra cidade, onde passa a trabalhar num programa de TV e dribla o machismo e as dificuldades do cotidiano com seu ótimo humor e a ajuda de suas amigas vizinhas. :::: **A Mulher Maravilha** e a **Poderosa Ísis** foram algumas das primeiras super-heróinas a ganhar um seriado. :::: Três belas mulheres quebraram o reinado dos homens como detetives, uma figura comum nos seriados dos anos 70. **As Panteras** provaram que as mulheres também podiam combater o crime e se dar bem em um ambiente essencialmente masculino.

As duplas do barulho

CARGA PESADA
OS CAMINHONEIROS PEDRO E BINO

SHAZAN, XERIFE & CIA.
OS MECÂNICOS SHAZAN E XERIFE

STARSKY E HUTCH – JUSTIÇA EM DOBRO
OS POLICIAIS DAVE STARSKY E KEN HUTCH

CHIPS
OS PATRULHEIROS RODOVIÁRIOS PONCH E BAKER

OS MAIORES GALÃS DOS ANOS 70

LEE MAJORS – *CIBORGUE – O HOMEM DE SEIS MILHÕES DE DÓLARES*
DAVID CASSIDY – *A FAMÍLIA DÓ-RÉ-MI*
ROBERT WAGNER – *SWITCH*
PATRICK DUFFY – *DALLAS*
ERIK ESTRADA – *CHIPS*
ROBERT URICH – *VEGAS*

MULHERES DE TIRAR O FÔLEGO

ANGIE DICKINSON – a sargento Suzanne Anderson de *Police Woman* ainda é considerada uma das mulheres mais sexy a aparecer num seriado.
LYNDA CARTER – a beleza impressionante da atriz, o bustiê vermelho e as pernas de fora faziam com que *A Mulher Maravilha* conseguisse render qualquer inimigo.
VICTORIA PRINCIPAL – a atriz de *Dallas* foi alçada à condição de sex symbol, com uma personagem (Pamela Ewing) que representava as virtudes que os homens buscavam numa mulher.
FARRAH FAWCETT – bastou *As Panteras* estrear para a loira se transformar num dos mais lendários símbolos sexuais dos anos 70, além de ícone pop e referência fashion com seu penteado. Um pôster da época no qual ela aparece de maiô vendeu 12 milhões de cópias, um recorde imbatível.

80

Uma década de lei, ordem e um gosto pavoroso para moda

A grande definição sobre os anos 80 é que esta foi a década em que ninguém tinha idéia do que fazer, principalmente após o fim da era da discoteca. Na televisão brasileira, mesmo com o considerável aumento da produção de séries nacionais pela Rede Globo, a já consagrada emissora mantinha estrategicamente diversos seriados americanos em sua grade de programação, criando uma sessão dentro do horário nobre dedicada às sitcoms (comédias de costumes) e aos programas mais voltados para o público adulto. A década é marcada por uma grande quantidade de seriados policiais, seja de duplas de investigadores, detetives particulares seja do cara durão que resolve tudo à bala. Também tivemos a segunda invasão dos seriados de super-heróis japoneses, que consolidou um assíduo e exigente público para esse tipo de programa. Sem contar os dramas familiares que se tornaram clássicos do gênero, como *Dallas* e *Dinastia*. E para uma década em que ninguém tinha muita idéia do que iria acontecer, houve muita coisa interessante...

Eu Quero Acreditar

Nem todos os seriados produzidos nos anos 80 eram sobre o cotidiano de uma delegacia de polícia ou sobre o dia-a-dia de uma família com problemas de relacionamento. Algumas produções tentaram ser diferentes em vários aspectos, desde o conteúdo até a fonte de inspiração. Ninguém há de discutir sobre a quantidade de informação que Jack Palance e sua filha Holly traziam todas as semanas ao apresentar o bizarro e o inusitado de **Acredite Se Quiser**. O programa apresentava desde fenômenos do mundo animal, lendas urbanas e informações sobre o sobrenatural até cientistas de valor histórico como Nikola Tesla. A série fez muito sucesso na Globo e depois, na Rede Manchete, foi acrescentado um segmento apresentado por Walter Foster, contando curiosidades e lendas do Brasil. Se a produção dessa série foi buscar inspiração no livro de Robert Ripley, **Projeto UFO**, outro programa exibido pela Manchete também se inspirou num livro de sucesso para mostrar várias histórias sobre abduções e contatos imediatos com discos voadores. Baseado no Projeto Livro Azul da Força Aérea dos Estados Unidos, a série dramatizava vários relatos pesquisados por militares americanos sobre a aparição de discos voadores dentro do país. As histórias tinham a mesma base: primeiro mostrava-se o contato com o objeto voador não-identificado e depois, seguindo as investigações dos militares, aos poucos se chegava a uma "verdade".

Que Futuro é Esse?

Foram poucas as séries que ousaram mostrar um futuro da humanidade mais sombrio, em que sobreviver a invasores mais poderosos tornava-se o mais importante. No século 22, um grande conflito mundial jogou a humanidade contra um exército de máquinas inteligentes, que queriam o domínio do planeta Terra. Originalmente a série **Capitão Power e os Soldados do Futuro** seria utilizada como jogo interativo na TV, mas, em razão da complexidade, o programa acabou não vingando. A série foi inspirada no filme *O Exterminador do Futuro* (1984). A equipe de efeitos visuais foi uma das primeiras a utilizar computação gráfica numa série de TV.

Outra barra pesada para os seres humanos aconteceu quando uma raça de extraterrestres pousou na Terra, aparentemente amistosos, querendo nos ajudar a acabar com a pobreza, a fome e as doenças. O que ninguém sabia é que esses seres não eram nada amistosos e estavam nos preparando para servirmos de alimento para sua raça, muito parecida com lagartos carnívoros. **V – A Batalha Final** deu continuidade à minissérie de sucesso exibida pela Rede Globo em 1984, que mostrava a chegada desses visitantes ao nosso planeta e a revelação de seus malignos planos, numa metáfora aos efeitos do nazismo antes da Segunda Guerra Mundial. A série, exibida pelo SBT, não foi para a frente porque a metáfora do nazismo acabou sendo esgotada na própria minissérie, deixando o seriado mais com cara de um programa de guerra do que de ficção.

Esses Personagens Incríveis e Seus Poderes Muito Estranhos

Especula-se que, depois de tanto treinamento para serem os mais perfeitos agentes mortais a serviço do imperador do Japão, as habilidades dos ninjas os transformam em seres sobre-humanos, com poderes que vão além da nossa compreensão. Em **O Mestre** vamos conhecer um ninja bem diferente. Peter McAllister (Lee Van Cleef), um veterano da Guerra da Coréia, decide viver no Japão, onde aprende a arte do ninjútsu, transformando-se no primeiro ninja ocidental. Ao descobrir que tinha uma filha morando na América, decide voltar para seu país, mas acaba sendo jurado de morte pelo grupo que o treinou. Uma série que tinha tudo para ser um grande sucesso, teve um fim nada honroso, com apenas 13 episódios produzidos. O mesmo número de uma das produções de Glenn A. Larson, **Automan**. Ele nunca deixou de aproveitar uma boa idéia, mesmo que tenha sido criada por outro.

Assim como fez com *Galáctica – Astronave de Combate*, inspirada em *Guerra nas Estrelas*, *Automan* tem suas origens no filme *Tron – Uma Odisséia Eletrônica* (1983), que utiliza imagens geradas por computador para mostrar o primeiro herói virtual do cinema. Aqui, Desi Arnaz Jr. (filho de Lucille Ball e Desi Arnaz, a dupla de *I Love Lucy*) é um especialista em computação do departamento de polícia de Los Angeles. Para mostrar que seu trabalho era mais do que simplesmente consertar defeitos no sistema de informática do lugar, ele cria um programa que poderá ajudar a combater o crime. Contudo fantásticos mesmo são os poderes do prof. Jonathan Chase, da série **Manimal**. Ele descobre que pode se transformar em vários tipos de animais e acaba ajudando a detetive Mackenzie a resolver alguns mistérios que acontecem na cidade.

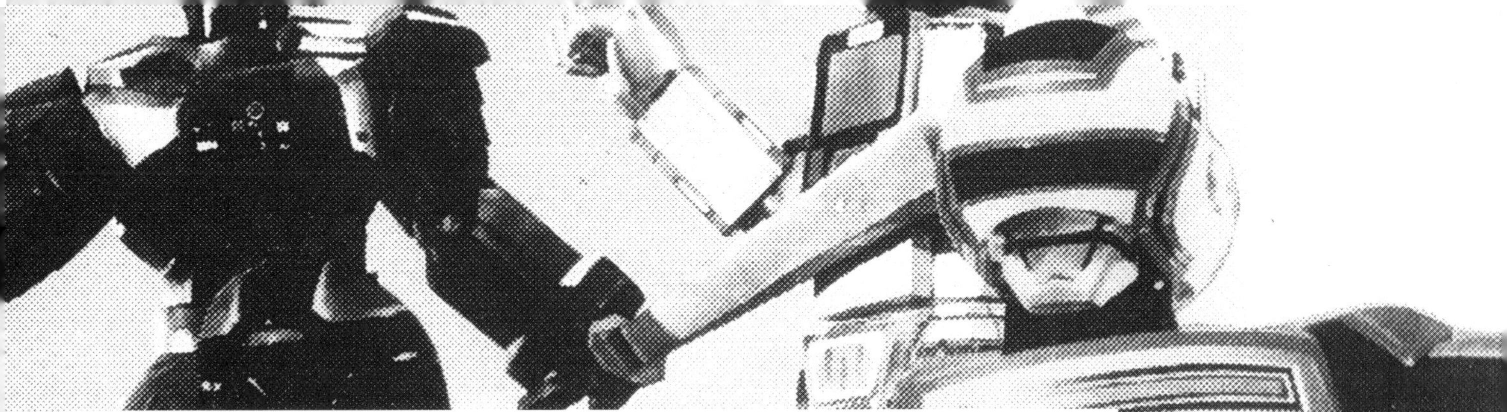

A Segunda e Melhor Invasão Japonesa

Tudo indicava que os anos 80 seriam uma década em que apenas alguns desenhos animados produzidos no Japão, como *Patrulha Estelar*, estariam representando o Império do Sol Nascente na programação brasileira. Mas a Rede Manchete veio mostrar que havia espaço não somente para os super-heróis de lá, mas também para a criação de um novo segmento de consumidores e fãs. Tudo começou com **Jaspion** e **Changeman**. Depois deles, os heróis japoneses criariam uma legião gigantesca de fãs no Brasil, algo nunca imaginado na época de *Ultraman* e *Nacional Kid*. **O Fantástico Jaspion** é o único sobrevivente de um grupo de exploradores espaciais. Criado pelo cientista-profeta Edin, ele recebe a missão de proteger a Terra usando sua armadura de metal, uma nave que se transforma num robô gigante batizado de Daileon, e Anri, uma andróide muito bonita e também completamente desastrada. Há ainda uma pequena criatura chamada Miya, que também irá ajudar Jaspion nos momentos difíceis. Juntos, eles deverão enfrentar as forças sinistras e poderosas de Satan Goss, que visualmente é a versão pobre de Darth Vader. Toda vez que a maré estava a favor de Jaspion, Satan Goss pegava uma criatura qualquer e a transformava num monstro descomunal, momento em que o herói chamava o poderoso Daileon, o qual de uma nave espacial se transformava num robô armado até os dentes. O grande diferencial das histórias de Jaspion das de seus antecessores conhecidos, como os membros da família Ultra, é que as histórias ficavam mais sérias perto do fim. A personalidade e o visual do personagem iam ficando mais adultos com o passar dos episódios. Segundo os especialistas no assunto, essa evolução era proposital para que os jovens japoneses também sentissem o peso da responsabilidade de se tornar adulto. Assim como *Nacional Kid*, *Jaspion* também não foi um grande sucesso em seu país de origem, no entanto marcou uma geração no Brasil.

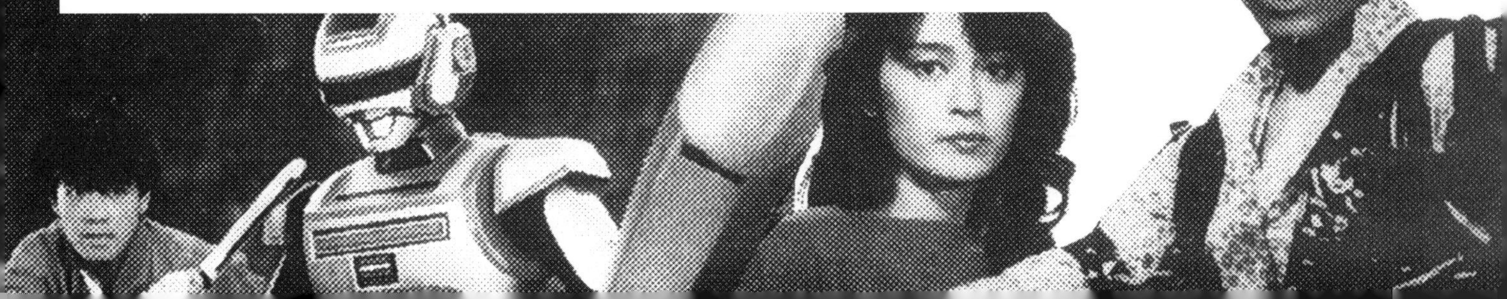

O **Esquadrão Relâmpago Changeman** conquistou outra grande fatia de público. Cinco jovens são escolhidos pela misteriosa Força Terrena, uma energia que emana da Terra quando o planeta está sendo ameaçado por algum inimigo externo. No caso, o rei Bazoo, líder do Império Gozma (leia-se gôsma), que pretende transformar a Terra em seu quintal. Cada um dos heróis atende pelo nome de um ser místico: Dragon (Dragão), Griphon (Grifo, meio ave, meio leão), Pegasus (Pégaso, o cavalo alado), Phoenix (Fênix, a ave que renasce de suas próprias cinzas) e Mermaid (Sereia). Bazoo tem uma arma poderosa: os raios de crescimento da criatura Gyodai que, quando acionados, transformam qualquer ser num monstro gigante. Quando isso acontece, os heróis chamam o Change-Robô, que tem poder de fogo para impedir quase todo ataque das criaturas do vilão. Assim como aconteceu com *Jaspion*, à medida que os combates vão se intensificando, as histórias ficam mais dramáticas e pesadas. O duelo final entre o pirata espacial Buba e Change Dragon mostra a evolução do seriado, com a crítica decisão que herói precisa tomar contra seu valente adversário.

Jaspion e *Changeman* tornaram-se ícones de uma época, e são cultuados até hoje. Mesmo com a deficiência dos efeitos visuais e os episódios esquemáticos, nada tira o carisma dos heróis que surgiram num momento em que nada de novo no gênero estava chegando à TV brasileira.

Você sabia?

★A EVEREST VÍDEO MONTOU UM CIRCO-SHOW COM OS PERSONAGENS DAS DUAS SÉRIES. UM ATOR DO ESPETÁCULO QUE FAZIA O JASPION FOI ENTREVISTADO POR JÔ SOARES NA TV E DEU ORIGEM AOS BOATOS DE QUE O ATOR HIKARU KUROSAKI ERA BRASILEIRO.

★A PRODUÇÃO DE *O FANTÁSTICO JASPION* PARECIA NÃO TENTAR ESCONDER A POBREZA DOS EFEITOS E DOS CENÁRIOS. O USO DE MINIATURAS PARA REPRESENTAR VEÍCULOS FICAVA EVIDENTE, ASSIM COMO AS PAREDES DE ISOPOR QUE O HERÓI E OS MONSTROS ÀS VEZES ATRAVESSAVAM.

★QUEM TROUXE AS SÉRIES PARA O BRASIL FOI O EMPRESÁRIO TOSHIHIKO EGASHIRA, DA EVEREST VÍDEO. ANTES DE LICENCIAR SERIADOS PARA A TV, ELE TINHA UMA LOCADORA COM UM ACERVO DE PROGRAMAS GRAVADOS DA TELEVISÃO JAPONESA, DESTINADO AO PÚBLICO DO BAIRRO DA LIBERDADE, REDUTO TRADICIONAL EM SÃO PAULO DA COLÔNIA DAQUELE PAÍS.

★O GRUPO INFANTIL TREM DA ALEGRIA, BASTANTE POPULAR NA ÉPOCA, APROVEITOU A MODA DOS DOIS HERÓIS NO BRASIL PARA GRAVAR A MÚSICA "JASPION-CHANGEMAN".

Os Profissionais do Perigo

Eles podem ser um investigador particular, um policial que tem seu próprio código de honra, ou até mesmo um freelancer com habilidade suficiente para ser o melhor agente secreto do mundo. Esses são alguns exemplos de uma considerável lista de homens que vivem, trabalham, moram e respiram o perigo. Começando com Thomas **Magnum**, um ex-oficial da Marinha americana que realizou várias missões no Vietnã e se transformou num investigador particular no Havaí. Ele mora na mansão de Robin Masters, um autor de best-sellers ao estilo de Sidney Sheldon, cujo caseiro e mordomo é o ex-militar inglês Jonathan Quayle Higgins. Quando o caso requer ajuda, Magnum chama seus dois ex-comandados da Marinha: TC, um exímio piloto de helicóptero, e Rick, dono de um bar e conhecedor do submundo da região. Para Tom Selleck este foi o ponto alto de sua carreira na TV, que lhe rendeu um Emmy e um Globo de Ouro. A série chegaria ao final na sétima temporada, com Magnum sendo morto ao levar um tiro de mafiosos. Mas os fãs fizeram uma grande pressão, e o ator voltou para mais 13 episódios, encerrando definitivamente as aventuras, das quais participaram convidados como Frank Sinatra e Sharon Stone.

Você sabia?

★OS PRODUTORES DE *MAGNUM* PENSARAM NUMA PARTICIPAÇÃO DE ORSON WELLES, QUE SE REVELARIA COMO ROBIN MASTERS, MAS O ATOR E DIRETOR FALECEU ANTES QUE A SÉRIE TERMINASSE. O PERSONAGEM NUNCA FOI VISTO, FAZENDO COM QUE O DETETIVE PENSASSE QUE ELE E HIGGINS ERAM A MESMA PESSOA.

★TOM SELLECK FOI CONVIDADO POR STEVEN SPIELBERG E GEORGE LUCAS PARA SER INDIANA JONES EM *OS CAÇADORES DA ARCA PERDIDA* (1981), PORÉM A UNIVERSAL NÃO LIBEROU O ATOR, QUE IA COMEÇAR A RODAR *MAGNUM*.

★O FINAL DO ÚLTIMO EPISÓDIO MOSTRA TOM SELLECK ASSISTINDO AO TÉRMINO DA SÉRIE E VIRANDO-SE PARA A CÂMERA PARA DIZER "BOA-NOITE".

★O CRIADOR DE *MAGNUM* PENSOU EM ROBERT CONRAD, O JAMES WEST, PARA O PAPEL DO DETETIVE, MAS TOM SELLECK CHAMOU A ATENÇÃO DOS EXECUTIVOS DA UNIVERSAL AO PARTICIPAR DE UM EPISÓDIO DE *ARQUIVO CONFIDENCIAL*.

Das praias do Havaí para as ruas violentas de Los Angeles, vamos encontrar o famoso **Carro Comando**, conduzido por TJ Hooker. A série mostrava o cotidiano de um dos tradicionais clichês do gênero, um policial veterano. No caso, o sargento Hooker, passando sua experiência das ruas para o parceiro novato Vince Romano. Para Hooker, o único jeito de combater o crime é estar nas ruas, fazendo uma patrulha ostensiva para proteger os inocentes das mãos dos criminosos. Mais uma produção assinada por Aaron Spelling e que foi um novo passo na carreira de William Shatner, conhecido como o capitão Kirk de *Jornada nas Estrelas*. A violência não era realista, mas as perseguições pelas ruas de Los Angeles eram o ponto alto dos episódios. A série também teve a participação do futuro símbolo sexual da TV americana, Heather Locklear. Los Angeles também foi o campo de batalha de outro tipo aventureiro, aquele que gosta de se arriscar, principalmente quando é pago para fazer isso. Estamos falando do Colt Seavers de **Duro na Queda**, série que mostrava um dos mais famosos dublês de filmes de ação de Hollywood, que nas horas vagas faturava uma grana caçando criminosos fugitivos da justiça. Colt recebia os casos de uma agente da condicional, e sempre levava para ajudá-lo o assistente Howie e a bela e louríssima Jody, que podia fazer a diferença num caso mais complicado. Mais uma idéia "original" do produtor Glenn A. Larson, nitidamente inspirada no último trabalho de Steve McQueen no cinema, *O Caçador de Aventuras* (1980). Foi o primeiro grande sucesso de Lee Majors depois de *Ciborgue – O Homem de Seis Milhões de Dólares*.

A mistura de humor e aventura também fazia parte dos episódios de **Esquadrão Classe A**, exibida com sucesso pelo SBT. O grupo é formado por quatro ex-combatentes do Vietnã, obrigados a se tornar mercenários depois de fugirem de uma prisão de segurança máxima, onde estavam presos sob a falsa acusação de terem roubado milhões em barras de ouro de um banco em Hanói. Vivendo no submundo de Los Angeles, o esquadrão é contratado para ajudar nos mais diferentes tipos de casos em que suas habilidades fazem o diferencial. O líder da equipe é o coronel John Hannibal Smith (George Peppard, par de Audrey Hepburn no clássico *Bonequinha de Luxo* de 1961), um estrategista de renome. Com ele estão o tenente Templeton (Dirk Benedict, o Starbuck de *Galáctica – Astronave de Combate*), conhecido como Cara-de-Pau, mestre dos disfarces e responsável pelos suprimentos do grupo; o especialista em mecânica e piloto do furgão, sargento Bosco Barracus, chamado de B. A.; e um fantástico piloto que devia estar internado numa clínica de doentes mentais, capitão H. M. Murdock. Com esse grupo, nada era impossível de ser realizado, criando algumas das mais audaciosas cenas de ação já produzidas para a TV. No Brasil, a série venceu o Troféu Imprensa de melhor seriado em 1984.

Muito menos recursos para realizar suas arriscadas missões para a Fundação Fênix tem Angus MacGyver, o personagem de **Profissão Perigo**. Um dos mais eficientes agentes secretos, ele não usa armas em suas missões por não acreditar nelas. Ao contrário, ele acha que sua mente é a arma mais mortal já inventada. E era com ela que MacGyver construía artefatos usando materiais triviais como clipes de papel, lápis e embalagem de goma de mascar, e que eram capazes de destruir sistemas de segurança ou arrombar portas à prova de roubo. Seu jeito tímido e sua habilidade com as mãos o transformavam num poderoso agente da Fênix, uma agência não-governamental de segurança chefiada por Pete Thornton. Os produtores do seriado gostaram do jeito despretensioso de Richard Dean Anderson quando ele foi fazer o teste, usando óculos e não escondendo essa pequena deficiência. O personagem virou referência pop quando alguém está mexendo onde não deve: "Não vai dar uma de MacGyver...". A versão brasileira sempre omitia qualquer referência sobre drogas. Os diálogos falavam sobre "muamba", mas nunca sobre cocaína ou heroína, por mais que os personagens manipulassem essas drogas durante uma cena. Tempos ingênuos aqueles.

O último profissional do perigo desta lista tem uma história interessante. **Um Homem Chamado Falcão** é um investigador particular durão, que mora e trabalha em Boston, e que não mede esforços para conseguir resolver seus casos. Ele costuma ajudar seu colega Spencer, outro investigador jogo duro, localizando pistas no submundo da cidade. A série era "spin-off" de *Spencer: For Hire*, e sua grande marca foi o trabalho de Avery Brooks, um ator negro muito elogiado por seu trabalho no teatro. Quando ganhou sua própria série, Falcão acabou esbarrando no preconceito racial. Afinal, como ter um personagem principal forte e negro numa série do horário nobre da TV?

Rir Sempre Foi um Bom Negócio

Demorou muito tempo para que as famosas comédias de costumes, as sitcoms americanas, conseguissem um espaço dentro da programação da nova televisão brasileira, como começou a ser rotulada durante os anos 80. Afinal, as cores já haviam chegado, os novos equipamentos de edição proporcionavam uma agilidade muito grande na produção e na finalização de programas, e o jornalismo dava novos ares com o fim da censura e os novos ventos da liberdade democrática. E se tudo isso estava acontecendo, por que não dar uma chance para as séries humorísticas que estavam fazendo sucesso nos Estados Unidos? E durante esses dez anos, Globo e Bandeirantes resolveram provar um pouco desse material. Em sua nova *Sessão Comédia*, a Globo trazia durante a semana cinco novos seriados, um para cada dia e todos eles bem diferentes uns dos outros.

Em **O Poderoso Benson**, vamos conhecer Benson Dubois, um mordomo que trabalha na casa do governador Gene Gatling, um dos poucos políticos honestos do país que se dedica a trabalhar para seus eleitores. Benson é como uma espécie de conselheiro nos momentos de crise, e tem como principal adversária a governanta da casa, a sra. Kraus, de onde saem os melhores e mais divertidos momentos dessa comédia, "spin-off" de outra sitcom americana chamada *Soap*. A série fez sucesso, conquistou o público e ganhou os Emmys de melhor série e ator para Robert Guillaume. No final do seriado, que não foi exibido no Brasil, Benson disputa uma eleição para o governo do Estado, tendo como adversário seu próprio ex-patrão, mas o resultado não é mostrado.

Outro sucesso da *Sessão Comédia* foi **As SuperGatas**. A idéia original partiu de Brandon Tartikoff, um executivo da NBC que foi visitar sua tia e descobriu uma forte amizade entre ela e sua vizinha da mesma idade. Ele conversou com Susan Harris, conhecida produtora e roteirista de outras séries da emissora, que desenvolveu o conceito das quatro senhoras morando juntas numa grande casa num condomínio de Miami: Dorothy, sua mãe Sophia, e as amigas Rose e Blanche. Cada uma delas tem uma particularidade toda especial que as fazem únicas. Rose é a mais desligada de todas, Blanche acha que está pronta para encontrar um novo amor e Dorothy leva tudo muito a sério, até mesmo algumas excentricidades de sua mãe, que sempre tem uma história de sua juventude na Sicília para contar. O sucesso da série nos EUA foi tão grande que bateu de frente com *Cosby Show*, e cada uma das atrizes recebeu um Emmy. Durante os sete anos em que esteve no ar na televisão americana, o seriado ficou entre os dez programas mais assistidos. Se quatro mulheres dentro de uma casa eram motivo de muitas risadas, que tal dois primos de mundos totalmente diferentes? Em **Primo Cruzado**, conhecemos Larry Appleton, que depois de vários anos morando com sua gigantesca família, se muda para um apartamento onde ele tem seu próprio quarto. Mas o sossego de Larry acaba quando o primo Balki sai de uma remota ilha na costa grega para morar com ele. É claro que este relacionamento só vai gerar muita confusão. A série foi um dos destaques na programação da *Sessão Comédia* por brincar com o então momento pelo qual a economia brasileira estava atravessando, com o Plano Cruzado. Na adaptação para o português, Balki foi rebatizado de Zeca, e tinha um fantástico sotaque mineiro, providenciado pelo talento do dublador Newton Da Matta (que também dublou Bruce Willis em *A Gata e o Rato*).

Curiosidades

★ESTELLE GETTY (SOPHIA) É 73 DIAS MAIS JOVEM QUE BEATRICE ARTHUR (DOROTHY), APESAR DE SOPHIA SER A MÃE DE DOROTHY.

★RUE MCCLANAHAN, A BLANCHE, VIVIA DORMINDO PELOS CANTOS NO SET DE FILMAGEM.

★ESTELLE GETTY REPETIU O PAPEL DE SOPHIA EM CINCO SERIADOS POSTERIORES, E BETTY WHITE VOLTOU A INTERPRETAR ROSE EM OUTRAS QUATRO SÉRIES.

As relações familiares também eram o centro de **Caras e Caretas**, série que transformou Michael J. Fox num astro da TV. O foco era mostrar como o casal Elyse e Steven Keaton, dois ativistas políticos dos anos 60, conseguia lidar com o crescimento dos quatro filhos. Sem um tom moralista, o seriado conquistou seu espaço na TV. Além da Globo, a série foi exibida no Brasil pelo canal pago Sony, em versão legendada. Lidar com adolescentes nunca foi fácil, mas ter como filha adotiva um robô, isso sim é que é ser pai. Em **SuperVicky**, o especialista em informática Ted Lawson cria um robô tão perfeito que parece uma criança normal. Ele a leva para sua própria casa para interagir com a família dele, a qual sabe que não pode revelar a ninguém que Vicky é um robô. E aí começam as confusões, com a "menina" entendendo errado alguns dos pedidos da família, como o clássico "Vicky, dá um pulinho até aqui", ao que a robô atendia pulando literalmente. *SuperVicky* teve um relativo sucesso nos Estados Unidos, ficando no ar durante quatro temporadas.

Enquanto as sitcoms americanas eram exibidas no final da tarde da programação da Globo, a Bandeirantes reservou o horário noturno para sua linha de comédias. A primeira delas se transformou num dos grandes sucessos de público da TV americana, levantando a carreira de Bill Cosby às alturas. **Bill Cosby Show** apresentava o dia-a-dia de uma típica família negra americana, sem os preconceitos comuns na época. Cliff é um bem-sucedido médico que estudou e trabalhou muito para chegar onde está, e constituiu uma família, que ele considera quase perfeita. O programa ficou oito anos no ar como líder de audiência nos EUA, até o seu final em 1992. Entre os 38 prêmios que recebeu, estão um

Emmy de melhor série e dois Globos de Ouro de melhor ator para Cosby. Outra comédia familiar que entraria na história da TV americana e serviu de inspiração para a nacional *A Grande Família* é **Tudo em Família**. O personagem central é Archie Bunker, um operário politicamente conservador que ganha pouco e que teve que trazer para sua casa a filha Gloria, após ela casar com o liberal e desempregado Michael. As relações entre os dois homens da casa não são das melhores, sendo abrandadas pelas intervenções de Edith, esposa de Archie. A série mudou o jeito de se fazer comédia na televisão americana ao retratar uma típica família operária e sua visão sobre a sociedade, principalmente quando Archie e Michael discutem (e discordam) sobre temas como política, esportes e a mulher no trabalho. A série marcou uma época importante na história da TV, e talvez por isso a Bandeirantes tenha resolvido exibi-la mesmo 15 anos depois de seu primeiro episódio, lançado em 1971.

Também com uma defasagem de tempo, ainda que menor, a emissora exibiu **Três é Demais**, cujo tema era bem ousado e diferente para a época. Jack precisa arrumar um lugar melhor para morar. Ele conhece Janet e Chrissy, que o convidam para morarem todos juntos. Mas o síndico só permite após as duas garotas dizerem que Jack é gay. É claro que a situação gera muitas dores de cabeça para o trio, especialmente para Jack. O sucesso do programa foi imediato e também a vontade de Suzanne Sommers ser a dona da festa. Conforme a série aumentava sua audiência, ela começou a pedir aumento na renovação de seu contrato. Como isso não acontecia, Sommers se recusou a trabalhar, deixando os produtores numa situação difícil e criando mais animosidade com o resto do elenco. Depois de uma ação na justiça, ela acabou sendo demitida e substituída.

Qual é o Caminho para a Guerra?

Falar sobre o que aconteceu no Vietnã é ainda um terreno muito complicado para a maioria dos americanos. Nos anos 80, com o sucesso do filme *Platoon* (1986), o assunto voltou a ser discutido e, claro, se transformou em fonte de inspiração para duas séries ambientadas no Sudeste Asiático. A primeira delas foi **Combate no Vietnã**, que literalmente jogava um pelotão do exército americano dentro das selvas vietnamitas, onde enfrentavam o inimigo e o medo de morrer tão longe de casa. As cenas de combates eram muito bem produzidas. Em **China Beach**, exibida um ano depois, o objetivo era mostrar os conflitos e dramas pessoais de soldados, médicos, enfermeiros e de quem mais trabalhasse numa base militar americana durante a Guerra do Vietnã, deixando de lado tiroteios e explosões. No elenco estava Marg Helgenberger, de *CSI*, que ganhou um Emmy como atriz coadjuvante. Por ter uma base mais dramática e menos voltada para a ação, a série conseguiu passar uma mensagem mais pacifista sobre o Vietnã.

Outro seriado que mostrava o dia-a-dia dos militares americanos foi a comédia **Recruta Benjamin**, inspirado no filme homônimo estrelado em 1980 por Goldie Hawn. Em seu lugar está Lorna Patterson. Uma série bem produzida, mas que não caiu no gosto do público americano, sendo cancelada depois de 39 episódios.

Entre o Corpo e o Espírito

Ajudar o próximo sem visar nenhuma compensação pessoal foi o tema de alguns momentos especiais da televisão nos anos 80. É o caso do dr. Rodrigo Junqueira (Francisco Cuoco), médico que trabalha no único hospital da pequena cidade de Andorinhas, na série **Obrigado Doutor**. O fato de ele ser o único médico da região por si só já lhe garantiria um lugar no céu. Mas Rodrigo faz ainda mais por seus pacientes, ajudando-os de todas as formas em seus pequenos mas pesados dramas existenciais. Escorando o lado emocional do médico, está a irmã Júlia (Nicette Bruno), enfermeira e braço direito de Rodrigo no hospital. Inspirado numa radionovela de 1950, o seriado retratou muito bem os tempos em que o médico era a figura mais importante em uma cidade do interior. Depois do padre, é claro. Uma linha mais religiosa aparece num dos campeões de audiência do SBT na época, **O Homem que Veio do Céu**. Jonathan Smith (Michael Landon, de *Bonanza* e *Os Pioneiros*) é um anjo que só poderá voltar para o céu depois que cumprir uma série de tarefas em benefício dos homens. No episódio inicial, ele cruza com o amargurado e ex-policial Mark Gordon (Victor French, que também trabalhou em *Os Pioneiros*), que decide acompanhar Jonathan para ajudá-lo a cumprir sua missão na Terra. Como dois trabalhadores itinerantes, eles vão parando de cidade em cidade para que Jonathan ajude quem esteja precisando de suporte físico e espiritual. A série conquistou o religioso público brasileiro, que acompanhava semanalmente as missões divinas envolvendo pessoas perturbadas, viciados em drogas, doentes e descrentes da força espiritual. Michael Landon não apenas estrelou a série, mas também atuou como criador, produtor, diretor e roteirista.

Starman – O Homem das Estrelas dá continuidade ao filme homônimo dirigido por John Carpenter em 1984, ao fazer com que o extraterrestre volte à Terra 14 anos depois de se encontrar com Jenny e o filho que teve com ela, Scott. No filme, ele incorpora sua essência no corpo do falecido marido de Jenny, mas na série ele toma o corpo de Paul Forrester, um fotógrafo morto num acidente de helicóptero. A história narra o encontro do ET com seu filho adolescente, e a luta para encontrar Jenny, separada do filho. É claro que um agente do governo vai querer interromper essa busca para capturar o alienígena. Ajudar as pessoas também é o objetivo do radialista Jack Killian, personagem principal de **Comando Noturno**. Ele é um ex-policial de São Francisco que abandou o cargo após matar acidentalmente seu parceiro de ronda. Jack consegue um emprego para apresentar um programa de rádio, em que escuta os problemas trazidos pelos ouvintes,

que tratavam de tudo: crises existenciais, relações humanas, doenças terminais, etc. **Trapper John – Médico**, exibido pela Manchete, trazia o ex-*Bonanza* Pernell Roberts como protagonista. Ele interpreta o dr. John McIntyre, chefe do centro cirúrgico do Hospital Memorial de São Francisco (sim, esse é o mesmo personagem do filme e da série *MASH*, também conhecido como Caçador). Depois de ter dado baixa do Exército, há 28 anos, ele é agora o responsável pelas principais dores de cabeça desse renomado hospital. A série discutia em seus episódios os fatos políticos da época e temas como o surgimento da Aids. Os produtores afirmavam que o seriado não era um "spin-off" de *MASH*, mas sim uma continuação do filme homônimo de 1970 dirigido por Robert Altman. Mesmo a série tendo durado sete temporadas, a Manchete exibiu apenas uma.

Brasileiros e Brasileiras

Criação de Dias Gomes para o teatro, **O Bem Amado** transformou-se num fenômeno cultural quando foi lançada em 1973, como a primeira telenovela do horário das 22 horas produzida totalmente em cores. Dez anos depois de seu final, o próprio autor tinha a idéia de criar uma série com o personagem Odorico Paraguaçu (Paulo Gracindo), que morria ao final da novela inaugurando o cemitério da cidade de Sucupira, na Bahia. Como Gomes afirmaria depois, a série não era uma continuação da novela, pois tratava de episódios isolados. Entretanto continuaria a mostrar as relações do prefeito Paraguaçu com as figuras caricatas que viviam na cidade, como Zeca Diabo, as irmãs Cajazeiras, a delegada Chica Bandeira, Lulu Gouveia, o jornalista Neco Pedreira, Dirceu Borboleta e Nezinho do Jegue. Mesmo com as sutilezas de Dias Gomes para abordar temas polêmicos para a época política que o país atravessava, a Censura Federal conseguia cortar trechos dos roteiros que eram enviados antes das gravações. *O Dicionário da TV Globo* cita um exemplo em que a Censura cortou uma frase inteira de Odorico, em que ele dizia: "Não tivesse eu jurado fazer de Sucupira uma democracia, mandava botar eles todos num pacote e jogar no mar", numa referência ao presidente João Figueiredo, que dizia que prenderia e arrebentaria todos que não fizessem do Brasil um país democrático.

A censura também pegou pesado com **Amizade Colorida**, uma série divertida e sensual estrelada por Antonio Fagundes, como o fotógrafo de moda Edu Lusceno. Todas as semanas, ele reunia em seu estúdio as mais belas modelos, e eventualmente as levava para a cama. Com esse comportamento sexual liberal, a censura não deixou por menos e usava a tesoura para tirar qualquer ousadia de Edu com as mulheres. Só o primeiro episódio sofreu 42 cortes, inviabilizando sua exibição. Ao mesmo tempo, a série era acusada de ser uma versão machista e ultrapassada de *Malu Mulher*. Resultado: a pressão foi tão forte que o seriado saiu do ar depois de apenas 11 episódios. A Bandeirantes criou **Dona Santa** e **A Casa de Irene**, ambas estreladas por Nair Bello e com roteiro de Geraldo Vietri. Dona Santa era uma motorista de táxi que pegava os mais estranhos e divertidos passageiros. Sua vida pessoal também não era nada fácil, porém seu bom humor superava tudo. A série foi um sucesso, gerando o novo projeto *A Casa de Irene*. Desta vez, Nair é a matriarca de uma família italiana, dona de uma pensão freqüentada por vários tipos bizarros.

Curiosidade

★O fotógrafo Edu de *Amizade Colorida* adorava comprar briga com o público conservador, que não gostava de vê-lo andar apenas de sunga por seu apartamento-estúdio. Pior foi o escândalo causado pelo episódio em que ele transa com mãe e filha, que fez com que o Grupo de Mulheres do Alto de Santana (bairro de São Paulo) organizasse um manifesto com 100.000 assinaturas de protesto, que foi enviado ao governo.

Do coração de São Paulo para as praias da Zona Sul do Rio de Janeiro, **Armação Ilimitada** fez história na televisão brasileira, principalmente pela direção de Guel Arraes, que, com uma edição ágil, transformou a série numa espécie de história em quadrinhos com muito movimento. A história mostra a dupla de surfistas e aventureiros Juba (Kadu Moliterno) e Lula (André di Biasi), donos de uma empresa, a Armação Ilimitada, que presta serviços de dublês e trabalhos diversos envolvendo esportes radicais. Os dois tomam conta de um garoto abandonado chamado Bacana (Jonas Torres), que os ajuda em algumas de suas aventuras. O interesse amoroso de ambos é Zelda Scott (Andréa Beltrão), uma repórter em busca da verdade dentro do obscuro jornal *Correio do Crepúsculo*. E a amiga zen do grupo é Ronalda Cristina (Catarina Abdalla). Além da uma edição à frente de seu tempo, as histórias eram narradas por Black Boy, como se tudo não passasse de uma grande radionovela, mas com um pique de aventura cinematográfica. A série ficou no ar durante quatro anos, sempre no horário nobre da emissora. Depois que saiu do ar, foi criada **Juba & Lula**, uma versão mais infanto-juvenil para a programação vespertina da Globo. Na realidade, o novo seriado funcionava mais como um grande show de variedades, com aventuras da dupla central, além de apresentação de grupos musicais, jogos e competições com crianças. Contudo a baixa audiência provocou seu cancelamento.

Você sabia?

★*ARMAÇÃO ILIMITADA* FOI UM DOS PROGRAMAS QUE MAIS INOVOU A LINGUAGEM TELEVISIVA NO BRASIL. COM HUMOR SATÍRICO, CENAS RÁPIDAS E UM TOM MUITAS VEZES SURREAL, A SÉRIE USAVA ELEMENTOS COMO BALÕES DE HISTÓRIAS EM QUADRINHOS, CITAÇÕES DA CULTURA POP, TROCA DE CORES E ONOMATOPÉIAS ESCRITAS NA TELA, NO MELHOR ESTILO BATMAN.

★EM SEU PRIMEIRO ANO, O SERIADO GANHOU O PRÊMIO ONDAS DA SOCIEDADE ESPANHOLA DE RÁDIO E TELEVISÃO DE BARCELONA, TENDO SIDO CONSIDERADO O PROGRAMA JOVEM MAIS ESTIMULANTE DA MOSTRA.

Do México para o Brasil

Existem alguns fenômenos na programação de TV que ninguém consegue explicar sem viajar em teses sociológicas rebuscadas. Desde que entraram no ar em 1984, **Chaves** e **Chapolin** conquistaram espaço junto ao público brasileiro, com sua simplicidade de fazer humor. Produzidos pela Televisa, a principal emissora de TV do México e concorrente da Globo na venda de telenovelas para outros países, os dois seriados estão no ar até hoje. Chaves é um menino órfão que vive dentro de um barril numa vila de alguma cidade do México. Com respostas erradas e engraçadas, o garoto gosta de aprontar quando está com a sua amiga Chiquinha, especialmente se o alvo é o filho de dona Florinda, Quico, ou até mesmo o pai da amiga, seu Madruga, um homem que fez do desemprego e de pequenos golpes um meio de vida. Mesmo com esse clima de comédia sem pretensão, o seriado transformou-se num fenômeno de mídia, principalmente nos países latinos, incluindo o Brasil, onde começou a ser exibido pelo SBT. Dublado pelo talentoso Marcelo Gastaldi, que conseguiu dar uma personalidade brasileira ao personagem criado por Roberto Gómez Bolaños, a série permanece no ar até hoje, como prata da casa do SBT, e fazendo sucesso entre as novas gerações. Cada vez que Silvio Santos tem problemas com a audiência, lá vem o Chaves recuperar alguns pontos do Ibope. Já Chapolin é considerado por seus fãs como o super-herói oficial da América Latina. Seu uniforme não é nada discreto, feito nas cores vermelha e amarela, com capa parecida com uma asa de barata, e antenas de inseto na cabeça. Ele está longe de ser o super-herói ideal, já que é atrapalhado, mulherengo e, em alguns casos, covarde. Suas histórias podem acontecer no espaço, no futuro, no Velho Oeste, ou em qualquer lugar onde ele possa falar suas frases de efeito, que viraram moda. As duas séries deixaram de ser apenas mais um produto importado para preencher um buraco na programação do SBT, transformando-se num fenômeno cultural dos anos 80. Na falta de bons programas de humor para o público infanto-juvenil, que venha o México!

Você sabia?

★ROBERTO GÓMEZ BOLAÑOS CRIOU O CHAPOLIN (QUE ELE TAMBÉM INTERPRETAVA) COMO UMA OPOSIÇÃO AOS SUPER-HERÓIS DOS SERIADOS AMERICANOS. ELE QUERIA PASSAR A MENSAGEM DE QUE A VERDADEIRA CORAGEM NÃO É SER DESTEMIDO, MAS SIM ENFRENTAR SEUS PRÓPRIOS MEDOS.

★MATT GROENING, CRIADOR DE *OS SIMPSONS*, DECLAROU QUE O PERSONAGEM HOMEM-ABELHÃO, UM MEXICANO QUE VIVE EM SPRINGFIELD USANDO UMA ROUPA DE ABELHA QUE ELE RARAMENTE TIRA, FOI INSPIRADO NO CHAPOLIN. MATT ASSISTIU A UM EPISÓDIO NA TELEVISÃO DE UM MOTEL NA FRONTEIRA DOS EUA COM O MÉXICO.

★OPOSTO DOS SUPER-HERÓIS AMERICANOS, O LATINO CHAPOLIN TEM ANTENINHAS DE VINIL QUE DETECTAM INIMIGOS, RECEBEM PEDIDOS DE SOCORRO E TRADUZEM IDIOMAS, ENTRE OUTRAS FUNCIONALIDADES. SUAS ARMAS: A MARRETA BIÔNICA QUE PULVERIZA OS INIMIGOS; A CORNETA PARALISADORA QUE CONGELA OS ADVERSÁRIOS; E AS PASTILHAS ENCOLHEDORAS, QUE O DEIXAVAM COM 20 CENTÍMETROS DE ALTURA, PARA PODER ATACAR DE SURPRESA.

Crônica de uma Morte Anunciada

Muitas séries exibidas pela Globo nos anos 80 não chegaram a durar nem mesmo uma temporada inteira, mas serviam direitinho para tapar as férias da programação de shows e especiais da emissora ou preencher algum buraco temporário da grade. Não faltam exemplos de séries que fizeram sucesso enquanto estavam no ar e depois desapareceram repentinamente. **Trovão Azul** era baseada no filme homônimo de 1983, com James Farentino como o piloto do super-helicóptero Trovão Azul. Ele patrulhava Los Angeles pelo ar auxiliado por Clinton, seu co-piloto, e tendo em terra a retaguarda dos policiais da SWAT Bubba e Ski. O problema da série foi a utilização exagerada das cenas do filme. O público notou a pobreza da produção e o mico aéreo foi literalmente tirado do ar depois de 11 episódios. Outra máquina que não agüentou rodar pelas ruas de Los Angeles foi a **Moto Laser,** grande aposta da Universal, sobre um policial que usava essa maravilha da tecnologia sobre duas rodas para combater o crime em Los Angeles. No entanto o combustível da série acabou após 13 episódios. Às vezes, alguns desses seriados de curta duração acabam virando piada, como foi o caso de **A Dama de Ouro**, sobre a detetive Katy Mahoney, que usava uma 45 na cintura e não se intimidava com nenhum bandido. Considerada a versão de saias do detetive Harry Callahan, interpretado por Clint Eastwood no cinema, Katy virou mania nacional quando o programa humorístico *TV Pirata* brincou com a série, com Debora Bloch interpretando a "Dama de Couro" Katy Machone.

Curto-Circuito foi o primeiro trabalho de destaque de Courteney Cox, antes de estourar em *Friends*. Sua personagem fazia parte de um seleto grupo de pessoas com poderes especiais: Lincoln podia reduzir seu tamanho, Johnny B. disparava raios pelas mãos e ela podia mover objetos com a força do pensamento. Quando **Um Homem Chamado Sloane** estreou, os fãs de Robert Conrad já imaginavam vê-lo como um novo agente secreto ao estilo de James West, que transformara o ator em astro da TV nos anos 60. A nova série mostrava um espião que trabalhava eventualmente para uma agência supersecreta do governo. Sloane realizava suas missões em conjunto com Torque, um homem de força física descomunal e que teve sua mão esquerda substituída por um computador que fala e informa o andamento das missões. Em tom de ficção, a série não conseguiu decolar porque, aos 44 anos de idade, Conrad já não podia realizar as proezas e as cenas de luta com a mesma energia que fazia em James West. A série foi cancelada após 12 episódios.

A Nova Geração da Ficção

Foi através do vídeo que os fãs de *Jornada nas Estrelas* puderam ter contato com o primeiro "spin-off" da cultuada série criada nos anos 60. Em 1987, a CIC Vídeo lançou os primeiros episódios de **Jornada nas Estrelas – A Nova Geração,** já que nenhum canal de televisão havia se interessado, por considerarem a série pouco comercial. A Manchete começou a exibi-la somente em 1991. A idéia de fazer uma espécie de continuação partiu da própria Paramount, devido ao sucesso que os filmes com a tripulação de Kirk, Spock e McCoy estavam conseguindo no cinema. Consultado pelo estúdio, o criador original Gene Roddenberry só aceitou fazer uma nova leitura se não fosse exibida em nenhuma das grandes redes, sempre volúveis em relação à audiência das séries de ficção. A série foi exibida em syndication, ou seja, não era exclusiva de nenhuma rede de televisão. A história mostraria os acontecimentos relacionados com a Frota Estelar e a Federação Unida de Planetas cerca de 80 anos depois que a tripulação da Enterprise-A havia sido descomissionada. No século 24 surgia a USS Enterprise-D, da classe Galaxy, comandada por Jean-Luc Picard (Patrick Stewart), que tinha a missão de explorar novos mundos e civilizações.

O primeiro ano da série foi de estudos, erros e tentativas para entender que caminho a nova série deveria seguir para não ser permanentemente comparada com a original. A resposta só veio na terceira temporada, quando os episódios começaram a mergulhar na ficção científica, trazendo elementos dos dois primeiros anos que não haviam sido devidamente explorados: a entidade Q e os borgs. Q surgiu no primeiro episódio da série como uma entidade de poderes ilimitados, sempre curioso sobre o comportamento dos humanos. É ele quem introduz para a tripulação os borgs, uma raça tecnologicamente avançada, cujo único objetivo é assimilar outros povos, transformando-os em membros dessa estranha e bizarra comunidade cibernética espacial. Na terceira temporada, eles conseguem raptar Picard, transformando-o em um zangão chamado Locutus e, através dele, organizam uma invasão à Terra. A partir daí, a série aumentou a audiência, com mais emissoras independentes comprando *Jornada nas Estrelas – A Nova Geração* para exibição em seus canais.

Jornada nas Estrelas – A Nova Geração, assim como sua antecessora, também rendeu adaptações para o cinema. Foram quatro: *Jornada nas Estrelas – Gerações* (1994), *Jornada nas Estrelas – Primeiro Contato* (1996), *Jornada nas Estrelas – Insurreição* (1998) e *Jornada nas Estrelas – Nêmesis* (2002). Na sexta temporada, a Paramount resolveu lançar outra série inspirada no universo de Gene Roddenberry: *Jornada nas Estrelas – A Nova Missão*. Por fim, *Jornada nas Estrelas – A Nova Geração* conseguiu encontrar seu próprio caminho sem ter que tropeçar nas marcas deixadas por Kirk, Spock e McCoy. E um novo capítulo da ficção começava ali, dando oportunidade para novos empreendedores, como Chris Carter (o criador de *Arquivo X*) mostrarem na televisão que a ficção científica tinha o seu espaço.

Complexo de Indiana Jones

Quando um filme de sucesso nos cinemas traz um tema interessante que possa ser explorado na TV, não há produtor que resista à tentação de criar uma nova série. Bastou George Lucas e Steven Spielberg acertarem na mosca com *Os Caçadores da Arca Perdida* (1981) para surgirem na televisão heróis semelhantes ao arqueólogo Indiana Jones. Coincidentemente, as duas séries que surgiram logo após o filme não conheceram o sucesso. A primeira delas foi **O Caçador de Aventuras**, uma espécie de telebiografia de Frank Buck, o primeiro grande caçador branco. Ele trabalhava em Cingapura capturando animais selvagens para os mais distantes zoológicos do mundo. Sem um roteiro inteligente, a série durou apenas 17 episódios. Cinco a mais foi o que conseguiu **As Lendas do Macaco Dourado**, ambientada pouco antes da Segunda Guerra Mundial, e trazendo as aventuras de Jake Cutter, piloto de um avião anfíbio em Bora Bora, no Pacífico Sul.

O Poder Corrompe Mesmo!

As vilanias perpetradas por JR Ewing em *Dallas* foram fonte de inspiração para outra saga familiar no horário nobre, **Dinastia**. Produzida por Aaron Spelling, a série tinha o formato de uma telenovela americana, daquelas em que tudo acontece, de personagens que desaparecem e voltam sem explicações plausíveis a mortos que ressurgem das cinzas. Tudo para garantir uma boa audiência. *Dinastia* mostrava a milionária família de Blake Carrington (John Forsythe, o Charles de *As Panteras*), que havia feito fortuna com o petróleo. Apaixonado pela secretária Krystle (Linda Evans), ele consegue que ela abandone o marido e se case com ele, o que gera uma insatisfação geral na família, principalmente em Fallon, a típica filha rebelde que usa o sexo para conseguir resultados em suas articulações. Carrington também tem dois outros filhos, Adam e Steven, o primeiro personagem assumidamente gay no horário nobre da TV americana. Mas não por muito tempo, já que a ABC solicitou que ele fosse "curado" da homossexualidade. Contudo o grande personagem era Alexis Colby (Joan Collins), ex-mulher de Blake. Mestre na manipulação e com um caráter assustadoramente diabólico, ela se transformou na bandeira da audiência de *Dinastia*, uma espécie de JR Ewing de saias (sugestão da própria atriz) que fazia o público acompanhar todas as semanas suas maquinações para tentar afastar Krystle de Blake. A série marcou o último trabalho de Rock Hudson, que viria a falecer em 1985, vítima da AIDS. Em seu livro de memórias, ele comenta que foi o pior momento de sua carreira, porque teria que beijar Linda Evans na boca, não sabendo se ela poderia ser contaminada com o vírus. A série foi indicada diversas vezes ao Globo de Ouro e ao Emmy. Spelling fez com que *Dinastia* refletisse o que estava acontecendo na América dos anos 80, onde a ganância pelo dinheiro estava destruindo os valores da sociedade. E conseguiu.

Você sabia?

★QUANDO A VILÃ ALEXIS FOI MOSTRADA PELA PRIMEIRA VEZ EM *DINASTIA*, NO FINAL DA PRIMEIRA TEMPORADA, A ATRIZ QUE A INTERPRETARIA AINDA NÃO TINHA SIDO ESCOLHIDA. QUEM APARECE NA CENA É UMA AMIGA DOS PRODUTORES, USANDO ÓCULOS ESCUROS E UM GRANDE CHAPÉU. JOAN COLLINS FECHOU O CONTRATO APENAS NO INTERVALO ENTRE A PRIMEIRA E A SEGUNDA TEMPORADAS.

★QUANDO A REDE ABC SOLICITOU AOS PRODUTORES QUE "CURASSEM" STEVEN DA HOMOSSEXUALIDADE, JACK COLEMAN FOI CONTRATADO PARA SUBSTITUIR AL CORLEY E, PARA EXPLICAR A MUDANÇA DE ATOR, OS ROTEIRISTAS INVENTARAM QUE STEVE FORA ATINGIDO POR UMA EXPLOSÃO E PRECISOU RECONSTRUIR SEU ROSTO CIRURGICAMENTE.

★ELIZABETH TAYLOR, SOPHIA LOREN E RAQUEL WELCH FORAM CONSIDERADAS PARA FAZER A VILÃ ALEXIS DE *DINASTIA*. E GEORGE PEPPARD (DE *ESQUADRÃO CLASSE A*) RECUSOU O PAPEL DE BLAKE CARRINGTON PELAS AMBIGÜIDADES MORAIS DO PERSONAGEM.

Casais Quase Perfeitos

Não é fácil conseguir a química perfeita entre dois protagonistas de um seriado de TV. Mas quando isso acontece, há boas chances de o programa ser lembrado para sempre. É o caso da releitura do conto infantil **A Bela e a Fera**. Nos subterrâneos de Manhattan, existe uma outra cidade, escondida dos homens que governam a superfície. É lá que Vincent vive. Abandonado quando era ainda um bebê, ele cresceu sem medo de ser o que é: um homem forte com o rosto e a força de um leão. Uma noite, no Central Park, Vincent salva a vida de Catherine, uma jovem promotora marcada de morte pela máfia. Levando-a para seu lar, os dois descobrem que estão ligados mais do que emocionalmente. Assim, quando a vida de Catherine está em risco, Vincent pressente o perigo e parte para salvá-la. Exibida aos domingos pela Globo, com várias cenas de violência atenuadas por cortes, a relação emocional entre os dois personagens de conto de fadas conseguiu resistir a quase tudo, menos à ansiedade do público para ver os dois ficarem juntos. Isso acabou acontecendo, mas sem um final feliz. Vincent e Catherine se envolvem e têm um filho. Porém no dia de seu nascimento, Catherine morre envenenada (a solução para a saída da atriz Linda Hamilton, que estava grávida) e o bebê é raptado. Transtornado, Vincent tenta descobrir o paradeiro do garoto, no entanto a audiência não resistiu a tanto drama, e a série acabou sendo cancelada no meio da terceira temporada.

Menos convencional é o casal de detetives da polícia de Los Angeles Rick Hunter e Dee Dee McCall, da série **Tiro Certo**. Hunter é considerado a ovelha negra do departamento, porque não gosta de enrolação quando está interrogando um suspeito, batendo firme para obter respostas. Quando determinam que seu novo parceiro é a sargento McCall, ele chia a princípio, antes de descobrir que os métodos de trabalho dela são iguais e tão persuasivos quantos os dele, fazendo da dupla o terror do crime na cidade. Os dois nunca se envolveram romanticamente durante as sete temporadas em que estiveram juntos, criando um laço de amizade fora do comum para uma série desse tipo.

Mas o clássico dos anos 80 entre as séries com casais é **A Gata e o Rato**. A história era bem simples e convencional: a top model Maddie (Cybill Shepherd) descobre que seu agente pegou todo o dinheiro que ela tinha e fugiu para a América do Sul. O único bem que lhe restou foi uma obscura agência de detetives chamada Lua Azul, onde ela conhece o irreverente David Addison (Bruce Willis), que comanda a empresa num estilo nada convencional. Ele a convence que a agência pode ser a salvação dela, principalmente se Maddie colocar sua fama à serviço da Lua Azul. A série conquistou o público pela qualidade dos roteiros, que muitas vezes abandonavam as investigações para jogar Maddie e David numa aventura além do tempo e do espaço: eles reviveram *A Megera Domada* de William Shakespeare; fizeram

um episódio totalmente musical; filmaram em preto-e-branco uma versão do clássico *O Destino Bate à Sua Porta*, filme de 1946; e deram uma nova visão para o Natal no clássico de Frank Capra *Da Vida Nada Se Leva*. Sem contar com o fato de que os roteiristas faziam com que os personagens também conversassem com a câmera, algo raro na TV. Além desses momentos memoráveis, as improvisações entre Willis e Shepherd tornaram a série um programa obrigatório, tanto nos Estados Unidos como no Brasil, graças ao mágico trabalho de Sumara Louise e Newton Da Matta, que deram o tempero nacional nas vozes da Gata e do Rato. Sem contar a tensão sexual entre o casal, consumada depois de uma série de eventos que levou os dois para a cama e deixou Maddie grávida. Mas nos bastidores, o clima de alegria na tela passava longe. A série representava uma nova oportunidade para Cybill Shepherd recuperar seu brilho, depois de vários filmes fracassados no cinema. Bruce Willis tinha sido o sortudo ator que passara por cima de 3.000 concorrentes para o papel de David. Seu carisma e o charme do seu personagem começaram a incomodar Cybill, aumentando a tensão no estúdio. O clima piorou quando ela ficou grávida e Willis estourou no cinema com *Duro de Matar*, no final da quarta temporada, em 1988. A Globo tirou o seriado do horário nobre e passou a exibi-lo aos domingos, editando vários episódios e suprimindo a exibição de algumas das divertidas aberturas onde Maddie e David apresentavam os episódios de uma forma nunca vista antes numa série de TV.

Você sabia?

★ BOA PARTE DO SUCESSO DE PÚBLICO VINHA DA TENSÃO SEXUAL NÃO CONSUMADA ENTRE O CASAL MADDIE E DAVID. QUANDO ELES FINALMENTE FICARAM JUNTOS, A AUDIÊNCIA COMEÇOU A CAIR.

★ A SECRETÁRIA AGNES TEVE SEU SOBRENOME ORIGINAL DIPESTO TROCADO NA DUBLAGEM BRASILEIRA PARA TOPISTO.

★ ORSON WELLES FAZ A APRESENTAÇÃO DO EPISÓDIO EM PRETO-E-BRANCO, "A SEQÜÊNCIA DO SONHO", BRINCANDO COM O PÚBLICO AO DIZER QUE O TELEVISOR NÃO ESTAVA COM DEFEITO. ESSA APRESENTAÇÃO NUNCA FOI EXIBIDA PELA GLOBO, MAS FELIZMENTE PODE SER VISTA EM DVD.

★ NUM DOS EPISÓDIOS, OS PERSONAGENS APARECEM SAINDO DO CENÁRIO E CORRENDO NO MEIO DO ESTÚDIO.

As Máquinas do Futuro

Conversar com seu carro e ter a mais moderna arma de ataque do mundo são duas idéias que mexeram com a imaginação dos adolescentes. **A SuperMáquina** só não entrou na lista dos carros do ano pela revista *Quatro Rodas* porque nunca existiu de fato. A história desse veículo falante começa com um atentado contra a vida do policial Michael Long, traído por sua parceira. Ele é oficialmente dado como morto, mas é salvo por Wilton Knight. Long então tem seu rosto modificado e ganha uma nova identidade: Michael Knight. Agora, Michael fará parte de uma organização privada de combate ao crime, usando como principal arma o mais revolucionário modelo de automóvel já criado. Batizado de KITT, a nova máquina de combate ao crime é dotada de uma estrutura reforçada de titânio, um motor superveloz e inteligência artificial, podendo conversar com Michael para que ambos decidam como melhor atacar os bandidos. Com eles está Devon, o responsável por programar as missões. O display vermelho oscilante dos robôs de *Galáctica – Astronave de Combate* (outra série do mesmo criador, Glenn A. Larson) foi reaproveitado para criar o "rosto" de KITT, que era um Pontiac Trans Am modificado, substituído por um modelo feito em fibra de vidro nas cenas de vôo. A série fez tanto sucesso no Brasil que o ator David Hasselhoff visitou o país numa ação da Universal com o SBT, que exibia o seriado pela Record, na época em que a emissora ainda pertencia ao Grupo Silvio Santos. Ele foi entrevistado nas cataratas do Iguaçu pelo programa *Viva a Noite*. Em 1991, o ator voltou a interpretar Michael Knight num especial para a TV, *A SuperMáquina 2000*, que seria o piloto de uma nova série que não aconteceu.

Com **Águia de Fogo**, o produtor e criador Donald P. Bellisario tinha em mente não uma máquina com pensamentos próprios, mas o mais completo arsenal voador da história da TV. E conseguiu. No longa-metragem para a TV que deu origem à série, o homem que construiu o super-helicóptero resolve desertar dos Estados Unidos, fugindo com o Águia para a Líbia. Uma divisão secreta da CIA pede para o ex-piloto americano no Vietnã Stringfellow Hawke (o galã dos anos 70 e 80 Jan-Michael Vincent) que vá atrás da arma voadora. Na série, após recuperar o Águia, Hawke o esconde numa montanha, para obrigar o serviço secreto a localizar seu irmão dado como desaparecido no Vietnã. E com seu amigo Dominic Santini (o veterano Ernest Borgnine, Oscar de melhor ator por *Marty* de 1955), executa algumas missões para o governo americano, sempre usando o Águia de Fogo. Mesmo conseguindo estabelecer uma boa audiência, o seriado começou a sofrer com os constantes ataques de Jan-Michael, envolvido com drogas e bebidas. A série foi interrompida em 1986 e voltou no ano seguinte para uma quarta temporada, com um novo piloto para o Águia: o irmão desaparecido de Hawke, John. Ainda assim, a série não conseguiu decolar novamente.

Poderes e Suas Responsabilidades em 30 Minutos

Ninguém disse que ser um super-herói é uma tarefa fácil. Basta ver qualquer história em quadrinhos da Marvel e da DC Comics para perceber que mesmo com superpoderes a vida de um herói é sempre complicada. Veja o que acontecia na vida de Clark Kent, quando ele ainda era conhecido como **Superboy**. A série, dos mesmos produtores que levaram o Super-Homem para o cinema em 1978, mostrava as aventuras do Superboy em Smallville, com Clark estudando jornalismo na universidade local, tendo como colega Lana Lang e como vilões praticamente quase todos os que aparecem nos quadrinhos. É claro que, por conta dos efeitos visuais não muito elaborados, nem sempre era possível desenvolver aventuras similares às que Superboy enfrentava nos gibis. Talvez seja por isso que na última temporada o seriado mudou seu direcionamento, transformando Clark num repórter que investigava casos sobrenaturais. A série saiu do ar depois de 100 episódios, por causa de uma ação legal movida pela Warner, dona da DC, pelo uso indevido do personagem numa série de TV. Quem também tinha poderes ilimitados, mas não durou muito na briga pela audiência, foi o jovem Andrew Clements, de **Super-Herói por Acidente**. Ele costumava visitar o dr. Benjamin, seu vizinho e um dos maiores gênios da ciência, quando acidentalmente é atingindo por um raio que o deixa com supervelocidade, corpo impenetrável e a capacidade de voar.

Poderes sem controle também foi a idéia por trás de um dos grandes sucessos do SBT nos anos 80, **O Super-Herói Americano**. O prof. Ralph Hinkley, um liberal que tem prazer em ensinar estudantes problemáticos do colegial, e o agente reacionário do FBI Bill Maxwell têm um contato imediato com uma raça de outro planeta. O ocupante da nave entrega a Ralph uma roupa especial que dará a ele poderes sobre-humanos, a qual ele só poderá usar em beneficio da humanidade. Mas na viagem de volta Ralph perde o manual de instruções do uniforme, transformando o que seria uma vida simples de heroísmo nas mais atrapalhadas aventuras que um super-herói já viveu. A série não conseguiu superar dois problemas depois de seu lançamento: a tradicional falta de bons roteiros e os processos que a Warner moveu contra a produtora por considerar que o seriado era uma cópia do Super-Homem, personagem da DC Comics, que pertence à Warner Bros. Mesmo com todas essas trapalhadas, dentro e fora da TV, o seriado virou cult e aqui no Brasil ainda é relembrado principalmente pelo trabalho de dublagem de Marcelo Gastaldi, como o atrapalhado herói, e Antônio Moreno, como o impagável Bill.

Vida de Pai é uma Barra

Já vai longe o tempo em que Jim Anderson, de *Papai Sabe Tudo*, conseguia resolver os problemas de seus filhos com uma simples frase ou uma pequena e clássica lição de moral. Assumir a função de pai numa década competitiva, em que as mãe também trabalhavam fora, não era uma tarefa fácil. Para o autor de histórias infantis Henry Rush, da série **Longe dos Olhos, Perto do Coração**, ser pai nos anos 80 ultrapassava os limites da sanidade. Casado com Muriel, uma ex-cantora que resolveu cuidar das crianças, mas faz fotos como freelancer, Henry tem uma postura muito conservadora em relação às suas duas filhas. Quando elas decidem sair da casa dos pais para morar no apartamento logo abaixo, acham que terão a liberdade que queriam, porém Henry estará em constante vigília para que nenhum aventureiro ponha as mãos em suas filhinhas. A morte é o ponto de partida de **Pais Demais**, que mostra dois solteirões sendo obrigados a tomar conta de uma adolescente, filha de uma ex-namorada dos dois. A série não deixava claro se a filha era de um dos dois, o que aumentava ainda mais as confusões. A série marcou o primeiro papel de destaque na TV de Paul Reiser, que depois faria *Louco por Você*, ao lado de Helen Hunt.

Não Há Justiça Sem Lei

Antes que Dick Wolf dominasse a *Lei & Ordem* na TV, o produtor, criador e roteirista Steve Bochco resolveu desenvolver algumas idéias que se tornaram inovadoras em matéria de séries policiais. A primeira delas foi **Chumbo Grosso**, considerado um dos melhores dramas policiais já produzidos para a televisão, retratando com uma realidade nunca vista o drama das pessoas que trabalhavam num distrito policial em Nova York. No comando do DP está o capitão Frank Furillo, incorruptível, divorciado, freqüentador das reuniões dos Alcoólicos Anônimos, e que mantém um tórrido relacionamento com a promotora-assistente Davenport. O chefe da SWAT, Hunter, é um policial obcecado por regras e regulamentos, e por isso é alvo das principais brincadeiras. O sargento Belker, que trabalha nas ruas disfarçado de mendigo, costuma morder quem o amola. Já o detetive Henry tem um coração de ouro, que sempre o coloca em situações embaraçosas. No quadro geral, ninguém é perfeito na delegacia de Hill Street. Logo no primeiro ano, a série foi indicada para 21 prêmios Emmys e levou oito, incluindo o de melhor série dramática, um recorde para a época. No terceiro ano, Michael Conrad, que interpretava o sargento Phil, faleceu de um ataque cardíaco. Era ele quem abria os episódios com a chamada do dia, informando sobre os casos pendentes e sempre dizendo aos seus comandados "Cuidado lá fora". Ele foi substituído por Robert Prosky, com um novo personagem, o sargento Stan, que também tinha sua frase marcante: "Façam com eles antes que eles façam com a gente". *Chumbo Grosso* teve parte de suas duas primeiras temporadas exibidas pela Globo nos anos 80, e as quatro últimas no canal pago Sony.

Depois de uma delegacia de polícia em Nova York, Bochco criou **Nos Bastidores da Lei**, mostrando um dos mais importantes escritórios de advocacia de Los Angeles, que atuava em todas as áreas do direito, ora defendendo supostos assassinos, ora tentando resolver um divórcio nada amistoso. Em oposição ao sedutor e canalha Arnie, Michael era obcecado por fazer justiça, quase trabalhando de graça quando achava que o caso merecia muito mais do que um registro na corte. *Nos Bastidores da Lei,* assim como *Chumbo Grosso*, foi inovadora em vários aspectos, como dar destaque a um advogado hispânico, personagem que rendeu um Emmy a Jimmy Smits (de *Nova York Contra o Crime*). A série demorou vários anos para ser exibida no Brasil, porque os executivos das emissoras não acreditavam que um seriado falando sobre casos da justiça americana pudesse interessar ao público brasileiro. A série tinha o mesmo formato desenvolvido por Bochco para *Chumbo Grosso*: toda a trama acontecia em 24 horas, e apenas as histórias paralelas – principalmente os relacionamentos entre os personagens – continuavam pela temporada.

Não é o que Parece

Conspirar, dissimular, espionar, enganar... esses são apenas alguns dos verbos que podem ser empregados para descrever as ações de personagens que não são exatamente o que afirmam ser, e que se destacaram na TV pela audácia e criatividade com que enfrentavam todas as semanas um desafio de vida ou morte. Este é o caso do ex-agente do governo Brian Devlin, interpretado por Rock Hudson em **Conexão Devlin**. Ele foi um dos mais importantes militares do serviço de inteligência dos Estados Unidos. Durante uma de suas missões, conheceu Nicole Corsello, por quem se apaixonou, mas não pôde manter o relacionamento. Depois de 28 anos, Devlin descobre que sua paixão resultou em Nick Corsello, que trabalha como investigador particular. Em **Contrato de Risco**, vamos conhecer um ex-agente secreto que invadiu as noites da Globo, dirigindo uma Corvette Stingray negra. Ray, como é conhecido, não consegue ficar em casa sem fazer nada. Por isso, não reluta em colocar suas habilidades para ajudar outras pessoas em casos complicados. Ele nunca pede um centavo de quem ajuda, contudo informa que esse favor será cobrado no futuro, construindo assim uma rede de "agentes" que o ajudam quando são convocados.

No entanto alguns agentes do governo trabalham em áreas mais complicadas, como Vinnie Terranova (Ken Wahl), **O Homem da Máfia**. Mal se graduou no FBI, ele é convocado para atuar como agente infiltrado. Para construir sua credibilidade para o mundo do crime, ele fica preso durante um bom tempo na penitenciária de Nova Jersey. Saindo de lá, consegue ganhar a confiança dos membros da quadrilha de Sonny Steelgrave, tornando-se seu braço direito. Sua ligação com o FBI é feita pelo telefone através do agente Daniel Benjamin, que orienta Vinnie como monitorar as atividades criminosas de Steelgrave. A série foi baseada nas informações liberadas pelo FBI sobre o trabalho dos agentes infiltrados nas organizações criminosas desde 1978. Também produzido por Stephen J. Cannell, **Anjos da Lei** é sobre um grupo de jovens policiais que são recrutados logo após saírem da Academia de Polícia de Los Angeles para atuar como agentes infiltrados em escolas e universidades, impedindo tráfico de drogas, assaltos, estupros e outros crimes. Por serem jovens, esses policiais não têm experiência em lidar com seus próprios sentimentos em relação aos casos que investigam, principalmente quando se envolvem afetivamente. Com cenas de ação bem-elaboradas, a série foi o passo inicial de Johnny Depp, que se transformou num grande astro do cinema. A série também rendeu o "spin-off" **Booker**, mostrando que o personagem de Richard Grieco, depois de demitido da unidade Anjos da Lei, foi trabalhar como detetive particular em São Francisco.

Você sabia?

★ JOHNNY DEPP NÃO QUERIA TRABALHAR EM UMA SÉRIE DE TV, MAS O VALOR OFERECIDO LHE FEZ ACEITAR ESTRELAR *ANJOS DA LEI*. O ATOR ASSINOU UM CONTRATO DE SEIS ANOS ACREDITANDO QUE O SERIADO NÃO PASSARIA DE UMA TEMPORADA. SURPREENDIDO PELO SUCESSO E TENDO QUE RECUSAR PAPÉIS NO CINEMA, ELE COMEÇOU A RECLAMAR DOS ROTEIROS E MUDAR SUAS FALAS, ATÉ QUE SEUS ADVOGADOS CONSEGUIRAM LIBERÁ-LO APÓS A QUARTA TEMPORADA.

★ O ATOR RICHARD GRIECO ENTROU NA SEGUNDA TEMPORADA COMO O POLICIAL DENNIS BOOKER, E FICOU TÃO POPULAR QUE, NO ANO SEGUINTE, GANHOU SEU PRÓPRIO "SPIN-OFF", *BOOKER*, EM QUE ELE TRABALHA COMO DETETIVE EM SÃO FRANCISCO APÓS SER DEMITIDO DA UNIDADE ESPECIAL NO SERIADO ANTERIOR. ENTRETANTO SOZINHO O PERSONAGEM NÃO SEGUROU A ONDA, E A SÉRIE TEVE APENAS UMA TEMPORADA.

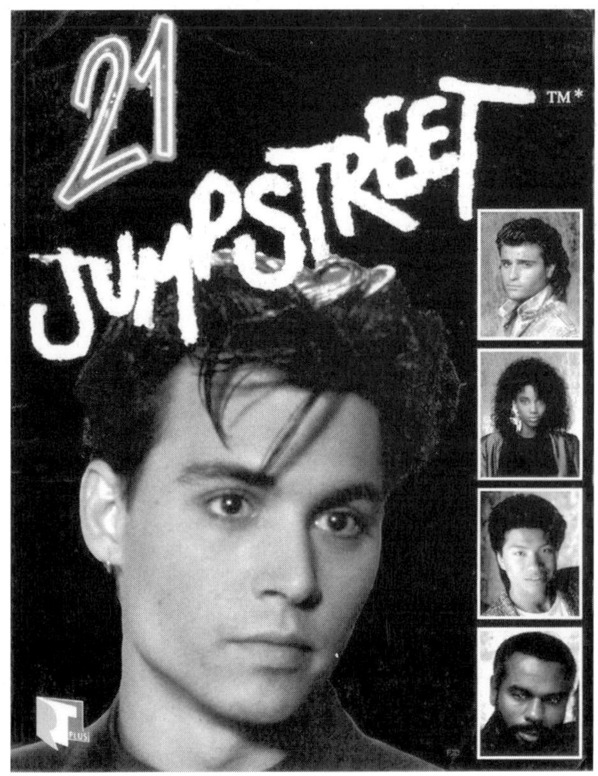

Na televisão, ninguém era mais dissimulada do que a nova equipe de **Missão Impossível**. A idéia era que a série tivesse uma duração limitada, refilmando alguns dos principais roteiros do original e apresentando uma nova equipe de agentes do IMF – a Patrulha MI. Quando Peter Graves aceitou retomar o personagem Jim Phelps, a Paramount decidiu criar um novo seriado, em que ele volta ao trabalho recrutando novos agentes para as futuras missões de infiltração. Sua nova equipe é composta dos especialistas Nicholas Black (em disfarces), Max Harte (em lutas e armas), a agente feminina Casey Randall, e o especialista em tecnologia Grant Collier (filho do Barney do seriado original). A série foi a primeira que teve um agente principal morto já na primeira temporada. No caso, Casey, que depois é substituída por Shannon Reed. Em **Retrato Falado**, Dani Reynolds (a brasileira de nascimento Jennifer O'Neill, conhecida pelo filme *Houve Uma Vez Um Verão*, de 1971) é uma fotógrafa de moda mundialmente conhecida. Quando seu marido é assassinado, ela contrata um ex-veterano do Vietnã, Mac Harper, para ajudá-la a encontrar os responsáveis, e acaba descobrindo que seu marido era um agente da CIA. Depois dessa missão, Dani é procurada pelo chefe do falecido para assumir o trabalho de espionagem, já que tem o melhor disfarce do mundo: fotógrafa internacional. Muitos acreditam que a série não emplacou mais de uma temporada em razão do trágico acidente que tirou a vida do ator Jon-Erik Hexum (o Mac) num intervalo das filmagens. O promissor galã segurava uma Magnum 44, quando disse que estava cansado com os atrasos e, brincando, encostou o revólver na cabeça e puxou o gatilho. Mesmo com bala de festim, a explosão próxima causou um afundamento no crânio, levando-o à morte cerebral com apenas 26 anos.

A missão de Laura Holt em **Jogo Duplo** era convencer seus clientes de que sua agência de investigações particulares era tão boa quanto qualquer outra dirigida por um homem. Só que nesta batalha dos sexos Laura foi obrigada a apelar, mudando o nome de sua agência de Laura Holt Investigações para Remington Steele Investigações. Durante um caso, ela acaba conhecendo um ladrão (o futuro James Bond Pierce Brosnan) que estava atrás de um item valioso que a detetive protegia. Os dois fazem um pacto de que dali em diante ele seria apresentado como Steele, e atuaria nos casos de Laura. Ao final da quarta temporada, a NBC decidiu retirar a série do ar. Quando começaram a especular que Pierce Brosnan seria o novo 007, a reprise da série começou a dar mais audiência do que o esperado. A grande ironia foi que a quinta temporada, além de ter baixa audiência, impediu que Brosnan assinasse o contrato para ser James Bond, sendo substituído por Timothy Dalton.

Por Dentro da Notícia

Quase todas as séries ambientadas numa redação de jornal, emissora de TV ou estação de rádio mostravam mais o relacionamento no local de trabalho do que propriamente a busca pela notícia. No caso de **Joana**, a idéia era mostrar não só seu relacionamento familiar como seu cotidiano na revista *Idéia Nova*, em que escreve matérias investigativas sobre questões políticas, sociais e policiais. Seu maior problema é conciliar o trabalho com o novo casamento e os três filhos da união anterior. Na realidade, a série lembrava muito *Malu Mulher* – também escrita por Manoel Carlos e estrelada por Regina Duarte –, transformando a socióloga Malu, divorciada e com uma filha para cuidar, na jornalista Joana, divorciada e com três filhos para cuidar. O seriado foi um dos primeiros exibidos pela Manchete, mas um desentendimento com a direção da emissora fez com que o criador Guga de Oliveira aceitasse a proposta de Silvio Santos para exibi-la no SBT.

Misturando um pouco de drama com muita comédia, **Murphy Brown** é a principal repórter investigativa da rede independente FYI – For Your Information. Recém-saída da famosa clínica de reabilitação Betty Ford, onde se livrou do alcoolismo e do cigarro, ela está mais rabugenta do que antes, principalmente agora que tem um chefe com a metade da idade dela e trabalha com uma repórter que foi Miss América. A série provocou uma verdadeira revolução no conceito de comédia de costumes, principalmente por causa de sua protagonista, a atriz Candice Bergen, em sua primeira experiência como atriz principal numa série de TV. Com roteiros que mexiam em diversos problemas da sociedade americana – como homossexualidade, sexo, política e violência –, o seriado fez a cabeça das mulheres americanas por tocar sem dó nessas feridas. Depois de 10 temporadas, a jornalista saiu do ar em grande estilo, com vários prêmios conquistados pela série, incluindo dois Globos de Ouro e cinco Emmys de melhor atriz.

Meninos e Meninas Fora de Série

As séries com adolescentes como protagonistas tiveram um grande incremento nos anos 80, adicionando drama à comédia e abordando os problemas entre gerações. A primeira delas foi **Os Garotos de Fama**, baseado no filme homônimo dirigido por Alan Parker em 1980, sobre os alunos de uma escola de artes, música e dança de Nova York. Criado pelo mesmo roteirista do filme, o seriado voltava suas câmeras para o drama pessoal de cada um dos alunos e seus problemas ao cruzar a barreira da adolescência para a idade adulta, com todas as responsabilidades que isso acarreta. A série sempre contava com um número musical. Uma das canções feitas para o programa, "Starmaker", acabou ganhando vários prêmios e fazendo sucesso nas rádios (até mesmo as brasileiras). No Brasil, a série nunca foi exibida em sua totalidade. O mesmo aconteceu com **Tal Pal, Tal Filho**, que não chegou ao final no Brasil. A série mostrava o dia-a-dia de um garoto superdotado que aos 14 anos já estava na escola de medicina para seguir os passos do pai. Misturando drama com um pouco de comédia, a série durou quatro temporadas, apresentando o relacionamento de Doogie com seu amigo Vinnie, sempre registrado em seu diário, feito no computador no final de cada episódio.

A ABC também não dava moleza para suas produções quando a briga pela audiência falava mais alto. **O Pequeno Mestre**, por exemplo, teve uma carreira meteórica. Baseado num episódio de Disneylândia, o seriado apresenta o sargento Jake Rizzo, da polícia de Los Angeles, sendo indicado como tutor de Ernie Lee, um garoto que é considerado um dos últimos grandes mestres de artes marciais na China. Como toda criança em programas

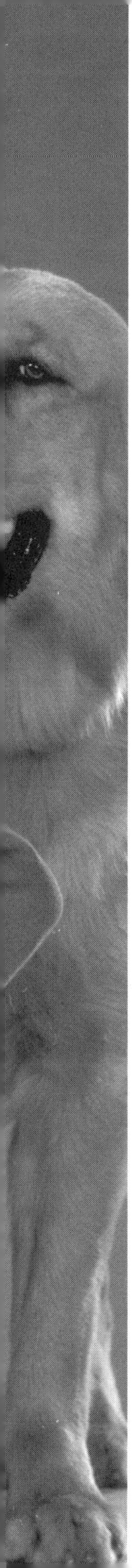

como esse, Ernie tentava ajudar seu tutor a sair de algumas encrencas, o que deixava Rizzo sempre em dívida com o garoto. Um pouco mais de sorte teve **Punky – A Levada da Breca**, sobre a pequena Punky Brewster, que é abandonada pela mãe num supermercado. Vagando pelas ruas, ela encontra o cachorro Pinky e acaba indo morar com um zelador, Arthur Bicudo, que a adota. A série é uma das mais cultuadas do SBT, e o sucesso da personagem levou os produtores a transformá-la num desenho animado, também exibido pelo canal.

Magos, Feiticeiros e Maldições

Entre as coisas que fazem da vida do fã de seriados um martírio é saber que sua série favorita pode não chegar ao final da primeira temporada. No caso das séries de fantasia, se elas não emplacam nas primeiras semanas... adeus. É o caso de **Passe de Mágica**, sobre um supergênio da eletrônica que vem construindo artefatos especiais para o governo americano nos últimos anos. A vida de Zachary Rogers, de **Merlin**, não poderia ser mais complicada. Ele é o mais novo aprendiz do lendário mago Merlin, que está vivendo num subúrbio de São Francisco e ensina velhos truques para o garoto, uma tarefa nada fácil, quando a pessoa é tão ansiosa como Zach.

Temas mais complicados como maldições eternas também tiveram vez na TV, pelo menos por um certo tempo. É o caso da estranha série **O Lobisomem Ataca de Novo**. Eric Cord é um jovem que foi atacado por um lobisomem, tornando-se a criatura meio homem, meio lobo nas noites de lua cheia. Ele está destinado a enfrentar o seu mal, buscando localizar quem o atacou, pois se conseguir eliminar o bicho, pode voltar ao normal. Melhor sorte teve o elenco de **Sexta-Feira 13 – A Série**, baseada na cinessérie de sucesso dos anos 80, mas sem o violento Jason, o assassino psicopata que usa máscara de esqui e nunca morre. Criada pelo mesmo produtor dos filmes no cinema, o seriado mostra as desventuras de Micky e Ryan após descobrirem que seu tio havia feito um pacto com o demônio, possuindo uma série de objetos malignos e amaldiçoados.

Visitantes Inesperados e Quase Indesejados

Ser um extraterrestre na Terra – como já foi demonstrado em várias oportunidades desde o seriado *Os Invasores* – não é nada fácil, mesmo quando você tem a melhor das intenções com os seres humanos. É o caso de **Tarcísio & Glória**, estrelada pelo casal Tarcísio Meira e Glória Menezes. Ele é Bruno Lazzarini, um rico e inescrupuloso empresário disposto a tudo para conseguir passar a perna em quem estiver em sua frente. Ela é Ava, uma gentil e inteligente extraterrestre, que chegou ao nosso planeta para poder entender melhor os seres humanos. Criada por Daniel Filho, Euclydes Marinho e Antônio Calmon, a série teve como co-produtores o próprio casal. Essa mesma mecânica é que fez funcionar uma cultuada série dos anos 80, **Alf – O ETeimoso**. Numa bela manhã, despenca do céu sobre o quintal da família Tanner uma nave espacial, dentro da qual eles encontram um bicho peludo com uma cara engraçada, que acabam apelidando de ALF (abreviação para Alien Life Form – "forma de vida alienígena"). Ele veio do planeta Melmac, que foi destruído depois que um curto-circuito desintegra o lugar. O amistoso Alf acaba se transformando naquele parente indesejado que só arruma confusão. Dublado na versão brasileira por Orlando Drummond (a voz do Scooby Doo), o ETeimoso ganhou espaço nas manhãs de domingo, conquistando vários fãs.

Outra forma de vida alienígena que fez muito sucesso nas tardes brasileira foi **A Extraterrestre**. Evie é o fruto do casamento de Donna e Troy, que veio de um planeta distante chamado Anterias. Aos poucos, a garota, que está entrando na puberdade vai descobrindo que sua herança paterna é muito mais do que um rosto bonito. Ela pode parar o tempo, criar objetos e se transportar para qualquer lugar que quiser. Destaque para a participação do veterano ator Doug McClure, da clássica *O Homem de Virgínia*. A série criou fãs em todo o Brasil, mesmo não sendo exibida em sua totalidade. **Galáctica 1980** continuou a saga dos humanos que sobreviveram ao ataque da raça cibernética dos cilônios e que, depois de trinta anos vagando pelo espaço, conseguem chegar à Terra e encontram um planeta tecnologicamente atrasado. Os custos de produção foram tão altos que a série teve apenas sete episódios produzidos. O público não fez muita questão de ver o casal formado por um policial truculento de Los Angeles e uma bela alienígena em **Força Diabólica**. A série dava continuidade a um telefilme, com a extraterrestre Ta'Ra ajudando o detetive Jack Breslin a encontrar e eliminar um grupo de ETs do mal que estão tentando dominar o planeta. A ameaça não parecia ser muito perigosa, já que as aventuras dos dois duraram apenas oito episódios, em mais uma série para tapar buraco na programação.

Detetives Fora de Série

Se existe um programa que nunca sai de moda na televisão são as séries policiais com investigadores e detetives particulares. É o caso dos irmãos Rick e A.J. Simon, de **Carga Dupla**. Enquanto Rick, que se formou em direito, gosta de uma boa leitura, boa comida e lugares sofisticados, seu irmão mais velho e veterano do Vietnã A.J. prefere o estilo bruto dos homens do Oeste. Os dois trabalham juntos numa empresa de investigações em San Diego, e nunca perdem a oportunidade de entrarem numa fria. A série foi uma resposta ao sucesso que *Magnum* fazia na época. Quem também tentou fazer tanto sucesso como Tom Selleck foi Lee Horsley, em **Caixa Alta**. Ele é Matt Houston, um milionário do Texas que resolveu trabalhar como investigador particular para deixar sua vida mais emocionante. Depois do sucesso de *Police Woman*, Angie Dickinson tentou segurar uma arma novamente em **Cassie**. Ela é a detetive particular Cassie Holland, tentando resolver investigações criminais para os quais a polícia parece não dar a devida importância. E, nesse caso, também o público. Ainda assim, era bom ver o trabalho da ótima atriz.

Com a dupla de **Cara & Coroa**, surgia uma idéia diferente: para não ficar sem fazer nada depois da aposentadoria, o juiz Hardcastle resolve tentar terminar alguns casos que não conseguiu encerrar enquanto trabalhou no tribunal. Para ajudá-lo, ele chama o ex-corredor e ex-detento Skid McCormick, que, aliás, foi o último caso resolvido por Hardcastle. **Faro Fino** era estrelado pelo veterano Jack Warden. A série acompanha o trabalho de investigação de Harry Fox, um dos últimos detetives clássicos da cidade, que tem que trabalhar com seu relutante filho Harrison, um dos mais respeitados advogados de São Francisco. Entre humor e drama, os dois seguem tentando ser o melhor um para o outro, mesmo que isso signifique arriscar a própria vida. É o mesmo conceito de **Jake e McCabe**, mais um sucesso na carreira de William Conrad, que havia feito o detetive Cannon. Ele é o promotor público Jason McCabe, que não pensa duas vezes em ir atrás dos supostos criminosos para colocá-los atrás das grades. Para isso, conta com a ajuda do investigador Jake Styles, que faz o tipo durão.

Bastante acertada foi a escolha de Robert Wagner e Stefanie Powers para estrelarem a consagrada **Casal 20**. Criada pelo mundialmente famoso escritor Sidney Sheldon, também criador de *Patty Duke Show* e *Jeannie é um Gênio*, a série apresentava Jonathan e Jennifer Hart, um casal de milionários que a cada episódio acabava se envolvendo com algum crime misterioso, um caso de espionagem internacional ou um complicado assassinato. Para ajudá-los, estava sempre pronto o esperto mordomo-motorista-mecânico, o faz-tudo Max (Lionel Stander). *Casal 20* conquistou o público em praticamente todos os países onde foi exibido. Robert Wagner já havia feito *O Rei dos Ladrões* e *Switch*, e Stefanie Powers foi *A Garota da Uncle*. Mas foi Lionel Stander, que trabalhou na primeira versão de *Nasce Uma Estrela* (1937), quem ganhou o Globo de Ouro de ator coadjuvante. E por que o nome da série no Brasil era **Casal 20**, já que o original, *Hart to Hart*, reproduz o som da palavra "heart" (coração), indicando um casal apaixonado? Simples: a tradução literal não seria nada vendável, e como Bo Derek estava fazendo sucesso nos cinemas com *Mulher Nota Dez* (1979), por que não um homem nota dez com outra mulher nota dez? Basta somar e temos um Casal 20!

Lembra disso?

★ O TEXTO DE ABERTURA DE *CASAL 20* ERA NARRADO PELO MORDOMO MAX: "ESSE É O MEU PATRÃO JONATHAN HART. UM HOMEM INTELIGENTE. UM GRANDE SUJEITO! ESSA É A SRA. HART. ELA É UM ENCANTO. QUE MULHER ESPETACULAR! A PROPÓSITO, MEU NOME É MAX. EU CUIDO DELES. O QUE NÃO É FÁCIL, PORQUE ELES SÓ SE SENTEM FELIZES VIVENDO PERIGOSAMENTE".

Mas nenhuma dupla dos seriados dos anos 80 marcou tanto a época e se tornou referência da década como os policiais de **Miami Vice**. O durão e mulherengo Sonny (Don Johnson), ex-combatente do Vietnã, trabalha há dez anos no departamento de polícia de Miami. Ele está investigando um traficante colombiano quando conhece o também policial Rico Tubbs (Philip Michael Thomas), que chega de Nova York em busca do mesmo bandido, que assassinou seu irmão. É claro que inicialmente os dois batem de frente, mas depois são obrigados a trabalhar juntos. Sucesso de audiência por cinco temporadas, a série marcou a década acompanhando o dia-a-dia dos policiais na luta contra o tráfico de drogas, a prostituição e o submundo do crime em Miami, a bordo de carros conversíveis e belas lanchas. O cuidado com a produção era tanto que nas duas últimas temporadas os episódios chegavam a custar um milhão de dólares. O enorme sucesso do seriado no mundo todo colocou a dupla de atores em muitas capas de revista e diversos produtos foram lançados, de brinquedos a calendários. No Brasil, a série passou pelo SBT, Globo e Gazeta, mas só foi exibida na íntegra pela TV paga, já que muitos episódios foram mostrados com cortes pela Globo. Em 2006, Colin Farrell e Jamie Foxx estrelaram a versão para os cinemas, dirigida pelo criador da série, Michael Mann.

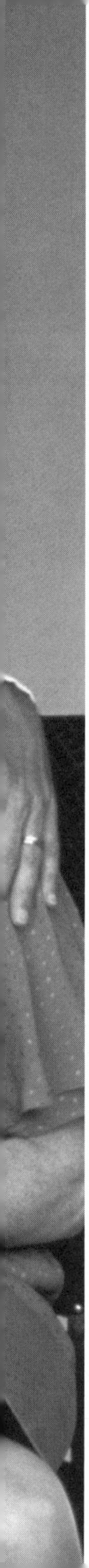

Bastidores

★A primeira trilha sonora de *Miami Vice* (foram três) dominou a parada americana durante doze semanas, vendeu mais de 4 milhões de cópias em outros países e permanece como a mais vendida de um seriado até os dias de hoje. Entre os artistas que participaram, estavam grandes nomes dos anos 80, como Phil Collins (que atuou em alguns episódios), Tina Turner, Depeche Mode, Billy Idol, Cyndi Lauper, Foreigner e The Police.

★O criador Michael Mann inspirou-se em uma visita a uma loja de tintas para criar o tom pastel de cores característico do seriado.

★Todos os conselheiros técnicos da série trabalharam realmente com a polícia de Miami.

★Nos bastidores, havia tensão entre o astro Don Johnson e Edward James Olmos (o tenente Martin Castillo), por conta de seus estilos diferentes de atuação. Em alguns episódios, eles mal se olham quando estão juntos em cena.

★A série foi anunciada originalmente com o título de *Gold Coast* ("costa dourada"). Mas como os personagens gritavam "Miami Vice" a toda hora, mudou-se o nome.

★Após fazer uma ronda noturna com a polícia de Miami, Don Johnson foi direto fazer um teste para o papel, aparecendo cansado, com o cabelo bagunçado e a barba por fazer. A aparência de um policial real convenceu os produtores, que o contrataram imediatamente. Mas o ator enfrentou uma resistência inicial da rede ABC, pois havia estrelado quatro pilotos de séries que não foram para a frente.

★Michael Mann, criador de *Vega$* e *Miami Vice*, se tornou depois um dos diretores mais conceituados de Hollywood, onde dirigiu filmes como *Fogo Contra Fogo* (1995), *O Informante* (1999) e *Colateral* (2004).

Corra Que a Polícia Vem Aí

Os anos 80 foram muito promissores para bandidos e mocinhos, mesmo que eles não levassem muito a sério a lei e a ordem. **Na Mira do Tira** era uma paródia dos filmes de Dirty Harry, imortalizado no cinema por Clint Eastwood. A série teve duas temporadas de baixa repercussão, mas com as reprises o público descobriu as palhaçadas do policial de Los Angeles Sledge Hammer, que tem uma atração fatal por sua Magnum 45. Sua truculência não assusta a nova e sensual parceira Dori, mas deixa seu chefe completamente maluco. *Na Mira do Tira* fez sucesso aos domingos na Globo. Outra tentativa de paródia, porém desta vez de outra paródia, surgiu quando o filme *Loucademia de Polícia* (1984) se transformou em **Deloucacia de Polícia**, trazendo para a TV o astro da série Batman, Adam West. A produção foi abandonada com sete episódios. Já o detetive particular **Mário Fofoca**, criado por Cassiano Gabus Mendes, surgiu antes na novela *Elas por Elas* (1982), ganhando depois sua própria série. Com vários tiques nervosos, Mário (Luiz Gustavo) é desajeitado, infantil, tem uma memória péssima e ainda é confuso. Destinada ao público infanto-juvenil, a série não conseguiu repetir o sucesso do personagem na novela, no entanto mesmo ficando pouco tempo no ar, gerou uma versão para o cinema: *As Aventuras de Mário Fofoca* (1983).

Quem Conta um Conto...

A televisão parece não conseguir ficar sem seus seriados de antologia. Na década de 80, o foco era o suspense e o sobrenatural, com destaque para duas refilmagens de séries clássicas: **Além da Imaginação** e **Suspense**. A primeira nasceu depois do relativo sucesso do filme *No Limite da Realidade* (1983), também baseado no seriado criado por Rod Serling. Mesmo com roteiros escritos por craques como Stephen King, Wes Craven e Sidney Sheldon, a irregularidade dos episódios frustrou os fãs da antiga série. Melhor sorte teve a refilmagem de *Suspense*, que levou em consideração um detalhe muito importante: o roteiro. Na realidade, a produção refez a série utilizando os mesmos roteiros da original dos anos 60. E para melhorar ainda mais, pegaram todas as aberturas feitas pelo mestre do suspense Alfred Hitchcock e as colorizaram, dando um toque moderno para as novas gerações de fãs de suspense. Depois de assustar as platéias dos cinemas de todo o mundo com seus filmes de terror, a produtora inglesa Hammer tentou dar seu canto do cisne, fazendo uma das mais arrepiantes séries de TV. Com histórias apavorantes que nunca tinham finais positivos, **Casa do Terror** virou cult nos Estados Unidos, mas não ajudou a Hammer a sair do atoleiro. Outra antologia de suspense que transformaria o domingo à noite num programa ingrato para quem queria dormir em paz era **O Carona**, principalmente porque os roteiros misturavam crimes passionais com fenômenos sobrenaturais. Um dos personagens mais populares dos filmes de terror, Freddy Krueger, virou apresentador de TV na criativa **A Hora do Pesadelo**. Os episódios, que eram um pouco mais violentos do que a média do gênero, foram lançados em vídeo no Brasil antes de entrarem no ar anos depois pelo Warner Channel.

Uma outra fonte para produzir uma boa antologia são as revistas em quadrinhos de décadas passadas. **Contos da Cripta** dava nome a uma das mais importantes

DARK SKIES :::: MISSÃO IMPOSSÍVEL

CHARMED :::: AS NOVAS AVENTURAS DA VELHA CHRISTINE :::: I LOVE LUCY :::: BUFFY – A CAÇA-VAMPIROS :::: MULHER MARAVILHA :::: POLICE WOMAN

PROFISSÃO: PERIGO :::: A SUPER-MÁQUINA :::: O HOMEM DAS ESTRELAS :::: DEXTER :::: CONTRATO DE RISCO :::: O INCRÍVEL HULK

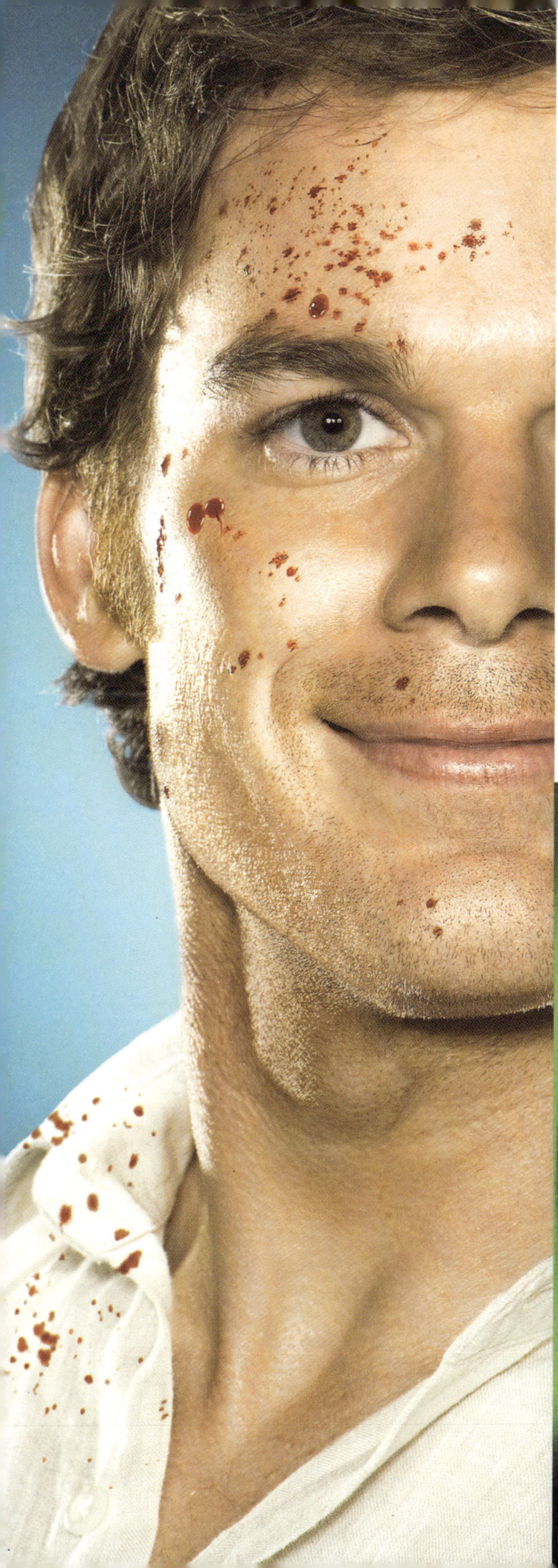

LCPD
POLICE
S. SHERIDAN

CARRO COMANDO :::: MIAMI VICE ::::
TIRO CERTO :::: PARCEIROS DA VIDA

ALIAS – CODINOME PERIGO

revistas da Warren, que também editava a cultuada *Famous Monsters*. Produzida pela HBO, a série levava a assinatura dos diretores Richard Donner, Joel Silver, Walter Hill e Robert Zemeckis como produtores executivos. Os quatro eram leitores assíduos da revista. A série teve um "spin-off" chamado *The Vault of Horror*, com episódios em que o terror e a violência eram mais explícitos, e foi para o cinema em dois filmes: *Contos da Cripta – Demônios da Noite* (1995) e *Contos da Cripta – O Bordel de Sangue* (1996). Já **Histórias Maravilhosas** nasceu do jornal bimestral *Amazing Stories*, muito popular entre os anos 40 e 50. As histórias dessa coletânea não eram tão sombrias quanto outras produções do gênero, pois o foco maior era o entretenimento. Aqui no Brasil, a série, criada e produzida por Steven Spielberg, foi antes exibida nos cinemas, quando foram reunidos três episódios da primeira temporada, um deles dirigido por Spielberg e estrelado por Kevin Costner. Chegou na TV pela Globo e depois fez parte do canal USA Network, que exibiu todos os episódios.

Robin Hoods Rurais

Os Dukes são uma família que mora numa comunidade rural em Hazzard: os primos Bo e Luke, o tio Jesse e a prima Daisy. Eles eram vendedores clandestinos de bebidas, até os garotões serem presos. Para conseguir a liberdade, são obrigados a desistir do negócio. O que eles não desistem é de atrapalhar todos os planos corruptos de Hogg, o líder da cidade, e de correr com o General Lee, um Dodge 69 laranja. E têm que fazer tudo isso sem serem pegos pelo xerife Rosco, que caça os garotos a mando de Hogg, mas não chega a ser um grande obstáculo, já que, além de muito atrapalhado, ele tem uma quedinha pela prima.

Os Gatões foi um dos grandes sucessos dos anos 80 na TV, ficando no ar por sete temporadas e conquistando especialmente o público jovem. O maior destaque do seriado era mesmo o carro General Lee, um Dodge que tinha as portas soldadas (eles entravam pulando pela janela), uma bandeira dos condeferados pintada no teto e uma buzina que tocava as primeiras notas do hino dos confederados. A bordo do carro, os Dukes viviam eletrizantes perseguições. Um lance curioso é que, como Bo e Luke foram proibidos de portar armas de fogo após a prisão, eles usavam arco-e-flecha (às vezes com uma dinamite acoplada), tornando-os uma espécie de Robin Hood moderno, já que viviam ajudando as pessoas da comunidade perseguidas por Hogg.

Curiosidades

★ Muitos carros eram danificados pela produção de *Os Gatões*, por causa das cenas de perseguição. Encontrar os sedãs da polícia era fácil, mas o Dodge Charger já não era mais fabricado. Quando a coisa apertou, os produtores abordavam os donos de todos os Dodges que encontravam pelas ruas e os convenciam a vender o carro, que seria destruído rapidamente nas filmagens.

★ Antes do seriado, existiam 309 carros General Lee. A maioria foi destruída pela produção da série. Cerca de 20 ainda existem, não necessariamente em boas condições. Um deles pertence a John Schneider.

★ Catherine Bach, a prima Daisy, revelou numa entrevista que os executivos do canal tiveram um acesso quando a viram com o famoso short e pediram outro figurino aos produtores. Acabaram convencidos, entretanto impuseram que a atriz usasse uma meia-calça por baixo. Mas o tiro saiu pela culatra: a meia-calça salientou ainda mais as pernas de Bach, que se tornou um sex symbol com a série.

As músicas de aberturas que ninguém esquece

"BELIEVE IT OR NOT", MÚSICA-TEMA DE **SUPER-HERÓI AMERICANO** CANTADA POR JOEY SCARBURY, CHEGOU AO NÚMERO 1 NAS PARADAS AMERICANAS E SE TORNOU UM DOS TEMAS MAIS POPULARES DAS SÉRIES DE TV.

"MIAMI VICE THEME", FEITA POR JAN HAMMER, CHEGOU AO PRIMEIRO LUGAR NA PARADA AMERICANA, GANHOU DOIS GRAMMYS, FEZ SUCESSO INTERNACIONALMENTE E ATÉ HOJE É SAMPLEADA NA MÚSICA ELETRÔNICA.

AO CONTRÁRIO DO QUE POSSA PARECER, A TRILHA DA ABERTURA ORIGINAL DE **PROFISSÃO PERIGO** FOI COMPOSTA POR RANDY EDELMAN. O TEMA "CRIADO" NA ABERTURA DA GLOBO, FEITA PARA GANHAR TEMPO NOS CRÉDITOS DE ABERTURA, FAZ PARTE DA MÚSICA "TOM SAWYER", DO GRUPO DE ROCK RUSH.

Da telinha para a telona

MICHAEL J. FOX ainda estava no ar com *Caras e Caretas* quando foi convidado para fazer o primeiro filme da série *De Volta Para o Futuro* (1985), que o tornou um astro também nos cinemas. Enquanto a série durou, ele ainda estrelaria dois outros sucessos na tela grande: *O Garoto do Futuro* (1985) e *O Segredo do Meu Sucesso* (1987).

Com o sucesso de *A Gata e o Rato*, BRUCE WILLIS migrou para o cinema, onde se tornou um dos mais bem-sucedidos astros de Hollywood, alternando-se em filmes de ação como a série *Duro de Matar* e papéis mais dramáticos como em *Pulp Fiction – Tempo de Violência* (1994) e *O Sexto Sentido* (1999).

JOHNNY DEPP já havia feito alguns trabalhos no cinema antes de estrelar *Anjos da Lei,* mas foi o sucesso da série que lhe permitiu iniciar uma carreira das mais versáteis e respeitadas em Hollywood.

Frases que ficaram na memória

ALGUNS BORDÕES DO CHAVES:
"FOI SEM QUERER QUERENDO"; "NINGUÉM TEM PACIÊNCIA COMIGO"; "ISSO, ISSO, ISSO, ISSO"; "ME ESCAPULIU"; "TÁ BOM, MAS NÃO SE IRRITE" E "ZÁS! ZÁS! ZÁS!".

AS FRASES DE EFEITO DO CHAPOLIN:
"NÃO CONTAVAM COM MINHA ASTÚCIA"; "SIGAM-ME OS BONS"; "APROVEITAM-SE DA MINHA NOBREZA"; "SUSPEITEI DESDE O PRINCÍPIO" E "PALMA, PALMA, NÃO PRIEMOS CÂNICO".

"TÁ LIMPO!"
ERA O BORDÃO DE *ALF, O ETEIMOSO*.

"ACIONAR!",
DO CAPITÃO JEAN-LUC PICARD, COMANDANTE DA ENTERPRISE DE *JORNADA NAS ESTRELAS – A NOVA GERAÇÃO*.

Os pioneiros

Nos Bastidores da Lei apresentou o primeiro beijo entre duas mulheres numa série do horário nobre nos EUA. O episódio foi ao ar em 1991, e a cena acontecia entre as advogadas Abby e C.J. (Michele Greene e Amanda Donohoe). A controvérsia foi grande.

O primeiro personagem assumidamente gay em uma série exibida no horário nobre da TV americana foi Steven, filho do poderoso Blake Carrington, em **Dinastia**, interpretado por Al Corley.

Magnum foi o primeiro seriado a tratar da dificuldade que os veteranos do Vietnã enfrentavam para se reajustar à vida civil. Diversos episódios abordaram o impacto que aquela guerra teve no detetive e em seus amigos. Pouco depois, **Esquadrão Classe A** teria como personagens principais quatro ex-combatentes da mesma guerra.

As Supergatas jogou o foco na emancipação da mulher e inovou ao ter como personagens principais quatro senhoras. O sucesso foi imediato. Apesar de ser uma comédia, a série abordou uma série de temas polêmicos, como impotência sexual, adultério, morte, Aids, homossexualidade e assédio sexual.

Chumbo Grosso foi a primeira série dramática a incorporar longas tomadas, uso de câmera de mão e histórias que tinham prosseguimento.

Os veículos superpoderosos

A **NAVE DAILEON** DE *O FANTÁSTICO JASPION* SE TRANSFORMAVA NUM ROBÔ GIGANTE QUE ABRIGAVA OS VEÍCULOS GAIBIN TANQUE E JET, E A MOTO ALAN SPACE.

MAGNUM ADORAVA DIRIGIR A **FERRARI 308 GTS VERMELHA** DO SEU ANFITRIÃO ROBIN MASTERS, EM CUJA MANSÃO FICAVA HOSPEDADO.

O DUBLÊ E CAÇADOR DE RECOMPENSAS COLT SEAVERS DE *DURO NA QUEDA* DIRIGIA UMA POSSANTE **CAMINHONETE COM UMA ÁGUIA PINTADA NO CAPÔ**.

A SUPERMÁQUINA ERA UM **PONTIAC TRANS AM 1982 PRETO**, MODIFICADO ESPECIALMENTE PARA O SERIADO.

O **ÁGUIA DE FOGO** ERA O HELICÓPTERO MAIS AVANÇADO DO MUNDO, DOTADO DE ALTA TECNOLOGIA E VELOCIDADE SUPERSÔNICA E EQUIPADO COM CÂMERAS DE VISÃO INFRAVERMELHA, SISTEMA DE VIGILÂNCIA, COMPUTADORES, CANHÕES E LANÇADORES DE MÍSSEIS. PODIA AINDA SER REABASTECIDO EM PLENO VÔO.

O POLICIAL SONNY DE *MIAMI VICE* DIRIGIA UMA **FERRARI DAYTONA**, QUE NA VERDADE ERA UMA CORVETTE MODIFICADA. OS EXECUTIVOS DA MARCA GOSTARAM TANTO QUE OFERECERAM À PRODUÇÃO DA SÉRIE SEU NOVO CARRO TESTAROSSA.

O GENERAL LEE DE *OS GATÕES* FOI O CARRO MAIS FAMOSO DA TV NOS ANOS 80. ERA UM **DODGE CHARGER RT 1969 LARANJA**, COM PORTAS SOLDADAS E O NÚMERO 01 PINTADO. CERCA DE 200 MODELOS FORAM USADOS NO SERIADO.

Black Power

O investigador jogo duro Falcão (Avery Brooks) foi um personagem de destaque na série **Spencer: For Hire** e ganhou seu próprio "spin-off", **Um Homem Chamado Falcão**. Mas o público não gostou de ver um ator negro como astro único de um seriado do horário nobre, e a série foi cancelada após 13 episódios.

O Poderoso Benson conseguiu quebrar a barreira do preconceito racial e fazer sucesso na televisão americana tendo como personagem principal um mordomo negro (Robert Guillaume). Contudo muitos acharam que a série apenas reafirmava o estereótipo do negro a serviço dos brancos.

A primeira vez que personagens negros foram destaque em um seriado sem uso de estereótipos foi em **Bill Cosby Show**, um dos maiores sucessos da televisão americana na década de 80. A série abordava o cotidiano de uma família comum, com um casal e seus cinco filhos. E Cosby interpretava um médico ginecologista, e não um empregado.

Philip Michael Thomas não somente se destacou na televisão dos anos 80, como fez parte de um seriado que é referência até hoje: **Miami Vice**. Ele era Rico Tubbs, um tira em busca do assassino de seu irmão, que formou uma famosa dupla com Don Johnson. Os dois se transformaram em ícones da moda.

Os modismos da década

SPECTREMAN chegou ao Brasil no final da década de 70, sendo exibido à noite pela Record, sem muita repercussão. Mas quando a TVS passou a exibi-lo durante o programa do Bozo, nos anos 80, se tornou um fenômeno cult. A Bloch Editores chegou a lançar quase 30 números de uma revista em quadrinhos estrelada pelo herói.

As séries japonesas **O FANTÁSTICO JASPION** e **ESQUADRÃO RELÂMPAGO CHANGEMAN** tornaram-se uma verdadeira febre no Brasil, gerando diversos produtos: revistas recreativas, gibis que reproduziam os episódios, álbuns de figurinhas, bonecos, chicletes, armas de brinquedo e discos com trilhas sonoras.

A caminhonete usada por Colt Seavers em **DURO NA QUEDA** ficou tão popular no Brasil que a Glasslite lançou uma miniatura para as crianças. A empresa também trouxe para o mercado uma linha completa de brinquedos inspirada em **A SUPERMÁQUINA**.

O inesperado fenômemo de audiência de **CHAVES** no Brasil rendeu, entre outros, um produto curioso: os óculos do personagem, um canudo de borracha que faz o líquido passar por todas as partes do rosto até chegar na boca.

PUNKY – A LEVADA DA BRECA ficou tão popular nos anos 80 que a atriz Soleil Moon Frye, transformada em estrela-mirim, chegou a ser recebida pessoalmente pelo presidente americano Ronald Reagan em 1985 caracterizada como a personagem.

O visual de Don Johnson como o policial Sonny de **MIAMI VICE** virou moda entre os homens americanos, e referência fashion dos anos 80. Ele vestia um blazer por cima da camiseta, e não usava meias, fazendo com que a venda dessa peça caísse nos EUA. Fora os óculos de sol Ray-ban. A decoração de interiores em estilo art déco também virou tendência.

Cães que roubavam a cena

ZEUS E APOLO. O MORDOMO HIGGIS DE *MAGNUM* TINHA DOIS DOBERMANNS PARA GUARDAR A MANSÃO DE ROBIN MASTERS. ELES ADORAVAM CORRER ATRÁS DO DETETIVE DO HAVAÍ. :::: **PINKY.** A GAROTA PUNKY – A LEVADA DA BRECA ENCONTRA ESSE LABRADOR RETRIEVER DOURADO NAS RUAS E OS DOIS VIRAM AMIGOS INSEPARÁVEIS. ELE SABE JOGAR DAMA, COMPRA SEU PRÓPRIO ANTIPULGAS E GANHA BISCOITOS QUANDO SE COMPORTA. :::: **FREEWAY.** O CACHORRINHO DO CASAL 20 É UM LOWCHEN QUE RECEBEU ESSE NOME (QUE SIGNIFICA "AUTO-ESTRADA" EM PORTUGUÊS) POR TER SIDO ENCONTRADO EM UMA RODOVIA. :::: **FLASH.** O BASSET HOUND NÃO CURTIA MUITO SEU DONO, O XERIFE ROSCO DE *OS GATÕES*. TREINADO PARA SER UM CÃO DE ATAQUE, ELE LATIA PARA ROSCO E RARAMENTE SAÍA DO LUGAR QUANDO O DONO MANDAVA.

OS MAIORES GALÃS DOS ANOS 80

TOM SELLECK – *MAGNUM*

ROBERT WAGNER – *CASAL 20*

RICHARD DEAN ANDERSON – *PROFISSÃO PERIGO*

DAVID HASSELHOFF – *A SUPERMÁQUINA*

JAN-MICHAEL VINCENT – *ÁGUIA DE FOGO*

JOHNNY DEPP – *ANJOS DA LEI*

PIERCE BROSNAN – *JOGO DUPLO*

DON JOHNSON – *MIAMI VICE*

JOHN SCHNEIDER E TOM WOPAT – *OS GATÕES*

MULHERES DE TIRAR O FÔLEGO

CATHERINE BACH – pense na prima Daisy de *Os Gatões* e você logo vai lembrar daqueles microshorts que a tornaram uma fantasia do público adolescente e a fizeram vender cinco milhões de pôsteres da personagem.

HEATHER THOMAS – Lee Majors era o astro de *Duro na Queda*, mas quem roubava a cena era sua assistente Judy. Esperava-se que a loira virasse uma nova Farrah Fawcett, o que não aconteceu após o fim da série.

JOAN COLLINS – ela era a vilã Alexis Colby de *Dinastia*, mas que vilã! Bela e poderosa, a atriz transformou-se no maior ímã de audiência do famoso seriado, e no terceiro ano da série foi capa da revista *Playboy* aos 50 anos de idade.

LINDA EVANS – a mocinha de *Dinastia*, lembrando muito Bo Derek, aumentou ainda mais a fama de sex symbol que a atriz já carregava desde os anos 60.

90

Muito Melhor do Que Antes

A consolidação da TV paga no Brasil, durante os anos 90, resolveu um dilema dos fãs de séries internacionais, já que, a partir da segunda metade da década, vários canais começaram a exibir uma variedade soberba de seriados, e muitos se transformaram em objeto de culto. A Globo deu o pontapé inicial com a entrada de seu canal Multishow, trazendo novas séries, como **O Comissário**, e uma sessão retrô, com *A Família Dó-Ré-Mi*, legendada. A Fox também chegava, para a alegria da geração que não assistiu a *Perdidos no Espaço* ou *Viagem ao Fundo do Mar* nos anos 60, e com um detalhe importante: essas séries vinham com a dublagem original da época! E, como novidade, levava os fãs de ficção ao delírio com **Arquivo X**. Sony, Warner e USA trouxeram mais novidades do mercado americano, enquanto o Eurochannel mostrava o que estava se fazendo na Europa. As comédias americanas começaram a falar mais abertamente sobre sexo nos anos 90, colocando seus personagens em situações embaraçosas, mas que sempre rendiam uma boa risada. Por outro lado, a televisão aberta restringiu ainda mais a exibição de séries estrangeiras, embora algumas ainda resistissem bravamente, como **Plantão Médico** e **As Novas Aventuras do Superman**, exibidas pela Globo. Somente a Record continuou apostando nesse formato, criando uma grade de programação com seriados que se tornaram campeões de audiência, como *Arquivo X* e *Jornada nas Estrelas – A Nova Geração*, que ganhou uma nova vida na emissora depois de sua primeira exibição na Manchete. E isso era apenas o começo, já que depois tudo ia ficar ainda melhor...

Esses Aborrecentes...

Família, escola, namoro e futuro profissional são temas muito comuns nas produções cujo alvo é o público adolescente. Em **Blossom**, conhecemos a inteligente Blossom Russo. Depois que sua mãe resolveu abandonar a família para seguir a carreira de atriz, a jovem se viu atarefada entre tentar ficar livre dos cuidados excessivos do pai, Joey, e das confusões que seus irmãos Nick e Tony sempre arrumam. Agora, com a possibilidade de o pai se casar com Carol, a vida de Blossom vai ficar ainda mais complicada e divertida. Criada por Don Reo, roteirista das séries *MASH* e *As Supergatas*, a série divertiu com uma família bem desajustada. Considerado o cara mais esperto e malandro do colégio, **Parker Lewis** tem sempre um esquema para transformar o dia-a-dia na

escola em algo mais divertido, mas topa pelo caminho com a inveja da irmã mais nova Shelly, que não consegue entender como Parker sempre se dá bem, e com as frustradas tentativas da diretora Grace Musso de expulsá-lo da escola. O diferencial do seriado foi produzir os episódios como se fossem um desenho animado, com edição rápida, uso constante de efeitos especiais e Parker confidenciando seus planos olhando para a câmera. Esse mesmo estilo foi utilizado em **Clarissa**, primeira série da Nickelodeon exibida no Brasil. Sempre falando com o espectador, ela mostra seu dia-a-dia e como o comportamento das pessoas ao seu redor pode influenciar suas decisões. Dessa forma descontraída, a série conquistou espaço na programação de vários canais no mercado internacional, transformando a atriz Melissa Joan Hart numa estrela da TV (ela faria depois *Sabrina, A Bruxinha Adolescente*). Outro exemplar da vida adolescente na TV é **A Gangue do Barulho**, exibido nos mais diferentes horários dentro da programação do SBT. A série mostra o dia-a-dia de seis adolescentes que vivem se metendo em confusão na escola. A série foi criada com interferência direta do presidente da NBC, Brandon Tartikoff. A série teve dois "spin-offs" inéditos no Brasil, e o segundo deles (*Saved by the Bell: The New Class*) teve três temporadas a mais do que as quatro do original.

E que tal mostrar como eram os adolescentes nos anos 70? **That '70s Show** (*De Volta aos Anos 70*) apresenta um quadro divertido da vida de um grupo de adolescentes no final daquela década, numa cidade do interior de Wisconsin. Eric Forman (Topher Grace) é o cabeça do grupo e vive com os pais Red e Kitty. Ele é apaixonado por sua vizinha Donna (Laura Prepon), cujos pais Bob e Midge parecem viver no mundo da lua. O resto da turma inclui Fez (Wilmer Valderrama), que veio de um desconhecido país do Terceiro Mundo para os Estados Unidos por meio de um intercâmbio; Steven

Hyde (Danny Masterson), o malandro da turma; e o casal formado pelo avoado Michael Kelson (Ashton Kutcher) e a patricinha Jackie Burkhart (Mila Kunis). Juntos, eles se reúnem no porão de Eric para conversar, brincar, assistir à televisão e, sempre que possível, puxar um fuminho esperto. E para conhecer a vida de um adolescente, nada melhor do que acompanhá-lo sofrendo o diabo na escola, como acontece com Cory Matthews, personagem central da produção da Disney **O Mundo é dos Jovens**. Com um atraso de quase dez anos em sua exibição no Brasil, a série mostrava o jovem Corey tentando entender o mundo à sua volta, com seu amigo Shawn e sua futura namorada Topanga. O problema é a quantidade de encrencas em que eles se metem, principalmente quando alguns professores resolvem pegar no pé da turma. A série passou pelo Disney Channel e pelo SBT. Em **Um Maluco no Pedaço**, o futuro astro do cinema Will Smith interpreta o jovem Will, que, depois de aprontar muito em sua vizinhança, é mandado por sua mãe para morar com seus tios milionários no bairro de Bel-Air, em Los Angeles. Mas a mudança é um choque cultural para Will, que aos poucos vai conseguindo se entrosar com os hábitos sofisticados dos Banks.

Você sabia?

★A MÚSICA QUE OS PERSONAGENS DE *THAT '70S SHOW* CANTAM ANIMADAMENTE DENTRO DO CARRO NA ABERTURA DA SÉRIE É *THAT '70S SONG*, CANTADA PELO CHEAP TRICK.

★OS TÍTULOS DOS EPISÓDIOS DA QUINTA TEMPORADA DE *THAT '70S SHOW* SÃO NOMES DE CANÇÕES DO LED ZEPPELIN. A BRINCADEIRA PROSSEGUIU PELAS TRÊS TEMPORADAS SEGUINTES, COM TÍTULOS DE MÚSICAS DE THE WHO, ROLLING STONES E QUEEN, RESPECTIVAMENTE.

★O BAIXINHO BRUCUTU CHUCK NORRIS, ASTRO DE FILMES DE AÇÃO NOS ANOS 80, FOI A ESCOLHA INICIAL PARA FAZER RED, MAS COMO ELE ESTAVA EM FILMAGENS DE SUA SÉRIE DE AÇÃO, PERDEU O PAPEL PARA KURTWOOD SMITH, O VILÃO DE *ROBOCOP* (1987).

Salvando Vidas

Os médicos ficaram um longo período sem mostrar suas habilidades na TV. Mas em 1994 tudo isso iria mudar com o lançamento simultâneo de duas séries muito especiais, ambientadas nos maiores hospitais de Chicago. Criada por um dos Midas da televisão nos anos 90, David E. Kelley, **Chicago Hope** adotava um estilo novelão para mostrar os dramas de médicos e pacientes desse fictício hospital particular. A série ganhou diversos prêmios, especialmente para seu elenco principal, que incluiu nomes como Mandy Patinkin (dr. Jeffrey), Christine Lahti (dra. Kathryn) e Hector Elizondo (dr. Phillip). Como sempre acontece em séries desse porte, o elenco principal foi sendo substituído constantemente durante as temporadas. Exatamente o que aconteceu com **ER** (*Plantão Médico*), um dos seriados de maior sucesso na televisão mundial. Em catorze anos de exibição contínua (até o momento em que este almanaque foi finalizado), a série teve seu elenco de base reformulado várias vezes, sem que nenhum dos personagens principais permanecesse no ar em todas as temporadas. A criação é do famoso escritor Michael Crichton, médico de formação, que imaginou mostrar como é complicada a vida de médicos e enfermeiros que trabalham no pronto-socorro de um hospital municipal em Chicago. George Clooney esteve à frente do elenco nas cinco primeiras temporadas, como o dr. Doug Ross, papel que lhe tornou um astro da TV e depois também do cinema. O projeto da série foi levado para a NBC por John Wells, que se transformou em produtor executivo do seriado. É dele também a idéia de **Third Watch** (*Parceiros da Vida*), ambientado em Nova York, e que aborda o trabalho da polícia, dos bombeiros e do serviço de resgate da cidade. As histórias revelam o drama cotidiano desses personagens que, além de salvar vidas, colocam as suas próprias em risco todos os dias.

Você sabia?

★ ***ER*** **(PLANTÃO MÉDICO) É A SÉRIE MAIS PREMIADA NA HISTÓRIA DA TELEVISÃO AMERICANA, COM 110 RECONHECIMENTOS E MAIS 232 INDICAÇÕES.**

★ NOAH WYLE FOI O ATOR DO ELENCO ORIGINAL QUE PERMANECEU MAIS TEMPO NO SERIADO. ELE INTERPRETOU O DR. JOHN CARTER ATÉ A DÉCIMA PRIMEIRA TEMPORADA.

★ **OS ROTEIRISTAS ESTIVERAM EM DIVERSOS HOSPITAIS DE LOS ANGELES PARA TER NOVAS IDÉIAS PARA OS EPISÓDIOS. MUITAS DAS CIRURGIAS VISTAS NA SÉRIE SÃO DRAMATIZAÇÕES DE OPERAÇÕES REAIS.**

★ O ELENCO PRINCIPAL ORIGINAL ERA FORMADO POR ANTHONY EDWARDS (DR. MARK GREENE), GEORGE CLOONEY (DR. DOUG ROSS), SHERRY STRINGFIELD (DRA. SUSAN LEWIS), NOAH WYLE (O ESTUDANTE DE MEDICINA JOHN CARTER, QUE SE TORNARÁ MÉDICO NAS TEMPORADAS SEGUINTES), ERIQ LA SALLE (O DR. PETER BENTON) E JULIANNA MARGULIES (ENFERMEIRA CAROL HATHAWAY).

Alguém Lá em Cima Gosta de Mim

Fazer o bem sem olhar a quem é o ditado que parece ter sido utilizado na produção de duas séries dos anos 90. Em **O Toque de um Anjo**, três anjos vêm para a Terra tentar resolver os problemas de alguns humanos que estão passando por um momento muito delicado em suas vidas. A série dosava drama, humor e religiosidade, principalmente com a mensagem dos anjos de que os humanos esqueceram de Deus, mas não o contrário. O curioso é que o seriado foi cancelado logo no primeiro ano, porém uma avalanche de cartas de fãs fez a CBS recuar, dando uma nova chance para o programa, que acabou ficando no ar por mais oito temporadas. Para Gary Hobson, personagem principal de **Early Edition**, fazer o bem também era algo normal. No dia em que é despedido, ele volta para casa e é expulso pela mulher, que não agüenta mais seu fracasso. Gary acorda no dia seguinte e descobre que o jornal colocado à sua porta traz notícias que acontecerão no dia seguinte. Em um primeiro momento, ele tenta reverter a maré de azar faturando uma grana com o jornal do futuro. Mas depois ele passa a evitar desastres e que coisas ruins aconteçam com algumas pessoas.

Durante uma experiência usando energia quântica, o dr. Sam Beckett (Scott Bakula) é lançado ao passado, assumindo a identidade e a forma física de uma pessoa totalmente diferente dele. Para ajudar o renomado cientista a entender o que aconteceu, entra em cena Al, ou melhor, a imagem holográfica do assistente de Sam na experiência. Ele explica que Sam terá que fazer diversos saltos quânticos temporais, até chegar à sua própria época. A cada episódio de **Contratempos**, o herói incorpora em alguém, que pode ser um homem, uma mulher, um animal ou até mesmo um ser de uma raça diferente. Foi assim durante cinco divertidas temporadas, até o episódio final revelar a verdade: o cientista havia morrido na experiência com o motor quântico (ele descobre isso numa conversa com Deus) e foi incumbido inconscientemente pelo próprio Todo-Poderoso a ajudar as pessoas.

Dramas Bem-Humorados

Você não precisa retroceder no tempo para saber como é a vida de uma típica família americana, como acontecia com *Os Waltons*. Mas o conceito de família passou por uma série de reformulações nos anos 90. Providence, por exemplo, é a cidade onde a vida da dra. Sydney pode mudar. Desiludida com o trabalho de cirurgiã plástica em Hollywood, ela decide voltar à sua terra natal depois da repentina morte da mãe, com quem teve uma relação muito complicada. De novo em sua antiga casa, Sydney volta a se relacionar com seu pai, o melhor veterinário da cidade, com a irmã mais nova, que está prestes a ser mãe solteira, e com o irmão, que ainda não sabe o que quer ser na vida. Se não bastasse toda essa mudança de ares, Sydney ainda recebe a visita da mãe em seus sonhos. Mas se o negócio é aprender com a vida, nada melhor do que conhecer a família Camden, da série **7th Heaven** (*Sétimo Céu*), mais uma produção assinada por Aaron Spelling. No ar há dez anos, a série apresenta o dia-a-dia dessa família cristã que vive na Califórnia, enfrentando os desafios de manter os padrões e valores num mundo confuso. Talvez por tratar de valores familiares de uma maneira conservadora, a série conquistou o público médio americano. Um detalhe importante é que o patriarca Eric é pastor numa igreja da região, por onde passam os principais problemas que serão vistos em cada episódio. A série revelou os jovens Barry Watson e Jessica Biel como Matt e Mary Camden.

Você sabia?

★ *7TH HEAVEN* (*SÉTIMO CÉU*) É A SÉRIE FAMILIAR DE MAIOR DURAÇÃO NA TELEVISÃO AMERICANA. ESTÁ NO AR HÁ 11 TEMPORADAS, BATENDO *OS PIONEIROS* E *OS WALTONS*.

Viagens Alucinantes

Dentro da ficção científica, viajar no tempo sempre foi algo muito fascinante, especialmente quando os personagens têm a possibilidade de intervir em algo que pode comprometer seu próprio futuro ou o de sua espécie. **Sliders – Dimensões Paralelas** trouxe pela primeira vez na TV uma série sobre viagens para outras dimensões. Quinn Mallory (Jerry O'Connell), um jovem gênio da ciência, monta no porão de sua casa um conversor de energia que pode abrir buracos na matéria, permitindo deslizar para outros universos. É claro que algo dá errado na primeira experiência, fazendo com que Mallory, sua namorada Wade, seu professor de física Arturo e Rembrandt Brown, um cantor de blues que é pego pela descarga de energia do aparelho de Mallory, sejam sugados para dentro do túnel que os levará a outra dimensão. Durante cinco anos, o grupo viajou para lugares estranhos, onde o comunismo havia vencido, as mulheres dominavam o planeta, os homens geravam filhos, os dinossauros ainda estavam vivos e muito mais. Outro conceito criativo para viagens no tempo veio com **Seven Days**, em que o governo americano descobre uma máquina alienígena recuperada da nave que caiu em Roswell, que é capaz de enviar uma pessoa para o passado por sete dias. A Agência de Segurança Nacional acredita que, com esse dispositivo, possa prevenir ataques terroristas aos Estados Unidos e seus aliados. Quando uma bomba de gás é detonada em Washington, matando milhares de pessoas, a ASN envia para o passado o ex-"Navy Seal" Frank Parker para impedir o desastre.

A Vida Como Ela É

Os anos 60 foram muito importantes na vida de Kevin Arnold. Independentemente do conflito no Vietnã, da revolução cultural, da minissaia ou dos direitos humanos, ele só queria se dar bem na escola, tentar não apanhar muito do seu irmão mais velho Wayne, se divertir com seu amigo Paul e sonhar em namorar sua paixão secreta, Winnie Cooper. Quem conta essa história é o próprio Kevin, agora adulto, relembrando os momentos divertidos e tristes de suas memoráveis infância e adolescência com os pais e os amigos num subúrbio americano. **Anos Incríveis** marcou pela forma inusitada de contar cada um dos anos da vida de Kevin, uma interpretação marcante de Fred Savage. A série, vencedora do Emmy e do Globo de Ouro, foi exibida diariamente no Brasil pela Cultura. Durante a produção, os roteiristas tiveram que dar um tempo no relacionamento entre Kevin e Winnie por quase uma temporada inteira. O motivo é que a atriz Danica McKellar havia crescido muito mais do que Savage, e ficava um pouco cômico ver os dois juntos em cena. O casal só se reconciliou quando o ator havia crescido o suficiente para encarar a altura da namorada. Na versão brasileira, a voz de Kevin foi feita por Angélica Santos, que conseguiu não só interpretar o ator quando garoto, mas também sua transição para a adolescência.

Sobrevivendo no Espaço

Com o crescimento das redes independentes (syndication), muitos produtores descobriram que suas idéias no gênero ficção poderiam ser mais bem aproveitadas nesses novos canais, ansiosos por ter algo diferente e único em sua programação. A onda começou nos anos 80, com *Jornada nas Estrelas – A Nova Geração*, e não parou mais. Algumas dessas produções chegaram ao Brasil graças à TV paga. **Babylon 5** foi um dos grandes sucessos da ficção científica na TV, levando o conceito de choque cultural às últimas conseqüências. A série mostrava o dia-a-dia dessa estação espacial, onde raças das mais diferentes espécies tentavam conviver mutuamente, andando sobre o fio de uma navalha. A Warner deu carta branca para a produção, aproveitando a onda de sucesso dos seriados de ficção *Jornada nas Estrelas – A Nova Geração* e *Arquivo X*. Cinco longas para a televisão foram feitos a partir da série, que também rendeu o "spin-off" **Cruzada**. Na mesma época em que *Babylon 5* chegava à TV, foi lançada **Jornada nas Estrelas – Deep Space Nine**, outro projeto sobre uma estação espacial, gerando rumores de que seus criadores teriam copiado a premissa de *B5*. Nada ficou provado, mas os fãs de ambas compraram uma espécie de rixa. Independentemente de quem botou o primeiro ovo, a série fez sucesso entre os fãs de ficção pela criatividade das histórias, sempre narradas como se já tivessem acontecido.

E que tal viajar por vários cantos do Universo sem precisar de uma nave estelar? **Stargate SG-1** dá continuidade às aventuras iniciadas no filme *Stargate* (1994). Depois da primeira missão realizada no planeta Abydos, as atividades do portal são encerradas por vários anos, até que o coronel Jack O'Neill (Richard Dean Anderson, o McGyver de *Profissão Perigo*) é convocado para realizar uma nova expedição ao planeta para destruir o Stargate. Mas ele acaba descobrindo que o dr. Daniel Jackson, responsável por decifrar os códigos que permitem acessar o portal, está vivo. A partir desse momento, a série toma um caminho totalmente diferente e interessante. Com a descoberta de que existem vários outros portais espalhados pelo Universo na nona temporada, O'Neill é promovido a general e se afasta do Comando Stargate depois de impedir uma invasão dos Goaul'd e descobrir a cidade perdida de Atlântida, que vai se transformar no primeiro "spin-off" da série, **Stargate Atlantis**. Nas duas últimas temporadas, entram no elenco Ben Browder e Claudia Black, astros da outra cultuada série, **Farscape – Uma Galáxia Distante**. *Stargate SG-1* é um fenômeno da ficção científica na TV e superou *Arquivo X* em número de temporadas: foram dez.

Farscape – Numa Galáxia Distante, traz o astronauta John Crichton, que durante um vôo numa nave experimental acaba indo parar numa outra dimensão do espaço através de um buraco negro, onde existe uma guerra gigantesca entre os humanos Peacekeepers e os reptílicos Scarrans. No meio desse conflito, Crichton acha refúgio junto a um grupo de rebeldes, todos alienígenas: o guerreio Ka Dargo, a profetisa Zhaan, a ladra cinza Chiana, o regente Dominar Rygel e a oficial Aeryn Sun, uma ex-peacekeeper que resolve abandonar seu posto para lutar ao lado de Crichton. Seu inimigo é Scorpius. A série é produzida pela Jim Henson Production, a empresa do criador dos *Muppets*, com bonecos e humanos interagindo o tempo todo. Outro conceito interessante da série é que a nave Moya é um ser vivo, que dará à luz uma nova nave, tão poderosa como ela. O seriado terminou de forma abrupta na quarta temporada, depois que a direção do canal Sci Fi decidiu pelo cancelamento. O fim da saga de John Crichton só terminou definitivamente numa minissérie feita em 2004, mostrando que ele e Sun ficam juntos para criar seu filho.

Mas se o espaço é um lugar complicado para se viver, imagine debaixo d'água. **Seaquest – Missão Submarina** foi uma tentativa de recriar o clima de *Viagem ao Fundo do Mar*. A série mostrava as viagens do Seaquest DSV, um dos mais modernos e poderosos submarinos do século 21, que patrulha os sete mares a pedido da Organização dos Oceanos da Terra. Produzida pela Amblin, de Steven Spielberg, a série não resistiu a três temporadas, e a última permanece inédita no Brasil até hoje.

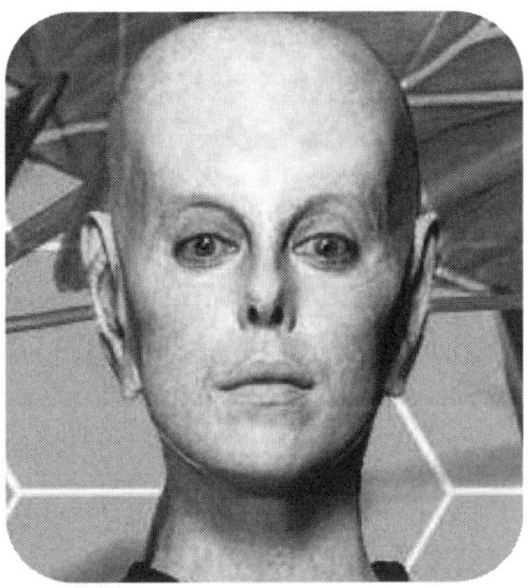

Um exemplar de ficção científica bem-sucedido veio da mente privilegiada de Gene Roddenberry, o criador de *Jornada nas Estrelas*, que deixou os rascunhos de uma nova série mostrando a chegada de alienígenas na Terra e a sua convivência com os humanos. Foi sua viúva, Majel Barrett, quem apresentou para uma produtora a idéia, que se transformou no seriado **Terra – O Conflito Final**. Nos últimos três anos, a Terra vem convivendo com os Taelons, uma raça andrógina que veio ao planeta para nos ajudar. Depois de salvar a vida de um dos alienígenas, o detetive Boone recebe o convite para ser o segurança deles, e acaba descobrindo que os Taelons não são tão amistosos assim e têm planos cruéis para os seres humanos. A série passava longe do conceito estabelecido por Roddenberry para *Jornada nas Estrelas*, sobre a convivência pacífica entre espécies.

Um conflito bélico sem igual entre humanos e extraterrestres é o centro de **Comando Espacial**, criada pela dupla de roteiristas e produtores de *Arquivo X*, Glenn Morgan e James Wong. Na virada do século 21, a colonização de outros planetas começou a ser ameaçada por uma raça belicosa, forçando a Terra a criar uma força interplanetária nos mesmos moldes dos fuzileiros navais americanos.

Vampiros, Bruxas e Outros Bichos

As criaturas das trevas deixaram de ser objeto de comédias para se transformar em tema de seriados mais sérios e voltados para o público jovem. **Drácula – A Série**, mostrava os descendentes da família Van Helsing atrás do conde vampiro, hoje disfarçado de um poderoso empresário. Já **Maldição Eterna** tinha uma idéia mais avançada sobre a relação entre humanos e vampiros. Começando com o personagem principal, Nicholas de Brabant, vampiro de 800 anos que busca sua redenção para recuperar a mortalidade. Nos dias de hoje, ele é Nick Knight, um detetive da divisão de homicídios da polícia de Toronto, onde se envolve tanto com casos policiais comuns como com casos envolvendo sua própria raça.

Quem realmente fez os vampiros continuarem em alta nos anos 90 foi Joss Whedon, roteirista de um filme B chamado **Buffy – A Caça-Vampiros** (1992), estrelado por Kristy Swanson. Ele criou uma série de TV baseada em seu roteiro original, sobre uma jovem que estava predestinada a livrar o mal do mundo como uma caçadora de vampiros. O cenário do seriado é Sunnydale, na Califórnia, situada na Boca do Inferno, uma região pandimensional, de onde as mais horríveis criaturas saem para assolar os habitantes. É para lá que vai Buffy Summers (Sarah Michelle

Gellar), uma jovem adolescente bastante esperta para a sua idade, que descende de uma antiga linhagem de caçadoras de vampiros. Todas as noites, sem que sua mãe saiba, ela e os amigos Xander e Willow patrulham a cidade, combatendo o mal em várias de suas formas. Quem a ajuda a entender essas estranhas criaturas é Giles, o bibliotecário da escola onde ela estuda. Ele é um Sentinela, membro de uma sociedade secreta que monitora as atividades malignas há séculos, sendo também mentor da caçadora. Ao lado desse grupo, ainda existe Angel, que no passado foi um dos mais poderosos e sangüinários vampiros que surgiu no planeta. Mas uma maldição devolveu-lhe sua alma e agora ele ajuda Buffy em suas aventuras contra as trevas. **Buffy – A Caça-Vampiros** transformou-se numa série cultuada por sete temporadas, durante as quais Buffy enfrentou os mais diferentes perigos, amores e ameaças, do poderoso vampiro Mestre a Faith, uma caçadora mais impiedosa do que Buffy. A quarta temporada foi um marco divisório para o seriado, com Buffy indo para a faculdade, sua irmã Dawn entrando na história e Willow (Alyson Hannigan) transformando-se numa poderosa bruxa e assumindo sua homossexualidade, fato inédito para uma série do gênero. A série acabou na sétima temporada com um final muito em aberto, deixando a possibilidade de uma conclusão futura.

Para quem queria ver mais aventuras do vampiro com alma que foi namorado de Buffy, Whedon trouxe o "spin-off" **Angel**. Durante três anos, Angel (David Boreanaz) foi o braço direito de Buffy; no entanto, para evitar machucá-la por causa de sua maldição, ele se muda para Los Angeles. Ele monta uma agência de detetives, a Angel Investigations, e forma uma equipe com Cordelia (Charisma Carpenter, repetindo a personagem de *Buffy*), Doyle, meio-demônio e adivinhador de futuro, e depois Wesley, que passa a ser o cérebro das missões. O mal é representado pelo corrupto escritório de advocacia Wolfram & Hart. A última temporada mostra uma batalha contra as forças das trevas, culminando com um final emocionante, mas sem uma conclusão definitiva. O motivo é que a Warner cancelou o seriado quando ainda estava produzindo os últimos dez episódios da temporada.

Se Los Angeles e Sunnydale são complicadas para morar, que tal a cidade onde o diabo quer cuidar do seu próprio filho? Em **Gótico Americano**, Trinity, no interior americano, é assolada por um horrendo crime, onde uma jovem morre em circunstâncias bem estranhas. O irmão da garota, Caleb, começa a ser seguido pelo xerife Lucas, que quer protegê-lo, sem revelar que, além de ser seu pai, ele é nada menos do que o próprio diabo. Para proteger o garoto das forças do mal, surge Merlyn, o espírito da irmã assassinada, que vai fazer de tudo para provar a Caleb quem o xerife realmente é. O seriado foi o primeiro projeto criado por Shaun Cassidy, responsável por *Cold Case* e *Invasion*. Também lidando com forças sobrenaturais, temos as irmãs Halliwell, da série **Charmed**, outra produção de Aaron Spelling. Apesar das diferenças, elas tentam viver sua vida em São Francisco da melhor e menos traumática maneira possível depois da morte da mãe. Mas tudo muda radicalmente quando elas descobrem que têm poderes especiais e descendem da mais alta estirpe de bruxas do mundo. Juntas, as três irmãs (Shannen Doherty, Alyssa Milano e Holly Marie Combs), conhecidas como *As Encantadas*, conseguem resolver quase todos os problemas sobrenaturais que começam a surgir em torno delas. Durante as oito temporadas, muita coisa

mudou. A principal foi a saída de Shannen Doherty, que brigava sistematicamente com suas colegas, em especial Alyssa Milano, de quem hoje é inimiga declarada. Muitos atribuem esse comportamento aos problemas com álcool da atriz. No lugar de Prue, que desapareceu numa luta contra um demônio poderoso, entrou Paige (Rose McGowan), uma irmã que havia desaparecido quando criança, que sai na última temporada, sendo substituída por Billie Jenkins (Kaey Cuoco).

Você sabia?

★ *CHARMED* É A SÉRIE DE TV COM PERSONAGENS PRINCIPAIS FEMININAS DE MAIOR DURAÇÃO ATÉ HOJE (OITO TEMPORADAS).

Em se tratando de confusão, nada melhor do que uma bruxa que ainda está apreendendo a lidar com seus poderes. É o caso de **Sabrina – A Feiticeira**, inspirada nos quadrinhos e desenhos animados da turma do Archie. A série apresentava os desafios diários que a jovem Sabrina tinha que enfrentar para se tornar uma verdadeira feiticeira. Morando com suas tias Hilda e Zelda e o gato falante Salem, ela tinha que ser uma boa aluna na escola "normal", enquanto também estudava para se formar na escola de feiticeiras.

Quem Conta um Conto...

As antologias continuaram a ter um espaço interessante na programação da TV durante os anos 90. **Comédia da Vida Privada** é um exemplo disso. Depois de vários anos escrevendo roteiros para programas de humor na Globo, o cronista e escritor Luís Fernando Veríssimo teve a oportunidade de ver algumas de suas mais engraçadas histórias produzidas para a televisão. Baseado na série de crônicas escritas por ele nos jornais *Zero Hora* e *Jornal do Brasil*, a série é considerada uma das melhores adaptações da obra do escritor para a TV. Com observações mordazes e divertidas sobre o cotidiano brasileiro, a série foi dirigida por Guel Arraes e Jorge Furtado, tornando-se um grande sucesso. Já **Psi-Factor – Crônicas do Paranormal** era um projeto antigo do ator Dan Aykroyd, astro dos filmes *Os Irmãos Cara-de-Pau* (1980) e *Os Caça-Fantasmas* (1984), que sempre gostou muito do tema. Ele é o apresentador da série que, a cada semana, trazia a teatralização de um caso relatado pelo Departamento de Pesquisa e Investigação Científica, uma entidade americana que há vários anos estuda casos relacionados com ufologia, telemetria, nanotecnologia e paranormalidade. Mais focada em ficção científica pura estava a nova versão do clássico programa dos anos 60, **Quinta Dimensão**. A idéia era abordar todos os temas do gênero, como guerras espaciais, controle da mente, invasores invisíveis, viagens no tempo, robôs e andróides, porém com um enfoque mais realista e menos fantasioso. Mesmo refilmando alguns episódios importantes do original, a série tornou-se referência de produção refinada e de qualidade, e foi um dos grandes sucessos do canal pago americano Showtime. **O Teatro de Ray Bradbury** era uma coletânea das melhoras histórias escritas por Ray Bradbury. Produzida no Canadá, a série trazia alguns dos melhores momentos do consagrado escritor de ficção científica, como a adaptação de *As Crônicas Marcianas* e *O Som do Trovão,* com apresentação do próprio autor.

A Verdade Está Lá Fora

A agente especial Dana Scully (Gillian Anderson), também formada em medicina forense, é destacada pela direção do FBI para trabalhar com o agente especial Fox Mulder (David Duchovny) num obscuro departamento especial chamado Arquivo X, no qual foram arquivados todos os casos estranhos e sem solução que ocorreram durante a existência do FBI. Mesmo sendo considerado um dos mais eficientes, Mulder sempre teve uma fixação sobre ocorrências estranhas. Apesar do ceticismo de Dana, a dupla começa a investigar os mais estranhos e bizarros casos que acabam parando no Arquivo X. O grande problema é que nem todos tinham uma explicação científica plausível, mas para Mulder a verdade dos fatos são incontestáveis. Criado por Chris Carter, um ex-surfista que começou a trabalhar na televisão como roteirista em 1986, **Arquivo X** transformou-se num fenômeno mundial. Carter inspirou-se na série dos anos 70 *Kolchak e Os Demônios da Noite*, em que um repórter investigativo esbarrava com casos estranhos e bizarros, contudo nunca conseguia provar a existência das criaturas e dos fenômenos que investigava. Legiões de fãs formaram-se em torno das aventuras da dupla de agentes do FBI, assistindo a tramas que misturavam ufologia, esoterismo, fantasia, ficção científica e mistério. A série começou a ser apresentada no Brasil como uma das primeiras grandes atrações do novo canal pago Fox, mas ganhou notoriedade quando a Record a exibiu em seu horário nobre.

É claro que o sucesso de *Arquivo X* provocou uma nova onda de séries de ficção, que já vinham sendo namoradas pelas emissoras americanas depois de *Jornada nas Estrelas – A Nova Geração*. Com isso, o prestígio de Carter subiu muito, possibilitando a ele lançar novas séries como *Millennium, Harsh Helm* e *Os Pistoleiros Solitários*.

Durante as nove temporadas, Carter enfrentou alguns problemas com seu elenco. Entre a primeira e a segunda temporadas, Gillian Anderson ficou grávida, obrigando-a a ser "seqüestrada" por três episódios. David Duchovny exigiu que o seriado passasse a ser produzido não mais em Vancouver, mas sim em Los Angeles para poder ficar mais perto da esposa. Depois disso, não satisfeito, ele comunicou que deixaria a série a partir da sétima temporada, obrigando Carter a colocar um novo personagem na série, o agente especial John Doggett (Robert Patrick), não tão cético como Scully, com quem passaria a trabalhar junto. E a primeira missão deles era exatamente tentar localizar Mulder, que desaparecera durante uma investigação. Depois foi a vez de Anderson jogar a toalha, deixando de trabalhar em vários episódios da última temporada, em que entrou a agente Monica Reyes (Annabeth Gish), uma sensitiva, em oposição à seriedade de Doggett. A constante tensão sexual entre Mulder e Scully foi resolvida quando a agente acabou grávida de Mulder e deu à luz uma criança com poderes paranormais. Mesmo com um novo elenco e roteiros interessantes, a série acabou melancolicamente, num episódio especial em que Mulder, Scully, Doggett e Reyes se defrontam com o perigo final, deixando a série em aberto para uma possível solução no futuro.

Você sabia?

★ **A SÉRIE GEROU UMA DEVOÇÃO DE FÃS ATÉ ENTÃO SÓ VISTA EM *JORNADA NAS ESTRELAS*. ENQUANTO OS FÃS DESTA ÚLTIMA ERAM CHAMADOS DE "TREKKERS", OS DE *ARQUIVO X* FICARAM CONHECIDOS COMO "EXCERS".**

★ O FAMOSO TEMA MUSICAL DE ABERTURA NASCEU POR ACASO. O COMPOSITOR MARK SNOW ACIDENTALMENTE APOIOU SEU COTOVELO NO TECLADO, COM O EFEITO DE "ECO" LIGADO. ELE GOSTOU TANTO DO SOM RESULTANTE QUE CRIOU O TEMA EM TORNO DELE.

★ **WILLIAM B. DAVIS, QUE INTERPRETA O CANCEROSO, NÃO FUMA. OS CIGARROS QUE ELE USA EM CENA SÃO FEITOS DE ERVAS.**

★ MULDER É O NOME DE SOLTEIRA DA MÃE DO CRIADOR DA SÉRIE, CHRIS CARTER.

Tem Que Ter Peito

Nunca um corpo sarado foi tão valorizado como na série **SOS Malibu**, sobre o trabalho da Guarda Costeira de Malibu, uma das praias mais badaladas da Califórnia. O seriado não queria apenas ser mais um programa que mostrava os atos heróicos dos salva-vidas de Malibu, mas sim cativar o público jovem com uma mensagem de boa saúde, bom comportamento e não às drogas. Para isso, a série introduziu belas garotas como salva-vidas e um time de rapazes atléticos liderados pelo bombado David Hasselhoff, em seu primeiro trabalho depois de *A SuperMáquina*. O resultado não poderia ser melhor, com a série conquistando o público principalmente pelos dotes físicos de suas atrizes, que se apresentavam em câmara lenta na abertura do programa, considerada uma das mais sensuais já produzidas para a TV. O engraçado é que a NBC cancelou a série depois do primeiro ano, mas *SOS Malibu* ganhou uma sobrevida de mais dez temporadas pelas redes independentes, algo raro na TV americana, e ainda gerou o "spin-off" **Baywatch Nights**. A série marcou a carreira de Pamela Anderson, ex-coelhinha da *Playboy* que fazia a salva-vidas CJ, sempre pronta para cair na água e mostrar seus verdadeiros atributos. Aliás, os maiôs utilizados pelas salva-vidas da série foram especialmente produzidos para realçar as curvas e as pernas bem torneadas das atrizes. A participação de Pamela em *SOS Malibu* lhe rendeu um convite para estrelar sua própria série de ação (com muita comédia). Em **V.I.P.**, ela é Vallery Irons, que acidentalmente se transforma na dona de uma agência de proteção e investigação em Los Angeles, virando uma celebridade da noite para o dia. *V.I.P.*, que em inglês significa "very important person" (pessoa muito importante), na série queria dizer "Vallery Irons Protection", a empresa da loira peituda.

Você sabia?

★*SOS MALIBU* É A SÉRIE DE MAIOR DURAÇÃO A NUNCA RECEBER UM EMMY. NEM SEQUER UMA INDICAÇÃO.

★NO AUGE DE SUA POPULARIDADE, O SERIADO ESTAVA SENDO EXIBIDO EM TODOS OS CONTINENTES DO MUNDO, COM EXCEÇÃO DA ANTÁRTIDA. CERCA DE 140 PAÍSES ASSISTIRAM ÀS AVENTURAS DOS SALVA-VIDAS.

★A SÉRIE OCUPA A 21ª POSIÇÃO NA LISTA DOS 50 PIORES PROGRAMAS DA TELEVISÃO NOS EUA EM TODOS OS TEMPOS, FEITA PELA FAMOSA REVISTA AMERICANA *TV GUIDE* EM 2002.

Antes do Parque dos Dinossauros

Enquanto nos desenhos animados para a TV conhecemos uma família do século 21 (*Os Jetsons*), outra do Império Romano (*Os Muzzarelas*) e uma do tempo das cavernas (*Os Flintstones*), nos seriados parecia que ninguém ousava sair do Velho Oeste, do início do século 20 ou da América contemporânea para contar a história de uma família. Entretanto bastou a tecnologia avançar o suficiente para que Jim Henson, o criador do *Muppet Show*, iniciasse para os Estúdios Disney o projeto de uma das mais revolucionárias séries de TV de todos os tempos: a **Família Dinossauro**. Infelizmente ele não viu a concretização de sua idéia, pois faleceu um ano antes da estréia nos EUA. A série apresentava a família de Dino da Silva Sauro há 60 milhões de anos, na região conhecida como Pangea. Ele trabalha numa empresa que derruba florestas. Sua mulher Fran cuida da casa e dos filhos adolescentes Charlene e Robbie, além do Baby Sauro, o mais novo ovo chocado na família. Como se fosse um desenho animado, mas com o mesmo ritmo do *Muppet Show*, o seriado foi um dos grandes sucessos da TV brasileira, elevando às alturas a audiência do *Xou da Xuxa*, em que era apresentado. Um dos trunfos para a conquista do público estava na excelente dublagem feita pela Herbert Richers, que deu o tom nacional até mesmo no nome dos personagens principais, deixando de lado o Earl Sinclair para transformá-lo em Dino da Silva Sauro. Brilhante! Como também algumas das frases memoráveis de Baby Sauro: "Precisa me amar" e "Não é a mamãe"; além de "Querida, cheguei!" que marca a abertura do seriado, dita por Dino quando chega em casa, no mesmo estilo de Fred Flintstone. Todo esse know-how foi empregado pela Henson na criação de *Farscape – Numa Galáxia Distante*. *Família Dinossauro* foi o único programa americano na história da TV brasileira que saiu do horário de atrações infantis para ser apresentado no horário nobre (na Rede Globo): a partir da terceira temporada, o seriado era exibido aos domingos, antes do *Fantástico*.

Justiça Sem Limites

Um caçador de recompensas, um policial chinês e um xerife do Novo Oeste. O que esses personagens têm em comum? Seus protagonistas, que no passado estrelaram diversos filmes de artes marciais, tornando-se ícones do gênero. Com o seriado **Renegado**, Lorenzo Lamas conquistou o patamar de astro da ação. Ele é Reno Raines, um ex-policial acusado de assassinar sua própria namorada. Preso, ele escapa da prisão e passa a operar como caçador de recompensas, enquanto reúne provas para prender o verdadeiro assassino. Mal lançada no Brasil pelo SBT, *Renegado* ganhou mais força quando foi exibida pelo Warner Channel, em 1996. Outro nome das artes marciais é Sammo Hung Kam-Bo, que estrela **Martial Law**. Ele é o policial Sammo Law, que vai para Los Angeles prender os membros da máfia chinesa e acaba sendo contratado para trabalhar com a polícia da cidade. As cenas de artes marciais eram as mais notáveis já produzidas para um programa de TV, coreografadas pelo próprio Sammo, que já trabalhou com Bruce Lee em *Operação Dragão* (1973), além de dirigir vários filmes com Jackie Chan. O grande diferencial dessa série foram seus créditos finais, sempre exibindo alguma cena de ação que não deu certo, algo muito comum nos filmes de Sammo e de seu colega Jackie Chan. Muito mais sorte teve o veterano das artes marciais Chuck Norris na série **Walker, Texas Ranger**, também conhecida no SBT como *Chuck Norris é a Lei*. Ele faz o patrulheiro Cordell Walker, membro da força policial de elite chamada Texas Rangers (Patrulheiros do Texas), que existe desde o século 19 no território. Esta foi outra série mal aproveitada pela TV aberta, que teve mais audiência quando foi lançada pelo Teleuno, que exibiu quase todas as suas nove temporadas.

Mistérios da Mente Criminosa

Depois do sucesso de *O Silêncio dos Inocentes* (1991), os produtores de TV buscavam uma fórmula para transformar uma investigação sobre *serial killers* num seriado. Coincidência ou não, em 1996 duas séries sobre o tema chegaram à TV dos EUA causando grande furor. A primeira foi **Millennium**, criada por Chris Carter, de *Arquivo X*, e que tinha como figura central o ex-agente do FBI Frank Black (Lance Henriksen), que havia se aposentado voluntariamente por achar que sua família poderia ser ameaçada por algum dos criminosos que ele investigava. Para não ficar sem trabalhar, ele é contratado pelo Grupo Milênio, uma entidade não-governamental preocupada com a segurança doméstica americana. Com seu poder de dedução lógica, Frank torna-se um indispensável agente do grupo, conseguindo capturar diversos criminosos na primeira temporada, que termina com sua esposa raptada por um dos *serial killers* que ele não conseguiu capturar quando era agente do FBI. Considerada violenta e inteligente, a série começou a ter problemas com a audiência, e saiu do ar após três temporadas. Um pouco mais de sorte teve **Profiler**, estrelada pela bela Ally Walker interpretando a dra. Samantha Waters, uma psicóloga especialista na investigação da mente criminosa, que se junta à Força-Tarefa de Crimes Violentos para identificar, localizar e prender os mais diferentes tipos de criminosos violentos e *serial killers* que atuam nos Estados Unidos.

No Mato Sem Cachorro

Quando criou seu personagem mais marcante, Edgard Rice Burroughs jamais poderia imaginar que Tarzã, o homem-macaco, sairia das páginas dos livros e alcançaria o sucesso no cinema. Na televisão, alguns produtores bem que tentaram, mas foram poucas as séries que conseguiram ganhar a atenção do público, especialmente depois que Ron Ely vestiu a tanga do homem-macaco pela primeira vez na telinha em 1966. Nos anos 90, a Fox exibiu duas tentativas de levar o personagem para a televisão. A primeira delas foi **Tarzã**, estrelada por Wolf Larson, que treinou durante vários meses para adquirir a musculatura que o personagem precisava. Uma co-produção com México, França e Canadá, a série tinha um enfoque mais naturalista, com Jane fazendo parte de uma entidade de preservação à natureza, e sendo ajudada por Tarzã a impedir que caçadores e empresários inescrupulosos destruíssem a região e seus animais. Com um enfoque de fantasia e suspense, **Tarzã – As Aventuras Épicas** apresentava um personagem mais cerebral, sempre envolvido com criaturas das trevas, feiticeiros e magia negra. Muitos críticos consideram essa série uma das melhores já realizadas sobre o personagem, que só não foi para a frente porque os custos com os efeitos especiais eram muito maiores do que a produção poderia agüentar. Outro livro clássico que acabou se transformando num seriado interessante é **O Mundo Perdido**, escrito por sir Arthur Conan Doyle, o criador do maior detetive de todos os tempos, Sherlock Holmes. Ele imaginou uma viagem até os confins do rio Amazonas, onde um grupo de cientistas e aventureiros conseguem localizar uma região isolada do mundo, onde animais pré-históricos ainda existem. Nesta versão para a TV, o ambiente do final do século 19 é preservado, mas os heróis têm que enfrentar também mistérios sobrenaturais, criaturas das trevas e tribos de selvagens com poderes sobre-humanos.

Botando a Casa Em (Des)Ordem

Um personagem típico numa comédia de costumes sobre o dia-a-dia de uma família é o empregado da casa. Ele pode ser um mordomo (*Poderoso Benson*), uma arrumadeira (*Hazel*) ou um cozinheiro (*Who's the Boss?*), mas o objetivo é sempre transformar as relações entre patrão e empregado em uma grande piada. Assim acontece com **The Nanny**, série estrelada por Fran Drescher, interpretando Fran Fine, uma vendedora de cosméticos que acidentalmente acaba contratada pelo consagrado produtor teatral Maxwell Sheffield para ser a babá ("nanny", em inglês) de seus três filhos. Na mansão do patrão ela encontra a amizade do mordomo Niles e a oposição da assistente de Sheffield, C. C. Babcock, que faz de tudo para conquistar o coração de seu chefe, mas é sempre alvo de gozação de Niles. Os episódios giravam em torno das trapalhadas de Fran com os contatos importantes do show business que o patrão tinha, criando situações que geralmente acabavam mal para a babá. A tensão sexual entre Fran e Maxwell era um dos pontos altos da série e foi acentuada nas duas últimas temporadas, até os dois assumirem um romance e depois se casarem. Um dos vinte programas mais assistidos da TV americana nos anos 90, *The Nanny* consagrou Fran Drescher, com seu estilo avoado e voz anasalada, bem reproduzida na versão brasileira apresentada pela Record. **Ô, Coitado**, série produzida pelo SBT, trazia Gorete Milagres interpretando diversos papéis. A comediante interpreta Filomena, uma doméstica que em vez de arrumar a casa do patrão, Steve Formoso (Moacyr Franco), só arruma confusão para ele. A série tinha tudo para dar certo, porém dificuldades criativas entre Gorete e a produção do programa fizeram que o seriado não decolasse, saindo logo do ar no SBT. Filomena acabou sendo jogada como personagem fixo do programa *A Praça é Nossa*, também no SBT. Ô, coitada!

Parente É Serpente

A típica família de classe média na televisão tem uma série de falhas, mas consegue resolver todos os seus problemas com amor e união entre seus membros. Contudo algumas das comédias mais divertidas dos anos 90 apostavam exatamente no oposto: famílias com mais problemas do que o amor é capaz de resolver. O principal exemplo é **Um Amor de Família**, série que ficou no ar por onze temporadas nos Estados Unidos, mostrando o cotidiano de Al Bundy (Ed O'Neill) e sua complicada e nada típica família. Ele é um ex-jogador de futebol frustrado que trabalha como vendedor de sapatos femininos. Peggy é a esposa que está pronta para o sexo, mas não quer saber de nada que envolva trabalhos domésticos. O conceito de loira burra, se não nasceu com a filha Kelly (Christina Applegate), ganhou muita força com ela. E Bud, o caçula da família, parece que terá o mesmo destino do pai: ser um perdedor. A série, considerada uma das mais anárquicas sobre a família americana, disputava a atenção do público com outros parentes desajustados: *Os Simpsons*.

Outra importante família fora dos padrões que apareceu na TV é a de **Sai de Baixo**, série que retoma o espírito das comédias de costumes como *A Família Trapo*, ao exibir semanalmente, com uma platéia ao vivo, as desavenças da família de Vanderley Mathias, o Vavá (Luís Gustavo). Por uma questão de sobrevivência, ele é obrigado a acolher em seu apartamento no largo do Arouche, em São Paulo, sua irmã Cassandra (Aracy Balabanian), a sobrinha Magda (Marisa Orth) e o marido dela, Carlos Augusto (Miguel Falabella), um malandro de primeira grandeza. Além deles, Vavá ainda tem sob seu teto a empregada Edileusa (Cláudia Jimenez), que vive de namoros com Ribamar (Tom Cavalcante), o porteiro do prédio. Juntas nessa tragicômica situação essas pessoas são as responsáveis por transformar a vida de Vavá num inferno. Magda é de uma ignorância assustadora, com frases divertidas fora do contexto e sempre disposta ao sexo com o marido, que tem uma posição especial para o casal: canguru perneta. Vavá é dono de uma agência de turismo que fica em sua própria casa, a VavaTur, mas nunca consegue clientes por causa das confusões de sua família. *Sai de Baixo* transformou-se num programa obrigatório para os domingos à noite depois do *Fantástico*. Gravado em duas sessões com platéia ao vivo no Teatro Procópio Ferreira, em São Paulo, a edição final aproveitava o melhor das duas apresentações. A marca registrada do programa era o constante improviso dos personagens, ampliando o humor de cada episódio. Em 2000, após cinco anos no ar, a série mudou o cenário para um restaurante, o Arouche's Place, com Vavá tendo como sócio o muquirana Pereira (Ary Fontoura), e seu assistente Ataíde (Luís Carlos Tourinho). O programa voltou a ter como cenário o apartamento de Vavá na sua última temporada, em 2001.

Você sabia?

★DANIEL FILHO APRESENTOU PRIMEIRAMENTE O PROJETO DA SÉRIE PARA O SBT, NA ÉPOCA EM QUE NÃO ESTAVA NA GLOBO. A EMISSORA RECUSOU. A PROPOSTA ERA DE QUE HEBE CAMARGO FOSSE CASSANDRA.

★NAIR BELLO E ARLETE SALLES RECUSARAM O PAPEL DE CASSANDRA.

Versão Brasileira

Durante muitos anos, os estúdios americanos tentaram implantar no Brasil algo que era relativamente rotineiro nos Estados Unidos: as versões de seriados de sucesso em outras línguas. A Sony foi a primeira a fechar uma parceria com uma emissora brasileira (a Rede Bandeirantes) para a adaptação de duas de suas séries mais populares. *Who's The Boss?* virou **Santo de Casa**, estrelada por Daniel Boaventura. Ele é Kiko, um ex-jogador de futebol que aceita trabalhar na casa de Laura, uma rica mulher da Zona Sul do Rio, para poder dar uma melhor educação para sua filha Tati. Laura é dona de uma agência de publicidade e mora com sua mãe Gigi e seu filho Rodrigo. A idéia do programa é mostrar os problemas desse relacionamento, principalmente quando Kiko começa a perceber que está apaixonado pela patroa, um amor que ele julga impossível. Já **A Guerra dos Pintos** é a adaptação de *Um Amor de Família*. Zé Pinto é subgerente de uma loja de calçados que só quer saber de ir para casa assistir à televisão bebendo uma cerveja gelada e, é claro, não escutar nenhum tipo de problema. Neide, sua mulher, é uma folgada que não quer nem cuidar dos filhos adolescentes: Kelly Cristina acha que sendo bonita e gostosa vai conseguir casar com um rico milionário, e Joça, o mais inteligente da família, que ainda não conseguiu arrumar uma namorada. A expectativa das duas empresas era conseguir oito pontos no Ibope, o que não aconteceu. E qual o motivo para o fracasso? Segundo especialistas no assunto, o problema estava nos roteiros, que deixaram de adaptar as situações propostas nos textos originais para buscar um suposto sabor nacional. Com isso, foi dada por encerrada a iniciativa da Sony de criar um centro de produção no Brasil para suas séries consagradas. O canal Multishow também produziu uma série, ato inédito até então na TV por assinatura, **Como ser Solteiro**. A história gira em torno de Cláudio (Ernesto Piccolo), um jornalista que vai morar com o amigo Ricardo (Heitor Martinez), um especialista na arte da sedução, a quem pede ajuda para aprender a conquistar garotas, já que sua timidez é o principal obstáculo para conseguir uma namorada.

Guerreiros e Imortais

Cada vez mais, os produtores de TV começaram a se voltar para o mundo da fantasia para trazer à telinha seriados em que ação, aventura e efeitos visuais fossem a base da história. Uma das primeiras produções dessa linha que chegou ao público brasileiro foi a adaptação de *Highlander – O Guerreiro Imortal*, filme de 1986 estrelado por Christopher Lambert, como o jovem escocês Connor MacLeod, que nasceu no século 14 e adquiriu a imortalidade depois de morrer durante uma batalha. Para não misturar muito as idéias, criaram um primo de Connor chamado Duncan (Adrian Paul), personagem principal de **Highlander – O Guerreiro Imortal – A Série**, exibida pela Globo nas noites de domingo após o *Fantástico*. O grande diferencial da série acontece na segunda temporada, quando o imortal descobre a sociedade secreta dos Sentinelas, responsáveis por monitorarem as atividades dos Imortais desde seu surgimento no planeta. A série saiu do ar na Globo antes do final da primeira temporada, sendo redescoberta posteriormente pelo canal Teleuno, que exibiu as seis temporadas. A série também teve seu "spin-off", **Highlander: The Raven**, de 1998, mostrando as aventuras de Amanda, a imortal que durante os séculos acabou se transformando numa das mais eficientes ladras de jóias do mundo.

Considerado o estúdio das séries de ação e aventura, a Universal deu carta branca para que o diretor Sam Raimi, responsável pelos filmes do Homem-Aranha no cinema, desenvolvesse uma idéia para a TV. Aproveitando o sucesso de cinco longas-metragens para a televisão que ele havia produzido sobre o personagem, ele criou a série **Hércules**. O primeiro capítulo mostra por que o seriado faria sucesso por cinco temporadas: Hercules é filho de Zeus com uma mortal, e Hera, a deusa esposa de Zeus, mata sua família para punir o filho bastardo do marido. A série revolucionou a fórmula de produzir programas de fantasia utilizando diversos recursos do nascente mercado neozelandês. Depois que o SBT interrompeu o seriado em sua terceira temporada, o canal USA o exibiu na íntegra.

Hércules gerou um "spin-off" que fez ainda mais sucesso que o original: **Xena – A Princesa Guerreira**. A personagem havia aparecido em três episódios da série anterior, quando tenta matar o herói, mas é convencida por ele a lutar pelo bem. A repercussão foi positiva, e o público pediu mais aventuras com ela. Na série, ela retorna à sua terra natal quando entra em seu caminho Gabrielle, uma jovem poetisa apaixonada por aventura e que deseja seguir ao lado da guerreira, registrando para as futuras gerações as jornadas heróicas da dupla. A série elevou à categoria de estrela da TV a atriz neozelandesa Lucy Lawless. O seriado foi produzido pela mesma dupla de Hércules, e o personagem apareceu em alguns episódios. A relação entre as duas personagens atraiu a comunidade lésbica do planeta. Embora Xena e Gabrielle aparecessem na série com homens, as insinuações de um relacionamento entre ambas foram ficando cada vez mais evidentes.

Jovens, Loucos e Apaixonados

Durante muitos anos nenhum produtor de TV se arriscava em criar algo específico para o público jovem de classe média nos Estados Unidos, por considerar que a fórmula "comédia jovem" era o suficiente. Mas bastou Aaron Spelling se aventurar nessa área para criar uma definição para o gênero, com **Barrados no Baile**. Um dos maiores sucessos da carreira de Spelling, esse drama mostrando a juventude americana dos anos 90 foi campeão de audiência em praticamente todos os países onde foi exibido. No primeiro episódio, o público conhece a família Walsh, que acabou de mudar para Beverly Hills e que enfrenta os tradicionais problemas de adaptação a uma nova cidade, principalmente os filhos Brenda (Shannen Doherty) e Brandon (Jason Priestley), que agora irão estudar numa escola onde a elite da região estuda. Embora o tema da divisão de classes tenha sido suavizado durante as 11 temporadas, a série não deixou de falar sobre temas polêmicos, como sexo, drogas, crime, suicídio e estupro. A primeira baixa do elenco principal foi Shannen Doherty, que saiu da série por suas constantes bebedeiras e atrasos às gravações. O mesmo motivo que depois a tirou de *Charmed*, também produzida por Spelling. Spelling ainda aproveitaria a base de *Barrados no Baile* para lançar outro sucesso para o público mais adulto, chamado **Melrose**. A série seria um "spin-off", porém acabou ganhando uma linha dramática diferente, graças ao trabalho de Darren Star, roteirista e produtor da série adolescente (e depois criador de *Sex and the City*). A idéia era mostrar a vida e os desafios de um grupo de jovens por volta dos 20 anos de idade, que saiu da faculdade e tem o mundo pela frente. A ação era concentrada em um bloco de apartamentos num bairro de Los Angeles. A série teve seus altos e baixos, entretanto conquistou o público pela ousadia de alguns episódios, como o primeiro beijo gay da TV. Mas ao fim da sétima temporada, os altos custos de produção e a queda na audiência fizeram a Fox cancelar o seriado.

Você sabia?

★A PERSONAGEM BRENDA, DE *BARRADOS NO BAILE*, NÃO ERA MUITO POPULAR ENTRE ALGUNS FÃS DA SÉRIE, QUE CRIARAM O MOVIMENTO "I HATE BRENDA" (EU ODEIO A BRENDA). ELES FICARAM ESPECIALMENTE FELIZES QUANDO A ATRIZ SHANNEN DOHERTY SAIU DO SERIADO. ALIÁS, A ATRIZ DECLAROU QUE ERA DIFÍCIL ESCONDER EM CENA A ATRAÇÃO PELO ATOR JASON PRIESTLEY, QUE FAZIA SEU IRMÃO.

★INICIALMENTE, *MELROSE* SERIA UM "SPIN-OFF" DE *BARRADOS NO BAILE*, MAS COMO A AUDIÊNCIA INICIAL DEIXOU A DESEJAR, OS CONFLITOS FORAM ACENTUADOS E A SÉRIE GANHOU UMA IDENTIDADE PRÓPRIA. OS NÚMEROS DO IBOPE AUMENTARAM, E AS TRAMAS FICARAM CADA VEZ MAIS ABUSADAS: PERSONAGENS VOLTANDO DA MORTE, PERSONALIDADE MÚLTIPLA E ATÉ UMA BOMBA QUE DESTRUIU O BLOCO DE APARTAMENTOS.

Party of Five (*O Quinteto*) redefiniu o drama familiar na TV, mostrando os cinco filhos da família Salinger, que ficam órfãos depois que os pais morrem num acidente. Charlie (Matthew Fox, o Jack de *Lost*) é o mais velho e se vê obrigado a tomar conta do restaurante da família, transformando-se numa espécie de pai. Enquanto isso, os adolescentes Bailey (Scott Wolf) e Julia (Neve Campbell, da cinessérie *Pânico*) passam por uma série de problemas típicos da idade, enquanto a mais nova, Claudia (Lacey Chabert), desiste de tocar violino para ajudar os irmãos. E todos têm que cuidar do bebê Owen. Durante as seis temporadas, os Salingers passaram por grandes problemas, como o câncer de Charlie, o alcoolismo de Bailey, os problemas de relacionamento de Julia e Claudia, e claro, a adaptação de Owen num mundo sem seus pais. O último episódio é considerado um dos melhores fechamentos para uma série dramática, mostrando o último natal dos Salingers juntos sob o mesmo teto. Jennifer Love Hewitt estrelaria um "spin-off" da série, **Time of Your Life**, que fracassou depois de 19 episódios no ar.

As relações familiares e entre adolescentes também faziam parte de **Dawson's Creek**, série criada por Kevin Williamson, responsável pelos roteiros da trilogia cinematográfica *Pânico*. Dawson (James Van Der Beek) é um típico adolescente americano que procura uma paixão em sua vida além do cinema, ao qual é totalmente devotado. Sua vizinha Joey (Katie Holmes) faz de tudo para ser notada pelo amigo, já que é apaixonada por ele desde que se conheceram na infância. O melhor amigo de Dawson é Pacey (Joshua Jackson), um garoto descolado que tem problemas de relacionamento com o pai. Ao trio junta-se a jovem Jen (Michelle Williams), que veio de Nova York para morar com a avó depois de se meter em algumas confusões na escola e com o ex-namorado. Para Dawson, tudo isso pode ser o cenário de uma grande história sobre a juventude americana, enquanto tenta descobrir se está apaixonado por Jen ou por Joey. Essa confusão de sentimentos vai levar seis temporadas para ser resolvida. O episódio final da série revela Dawson como um produtor, preparando-se para lançar uma série de TV falando sobre a juventude de uma pequena comunidade da costa leste americana.

O jovem brasileiro também se encontrou na televisão, graças ao trabalho de Daniel Filho, que havia saído da Rede Globo e fez uma parceria com a TV Cultura para produzir **Confissões de Adolescente**. Baseada na peça de Maria Mariana, adaptada para a TV pelo próprio Daniel, a série mostra o cotidiano das amigas Diana, Bárbara, Natália e Carol, que moram no mesmo condomínio na Barra da Tijuca, no Rio de Janeiro. Os problemas e crises que elas enfrentam em seu dia-a-dia – da separação dos pais à primeira menstruação – é mostrado de forma simples e bem-humorada. Foi a primeira série brasileira filmada inteiramente em película 16 mm, garantindo um acabamento fotográfico diferenciado. O seriado, que revelou Deborah Secco, teve sua primeira temporada exibida pela TV Cultura, depois seguiu para a Bandeirantes, para retornar com episódios inéditos novamente na Cultura, em que foi um dos programas de maior audiência na história da emissora paulista.

Uma Fonte de Inspiração

O cinema já havia demonstrado que pode ser uma fonte de inspiração para uma série, e parece que nos anos 90 ninguém quis deixar escapar nada, começando com George Lucas e Steven Spielberg, que resolveram contar a origem do professor, arqueólogo e aventureiro Indiana Jones em **O Jovem Indiana Jones**. Ele percorreu o mundo em busca de aventuras, num período que vai dos seus 10 anos de idade até os 16, quando lutou na Primeira Guerra Mundial. A idéia de Lucas era que o seriado fosse uma aula de história moderna, mostrando o personagem como participante de vários momentos importantes da humanidade. E talvez esse tenha sido o motivo da série não ter tido o resultado esperado. Com **Poltergeist – O Legado**, os produtores apenas pegaram emprestado o nome do filme de terror feito em 1982 para criar uma sociedade secreta liderada pelo milionário Derek Rayne, chamada O Legado, que investiga atividades paranormais e funciona dentro de um castelo na ilha Angel, em São Francisco. Com uma violência mais contida (e portanto bem diferente do filme de 1987), **Robocop – O Policial do Futuro** tinha a mesma história do original: um policial é dado como morto durante uma missão e o que sobrou de seu corpo é transferido para um andróide, num projeto desenvolvido pela corporação OCP. Outra produção que teve suas origens no cinema é **FX – A**

série, baseado no filme *FX – Assassinato sem Morte* (1986), mostrando o especialista em efeitos especiais Rollie Tyler, que ajuda a polícia a resolver casos, usando para isso suas técnicas para iludir os bandidos. Depois que o diretor francês Luc Besson apresentou a mais mortífera e sensual agente secreta do cinema em *Nikita – Criada Para Matar* (1990), que gerou a versão americana *A Assassina* (1993), a personagem tinha tudo para se transformar numa estrela da TV: **La Femme Nikita**. Nikita era mais uma jovem sem futuro, condenada à morte depois de participar de um roubo em que morre um policial. Só que a organização secreta Seção Um forja a sua morte para transformá-la numa agente de campo do contraterrorismo.

Harry – Um Hospede do Barulho segue a mesma linha do filme homônimo de 1987, quando um acidente de carro deixa a família Henderson tomando conta de um Pé-Grande, um descendente dos macacos que virou lenda no interior dos Estados Unidos. O mesmo se aplica com **As Patricinhas de Beverly Hills**, sucesso com Alicia Silverstone em 1995. Assim como o filme, a série mostrava o dia-a-dia das alunas de uma escola de classe média alta dessa região chique de Los Angeles, em especial Cher, que, com sua falta de noção do que acontece à sua volta, está sempre querendo ajudar os outros. Houve ainda uma versão do sucesso de 1989, **Querida, Encolhi as Crianças**, com o gênio da ciência que inventou o raio encolhedor descobrindo toda semana algo fenomenal, que acaba dando mais dor de cabeça e confusão para sua família do que bons resultados.

Os Invasores

Os visitantes de outros planetas sempre foram uma presença constante na TV, antes mesmo de Chris Carter criar uma revolução na ficção científica com a conspiração alienígena dentro de *Arquivo X*. Inspirado no filme homônimo de 1988, escrito por Rockne S. O'Bannon (criador de *Farscape – Numa Galáxia Distante*), a série **Missão Alien** retomava a premissa básica do original: uma grande nave espacial vinda de outro planeta pousa no deserto de Mojave com milhares de extraterrestres que pedem abrigo e proteção na Terra. Os ocupantes eram escravos de outra galáxia que conseguiram se amotinar e rumar para o nosso planeta. Depois de aceitos, eles começam a viver uma vida normal como qualquer outro imigrante. A relação entre o carrancudo detetive Sikes e o novato policial alienígena Francisco é transposta para o seriado.

Dark Skies tinha uma premissa bem diferente das séries com o mesmo tema. Durante os últimos meses do governo Kennedy, John Loengard (Eric Close, de *Without a Trace*), um jovem idealista que trabalha no Congresso dos Estados Unidos, tropeça num dos grandes segredos do governo americano: a nave alienígena que supostamente teria caído no famoso acidente de Roswell, no Novo México, era, na verdade, a primeira de uma força invasora. Para manter o segredo, é criada a organização Majestic 12, encarregada de acobertar as atividades alienígenas na Terra, até conseguir um meio de expulsar os invasores. O problema é que mesmo convencido pelo chefe do M12 em trabalhar com eles, John sente-se manipulado e resolve entregar tudo para o presidente. Mas enquanto foge com sua namorada Megan, ele ouve no rádio que Kennedy foi assassinado. E os responsáveis por trás desse nefasto ato poderiam ser os alienígenas infiltrados como agentes do M12, descontentes com a política liberal na Casa Branca. Na idéia original, que mudou depois do piloto aprovado, John e Megan iriam trabalhar na Majestic 12 e acompanhariam as atividades dos alienígenas pelos últimos quarenta anos. Ou seja, cada temporada se passaria numa década. Contudo acharam melhor fazer uma mistura de *O Fugitivo* e *Arquivo X*, e a série foi cancelada após 20 episódios.

Você sabia?

★O PROJETO DA SÉRIE *DARK SKIES* FOI OFERECIDO NO MESMO DIA PARA TRÊS EMISSORAS AMERICANAS. CADA UMA RECEBEU UM "BRIEFING" EMBALADO NUM PAPEL SIMPLES MARROM, COM O AVISO DE QUE, AO ABRIR O PACOTE, OS EXECUTIVOS ACEITARIAM O ALTO NÍVEL DE REVELAÇÕES QUE ELE CONTINHA E AS PENALIDADES IMPOSTAS PELO GOVERNO AMERICANO EM CASO DE DIVULGAÇÃO NÃO AUTORIZADA. NO FINAL DO DIA, OS CRIADORES TINHAM DUAS OFERTAS EM MÃOS.

Outra série sobre alienígenas na Terra foi **Roswell**, baseada nos livros de Melinda Metz sobre a vida de alienígenas adolescentes na cidade de Roswell, no Novo México. A série começa dias antes de essa pacata cidade do interior americano receber visitantes para sua festa anual em homenagem ao objeto voador não-identificado que ali caiu em 1947, no famoso "Caso Roswell". Pelo menos é o que dizem as lendas urbanas que fazem milhares de fãs de ficção científica rumarem para o local na esperança de fazer um contato imediato do terceiro grau. Misturando ficção e drama adolescente, a série teve uma carreira curta. No entanto durante três temporadas os fãs puderam ver o relacionamento entre os protagonistas evoluir a um ponto em que as questões relacionadas com sua permanência ou não na Terra acabaram ficando para trás. E em respeito ao público que acompanhava o seriado, os produtores conseguiram guiar a última temporada para um final plausível. Destaque no elenco para Katherine Heigl, que depois faria *Grey's Anatomy*, e Emilie de Ravin, que seria uma das sobreviventes de *Lost*.

Você sabia?

★TEMENDO O CANCELAMENTO DE *ROSWELL* DURANTE A PRIMEIRA TEMPORADA, OS FÃS ENVIARAM GARRAFAS DO MOLHO TABASCO (QUE APARECIA NA LANCHONETE ONDE LIZ TRABALHAVA) PARA O CANAL WARNER COMO PARTE DE UMA CAMPANHA PARA MANTER ROSWELL NO AR. DEU CERTO: A SÉRIE GANHOU UMA NOVA CHANCE EM OUTRO HORÁRIO E FOI RENOVADA PARA UM SEGUNDO ANO.

Uma das táticas de qualquer invasão é mandar uma equipe avançada para analisar o território antes que as tropas cheguem. Mas quando o grupo não consegue entender o que se passa à sua frente, tudo pode virar de ponta-cabeça. E é isso o que acontece em **3rd Rock from the Sun** (*Eta Terrestre*), série dos mesmos criadores de *That '70s Show*. Um grupo de alienígenas vem estudar a Terra, e chegam na forma humana, o que lhes dá sentimentos, emoções e necessidades físicas. O detalhe é que eles não sabem o que tudo isso significa, causando uma confusão após outra, até que eles consigam entender o que acontece com os humanos. Depois de uma temporada no Multishow, a série foi para o Sony, em que ficou conhecida pelo estranho título original, que significa a "terceira rocha a partir do Sol", numa referência à posição da Terra em relação ao Sol. A série conquistou o Globo de Ouro de melhor seriado humorístico, e deu duas vezes a John Lithgow e Kristen Johnston o Emmy de melhor ator e melhor atriz coadjuvante.

Teoria Lavosier

Os produtores de TV estão sempre procurando fontes de inspiração diferentes – e de preferência inéditas – para cativar o público durante anos. O que ninguém ainda havia tentado era fundir duas produções numa só, como fez com muito sucesso Haim Saban. Compositor de várias trilhas de desenhos animados, como She-Ra e He-Man, além de ser co-autor da trilha de abertura de *Dallas*, ele havia passado uma temporada no Japão quando viu na TV a série *Kyoryu Sentai Jurenja*, da Toei Company, que mostrava um grupo de jovens guerreiros, cada um com um uniforme colorido e armas especiais combatendo um invasor do espaço. Quando a situação ficava crítica, os cinco jovens comandavam as ações de um super-robô gigante e partiam para cima do monstro da semana. O que Saban fez? Negociou com a Toei a compra dos direitos dessa série para exibi-la nos Estados Unidos, mas inserindo cenas com um elenco americano. Na verdade, ele reciclou a série japonesa para torná-la mais acessível ao público americano em geral, e não somente aos fãs do gênero. Com isso, as cenas de ação, com seus monstros gigantes e lutas de artes marciais, eram aproveitadas do original, deixando que os atores americanos mostrassem a cara e contassem a história. Nascia um dos maiores fenômenos do gênero na história da TV, os **Power Rangers**. O sucesso foi tão grande que gerou dois longas para o cinema: *Power Rangers: O Filme* (1995), feito no auge do sucesso da série, e *Turbo – Power Rangers 2* (1997). Com a fórmula testada, Saban começou a trazer novas produções da Toei para serem recicladas para os mercados ocidentais, como *VR Troopers*, *Masked Rider* e *Beetleborgs*, exibidas pela Rede Globo, entre outras emissoras brasileiras. Contudo essa praticidade acabou gerando um efeito colateral negativo para os fãs do gênero: depois da chegada dos *Power Rangers*, nenhum seriado japonês voltou a ser exibido pela TV brasileira, com exceção de *Ultraman Tiga*, apresentado pela Record. Foram produzidas mais de dez temporadas com grupos diferentes, sempre usando como base a série original japonesa. Nada mal para quem subverteu o que Lavoisier disse há mais de duzentos anos: na natureza, nada se perde, nada se cria, tudo se transforma. Ou seja, na televisão, nada se cria, tudo se copia.

A Família Power Ranger

POWER RANGERS – 1993 :::: POWER RANGERS ZEO – 1996 :::: POWER RANGERS TURBO – 1997 :::: POWER RANGERS NO ESPAÇO – 1998 :::: POWER RANGERS NA GALÁXIA PERDIDA – 1999 :::: POWER RANGERS O RESGATE – 2000 :::: POWER RANGERS FORÇA DO TEMPO – 2001 :::: POWER RANGERS FORÇA ANIMAL – 2002 :::: POWER RANGERS TEMPESTADE NINJA – 2003 :::: POWER RANGERS DINOTROVÃO – 2004 :::: POWER RANGERS SUPER PATRULHA DELTA – 2005 :::: POWER RANGERS FORÇA MÍSTICA – 2006 :::: POWER RANGERS OPERAÇÃO ULTRAVELOZ – 2007 :::: POWER RANGERS FÚRIA DA SELVA – 2008

Nem Todo o Mundo é Springfield

Na clássica série *Papai Sabe Tudo*, Jim Anderson e sua família eram moradores da comportada cidade de Springfield, onde os vizinhos se relacionavam bem, não havia crimes, as crianças e os jovens podiam voltar para casa sem perigo algum e, sim, entre quatro paredes costumava-se praticar sexo, mesmo que em camas separadas. Mas as pequenas cidades do interior dos Estados Unidos transformaram-se em ótimos alvos para moradores diferentes e até mesmo bizarros. É o caso de **Picket Fences**, série criada por David E. Kelley, que lhe deu o impulso necessário para passar de respeitado roteirista para um reconhecido produtor de séries, como *Chicago Hope, Ally McBeal* e *Justiça Sem Limites.* Na pequena cidade de Roma, no interior de Wisconsin, a comunidade convive com os mais estranhos casos de violência, onde uma batata e outros utensílios domésticos podem ser usados como arma. A série recebeu 28 prêmios, incluindo dois Emmys como melhor seriado dramático, e foi ovacionada pelos críticos americanos, mas nunca chegou a ser um grande sucesso de audiência.

Quem conseguiu mobilizar o público e a imprensa em torno do assassinato de uma estudante numa pequena cidade do interior foi o diretor David Lynch, com **Twin Peaks**. A série foi o primeiro trabalho importante para a TV do responsável por filmes como *Veludo Azul* (1986) e *A Cidade dos Sonhos* (2001), e o clima era tão bizarro quanto em seu trabalho no cinema. A história se passa na cidade montanhesa de *Twin Peaks,* onde o agente especial do FBI Dale Cooper (Kyle MacLachlan) chega para investigar a morte de Laura Palmer (Sheryl Lee, que também interpretava Madeleine), que supostamente foi assassinada por um serial killer. O que irá transformar os rumos da sua investigação será a convivência com os habitantes dessa cidade, pois absolutamente todos têm algo a esconder. A série pegou todo mundo de surpresa por sua fórmula nada convencional, e a pergunta "Quem matou Laura Palmer?" se tornou a bola da vez. O interessante é que Lynch queria apenas uma temporada, mas a ABC pediu uma continuação, que deixou o público confuso, principalmente com o final em aberto. Para fechar o ciclo, Lynch dirigiu o filme *Twin Peaks – Os Últimos Dias de Laura Palmer* (1992), em que contou os fatos que levaram à morte da jovem.

Você sabia?

★ NA ALEMANHA, O CANAL RTL TEVE QUE CANCELAR *TWIN PEAKS* APÓS 20 EPISÓDIOS, EM RAZÃO DA BAIXA AUDIÊNCIA, DEPOIS QUE A EMISSORA RIVAL SAT1 REVELOU QUEM ERA O ASSASSINO ANTES MESMO DO PRIMEIRO EPISÓDIO IR AO AR.

Um Amor de Família

Nada é mais tipicamente americano do que uma comédia de costumes falando sobre relações familiares. O fato é que são essas produções que têm conduzido a audiência na TV americana há décadas, e nos anos 90 elas não se limitaram ao dia-a-dia entre pais e filhos. É o caso de **Everybody Loves Raymond**, série criada pelo comediante Ray Romano e seu amigo Philip Rosenthal. Baseado nos divertidos casos familiares que Ray apresentava em seus shows, a série mostra o cotidiano de Ray Barone, um bem-sucedido cronista esportivo que mora numa bela casa de subúrbio com sua esposa Debra e seus três filhos. O único inconveniente é a presença constante de seus pais, que moram do outro lado da rua, e as visitas inoportunas do irmão policial, que tem uma grande dor-de-cotovelo pela bela vida que Ray leva. A série conquistou o público e a crítica desde a sua primeira temporada, sendo premiada com 15 Emmys, incluindo melhor série cômica. Um texto leve para tratar dos problemas do cotidiano. Esse também foi o tempero utilizado por Flávio de Souza para criar **Mundo da Lua**, uma co-produção entre a TV Cultura, o Sesi e a Globo. Narrando o cotidiano de uma família de classe média, a série foi produzida para o público infantil com o objetivo de ensinar brincando. Os temas educativos eram apresentados para desenvolver a trama, que tinha como personagem principal o jovem e imaginativo Lucas, um garoto de 10 anos que criava histórias dentro de seu mundo de sonhos e com a ajuda de seu gravador mágico. Os conselhos didáticos dados pelos pais de Lucas e pelo avô Orlando eram escritos para finalizar a lição aprendida pelo garoto no episódio.

Em **Três é Demais**, a educação de três garotas não é um problema apenas do pai delas, Danny Tanner. Apresentador de um programa de esportes, ele recebe a trágica notícia da morte de sua esposa. Com medo de não conseguir cuidar das três filhas, ele pede a ajuda de seus dois amigos, o roqueiro Jesse e o comediante Joey, que passam a morar com essa nova família. Mesmo com essa casa cheia, Jesse acaba se envolvendo com a colega de trabalho de Danny, Rebecca, que se casa com o guitarrista, com quem tem um casal de gêmeos. *Três é Demais* cativou a audiência americana ao tratar da amizade. E para valorizar as grandes famílias americanas, os roteiristas de *Primo Cruzado* resolveram fazer uma versão menos certinha e moralista de *A Família Brady*. Em **Step by Step**, o empreiteiro Frank Lambert (Patrick Duffy, o Bobby de *Dallas*), viúvo e pai de dois garotos e uma menina, se casa com a esteticista e viúva Carol Foster, mãe de duas garotas e um menino. A série foi produzida especialmente para que a produtora Lorimar honrasse o compromisso feito com Duffy, que exigiu trabalhar numa outra série para aceitar voltar a fazer *Dallas*.

Senhor Juiz...

Foi o tempo em que Perry Mason deixava de lado suas atribuições na corte para sair em campo e descobrir os verdadeiros culpados de um crime pelo qual um inocente acusado injustamente poderia ir parar na câmara de gás. Nos anos 90, as séries sobre o sistema judiciário americano passaram a mostrar também o drama dos advogados antes de irem para o tribunal defender seus clientes. David E. Kelley, responsável por *Picket Fences* e *Chicago Hope*, resolveu mostrar dois pontos de vista diferentes sobre o sistema legal na cidade de Boston. E para isso criou dois ambientes bem diferentes: a equipe de jovens advogados idealistas de **O Desafio**, e a advogada com o coração partido chamada **Ally McBeal**.

A jovem Ally (Calista Flockhart) só queria sair da cidade para esquecer sua antiga paixão, Billy, que a havia dispensado logo depois da formatura. Ela vai para Boston trabalhar num escritório de advocacia chefiado por Richard Fish e John Cage, sem saber que ela encontraria nada menos do que Billy, que também trabalhava lá. Mas quando ela pensa que existe uma chance para conseguir reaver o antigo amor, descobre que Billy está casado com Georgia, outra advogada da firma. Agora, ela terá que lidar com os problemas desse relacionamento mal resolvido e partir para outra, tentando resolver de vez seus problemas do coração. A série inovava ao mostrar a fértil imaginação de Ally tomar conta da tela de forma inusitada na TV, criando momentos muito divertidos. Além de Calista, a série revelou Lucy Liu.

Você sabia?

★NUMA TENTATIVA DE AUMENTAR A AUDIÊNCIA, ROBERT DOWNEY JR. ENTROU PARA O ELENCO NO INÍCIO DA QUARTA TEMPORADA, COMO O NOVO INTERESSE ROMÂNTICO DE ALLY. FUNCIONOU, NO ENTANTO APÓS ELE SER PRESO POR POSSE DE DROGAS, A EMISSORA O DESPEDIU, MATANDO A IDÉIA DO CRIADOR DAVID E. KELLEY DE CASAR OS DOIS PERSONAGENS NO FINAL DA TEMPORADA. NO QUINTO (E ÚLTIMO) ANO, JON BON JOVI ERA O NOVO GALÃ, MAS QUE NÃO REPERCUTIU JUNTO AO PÚBLICO.

★JANE KRAKOWSKI, A ÚNICA ATRIZ NÃO MAGRA DO ELENCO, CONFESSOU QUE EM ALGUNS DIAS SE SENTIA UMA "VACA GORDA". ELA INTERPRETAVA A DIVERTIDA ELAINE. ENQUANTO ISSO, A ESTRELA DA SÉRIE, CALISTA FLOCKHART, SURGIU BASTANTE MAGRA NA SEGUNDA TEMPORADA, CAUSANDO INSISTENTES ESPECULAÇÕES DA MÍDIA POR SUA SUPOSTA ANOREXIA.

Bobby Donnell sabe que reuniu na sua pequena firma de advocacia profissionais que sabem muito bem defender seus clientes, principalmente quando enfrentam no tribunal promotores e advogados de corporações que querem ver seus clientes presos de qualquer maneira. Com **O Desafio**, Kelley mostrou o lado mais sério e talvez mais amargo da advocacia, apresentando casos de assassinato, violência sexual e assédio moral. No decorrer da série, houve muitas mudanças no rumo dos personagens. O elenco filmou o final da sétima temporada achando que não haveria uma nova renovação, em razão da audiência decrescente. Mas o canal ABC resolveu produzir uma oitava temporada, só que cortando custos. Para isso, despediu simplesmente seis atores do elenco central, mantendo apenas quatro. James Spader e William Shatner entraram e fizeram tanto sucesso que seus personagens ganharam o "spin-off" **Justiça Sem Limites**, também criado por David E. Kelley, em vez de se produzir a nona temporada.

Muito Antes de Seu Tempo

A idéia de uma série de TV girando em torno de um único tema principal pode parecer ter sido iniciada com produções como *24 horas* e *Prison Break*. Mas nos anos 90 uma outra série já ousava nesse sentido: **Murder One**, uma mistura bem dosada de drama e suspense policial estrelada pelo carioca de origem Daniel Benzali. Ele é Ted Hoffman, advogado de um dos mais importantes escritórios de direito de Los Angeles, contratado para defender um jovem ator que fora encontrado na cena de um assassinato. Enquanto tenta encontrar provas da inocência do jovem, ele tem que enfrentar os problemas do dia-a-dia, como os dramas vividos por seus assistentes e as intrigas no ambiente de trabalho. Além disso, sua esposa Annie não agüenta mais ver o marido envolvido em casos que o deixam muito tempo fora de casa. A série causou um impacto pela inovação de trazer uma única trama principal sendo desenvolvida durante uma temporada inteira, mas foi cancelada na segunda temporada pela baixa audiência, provavelmente porque o público não estava habituado a acompanhar uma trama na qual a compreensão de cada episódio dependia dos anteriores.

Os Bastidores do Poder

Existe algo de fascinante em saber o que acontece nos bastidores de uma produção cinematográfica, uma novela ou um seriado de TV. E por isso alguns seriados resolveram investir na revelação de como funcionam determinadas organizações. Para falar do próprio umbigo, o comediante Garry Shandling apresentou para a HBO a proposta de um seriado que falaria dos bastidores de um famoso talk show noturno numa grande rede de TV americana. Nascia aí **The Larry Sanders Show**, que apresentava o dia-a-dia da produção do programa, apresentado pelo egocêntrico e atrapalhado Sanders (interpretado por Shandling). A participação de David Duchovny (amigo pessoal de Shandling) ficou famosa, pois apareceu na série como ele mesmo e dando a impressão de que tinha uma atração sexual por Larry.

Vivendo situações tão constrangedoras quanto Larry Sanders está Michael Flaherty, o assessor de comunicação do prefeito de Nova York, interpretado por Michael J. Fox em **Spin City** (*Limpando a Barra*), do mesmo criador de *Caras e Caretas*. O dia-a-dia dele e de seus assessores sempre envolve tentar livrar o prefeito de algum momento complicado, já que o político é atrapalhado demais para tomar uma decisão importante. Foi a primeira série produzida pela DreamWorks, e estava no auge quando Fox decidiu se retirar para cuidar do mal de Parkinson. Era possível notar, em alguns episódios, que ele ficava constantemente com sua mão esquerda dentro do bolso do paletó. Charlie Sheen foi escalado para substituí-lo, agora como o assessor Charlie Crawford. No elenco, também entrou a ex-*Melrose* Heather Locklear como a nova assistente do prefeito. Mesmo com um ritmo perfeito para a comédia, Charlie conseguiu sustentar a série por apenas mais duas temporadas, e o seriado chegou ao fim após seis anos no ar.

Um grande sucesso da televisão foi **West Wing – Nos Bastidores do Poder**, com o veterano Martin Sheen (ator do clássico *Apocalypse Now* e pai de Charlie Sheen) interpretando nada menos do que o presidente dos Estados Unidos. A idéia da série era retratar, do modo mais realista possível, o cotidiano da Ala Oeste (West Wing) da Casa Branca, área onde trabalham os assessores diretos do presidente. A princípio, eles seriam o foco, já que Sheen apareceria em apenas quatro episódios por temporada. Mas no piloto o carisma do personagem e a belíssima interpretação do ator mostraram que Josiah Bartlet deveria se tornar um dos personagens principais. Durante os sete anos da série, diversas crises passaram pelos corredores da Casa Branca, de crises nucleares a tentativas de assassinato, passando pela grande revelação de que o presidente entrou na corrida eleitoral sem ter revelado aos eleitores que sofria de esclerose múltipla, num dos grandes momentos da série. Durante a sexta temporada, são lançadas as candidaturas dos congressistas Vinick e Santos, com o último ano se focando na disputa eleitoral, terminando com a vitória de Santos (Jimmy Smits, de *Nova York Contra o Crime*), o primeiro candidato latino a ocupar a Casa Branca. Na ficção, é claro. O seriado conquistou quatro Emmys de melhor série dramática em suas primeiras quatro temporadas, um feito inédito. Martin Sheen foi indicado cinco vezes ao Emmy, e ganhou o Globo de Ouro. Nada mal para quem já foi um péssimo presidente americano no filme *A Hora da Zona Morta* (1983), onde ele ordena um ataque nuclear à União Soviética, determinando o fim do mundo.

Você sabia?

★*WEST WING* VENCEU 26 EMMYS, EMPATANDO COM *CHUMBO GROSSO* NA MAIOR QUANTIDADE DESSE PRÊMIO RECEBIDO POR UM SERIADO DRAMÁTICO. EM 2000, FORAM NOVE EMMYS DE UMA TACADA SÓ, OUTRO RECORDE PARA UMA SÉRIE.

★DURANTE SEUS SETE ANOS, A SÉRIE ABORDOU DIVERSAS QUESTÕES POLÍTICAS REAIS QUE TIVERAM RELEVÂNCIA ENQUANTO *WEST WING* ESTAVA NO AR, COMO O ATENTADO DE 11 DE SETEMBRO, AS AMBIÇÕES NUCLEARES DA CORÉIA DO NORTE, AS RELAÇÕES ENTRE A ÍNDIA E O PAQUISTÃO E O PROCESSO DE PAZ NA IRLANDA DO NORTE.

Barra Pesada

O conceito de TV por assinatura nunca foi levado tão à risca como nos Estados Unidos, principalmente quando a idéia é pagar por algo exclusivo, novo e original. Na busca desse formato, os principais canais pagos, como HBO e Showtime, resolveram dar um passo mais firme, iniciando a produção de seriados com conteúdos mais adultos e ousados. O formato seria menor: as séries teriam em torno de 13 episódios, contra a média de 22 na TV aberta. A primeira a chegar foi **Oz – A Vida é uma Prisão**, apresentando o dia-a-dia dos condenados numa prisão de segurança máxima apelidada de Oz pelos detentos. Outra referência ao Mágico de Oz é a **Cidade Esmeralda**, uma área da prisão criada para reabilitação experimental. Mas a série, criada pelo roteirista e produtor Tom Fontana, responsável por *Lei & Ordem*, foi mais além e não poupou o público ao mostrar a promiscuidade sexual atrás das grades de uma forma que ninguém havia tratado antes numa produção para a TV.

Curiosidades

★Alguns dos atores que interpretavam prisioneiros notaram que, quando chegavam atrasados às filmagens, na semana seguinte seus personagens morriam ou eram violentados.

★A série aproveitou a liberdade de ser exibida num canal de TV paga para mostrar de maneira direta cenas que não seriam exibidas nas emissoras abertas, como uso de drogas, estupro e (muita) nudez masculina frontal.

Você sabia?

★ O SERIADO FOI O PRIMEIRO EXIBIDO NA TV PAGA A GANHAR UM EMMY DE MELHOR SÉRIE DRAMÁTICA.

★ A HBO ACHAVA QUE O NOME DA SÉRIE (*THE SOPRANOS*) PODERIA LEVAR O PÚBLICO A PENSAR QUE ERA ALGO SOBRE MÚSICA. É POR ISSO QUE UM REVÓLVER APARECE NO LOGO COM O TÍTULO.

Família Soprano, criada por David Chase, produtor da consagrada *Arquivo Confidencial*, mostra os bastidores da máfia de New Jersey, por meio do chefão Tony Soprano (James Gandolfini). Tony vem sentindo estranhas dores e constantes desmaios, quando é aconselhado por seu médico a se consultar com uma psicóloga. Meio relutante, ele começa a fazer terapia com a dra. Jennifer Melfi (Lorraine Bracco), que não sabe totalmente o que seu novo paciente faz. A partir desse ponto de partida, conheceremos a vida de Tony. Tráfico de drogas, prostituição e roubo de carros, entre outros delitos, compõem o trabalho de Tony e seus "associados", o que o faz estar sempre na mira do FBI. Além disso, ele tem que lidar com os problemas de sua própria família: as frustrações de sua esposa Carmela (Edie Falco), a rebeldia da filha Meadow e o total desinteresse por tudo do filho Junior. Sem contar sua mãe, Lívia, que começa a sofrer do mal de Alzheimer, deixando Tony mais alucinado do que nunca. Consagrada desde a sua primeira temporada, a série mostrou um lado da máfia que nunca fora visto antes, nem sequer no cinema. Mas a série conquistou 76 prêmios, e elevou Gandolfini à categoria de estrela. Antes do final da segunda temporada, uma triste surpresa: a morte da atriz Nancy Marchand. Para não causar problemas no roteiro, sua personagem Lívia faleceu somente na terceira temporada, em que a computação gráfica daria um pequeno show à parte. A sexta temporada da série encerrou a carreira de Tony Soprano de uma forma gloriosa, mas também bastante violenta.

Crime e Castigo

"No sistema de justiça criminal, o povo é representado por dois grupos separados e de igual importância. A polícia, que investiga os crimes, e a promotoria, que processa os acusados. Estas são as histórias deles." Nem o produtor e criador de **Lei & Ordem** Dick Wolf poderia imaginar que a série se transformaria num dos maiores sucessos de audiência da televisão americana, conseguindo chegar à 18ª temporada em 2008 com a mesma vitalidade e audiência de seus primeiros anos. O formato da série era dividido em duas partes. Na primeira meia hora, o público veria o crime, a investigação policial e a prisão do suspeito. Na segunda meia hora, o julgamento e a condenação. Cada episódio era gravado como se fosse uma reportagem de TV, com a câmera subjetiva mostrando a investigação acontecer logo depois do prólogo, quando o crime ocorria. *Lei & Ordem* chamou a atenção da crítica e do público pela criatividade com que contava uma história, transformando a série no programa policial mais visto nos anos 90. Durante os anos, o elenco e os personagens foram sendo mudados para sempre garantir alguma novidade a cada temporada. Wolf percebeu que poderia expandir esse universo, criando uma nova linha de programas policiais baseados em *Lei & Ordem*. O primeiro deles foi **Lei & Ordem – Unidade de Vítimas Especiais**, em que a unidade do título investiga diversos casos ligados a sexo, como estupro, pedofilia e abuso sexual. O diferencial é que nem sempre o criminoso capturado era mostrado em seu julgamento, e o foco maior ficava na investigação do crime e seus suspeitos. O "spin-off" foi um sucesso, e entrou na sua oitava temporada em 2007. Christopher Meloni, que interpreta o detetive Stabler, durante algum tempo gravou o seriado paralelamente com outro, *Oz – A Vida é uma Prisão*. Enquanto aqui ele caça estupradores e assassinos, em *Oz* seu personagem era um deles.

Você sabia?

★ *LEI & ORDEM* É A MAIS LONGA SÉRIE CRIMINAL E A SEGUNDA SÉRIE DRAMÁTICA MAIS LONGA (PERDE PARA *GUNSMOKE*) NA HISTÓRIA DA TV AMERICANA.

Padrão Globo de Juventude

Depois que *Malhação* desenvolveu um novo padrão para o trabalho de jovens atores na teledramaturgia da Rede Globo, a emissora resolveu apostar suas fichas na dupla pop **Sandy e Júnior**, criando uma série homônima exibida todos os domingos. O cenário principal era a escola em Campinas onde os dois irmãos estudavam. Lá, eles eram considerados líderes dos alunos. Sandy era a conciliadora, meiga e inteligente, enquanto o irmão, DJ da rádio da escola, era articulado e solidário. As histórias abordavam, dentro de um certo limite, questões sobre sexo, drogas, família e relacionamento amoroso. Na primeira fase da série, cada episódio terminava com um clipe musical. A segunda fase era ambientada no Rio de Janeiro, com os dois personagens agora universitários. Sandy estuda psicologia e Júnior faz música. Os temas agora envolvem conflito de gerações, amizade, romances e, é claro, muita música. Em 2003, a dupla não renovou o contrato para a continuidade da série, para poder desenvolver outros trabalhos.

Aventureiros e Aventureiras

Na televisão, os anos 90 foram muito bons para quem pensa com os punhos e as armas. Michael Dudikoff, astro de filmes de artes marciais nos anos 80, como *Ninja Americano* (1985), estrelou a série **Cobra**. Ele é o ex-militar da Marinha Robert Jackson, que se recusou a a atacar o centro de um comando inimigo dentro de uma zona civil. Tentando tocar a vida numa pequena comunidade no Alasca, ele recebe a inesperada visita de um antigo rival, que o deixa à beira da morte e com o rosto desfigurado. Acorda semanas depois do incidente numa cama de hospital, onde conhece Danielle LaPointe. Por suas antigas habilidades, ela o convida para trabalhar na Cobra, uma organização de combate ao crime que leva justiça às vítimas. Repleta de ação, a série durou apenas 22 episódios, mesmo número do primeiro seriado estrelado pelo astro da luta livre americana Hulk Hogan, **Thunder no Paraíso**. Thunder é o nome de um dos navios de guerra mais poderosos da Marinha dos Estados Unidos, usado para operações de ataque pelos Navy Seal. Durante uma missão contra um cartel de drogas no Caribe, a embarcação quase é destruída, mas seu construtor e piloto, Randolph Spencer (Hogan), a esconde para consertá-la e deixá-la em funcionamento para outras causas. Outra dupla de aventureiros modernos são os irmãos de **Maré Alta**, Mick e Joey Barrett. Os dois são surfistas profissionais que, para ajudar a pagar as contas, trabalham também como investigadores particulares.

As mulheres também marcaram sua presença como audaciosas aventureiras. Em **Relic Hunter – A Caçadora de Aventuras**, Tia Carrere é a professora Sydney Fox, uma especialista em tesouros antigos e artes marciais. Ela roda o mundo à procura de artefatos históricos para preservá-los nos museus. Inspirado no videogame *Tomb Raider*, da heroína virtual Lara Croft, a série fez muito sucesso, especialmente pelas histórias diferentes e as cenas de lutas muito bem coreografadas. Sem tanto dinheiro para gastar na produção, Suzana Alves foi uma aventureira brasileira ao estrelar a série **As Aventuras da Tiazinha**, uma tentativa da ex-modelo de dar sobrevida à personagem que fazia no programa de Luciano Huck, na Bandeirantes, quando usava um modelito de couro preto, máscara e chicote. No seriado, que mistura ficção e história em quadrinhos, ela é uma super-heroína vivendo aventuras no futuro.

A Hora da Notícia

Que tal sintonizar a WNYX de Nova York para saber o que se passa no mundo? Afinal de contas, ela é a rádio especializada em notícias que faria inveja à brasileira Jovem Pan. O único detalhe, que felizmente não é revelado durante os informativos, é o cenário de caos total em que trabalha a mais engraçada equipe de radiojornalismo de Nova York, foco central da série humorística **NewsRadio**. O comando dessa redação é de Dave Nelson, um jovem que só quer fazer o seu trabalho, mesmo sabendo que poucos o levam a sério. Ele é namorado de Lisa Miller, uma das mais eficientes e carentes repórteres da cidade. A assistente de Dave é a alucinada Beth, que faz de tudo menos trabalhar para o patrão. Como assistente de redação está o atrapalhado Matthew. Entre os apresentadores do noticiário estão o sabe-tudo Bill McNeal e a quase perfeita Catherine Duke. A série, criada por Paul Simms, produtor de *The Larry Sanders Show*, estava conquistando seu espaço quando uma catástrofe aconteceu: o ator Phil Hartman (Bill McNeal) foi assassinado por sua esposa (que estava drogada) enquanto dormia. A notícia abalou a produção e os atores, que muitas vezes tinham que interromper as gravações para conter o choro. A solução foi substituir Phil pelo comediante Jon Lovitz como um novo apresentador da rádio. Mas isso não conseguiu segurar a queda da audiência, fazendo a série ser retirada do ar após cinco temporadas.

Just Shoot Me! revela os bastidores da Blush, uma das mais conceituadas revistas de moda e beleza dos Estados Unidos, dirigida por Jack Gallo (o veterano George Segal, indicado ao Oscar em 1967 por *Quem Tem Medo de Virginia Wolf?*). É lá que vai trabalhar Maya (Laura San Giacomo, do filme *Sexo, Mentiras e Videoteipe*), a filha de Jack, e que tem um ponto de vista mais feminista para colocar na revista. Neste divertido ambiente, Maya ainda conhece o fotógrafo Elliot, por quem tem uma ligeira queda; a ex-top model Nina Van Horn, que ajuda Jack na área editorial; e o secretário do pai, Dennis (David Spade), um nerd que conseguiu um emprego sensacional para ver as mais belas mulheres, mas não consegue se entender com nenhuma. Foi o relacionamento entre todos eles que conquistou o público durante sete temporadas. A comédia **The Naked Truth** abordava um dos maiores e mais criticados segmentos da imprensa americana: os tablóides de fofocas. Téa Leoni interpretava Nora Wilde, uma fotógrafa que resolve recusar uma milionária proposta de divórcio de seu ex-marido para tentar viver por seus próprios meios. É claro que não consegue, tendo que aceitar um emprego de fotógrafa no The Comet, um tablóide que não deixa em paz nenhuma celebridade de Hollywood. Só que Nora não gosta desse trabalho, o que sempre a leva às mais engraçadas confusões. Entre os astros convidados que foram surpreendidos pela câmera de Nora estiveram Tom Hanks, Anna Nicole Smith, Sheryl Crow e Rob Lowe. Foi durante as filmagens da série que Leoni conheceu e acabou se casando com David Duchovny, astro de *Arquivo X*, no qual Leoni fez uma participação especial.

A Vez dos Alemães

Pouca gente sabe que a Alemanha tem um mercado de produção para a televisão muito grande e eficiente. Coincidência ou não, no final dos anos 90 o canal AXN (antigo Teleuno) exibiu diversas séries produzidas naquele país, com um nível de qualidade tão bom quanto qualquer série americana. Em **Medicopter**, conhecemos a equipe do Medicopter 117, responsável por dar atendimento imediato a qualquer tipo de problema que existe nas ruas e nas estradas alemãs. O diferencial era a utilização de um moderno helicóptero como "personagem" central. O mesmo tipo de recurso foi aplicado em **Helicops**, a resposta germânica para *Trovão Azul* e *Águia de Fogo*. A série mostra o Astro-Komando AK-1, uma equipe de elite da polícia de Berlim que, para combater o crime organizado e ataques terroristas, usa uma das mais modernas maravilhas da tecnologia aeronáutica, cheia de armamentos e uma couraça especial que torna o aparelho à prova de balas. Usando efeitos visuais para as cenas de combate aéreo e de ação no solo, *Helicops* foi um das grandes surpresas dessa leva de séries, com um elenco cativante, mesmo sendo desconhecido do público brasileiro. Mas surpresa mesmo é ter um dos mais eficientes e mortíferos agentes secretos usando uma máscara de palhaço para não ser identificado pelos inimigos. Em **The Clown**, o agente do governo Max Zander decide fingir sua própria morte para descobrir o responsável pelo assassinato de seu melhor amigo. Para não deixar ninguém saber que ainda está vivo, ele usa uma máscara de palhaço em suas missões, passando a ser conhecido como *The Clown* ("palhaço", em português), uma espécie de vingador mascarado. Depois de solucionar esse caso, Max começa a realizar todo tipo de missões, numa forma de ajudar os menos favorecidos. Nenhuma dessas séries foi exibida em sua totalidade, já que o canal, depois de 2001, mudou sua estratégia de programação, colocando mais programas americanos e deixando os alemães no passado. Uma pena.

O Último Samurai

Ninguém pode afirmar com certeza absoluta que o motivo de quase nenhum novo seriado japonês de super-heróis ter chegado às telinhas brasileiras nos anos 90 seja resultado da força que os *Power Rangers* conquistaram. A única exceção foi um dos últimos remanescentes da família Ultra, o poderoso **Ultraman Tiga**. Responsável pela criação da família Ultra nos anos 60, o Estúdio Tsuburaya pensava em desenvolver uma nova série para reviver os melhores momentos de *Ultraman*. A história de *Ultraman Tiga* se passa no futuro, com o surgimento de uma nova onda de ataques de seres do espaço e monstros gigantes. A primeira linha de defesa é uma organização militar chamada TPC, que usa uma tropa de elite armada com a mais moderna tecnologia de combate, a Guts. Ao tomar conhecimento de uma mensagem holográfica contida em uma cápsula alienígena, a Guts vai investigar a existência de uma pirâmide secreta construída há milênios por uma raça mais avançada. Dentro do lugar, são encontradas estátuas dos três deuses defensores do planeta. Mas durante uma batalha contra dois monstros gigantes, duas delas são destruídas e uma acaba sendo ativada pela energia espiritual do oficial Daigo, que é um descendente dos construtores da pirâmide. Com isso, Daigo passa a viver em simbiose com Ultraman Tiga, um gigante de 50 metros de altura que fará de tudo para salvar os seres humanos de um possível holocausto. A série foi um dos grandes sucessos da TV japonesa na década de 90, fazendo ressurgir o interesse pela família Ultra. Infelizmente para os fãs a série foi mal trabalhada pela Record, que deixou de exibir os quatro últimos episódios, vistos apenas quando a série foi exibida pela RedeTV.

Essas Mulheres...

A representação da mulher na televisão mudou muito desde os anos 50, quando Lucille Ball e seu marido Desi Arnaz ainda dormiam em camas separadas na série *I Love Lucy*. **Assassinato por Escrito** apresenta a escritora de livros de suspense Jessica Fletcher, que acredita que seu trabalho não deve se restringir apenas às páginas dos best-sellers que escreve. Ela gosta mesmo é de participar das investigações dos mais diferentes crimes, cujos resultados ela acaba usando para suas tramas literárias. Só que cada vez mais seus conhecimentos sobre a mente criminosa a colocam em situações perigosas. A série trouxe para a televisão o talento da inglesa Angela Lansbury como a mais nova dama do mistério no horário nobre. Os dois produtores gostaram muito do trabalho que ela havia realizado no filme *A Maldição do Espelho* (1980), baseado num livro de Agatha Christie, em que interpretava a famosa miss Marple. Durante 12 temporadas, a escritora-detetive ganhou o reconhecimento do público e da crítica e vários Globos de Ouro e Emmys, além de dar mais notoriedade ao talento dessa dama do cinema e do teatro. O sucesso da personagem foi tanto que ela apareceu em *Magnum*, ajudando o detetive do Havaí a resolver um caso, a contragosto dele.

Outra personagem marcante, mas que teve uma carreira meteórica no Brasil, foi a dra. Michaela Quinn, interpretada por Jane Seymour (do filme *Em Algum Lugar do Passado*, de 1980) na série **Dra. Quinn – A Mulher que Cura**. Elogiada pela crítica e vencedora do Globo de Ouro de melhor atriz, essa produção mostra essa jovem médica que resolve desafiar todas as convenções sociais no período pós-Guerra Civil americana, embarcando numa jornada para o Oeste Selvagem com a intenção de salvar vidas. Mas em Colorado Springs ela encontra o preconceito e a falta de credibilidade da população. Uma das poucas pessoas que a ajudam nessa primeira fase é Byron Sully, um caçador das montanhas. Os dois acabam se apaixonando, o que complica um pouco mais a vida da médica. A série foi considerada muito intelectual para o público do SBT, sendo retirada do ar antes mesmo do final de sua primeira temporada. Outro drama premiado é **A Juíza**, estrelado por Amy Brenneman e baseado nas experiências de vida de sua própria mãe, juíza da Suprema Corte que foi a primeira mulher a se formar em direito pela Universidade de Harvard. Brenneman é Amy Gray, que deixa um importante cargo numa grande firma de advocacia de Nova York para voltar a morar em Hartford, sua cidade natal, onde irá trabalhar como juíza. Essa também será uma oportunidade de criar sua filha Lauren, que ela teve sem se casar e cujo pai desapareceu da sua vida. O único problema é conviver com sua mãe, que trabalha como assistente social e tem uma opinião muito forte sobre as decisões que a filha toma.

Você sabia?

★ O SBT, QUE EXIBIU *DRA. QUINN* NO BRASIL, BATIZOU A SÉRIE DE *DRA. QUINN – A MULHER QUE CURA*, COMO SE EXISTISSEM MÉDICOS QUE MATASSEM.

Malu Mader chegou ao horário nobre para distribuir tiros e sopapos na primeira série brasileira com cara de seriado americano, **A Justiceira**. Ela era a policial Diana Maciek, que resolve sair da polícia carioca depois de acidentalmente matar seu parceiro. Anos depois, quando decide abandonar o marido viciado em drogas, ela descobre que ele havia entregado o filho deles, Pedro, para pagar a dívida que tinha com a quadrilha que lhe fornecia a droga. Desesperada, Diana pede ajuda a um grupo secreto de combate ao crime para recuperar o filho. E, para isso, passa a ser uma das principais agentes do grupo comandado pelo juiz Salomão (Daniel Filho) e chefiado por Augusta (Nívea Maria), e que tem sede nos fundos de uma livraria no Rio de Janeiro. Criado pelo quarteto fantástico Antônio Calmon, Daniel Filho, Doc Comparato e Aguinaldo Silva, a série marcou a TV brasileira por conseguir dar o tom nacional a um formato espelhado em seriados americanos de ação. Filmada em película e finalizada em Nova York, a série tinha até vários dublês americanos para trabalhar nas cenas de ação. A gravidez de Malu interrompeu a produção do seriado, que foi planejado para ter 32 episódios e teve apenas 12. Mas, nos bastidores, os custos de cada episódio, muito mais caros do que um capítulo de novela, começaram a ficar inviáveis. O último episódio fecha a série com Diana recuperando seu filho dos traficantes.

Da Inglaterra veio a comédia **Absolutely Fabulous**, produzida pela BBC, mostrando que a relação de amizade entre duas colegas de escola pode ser equivalente a uma grande catástrofe. A desleixada Edina (Jennifer Saunders, também criadora da série), várias vezes divorciada, tem uma empresa de relações públicas cuja única cliente é a cantora de sucesso nos anos 60 Lulu. A elegante Patsy (a ex-vingadora Joanna Lumley) é uma ex-modelo ninfomaníaca, que fuma como uma chaminé e bebe como uma esponja. Em **Retrato de Mulher**, baseada no especial de final de ano *Era uma Vez... Leila*, também estrelado por Regina Duarte, a cada episódio a atriz se sentava à frente de um espelho e contava um pouco da história da personagem que iria interpretar, que ia de uma empregada doméstica a uma dondoca, passando por uma dona-de-casa. O último episódio foi todo produzido em película, algo inédito na teledramaturgia da Globo.

Você sabia?

★ AS CARACTERÍSTICAS DAS PERSONAGENS DE *ABSOLUTELY FABULOUS* JÁ EVIDENCIAVAM QUE A SÉRIE NÃO ERA UMA PRODUÇÃO AMERICANA. EDINA E PATSY ERAM EGOÍSTAS, CHEIAS DE POSE, IRRESPONSÁVEIS E CONSUMIDORAS VORAZES DE ÁLCOOL E COCAÍNA. MAS OS ROTEIROS ATINGIRAM EM CHEIO O ESTILO REFINADO E IRÔNICO DO HUMOR INGLÊS, TRANSFORMANDO A SÉRIE NUM ENORME SUCESSO DE AUDIÊNCIA NO PAÍS E NUM PROGRAMA CULT QUANDO FOI EXIBIDA PELA TV PAGA NOS EUA.

Contudo nenhuma série falou mais sobre as mulheres e o que elas pensam sobre relacionamentos do que **Sex and the City**, um marco na TV americana. O seriado, criado em 1998 por Darren Star, foi baseado nos artigos que a jornalista Candace Bushnell escreveu para o jornal *The New York Observer* sobre o comportamento sexual das mulheres na cidade que nunca dorme. Sarah Jessica Parker é a jornalista Carrie Bradshaw, que assina a coluna "O Sexo e a Cidade" num importante jornal de Nova York. Ela se baseia nas experiências afetivas e sexuais vividas por ela e suas amigas Samantha, Charlotte e Miranda. A charmosa Carrie (que narra os episódios) é apaixonada pelo machão sr. Big (o ex-*Lei & Ordem* Chris Noth), que sempre a desaponta, o que não a impede de voltar para ela depois de outras tentativas frustrantes de novos relacionamentos. A relações públicas Samantha (Kim Cattrall) é a predadora do grupo, sempre buscando novos parceiros e novas formas de prazer, independentemente do sexo. Numa das temporadas, ela tem uma tórrida relação com uma artista plástica interpretada por Sônia Braga. A ranzinza Miranda (Cynthia Nixon) é bem-sucedida como advogada, mas seu jeito de encarar as relações afetivas como faz no trabalho não está dando muito certo, e Charlotte (Kristin Davis) é a sonhadora do quarteto, que trabalha numa galeria de arte. Romântica, está à espera do príncipe encantado. A comédia venceu vários prêmios, incluindo o Emmy de melhor série cômica e quatro Globos de Ouro de melhor atriz para Sarah Jessica Parker. No Brasil, a série começou a ser exibida pela HBO e passou para o Multishow a partir da quarta temporada.

Mas um dos momentos mais noticiados na história da televisão foi quando a personagem-título de **Ellen** assumiu sua homossexualidade num dos episódios. A série acompanhava o dia-a-dia dessa funcionária neurótica de uma livraria (interpretada pela comediante Ellen DeGeneres) e sua convivência com clientes e colegas de trabalho, cada um mais complicado que o outro. Durante as primeiras temporadas, a personagem era notadamente gay, mesmo com os roteiristas escondendo sutilmente esse fato. Famosa por seus shows de humor, a atriz tinha conquistado um espaço importante na TV com *Ellen*, o que a empurrou para sair do armário dentro da série. No episódio de duas partes, exibido no final da quarta temporada, sua personagem sonha que está sendo questionada sobre sua sexualidade. Depois que a cena foi ao ar, Ellen DeGeneres também assumiu oficialmente que é lésbica no programa de Oprah Winfrey e na revista *Time*, informando que estava namorando (na época) com a também atriz Anne Heche (da série *Men in Trees*).

Relações Muito Delicadas

Vários dos casais que fizeram sucesso nos seriados dos anos 90 expuseram seus sentimentos de forma bastante engraçada. Paul e Jamie Buchman, de **Louco por Você**, formam aquele tipo de casal em que um parece ter nascido para o outro. Eles acabaram de se casar e passam a morar juntos num apartamento em Manhattan. No seu dia-a-dia, eles mostram suas fraquezas, personalidades e famílias. A série tornou Helen Hunt famosa, fazendo-a receber quatro Emmys e três Globos de Ouro de melhor atriz, e mostrando o talento de Paul Reiser como comediante. O seriado também introduziu para o público americano em geral, de forma hilariante, o Viagra. A série começou a ser exibida na Globo e depois na Sony, que apresentou todos os episódios, até mesmo o memorável final, mostrando um depoimento da filha dos Buchmans, Mabel, aos 20 anos de idade. Na série inglesa **Às Voltas com o Passado**, produzida pela BBC, a idéia é mostrar que nunca é tarde para retomar uma paixão do passado. Muitos anos após terem tido um apaixonado relacionamento durante a Guerra da Coréia, Lionel e Jean acabam se reencontrando. A série é estrelada por Judi Dench, um das grandes atrizes do teatro inglês, reconhecida mundialmente por ser transformada na nova chefe do agente 007, desde o filme *007 Contra Goldeneye*, de 1995. Aliás, seu parceiro da série, Geoffrey Palmer, faz uma participação especial em *007 – O Amanhã Nunca Morre* (1997).

O amor às vezes nasce nos ambientes de trabalho. O problema é quando isso acontece com dois policiais da divisão de homicídios da idílica cidade de Palm Beach, na Flórida, cenário de **Paixões Perigosas**. Chris Lorenzo e Rita Vance não medem esforços para conseguir capturar os criminosos que atuam neste balneário de ricos e famosos. Eles começam a sentir um pelo outro algo mais do que a simples amizade entre dois parceiros policiais. Mas, ao final da quinta temporada, os dois atores resolveram sair. Para não deixar a peteca cair, os produtores substituíram o casal principal pelos sargentos Tom Ryan e Cassandra St. John, que foram casados no passado e agora têm que trabalhar juntos. A série ficou no ar por oito temporadas.

Dharma & Greg formam um casal que tinha tudo para não ficar junto. Ele (Thomas Gibson) é um advogado que veio de uma rica família, enquanto Dharma (Jenna Elfman) é filha de um casal de hippies e tem um espírito mais livre. Os dois se encontram acidentalmente no metrô, e no mesmo dia acabam se casando, claro que a contragosto dos pais de ambos. Aos poucos o casal vai se conhecendo e descobrindo que parecem ser almas gêmeas.

Uma mulher à procura de um bom relacionamento vive num belo apartamento com um rapaz à procura de um bom relacionamento... gay. Assim é **Will & Grace**, série que mostra o dia-a-dia da decoradora Grace Adler (Debra Messing) e do advogado Will Truman (Eric McCormack). No passado, os dois foram namorados, até o dia em que Grace descobriu que Truman queria sair do armário. Como eles se gostavam muito, foram morar juntos em Nova York. Grace trabalha em seu ateliê de arquitetura com a sarcástica Karen Walker (Megan Mullally), uma milionária que precisava de um emprego qualquer só para se distrair. Do outro lado, está o melhor amigo gay de Will, Jack (Sean Hayes), que insiste numa carreira de ator apesar de ser um dos piores que já surgiu na cidade. A série conseguiu colocar dois personagens abertamente gays no horário nobre da televisão americana sem chocar os mais conservadores. Durante as oito temporadas, *Will & Grace* conquistou Emmys para todo o seu quarteto de astros, além do prêmio de melhor seriado cômico.

Você sabia?

★A PERSONAGEM ROSÁRIO (SHELLEY MORRISON, DE A NOVIÇA VOADORA) SÓ IA APARECER NA PRIMEIRA TEMPORADA DE *WILL & GRACE*, QUANDO JACK SE CASOU COM ELA PARA QUE A LATINA PUDESSE PERMANECER NOS EUA. MAS ELA FICOU TÃO POPULAR QUE PERMANECEU NA SÉRIE, COM PARTICIPAÇÕES REGULARES EM TODAS AS TEMPORADAS.

★ALGUNS NOMES FAMOSOS FORAM CONVIDADOS DA SÉRIE INTERPRETANDO ELES MESMOS. ENTRE ELES, KEVIN BACON, JANET JACKSON, CHER, ELTON JOHN E JENNIFER LOPEZ.

★O ATOR JOHN BARROWMAN NÃO CONSEGUIU O PAPEL DE WILL PORQUE FOI CONSIDERADO HÉTERO DEMAIS, E O PERSONAGEM FICOU COM ERIC MCCORMACK. A IRONIA É QUE BARROWMAN É GAY NA VIDA REAL, ENQUANTO MCCORMACK É HÉTERO.

★*WILL & GRACE* É A ÚNICA SÉRIE QUE TEVE UM MESMO DIRETOR, JAMES BURROWS, EM TODOS OS SEUS EPISÓDIOS (FORAM 184).

Agentes da Lei

Dupla Explosiva, estrelado pelo ex-Tarzã Wolf Larson, acompanha as investigações de uma dupla de policiais de Los Angeles. Misturando uma dose de humor com muitas cenas de perseguições e explosões, a série elevou ao máximo a temperatura da TV, com efeitos especiais nunca vistos antes na telinha. Acima do peso, e relativamente careca, é Tony J. Scali, comissário de polícia de Vancouver na série **O Comissário**. Para resolver um crime, ele não usava armas. Apenas seu raciocínio lógico, uma caneta e, de preferência, um bom sanduíche de pastrami. Primeira série policial estrelada por Michael Chiklis, que ficaria conhecido anos mais tarde no mesmo gênero, interpretando o corrupto policial Vic Mackey em **The Shield**. Já a série brasileira **Delegacia de Mulheres** era baseada no especial *Em Defesa da Honra*, dirigido por Paulo Ubiratan em 1989, que mostrava o dia-a-dia de uma delegacia especializada em crimes contra as mulheres. A série começou a ser produzida no ano seguinte, a partir das pesquisas realizadas por uma das fundadoras do SOS Mulher, Schuma Schumaher, que davam maior credibilidade aos casos narrados pelos episódios, que iam de violência doméstica a estupro. Mesmo com alguns personagens estereotipados, como a policial lésbica e a que gosta de usar a psicologia para resolver seus casos, o seriado teve uma produção de primeira, marcando as comemorações dos 25 anos da Rede Globo.

E foi na Globo que estreou um das mais revolucionárias séries policiais dos anos 90, **Nova York Contra o Crime**, dos mesmos criadores do clássico dos anos 80 *Chumbo Grosso*. O seriado mostra o cotidiano do 15° Distrito Policial de Nova York, onde trabalham os detetives John Kelly (David Caruso, de *CSI Miami*) e Andy Sipowicz (Dennis Franz), que batalham duramente para conseguir resolver seus casos, enquanto tentam colocar ordem em suas vidas particulares. Uma das grandes revoluções da série foi fazer com que cada episódio fosse um pequeno documentário das ruas de Nova York, com aquele tipo de imagem nervosa, em que a câmera nunca está parada. Isso, mais o drama pessoal dos personagens, levou a série a ficar no ar durante 12 anos, recebendo um total de 80 prêmios. Com a ambição de trabalhar mais no cinema, Caruso abandonou a série depois da primeira temporada, sendo substituído por Jimmy Smits (de *Nos Bastidores da Lei* e *West Wing*), que ficou até seu personagem morrer de câncer, cinco anos depois. Em São Francisco, a polícia conta com a disposição de um de seus veteranos policiais, **Nash Bridges**. Bem-sucedido no trabalho, ele conta com a ajuda constante de seu parceiro Joe Dominguez. Mas sua vida pessoal é um desastre. Duas vezes divorciado, ele tem que tomar conta de sua filha de 16 anos, que requer uma supervisão constante para não sair da linha. Além disso, tem que cuidar do pai, que está com Alzheimer, e sempre recusa a ajuda do filho. A série marcou a volta à TV de Don Johnson, num papel bem diferente do que fazia em *Miami Vice*.

Curiosidades

★ O personagem John Kelly foi pensado originalmente para Jimmy Smits, que o recusou. Quando David Caruso, que aceitou o papel, saiu da série, foi Smits quem entrou com o novo personagem que substituiria Kelly.

★ O criador Steven Bochco teve que negociar a quantidade de nudez e palavrões que seriam permitidos. Mas com o sucesso imediato de audiência, a controvérsia logo foi esquecida.

★ Todos os atores principais tinham uma cláusula no contrato para faze-rem cenas de nudez. No decorrer da série, o público conferiu as bundas de David Caruso, Jimmy Smits, Rick Schroder e Dennis Franz.

Outro agente da lei é o comandante Harmon Rabb. Ele faz parte da JAG, uma área da Marinha americana encarregada de julgar e processar militares que tenham participado de algo ilícito ou criminoso. Junto com a tenente-coronel Sarah MacKenzie, a dupla tenta desvendar os crimes envolvendo militares, o que inclui assassinato, atos de traição e terrorismo. **JAG – Ases Invencíveis** é uma excelente criação de Donald S. Bellisario, de *Magnum*. A idéia era mostrar os bastidores das forças armadas americanas, mas misturando terrorismo, espionagem e crimes passionais. E para fechar o cerco aos bandidos no futuro, nada melhor que a mais bela e mortífera arma já produzida para combater o crime: o **Viper**. Uma organização criminosa está deixando as autoridades locais sem saída, quando o engenheiro Julian Wilkes desenvolve um carro especial com a capacidade de se camuflar e que pode ajudar a diminuir o crime nas ruas. Para assumir o comando do Viper está o policial Joe Astor, que não sabe que pertencia ao crime organizado até sofrer um acidente e ter sua memória apagada pela polícia para servir como um agente infiltrado. Viper era uma versão mais robusta de *A SuperMáquina*, mas sem o mesmo carisma de David Hasselhoff ou de KITT.

O Universo Segundo Roddenberry

O sucesso de *Jornada nas Estrelas – A Nova Geração* nos anos 80 gerou interesse para que mais um "spin-off" da série fosse produzido: **Jornada nas Estrelas – Deep Space Nine** (*Jornada nas Estrelas – A Nova Missão*). A Estação Espacial 9 (Deep Space 9), na fronteira da galáxia, é comandada por Benjamin Sisko (Avery Brooks). Ele e seu filho Jake têm agora um novo lar. Nessa região instável, a Federação Unida de Planetas administra esse posto avançado, que já foi dos cardassianos, uma raça guerreira que ocupou a estação durante o período em que esteve em guerra com Bajor. Religioso, o povo de Bajor espera a chegada do Emissário, um líder espiritual que trará paz ao quadrante. Ao lado da DS9, é descoberta uma fenda espacial que pode criar o acesso para outras partes da galáxia. Mas ao investigar o lugar, Sisko tem um contato imediato com uma avançada raça alienígena que vive ali. Depois de descobrir as intenções honestas do capitão, a raça libera a fenda para que outras naves cruzem o espaço com segurança. O que Sisko não imaginava é que por causa disso ele seria considerado "O Emissário", o homem santo que libertará Bajor. E não será nada fácil lidar com isso, principalmente depois que a Federação descobre uma avançada raça de metamorfos denominada de Fundadores, a base do Domínio, o oposto guerreiro da Federação. O Domínio quer controlar todo o espaço, iniciando uma guerra que poderá colocar em risco toda a Federação. Junto com Sisko está o engenheiro-chefe Miles O'Brian, que pediu transferência da Enterprise para cuidar melhor de sua esposa Keiko e sua filha Molly. Dentro da nave, a segurança é mantida por Odo, um metamorfo que perdeu a memória quando chegou no quadrante delta, mas também faz parte da raça dos Fundadores. Ele exercerá um papel fundamental na guerra contra o Domínio. A série demorou a decolar, principalmente pelas críticas que sofreu durante sua primeira temporada, quando era comparada a *Babylon 5*, também ambientada numa estação espacial. Mas a idéia da Guerra do Domínio e o surgimento da raça de Odo incrementou o seriado, principalmente com a entrada de Worf, da *Nova Geração*, que assume o comando tático da Estação 9. *Jornada nas Estrelas – Deep Space Nine* foi além do esperado, durando sete temporadas e trazendo momentos memoráveis na história da TV. No final da sexta temporada, a nave de ataque USS Defiant, fundamental na guerra contra o Domínio, é reconstruída e rebatizada de USS São Paulo, numa homenagem dos produtores aos fãs brasileiros. Claro que no restante da temporada ela voltou a ser a Defiant, mas a homenagem já estava feita.

Você sabia?

★FAMKE JANSSEN, CONHECIDA COMO A JEAN GREY DA TRILOGIA *X-MEN*, RECUSOU O PAPEL DE JADZIA DAX EM *JORNADA NAS ESTRELAS – DEEP SPACE NINE*, PARA FICAR DISPONÍVEL PARA CONVITES NO CINEMA.

Onde Ninguém Jamais Esteve

Depois de *Jornada nas Estrelas – A Nova Missão*, o co-criador Rick Berman sugeriu uma nova série para a Paramount, aproveitando o universo de Gene Roddenberry, que criou o seriado original. O novo "spin-off" ia ousar um pouco mais, colocando uma mulher à frente de uma poderosa nave da Federação. Em **Jornada nas Estrelas – Voyager**, a capitão Kathryn Janeway, uma das mais competentes oficiais da Frota Estelar, tem como primeira missão impedir e capturar uma nave maqui que está atacando naves cardassianas na área conhecida como Badlands. Entretanto, durante a perseguição, tanto a nave maqui como a Voyager são capturadas por uma sonda alienígena e enviadas a um outro ponto da galáxia, distante 80 mil anos-luz. O tripulante mais interessante é o Doutor, que é um HME (Holograma Médico de Emergência), sempre acionado quando acontece algo com a tripulação. Durante sete temporadas, a Voyager viajou por vários cantos do Universo tentando voltar para casa. Mesmo criticada por uma parcela dos fãs, a série construiu sua própria fama, especialmente a partir da entrada de Sete de Nove, no episódio "Escorpião". Ela era uma borg que sobreviveu à retirada das peças mecânicas de seu corpo, mas retendo a força e o cérebro cibernéticos. O final de temporada foi histórico, com a Voyager chegando à Terra e fazendo um vôo sobre a baía de São Francisco, bem em frente à sede da Frota Estelar. A atriz canadense Genevieve Bujold foi a primeira escolha para interpretar Janeway, mas depois de uma semana de trabalho acabou sendo demitida.

Dos Gibis para a Telinha

A Warner tentou levar para a televisão alguns de seus principais heróis dos quadrinhos, já que a DC Comics faz parte do Grupo Time-Warner. A primeira tentativa foi **The Flash**, sobre o homem mais rápido do mundo, criado por Gardner Fox nos anos 60. Barry Allen é um técnico da polícia de Central City que está trabalhando à noite em seu laboratório quando um raio o atinge, junto com uma série de produtos químicos que alteram sua estrutura molecular. Agora, ele possui o incrível poder de correr mais rápido do que um jato, em velocidades supersônicas, e começa a enfrentar o crime nas ruas de Central City. O único problema é que a série era muito cara para ser produzida, e os roteiros não conseguiam adaptar alguns dos principais personagens enfrentados pelo herói nos quadrinhos, gerando o desinteresse do público. A série não passou de 21 episódios e foi exibida rapidamente pela Globo dois anos após seu cancelamento.

Mais sorte teve o último filho de Krypton, em **As Novas Aventuras do Superman**. Foi a primeira tentativa da Warner Bros. de produzir uma série com bons efeitos visuais e roteiros interessantes, que respeitavam não só a origem do personagem clássico dos quadrinhos, mas também modernizavam as histórias, os amigos e os vilões, além de manter vivos os pais adotivos do Homem de Aço. A idéia era focar a série no relacionamento entre dois competitivos repórteres, Lois Lane e Clark Kent, ambos trabalhando no jornal *Planeta Diário*. Os produtores escolheram Dean Cain por seu porte físico. Mais experiente, tendo participado de vários episódios de outras séries, Teri Hatcher ganhou o público com sua Lois Lane arrojada, competitiva, e com um charme só dela. O seriado trouxe para a TV algo que estava começando a ser esboçado nos quadrinhos: o casamento de Lois e Clark, que se consumou no final da terceira temporada. Depois de sair da programação da Globo, a série foi redescoberta no Warner Channel, no qual foi exibida em sua totalidade.

Você sabia?

★ O NOME SUPERMAN NO ORIGINAL FOI ADOTADO POR CAUSA DA ÁREA DE LICENCIAMENTO DA WARNER, QUE QUERIA UNIFICAR O NOME DO PERSONAGEM NO MUNDO INTEIRO, JOGANDO-SE NO LIXO O NOME SUPER-HOMEM PELO QUAL O PERSONAGEM ERA CONHECIDO NO BRASIL HÁ MAIS DE 50 ANOS.

Humor Bem-Sucedido

Um roteiro eficiente é fundamental para uma comédia conquistar a audiência. Foi o que aconteceu com **Seinfeld**, criada pela dupla de comediantes Jerry Seinfeld e Larry David, que queriam fazer uma série sobre os assuntos mais triviais do cotidiano, que eram a base das apresentações que Jerry fazia nos clubes de humor de Nova York. A idéia resultou num piloto e uma pequena temporada de oito episódios, em que o público conheceria quatro neuróticos por natureza: Jerry Seinfeld, um bem-sucedido comediante; seu amigo George Costanza (Jason Alexander), sempre de mal com a vida; a ex-namorada de Jerry, Elaine Benes (Julia Louis-Dreyfus), que não tem medo de falar o que pensa; e o vizinho Cosmo Kramer (Michael Richards), que poderia ser definido como excêntrico caso fosse milionário. Nessa temporada inicial, eles mostraram como encaravam assuntos como homossexualidade, sexo livre, casamento, masturbação, carreira, política e tudo mais que estava acontecendo naquele momento na América.

Com o sucesso daqueles poucos episódios, a NBC deu carta branca para uma nova temporada, que arrancou aplausos da crítica e fez os americanos pararem à noite para ver a série, que acabou virando referência até mesmo dentro de outros seriados que não eram da NBC. Por nove temporadas, esse quarteto fantástico arrancou risos e gargalhadas a cada episódio, fazendo com que a série fosse a mais assistida da rede e deixasse seus astros mais ricos. No último ano, Jerry ganhava por volta de um milhão de dólares por episódio. O último deles foi a terceira maior audiência de um seriado na TV americana, perdendo apenas para *Dallas* e *MASH*. A série só não teve uma décima temporada porque o elenco queria desenvolver outros projetos. A ironia é que, com exceção de Louis-Dreyfus (que atingiu um certo sucesso com *The New Adventures of Old Christine*), nenhum deles conseguiu emplacar uma nova série depois de *Seinfeld*.

Você sabia?

★ JERRY SEINFELD RECUSOU UMA PROPOSTA DE 110 MILHÕES DE DÓLARES PARA FAZER A DÉCIMA TEMPORADA. QUANDO ELE ANUNCIOU PUBLICAMENTE QUE A SÉRIE IA SER CANCELADA, A NOTÍCIA FOI MANCHETE PRINCIPAL NOS MAIORES JORNAIS AMERICANOS, E TAMBÉM CAPA DA REVISTA *TIME*.

★ **A REVISTA AMERICANA *TV GUIDE*, A PRINCIPAL DA ÁREA, ELEGEU *SEINFELD* COMO O MELHOR PROGRAMA DA HISTÓRIA DA TELEVISÃO AMERICANA.**

Quem reclama do trabalho, mas não tem alternativa é o entregador Doug, de **King of Queens**, sobre ele e sua esposa Carrie, que moram no bairro do Queens, em Nova York. Doug não tem maneiras educadas, adora comer e é vidrado numa boa cerveja. Mesmo com esse jeito, conseguiu ganhar o coração de Carrie, que também não tem muita paciência quando o marido faz alguma travessura. O casal é obrigado a receber o pai de Carrie, depois que ele botou fogo na casa em que morava. **Frasier** é uma criação do mesmo trio de roteiristas de *Cheers*, de onde saiu o personagem Frasier Crane (Kelsey Grammer), psiquiatra que era um freqüentador do bar de Sam Malone naquela série. Uma desilusão amorosa faz com que ele se mude para Seattle, onde começa a trabalhar num programa de rádio, dando dicas terapêuticas para seus ouvintes. Sua produtora na emissora é Roz, sempre disposta a arrumar uma boa companhia para qualquer hora do dia. Com um texto leve e extremamente bem-humorado, a série explora o lado complicado e engraçado das relações que Frasier tem com a vida. Divorciado e com um filho que o visita eventualmente, ele sempre está à procura de quem substitua sua ex-mulher, com quem tem uma relação de amor e ódio. A série conquistou ao longo de onze anos a simpatia do público e da crítica, ganhando cinco Emmys consecutivos de melhor série cômica, um recorde,

A SETE PALMOS :::: TAL MÃE, TAL FILHA

JORDAN – MÉDICA LEGISTA :::: 24 HORAS ::::
CRIMINAL MINDS :::: DESAPARECIDOS

1965

A ILHA DA FANTASIA :::: A BELA E A FERA ::::
ACREDITE SE QUISER :::: CASAL 20

JORNADA NAS ESTRELAS – A SÉRIE CLÁSSICA ::::
JORNADA NAS ESTRELAS – VOYAGER ::::
BATTLESTAR GALÁCTICA :::: BABYLON 5

THE 4400 :::: DARK ANGEL

dando a Kelsey Grammer quatro Emmys e dois Globos de Ouro como melhor ator. Quando Niles se casa com Daphne e Martin se casa com Ronee (que surge na última temporada), o apartamento fica vazio. Frasier decide então seguir o seu coração e partir para Chicago, para onde se mudou sua nova paixão Charlotte, num final emocionante para uma série que fez muita gente chorar de tanto rir.

Você sabia?

★ *FRASIER* GANHOU 39 EMMYS AO LONGO DE SUAS 11 TEMPORADAS, RECORDE PARA UM SERIADO EXIBIDO NO HORÁRIO NOBRE.

★ O CACHORRO MOOSE, QUE "INTERPRETAVA" EDDIE, RECEBIA MAIS CORRESPONDÊNCIA DOS FÃS DO QUE QUALQUER OUTRO MEMBRO DO ELENCO. DIZEM QUE ELE GANHAVA 10 MIL DÓLARES POR EPISÓDIO.

Um final que também deixou muita gente emocionada foi o de **Friends**, série que mostrou o relacionamento de seis amigos em Nova York, com personalidades diferentes e bem atrapalhadas. Durante dez temporadas, o público acompanhou a vida de Chandler, Joey, Ross, Rachel, Monica e Phoebe. Chandler (Matthew Perry) é um contador que divide o apartamento com um jovem ator chamado Joey (Matt LeBlanc). Eles são vizinhos de Monica (Courteney Cox), cujo irmão Ross (David Schwimmer) acabou de se separar após descobrir que a esposa era lésbica. Phoebe (Lisa Kudrow) trabalha como massagista, mas gosta mesmo é de tocar violão, apesar de não saber nada de música. O grupo está no Central Perk, o café onde se reúne para conversar, quando chega Rachel Green (Jennifer Aniston), ex-colega de Monica no colégio e eterna paixão de Ross. Ela abandonou o noivo no altar porque achava que estava fazendo algo errado, e é convidada por Monica para morar com ela enquanto acerta sua vida. Rachel consegue um trabalho como garçonete no Central Perk e está montado o mais divertido elenco que já surgiu numa série de TV. Cada um dos personagens tinha uma personalidade bem particular, que os fazia únicos. O romântico Ross tenta seguir em frente com sua vida amorosa e conseguiu conquistar Rachel para depois perdê-la. Joey é totalmente sem noção, apesar de ser considerado o garanhão do pedaço. Chandler é sistemático em tudo o que faz, mas não consegue se entender com as mulheres. A mais centrada do grupo parece ser Monica, mas na verdade ela é uma maníaca obcecada por ordem e limpeza. Phoebe sobreviveu ao caos das ruas de Nova York, onde cresceu, sendo a mais desencanada do grupo. E Rachel era considerada a patricinha até o destino mudar sua vida e, por tabela, a de todo o grupo: durante uma noite de bebedeira, ela acaba transando com Ross e engravidando. Foram dez temporadas que apresentaram personagens diferentes e controvertidos, além de muitos convidados especiais como, Bruce Willis, Tom Selleck, Reese Whiterspoon, Jean-Claude Van Damme, George Clooney, Julia Roberts, Susan Sarandon, Sean Penn e Robin Williams. Uma série que deixou saudade e que continua no ar em incontáveis e divertidas reprises.

Você sabia?

★ MATT LEBLANC TINHA APENAS ONZE DÓLARES NO BANCO QUANDO FEZ O TESTE PARA ENTRAR NA SÉRIE. QUANDO ELE RECEBEU SEU PRIMEIRO PAGAMENTO, A PRIMEIRA COISA QUE COMPROU FOI UM BOM JANTAR.

★ A ABERTURA COM OS ATORES DANÇANDO NUMA FONTE FOI FILMADA NOS ESTÚDIOS DA WARNER BROS. NO FINAL DA MADRUGADA, COM A ÁGUA SENDO AQUECIDA ATRAVÉS DE UMA BOMBA. O ELENCO HAVIA RECEBIDO A LETRA DA MÚSICA-TEMA DO GRUPO THE REMBRANDTS PARA DECORÁ-LA, MAS NA HORA NÃO HAVIA UMA GRAVAÇÃO DA CANÇÃO TOCANDO DE FUNDO.

★ OS SEIS ATORES COMEÇARAM A SÉRIE GANHANDO 22.500 DÓLARES POR EPISÓDIO. NO FINAL, O SALÁRIO DE CADA UM ERA DE 1 MILHÃO POR EPISÓDIO. O GRUPO SÓ NEGOCIAVA EM CONJUNTO PARA AUMENTAR SEU PODER E FAZER COM QUE NENHUM ATOR GANHASSE MAIS DO QUE OS OUTROS. O ELENCO TAMBÉM ERA CONHECIDO PELO ENTROSAMENTO ATRÁS DAS CÂMARAS, UMA RARIDADE PARA UMA SÉRIE DE TANTO SUCESSO.

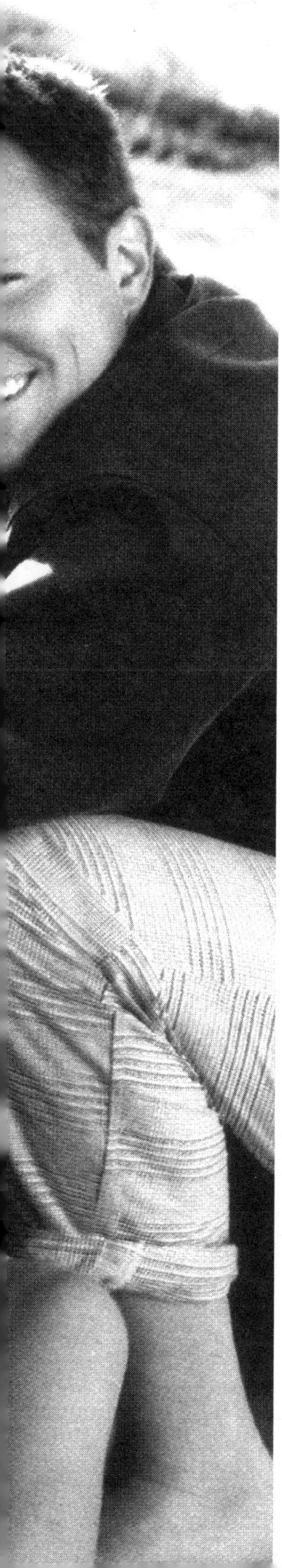

Da telinha para a telona

Com o sucesso de *Um Maluco no Pedaço* nos EUA, WILL SMITH começou a receber convites para o cinema, em que se estabeleceu como um dos maiores (e mais rentáveis) astros de Hollywood, em filmes como *Independence Day* (1996), *Homens de Preto* (1997), *Eu, Robô* (2004), e *Eu Sou a Lenda* (2007).

GEORGE CLOONEY liderou o elenco de *ER* (*Plantão Médico*) nas cinco primeiras temporadas. Depois que saiu, sua carreira no cinema decolou de vez, com filmes como *Mar em Fúria* (2000), *Onze Homens e um Segredo* (2001) e *Syriana – A Indústria do Petróleo* (2005), que lhe deu o Oscar.

SARAH MICHELLE GELLAR, estrela de *Buffy – A Caça Vampiros*, não arriscou muito em sua migração para o cinema. A maior parte de seus filmes permanecem no gênero terror ou são produções para o público jovem. Entre os mais conhecidos, estão *Pânico 2* (1997), *Scooby Doo* (2002) e *O Grito* (2004).

Como a mal-humorada Ling, LUCY LIU se destacou em *Ally McBeal* e fez com que sua personagem ganhasse mais destaque. A série lhe abriu as portas para o cinema, onde ela esteve nos sucessos *As Panteras* (2000) e *Kill Bill: Volume 1* (2003).

O sucesso de *Louco por Você* serviu de plataforma para HELEN HUNT estrelar o blockbuster *Twister* (1996) e *Melhor é Impossível* (1997), pelo qual recebeu o Oscar de melhor atriz.

Com a projeção conseguida em *Friends*, JENNIFER ANISTON tem seguido carreira na tela grande. Apesar do respeito da crítica ter vindo por um papel dramático em *Por uma Vida Menos Ordinária* (2002), o público parece transformar em sucessos de bilheteria apenas as comédias, como *A Razão do Meu Afeto* (1998), *Quero Ficar com Polly* (2004) e *Separados Pelo Casamento* (2006).

Da telona para a telinha

O baixinho CHUCK NORRIS foi um dos astros de filmes de ação classe B nos anos 80, como *Comando Delta* (1986). Apagado na década seguinte, ele voltaria a se destacar apenas na TV, quando estrelou *Chuck Norris é a Lei*.

*West Wing – Nos Bastidores do Pode*r reuniu alguns atores cujas carreiras no cinema estavam em baixa. Mary Louise Parker (Amy) ficou famosa em *Tomates Verdes Fritos* (1991) e se tornou a estrela de outro seriado, *Weeds*. Rob Lowe (Sam) havia sido um dos maiores galãs do cinema nos anos 80, mas só então passou a ser mais respeitado como ator. E Stockard Channing (a primeira-dama Abbey) marcou os anos 70 como a Rizzo de *Nos Tempos da Brilhantina* (1978), além de ter sido indicada ao Oscar por *Seis Graus de Separação* (1993).

A carreira de LORRAINE BRACCO no cinema parecia que decolaria de vez quando ela foi indicada ao Oscar de atriz coadjuvante por *Os Bons Companheiros* (1990), de Martin Scorsese. Mas ela só encontrou a fama de fato na TV, como a psicóloga do chefão mafioso Tony em *Família Soprano*.

O futuro de CHARLIE SHEEN no cinema parecia promissor após ele estrelar dois filmes de Oliver Stone, *Platoon* (1986) e *Wall Street* (1987). Mas não foi o que aconteceu. Desacreditado como ator, ele voltou com força na TV após substituir Michael J. Fox em *Spin City* (*Limpando a Barra*) e, principalmente, ao estrelar *Two and a Half Men* (*Dois Homens e Meio*).

Os pioneiros

O ator Mark Harmon disse a palavra "shit" (merda) pela primeira vez num programa (com exceção de documentários) de uma emissora de televisão aberta dos EUA. Foi em **Chicago Hope**. A série também foi a primeira a ser filmada com câmeras de alta definição.

O assumidamente gay Matt (Doug Savant) de **Melrose** nunca teve um relacionamento na série porque a emissora não permitia. Mas o criador Darren Star aproveitou o personagem para tratar pela primeira vez num seriado de temas importantes ligados à homossexualidade, como violência física e os militares que não saem do armário.

O drama sobre advogados **Murder One** teve toda a sua primeira temporada em torno do desenvolvimento de um único caso, com os episódios dando continuidade à história. Esse formato de narrativa, na época incomum, foi mais tarde adotado por séries como *24 Horas, Lost* e *Prison Break.*

Sex and the City expôs a visão feminina sobre sexo e relacionamentos como nunca havia sido feito anteriormente num seriado. As conversas entre as quatro personagens e seus relacionamentos sexuais causaram muita polêmica e foram matéria de muitas análises na mídia.

Mundo GLS

A dra. Weaver (Laura Innes) de **ER** (*Plantão Médico*) teve uma filha por inseminação artificial com a bombeira Sandy.

Buffy – A Caça-Vampiros sempre podia contar com a ajuda da bruxinha Willow (Alyson Hannigan). No decorrer da série, Willow inicia um relacionamento com Tara (Amber Benson) e depois com Kennedy (Iyari Limon), com quem protagonizou a primeira cena de sexo entre mulheres num seriado da TV aberta.

As guerreiras Xena (Lucy Lawless) e Gabrielle (Renée O'Connor) nunca tiveram seu relacionamento tratado de maneira explícita em **Xena – A Princesa Guerreira**. Mas trocaram muitas juras de amor, fizeram respiração boca a boca várias vezes e tomaram diversos banhos juntas. Elas também se tratavam como "almas gêmeas".

Melrose teve um dos raros gays assumidos numa série exibida no horário nobre: o assistente social Matt (Doug Savant). Mas ao contrário dos outros personagens, que levavam uma vida sexual intensa, ele mal pôde desenvolver um relacionamento por pressões da emissora e dos anunciantes.

A equipe de comunicação do prefeito de Nova York em **Spin City** (*Limpando a Barra*) incluía um gay negro e ativista, Carter Heywood (Michael Boatman), que sempre tentava introduzir na pauta do político questões ligadas aos direitos civis de homossexuais.

O primeiro beijo da televisão americana entre dois homens adolescentes aconteceu em **Dawson's Creek**.

No mundo violento de **Oz – A Vida é uma Prisão**, houve espaço para um dos primeiros romances entre dois homens num seriado: os prisioneiros Tobias (Lee Tergesen), um advogado alcoólatra e Chris (Christopher Meloni), um serial killer bissexual. O relacionamento dos dois, cheio de traições e idas e vindas, tornou-se um dos destaques da série.

A Carrie de **Sex and the City** sempre podia contar com seu amigo gay e confidente de todas as horas, Stanford (Willie Garson). Baixinho, careca e fora dos padrões de beleza da comunidade gay de Nova York, ele era tão azarado quanto a amiga quando o assunto era relacionamentos. Enquanto Samantha não pensou duas vezes em ir para a cama com Maria, pintora brasileira interpretada por Sônia Braga.

O episódio em que a personagem-título de **Ellen**, interpretada por Ellen DeGeneres, se assume lésbica percorreu a mídia do mundo inteiro. A famosa cena acontece em um aeroporto, quando Ellen diz para Laura Dern "Eu sou lésbica", sem notar que um microfone ligado fez a revelação ser ouvida em todo o local.

Will & Grace tornou-se uma das séries mais populares na televisão com um personagem-título assumidamente gay. O público adorou, mas parte da comunidade gay criticou a composição de Will (Eric McCormack), que parecia feita para não assustar o grande público..

Bill Brochtrup só iria participar de alguns episódios de **Nova York Contra o Crime**, como o assistente administrativo John Irving. Mas o personagem foi tão bem recebido pelo público que acabou ficando. A série abordou a mudança de comportamento do detetive Sipowicz (Dennis Franz) em relação a John, do desconforto inicial até o aceitamento. Assim como o personagem, Brochtrup também é gay assumido.

OS MAIORES GALÃS DOS ANOS 90

DAVID BOREANAZ – *ANGEL*

DAVID DUCHOVNY – *ARQUIVO X*

DAVID HASSELHOFF – *SOS MALIBU*

JASON PRIESTLEY E **LUKE PERRY** – *BARRADOS NO BAILE*

DEAN CAIN – *AS NOVAS AVENTURAS DO SUPERMAN*

MATT LEBLANC – *FRIENDS*

MULHERES DE TIRAR O FÔLEGO

PAMELA ANDERSON – a atriz marcou *SOS Malibu* (e a televisão mundial) aparecendo de maiô como CJ Parker, conquistando uma legião de fãs que a acompanham até hoje, depois de muitas cirurgias plásticas e capas da *Playboy*.

PETA WILSON – a ex-modelo tornou-se mundialmente conhecida quando estrelou a série *La Femme Nikita*, como a sexy agente secreta de voz rouca treinada em artes marciais.

SHERILYN FENN – ela incendiou a TV quando apareceu em *Twin Peaks* pela primeira vez como a provocante estudante Audrey Horne. Não foi apenas o agente Dale Cooper quem caiu de quatro pela atriz de beleza parecida com a de Elizabeth Taylor. Quem assistiu à série jamais esquece o que ela era capaz de fazer com uma cereja.

TIA CARRERE – a exótica atriz e cantora havaiana se tornou um símbolo sexual nos anos 90 após aparecer em filmes como *Quanto Mais Idiota... Melhor* (1992) e *True Lies* (1994). Na série *Relic Hunter – A Caçadora de Aventuras*, ela desfilava o corpão enquanto corria o mundo atrás de tesouros.

SUZANA ALVES – a personagem Tiazinha provocou as fantasias dos homens brasileiros de todas as idades com seu visual fetichista. Transformada em fenômeno nacional, ela vendeu 1,2 milhão de exemplares quando foi capa da revista *Playboy* e ganhou seu próprio seriado, *As Aventuras da Tiazinha*.

Frases que ficaram na memória

"A VERDADE ESTÁ LÁ FORA"

APARECIA NO FINAL DA ABERTURA DE *ARQUIVO X*.

"NÃO É A MAMÃE!",

DE BABY SAURO EM *FAMÍLIA DINOSSAURO*, SE TORNOU TAMBÉM UM BORDÃO NACIONAL.

"CALA A BOCA, MADGA!"

ERA A MELHOR FRASE PARA SE DIZER PARA A PERSONAGEM DE MARISA ORTH EM *SAI DE BAIXO*.

"YADA, YADA, YADA"

FOI A FRASE MAIS MARCANTE EM *SEINFELD*.

Cães que roubavam a cena

RAGS. ESSE PERSONAGEM DE *SPIN CITY* (*LIMPANDO A BARRA*) FOI UM DOS ANIMAIS MAIS MORBIDAMENTE DIVERTIDOS QUE APARECEU NUM SERIADO. ELE TOMAVA MEDICAMENTOS PARA ASMA E DIARRÉIA, E SEU MAIOR DESEJO ERA SE MATAR, O QUE ELE TENTOU FAZER PULANDO PELA JANELA E ENGOLINDO COMPRIMIDOS. :::: **EDDIE.** É O JACK RUSSEL TERRIER PERTENCENTE A MARTIN, PAI DO FRASIER, QUE É OBCECADO POR FICAR ENCARANDO O FILHO DO DONO. MESMO QUANDO FRASIER NÃO ESTAVA NO APARTAMENTO, O CÃO IA ATRÁS DE UMA FOTO DELE PARA FICAR OBSERVANDO. EDDIE ENGRAVIDOU A CADELA DE UMA VIZINHA, FUGIU QUANDO DESCOBRIU QUE SERIA CASTRADO E FOI TRATADO POR UM PSIQUIATRA CANINO QUANDO ENTROU EM DEPRESSÃO.

As famílias da década

FAMÍLIA DINOSSAURO – **OS SILVA SAUROS**
UM AMOR DE FAMÍLIA – **OS BUNDYS**
PARTY OF FIVE (O QUINTETO) – **OS SALINGERS**
EVERYBODY LOVES RAYMOND – **OS BARONES**
STEP BY STEP – **OS LAMBERTS**
FAMÍLIA SOPRANO – **OS SOPRANOS**

00

O Melhor do Século 21

O novo milênio chegou e o público brasileiro, talvez cansado de ver cair a qualidade da programação geral da TV aberta, resolveu experimentar mais o sabor das séries estrangeiras exibidas pelos canais da TV paga. Seriados cheios de adrenalina como *24 Horas*; intrigantes como *Lost*; divertidos como *Desperate Housewives*; ousados como *A Sete Palmos* e *Dexter*; e surpreendentes como *Heroes*. Muitos deles se tornaram febre também no Brasil, conquistando fãs, recebendo espaço na mídia como nunca antes e provocando downloads na internet para se assistir aos episódios antes de chegarem na telinha. Enfim, voltaram a ser presença marcante na programação do espectador brasileiro que tem acesso à TV paga, num processo de conquista que, ao que tudo indica, não terá fim tão cedo.

OBS: ESTE ALMANAQUE TERMINOU DE SER ESCRITO NO FINAL DE 2007, QUANDO ALGUMAS DAS SÉRIES AQUI CITADAS AINDA ESTAVAM NO AR.

Nos Bastidores da Justiça

Ninguém consegue explicar por que os seriados que falam sobre o sistema judiciário americano despertam um bom interesse no Brasil. Talvez a sensação de saber que existe um país onde a justiça funciona quase sempre e os autores dos crimes de colarinho branco acabam na cadeia alimente a esperança de que um dia a justiça possa funcionar também aqui. Nick Fallin é um proeminente advogado especialista em fusões e aquisições em **O Guardião**. Bem de vida, um dia ele é preso por uso de drogas e obrigado a cumprir horas de serviço comunitário, atuando como tutor em casos envolvendo crianças e adolescentes. A bela e talentosa promotora-assistente Annabeth Chase é a personagem principal de **Close to Home**. Ela voltou a trabalhar na promotoria depois de uma licença-maternidade, gerando um certo desconforto entre seus colegas e seu chefe por não poder trabalhar a qualquer hora do dia. Sua função é descobrir provas dos crimes estranhos que têm ocorrido nos subúrbios da cidade, onde vivem as pessoas que, teoricamente, levam uma vida mais tranqüila. Mas o que acontece a cada episódio é exatamente o oposto, com crimes dos mais hediondos e violentos.

Justiça Sem Limites revelou-se um dos mais divertidos e elaborados projetos de David E. Kelley, roteirista e produtor responsável por séries como *Ally McBeal* e *O Desafio*. Foi da última temporada desta que surgiram os dois personagens centrais da série, Denny Crane (William Shatner) e Alan Shore (James Spader). Alan é demitido do escritório de advocacia onde havia gerado milhões de dólares em novas contas. Inconformado com a decisão dos chefes, ele contrata Denny Crane, um dos grandes nomes do setor e que ainda vive sob a sombra de sua própria fama, para processar os antigos chefes. Depois desse encontro, Denny convida Alan para trabalhar com ele e a partir daí acaba *O Desafio* e começa *Justiça Sem Limites*, mostrando o dia-a-dia dessa dupla enfrentando os grandes tubarões da justiça em Boston. Ainda em sua primeira temporada, o escritório sofre uma reviravolta com a entrada de Shirley Schmidt, uma das sócias principais, que vai trazer o caos para a dupla (Candice Bergen, em seu primeiro papel de destaque na TV desde *Murphy Brown*) com suas novas regras. A cada final de episódio, os dois se reúnem na varanda do prédio para tomar uma bebida e conversar sobre os acontecimentos daquele episódio. Após *Jornada nas Estrelas* e *Carro Comando*, a série deu um novo papel de destaque na TV para Shatner, o eterno capitão Kirk.

Quem aproveitou a chance de trabalhar mais na telinha foi o consagrado ator James Woods, que não recusou o convite do produtor Ian Biederman para estrelar a série **Shark** para a Fox. Woods é Sebastian Stark, um dos melhores advogados criminalistas de Los Angeles, considerado um grande tubarão (daí o título original) na área jurídica americana. Mas um belo dia a ficha cai e ele decide aceitar um emprego como promotor público para que comece a mandar para a prisão todos aqueles criminosos que um dia ele defendeu. Incorruptível e usando toda a sua habilidade para levar para a cadeia os malfeitores, *Shark* foi indicada ao Emmy de melhor série dramática logo em sua primeira temporada.

Você sabia?

★O EX-PRESIDENTE AMERICANO BILL CLINTON, NUMA ENTREVISTA A ELLEN DEGENERES, CONFESSOU QUE *JUSTIÇA SEM LIMITES* É UMA DE SUAS SÉRIES FAVORITAS.

★**OS DIÁLOGOS E SITUAÇÕES VIVEM BRINCANDO E FAZENDO REFERÊNCIAS AO FAMOSO CAPITÃO KIRK, QUE WILLIAM SHATNER INTERPRETOU EM *JORNADA NAS ESTRELAS*.**

Os Novos Centuriões

O papel do tradicional investigador de polícia, que seguia as pistas conversando com pequenos delatores e gente do submundo, mudou muito com a entrada das ciências nos métodos de investigação. O novo investigador que surge nos anos 2000 utiliza o que existe de mais moderno na ciência forense e comportamental para conseguir localizar e prender os suspeitos de um crime. Um dos primeiros a utilizar as modernas técnicas de psicologia na busca de criminosos foi o detetive Bob Goren, da divisão de casos graves da polícia de Nova York, em **Lei e Ordem: Crimes Premeditados**. Ele e sua parceira Alexandra vão fundo em suas investigações até colocar à sua frente o possível criminoso. A partir da quinta temporada, a dupla começa a se revezar com os detetives Mike Logan (Chris Noth, o sr. Big de *Sex and the City*) – que esteve no *Lei & Ordem original* – e Carolyn Barek. Para a detetive Lilly Rush, de *Cold Case* (*Arquivo Morto*), nem mesmo o tempo pode ocultar os verdadeiros culpados de um crime. A série mostra que existe um departamento de casos arquivados no departamento de polícia da Filadélfia, onde muitos deles ainda aguardam solução. A cada episódio, Lilly e seus colegas seguem pistas de um caso antigo, cuja reabertura é normalmente solicitada por alguém que a procura com uma nova pista para encontrar os verdadeiros responsáveis. A grande sacada da série está na dupla visão que o espectador tem dos suspeitos, que são mostrados na época em que o crime ocorreu e também nos dias de hoje. No final de cada episódio, há sempre uma seqüência sem diálogos que mostra o assassino sendo preso e a vítima acompanhando a cena, com expressão de agradecimento. Essas seqüências têm como fundo uma música de sucesso do ano em que o caso ocorreu, e seu estilo visual também segue o padrão da época em questão. **NCIS** (*Investigações Criminais*) é o "spin-off" de *JAG – Ases Invencíveis*, e mostra um grupo de investigadores do Serviço de Investigação Criminal da Marinha dos Estados Unidos, liderado por Jethro Gibbs. Eles são acionados sempre que alguém da Marinha ou ligado a ela está envolvido em algo criminoso ou que possa colocar em risco a segurança nacional. O mais interessante é que Gibbs não é o chefe tradicional, que gosta de se divertir com os comandados. Pelo contrário, ele é um militar que segue ordens e gosta que elas sejam cumpridas. E quando tem que quebrá-las, assume sem pestanejar. A série tem no elenco o ator David McCallum, o ex-*Agente da UNCLE.*

E o que seria o combate ao crime sem a presença dos famosos agentes do FBI? Em **Without a Trace** (*Desaparecidos*), Jack Malone (Anthony LaPaglia) é o chefe do grupo de agentes federais incumbidos de localizar pessoas desaparecidas. Eles sempre partem do pressuposto de que a melhor maneira de fazer isso é conhecer bem quem é a vítima e como ela pensava e agia. A série acompanha essa linha do tempo, sempre mostrando há quantas horas a suposta vítima estaria desaparecida. O interessante é que a série também mostra as conseqüências emocionais que as investigações e o estilo de trabalho deixam nesses agentes. O grande destaque da série é o australiano LaPaglia, que já fez vários trabalhos no cinema e ganhou o Globo de Ouro por essa série. **Criminal Minds** mostra o trabalho da Divisão de Ciência do Comportamento, a mesma que aparece no filme *O Silêncio dos Inocentes* (1991). É lá que trabalha a equipe liderada pelo agente especial Aaron Hotchner (Thomas Gibson, de *Dharma & Greg*): o analista Jason Gideon (Mandy Patinkin, de *Chicago Hope*), os agentes Derek e Greenaway, e o dr. Spencer Reid. A cada semana eles analisam a mente dos mais perigosos criminosos do país, tentando antecipar seus próximos passos ou encontrar uma vítima seqüestrada.

Para o detetive Charlie Crews da polícia de Los Angeles, personagem principal da série **Life**, a filosofia de chegar aos criminosos é, no mínimo, inusitada. Acusado de ter assassinado três pessoas durante uma investigação, Crews vai para uma penitenciária de segurança máxima para cumprir uma sentença perpétua. Doze anos depois de ter assado, comido e digerido o pão que o diabo amassou, descobre-se que ele era inocente. Livre, Crews processa o governo, consegue uma grande indenização e exige ser reintegrado ao antigo cargo. Porém, secretamente, Crews está montando um grande dossiê com todas as pessoas que estavam envolvidas direta ou indiretamente em sua falsa prisão. Ele pode ter perdido doze anos de sua vida, mas levará todo o tempo do mundo para descobrir a verdade. Estrelado pelo inglês Damian Lewis, *Life* é uma grata surpresa no gênero policial, que pode não acrescentar nada de novo do ponto de vista dos seriados que investigam crimes, mas a história de Charlie Crews é única, para não se perder nenhum episódio.

Com todos esses profissionais atuando nas principais cidades dos Estados Unidos, era de se esperar que os criminosos não saíssem de casa. Mas para os produtores dessas séries, felizmente, isso não acontece.

Você sabia?

★ NO FINAL DE CADA EPISÓDIO DE *WITHOUT A TRACE* EXIBIDO NOS EUA, É MOSTRADA UMA VINHETA DE 15 SEGUNDOS QUE PEDE A AJUDA DO PÚBLICO PARA ENCONTRAR PESSOAS DESAPARECIDAS NA VIDA REAL. O FBI DISPONIBILIZA UMA FOTO E INFORMAÇÕES SOBRE A PESSOA, E UM DOS ATORES DA SÉRIE É O NARRADOR.

Mulheres em Evidência

No início da televisão, as mulheres tinham que ser engraçadas ou ter poderes mágicos para conquistar seu espaço no mundo dos homens. No decorrer das décadas, elas foram mostrando que eram mais do que donas-de-casa atrapalhadas. Representando as mães que educam os filhos sem precisar do pai, temos **Gilmore Girls** (*Tal Mãe, Tal Filha*), criada por Amy Sherman-Palladino, roteirista de Roseane e produtora de *Veronica's Closet*. A série tem como personagens centrais Lorelai Gilmore (Lauren Graham) e sua filha Rory (Alexis Bledel), que ela teve aos 16 anos de idade, quando saiu da rica mansão em que morava no interior de Nova Jersey, para a infelicidade de seus pais Richard e Emily. O público presencia a divertida luta de Lorelai para manter sua sanidade, dividindo-se entre o cargo de gerente de um hotel, a educação da filha e as constantes brigas com os pais, e o coração dividido entre o dono da lanchonete, Luke, e o ex-marido, Christopher. Rory, por sua vez, tenta encontrar um namorado ideal, lida com os novos ambientes escolares e mais tarde com seu primeiro emprego. O grande diferencial da série era o roteiro alucinado (escrito constantemente por Amy Sherman e o marido Daniel Palladino), que abusava de referências da cultura pop. Sem contar com os diálogos longos e velozes, dignos dos irmãos Marx. Na sétima temporada, o casal Palladino saiu, o que foi sentido nos roteiros.

Você sabia?

★POR CONTA DOS DIÁLOGOS VELOZES, OS ROTEIROS DA SÉRIE TINHAM CERCA DE 75 A 80 PÁGINAS, QUANDO A MÉDIA DE UM SERIADO DE UMA HORA DE DURAÇÃO É TER ENTRE 45 E 50.

★A CADA EPISÓDIO, UMA NOVA ATRIZ FAZ A EMPREGADA DO CASAL RICHARD E EMILY.

★SCOTT PATTERSON, QUE INTERPRETA LUKE, IA APARECER APENAS NO PILOTO, MAS A QUÍMICA ENTRE ELE E LAUREN GRAHAM (LORELAI) FOI TÃO GRANDE QUE ELE SE TORNOU PARTE DO ELENCO PRINCIPAL, E OS DOIS PERSONAGENS INICIARAM UM ROMANCE NO DECORRER DAS TEMPORADAS.

★MÃE E FILHA NA SÉRIE SÃO VICIADAS EM CAFÉ. AS CENAS EM QUE ELAS CONVERSAM NA LANCHONETE TOMANDO A BEBIDA SÃO MARCA REGISTRADA DO SERIADO. SÓ QUE A ATRIZ ALEXIS BLEDEL (RORY) ODEIA CAFÉ. SUAS XÍCARAS TÊM COCA-COLA.

Com Reba Hart, uma típica mãe do interior americano, a situação foi bem diferente. Um belo dia seu mundo de dona-de-casa entra em parafuso, quando o marido decide abandoná-la pela assistente e sua filha revela que está grávida do namorado. O único jeito de resolver a situação é abrigar o novo casal, sacudir a poeira e enfrentar o mundo da melhor maneira possível. **Reba** foi uma das grandes surpresas na TV dos últimos anos, revelando o lado de atriz cômica da famosa cantora country Reba McEntire, que recebeu da revista *People* o prêmio de revelação na TV em 2002. Fora do circuito americano de produção, as mulheres também conquistaram seu espaço em séries que misturavam drama e comédia. Linda Green é uma personagem fora dos padrões hollywoodianos: acima do peso, gosta de beber, trabalha numa loja de automóveis, flerta com os mecânicos, e adora cantar num bar que freqüenta com as amigas. A série produzida pela BBC mostra um outro lado da mulher inglesa, que gosta de ser independente. **Linda Green** teve uma grande audiência, mas como acontece regularmente com as séries inglesas, teve apenas vinte episódios em duas temporadas. Do outro lado do Canal da Mancha vem uma das surpresas da televisão francesa, **Clara Sheller**, estrelada pela fantástica Mélanie Doutey. Clara é uma jornalista de 30 anos que divide o apartamento com seu colega de trabalho Jean-Philippe, que está brigando com ele mesmo para assumir sua homossexualidade. Os dois tentam encontrar suas almas gêmeas. Considerada uma mistura bem-humorada de *Ally McBeal* com *Sex and the City*, a série foi uma das grandes surpresas de 2005. Para Jamie Sommers, a vida não tem sido nada fácil. Após a morte dos pais, ela é obrigada a largar a faculdade para cuidar da irmã adolescente e muito rebelde, Becca, que é deficiente auditiva. Seus poucos momentos de prazer estão com Will, um professor da universidade que ela teve de abandonar. Levada para uma base secreta onde Will trabalha num projeto de criar um soldado cibernético, Jamie Sommers recebe um braço, duas pernas, olhos e ouvidos biônicos, que a transformam numa mulher virtualmente poderosa. Nasce a nova versão de **A Mulher Biônica**, "spin-off" de *Ciborgue – O Homem de Seis Milhões de Dólares*, duas cultuadas séries dos anos 70. O grande diferencial em relação à série anterior é que a trama aborda uma organização secreta comandada por Jonas Bledsoe (Miguel Ferrer), que precisa dos poderes de Jamie para enfrentar os inimigos dos Estados Unidos.

Garotas Espertas

Além de serem mais determinadas e decididas em seus objetivos, as adolescentes do novo século ganharam espaço na televisão com algo mais do que um rostinho bonito. Em **As Visões de Raven**, Raven Baxter consegue prever o futuro, mas apenas cinco segundos, o que lhe causa muitas confusões na escola e em casa. **Lizzie McGuire** mostra a transição da infância para a adolescência, a partir do momento em que a personagem-título, interpretada por Hilary Duff, ganha seu primeiro sutiã. A série ganhou uma versão para o cinema: *Lizzie McGuire – Um Sonho Popstar* (2003), e transformou Duff em cantora e ídolo das adolescentes americanas.

Para Joan Girardi, mudar para a provinciana cidade de Arcadia era um novo capítulo na sua monótona vida. A decisão veio de seus pais Will e Helen, depois do acidente de carro que deixou o filho mais velho Kevin numa cadeira de rodas. Ela tem uma série de necessidades e ansiedades típicas da idade. O fato de o pai ser chefe de polícia e a mãe assistente da diretoria da escola onde ela estuda também não ajuda em nada sua rotina. Mas logo quando ela chega na cidade, Joan conhece e conversa pessoalmente com Deus. Sim, o Todo-Poderoso, que se apresentava a ela das mais diversas e diferentes formas. E a cada um desses encontros, ele reservava uma surpresa ou, melhor dizendo, uma missão que Joan teria que cumprir. E por que realizar essas missões aparentemente triviais? Esse era o segredo dos episódios de **Joan of Arcadia**, criada por Barbara Hall, roteirista de seriados consagrados como *Chicago Hope* e *Plantão Médico*. A série não discutia religião, e sim mostrava como nossas ações e escolhas pessoais podem interferir na vida dos outros. Joan era magnificamente interpretada por Amber Tamblyn, e seu irmão Kevin, por Jason Ritter, filho do falecido comediante John Ritter (de *8 Simple Rules*). Os pais eram dois renomados nomes do cinema e do teatro americano, Joe Mantegna e a oscarizada Mary Steenburgen. Além do elenco, o grande destaque da série são os fantásticos diálogos entre Joan e Deus.

Você sabia?

★ APESAR DE *JOAN OF ARCADIA* TER, NOS EUA, UMA AUDIÊNCIA DE FAIXAS ETÁRIAS VARIADAS, FOI O PÚBLICO MAIS VELHO QUEM RECLAMOU MAIS QUANDO A SÉRIE FOI CANCELADA APÓS A SEGUNDA TEMPORADA. ELES DIZIAM QUE AS EMISSORAS SÓ SE PREOCUPAVAM EM ATRAIR O PÚBLICO ADOLESCENTE E QUE SEUS DESEJOS, COMO TELESPECTADORES, NÃO ESTAVAM SENDO ATENDIDOS. O SERIADO SAIU DO AR COM OUTROS QUE TAMBÉM AGRADAVAM AO PÚBLICO MAIS VELHO, COMO *A JUÍZA* E *THIRD WATCH* (*PARCEIROS DA VIDA*).

Um pouco de drama, comédia, romance e uma dose de mistério: essa é a mistura de **Veronica Mars**, considerada uma das séries mais inteligentes já produzidas pela Warner. A personagem-título mora com o pai, um ex-policial que trabalha como investigador particular numa cidade aparentemente pacata chamada Neptune. Sua vida muda drasticamente quando sua melhor amiga é assassinada. A mãe os abandonou depois da demissão do pai, acusado de negligência por não descobrir o assassino da jovem. Por causa de sua habilidade dedutiva, Veronica (Kristen Bell) ajuda o pai em suas investigações, conciliando essa atividade com sua vida escolar. Seu principal objetivo é descobrir o responsável pela morte da amiga. A cada episódio ela tenta desvendar casos que ocorrem na cidade, enquanto um mesmo mistério vai sendo resolvido aos poucos durante toda a temporada. Infelizmente para os fãs, as aventuras de Verônica terminariam no meio da terceira temporada, quando a Warner decidiu não continuar a série pelo novo canal CW (fusão entre o The WB, da Warner Bros, com o UPI, da Paramount-Viacom). Para Kristen Bell, a frustração durou pouco, já que ela acabou entrando no elenco regular de *Heroes* a partir da segunda temporada.

Você sabia?

★ JOSS WHEDON, CRIADOR DE *BUFFY* E *ANGEL*, AFIRMOU QUE A SÉRIE É A MELHOR QUE JÁ FOI PRODUZIDA. OUTROS FÃS DECLARADOS SÃO O ESCRITOR STEPHEN KING E O CINEASTA KEVIN SMITH (*O BALCONISTA* E *DOGMA*), QUE FIZERAM PARTICIPAÇÕES ESPECIAIS NO SERIADO.

Desconfie Delas

Foi-se o tempo em que o papel das mulheres nas séries de ação limitava-se a desvendar um crime como parceira de um policial. Elas agora estão na linha de frente do combate ao terrorismo internacional e ao narcotráfico. **She Spies** (*As Espiãs*) é uma espécie de atualização de *As Panteras*, com três ladras internacionais que se dão mal num de seus golpes e são recrutadas para serem agentes do governo. Seus talentos incluem lutas marciais, informática, manejo de armas e, obviamente, sedução. O diferencial em relação à criação de Aaron Spelling era o tom de comédia, já que as três não levam a sério o trabalho. Mas na segunda temporada os produtores cometeram o erro de mudar o tom, deixando-a mais séria, o que fez a audiência despencar e levou ao cancelamento da produção. Grande mancada.

Felizmente, o mesmo não aconteceu com **Alias – Codinome Perigo**, criada e produzida por J. J. Abrams. A idéia nasceu em outra série dele, *Felicity*, sobre uma garota apaixonada que vai estudar na cidade grande para ficar perto de seu amado. Abrams imaginou então uma jovem estudante levando uma vida dupla como agente secreta do governo americano. Na série, Sydney Bristow (Jennifer Garner) é uma estudante universitária que trabalha numa organização chamada SD-6, um braço da CIA. Ao contar para seu chefe que vai se casar, ele a alerta para não revelar seu trabalho ao noivo, porque haveria sérias conseqüências. Mas ela não obedece e, quando encontra o noivo

morto, descobre através de seu pai, Jack Bristow (Victor Garber), que a SD-6 na verdade é uma organização criminosa espalhada por todo o mundo. Superando seu ódio pelo assassinato do noivo, ela decide ser também uma agente infiltrada. No decorrer da série, a espiã irá se deparar com várias revelações surpreendentes, como descobrir que sua mãe, dada como morta, na realidade é uma agente soviética que ainda está viva. A série foi a primeira grande produção de Abrams, que, por causa de sua produção, recebeu um convite de Tom Cruise para dirigi-lo em *Missão Impossível 3* (2006). Ele também é o criador de *Lost*. A série terminou porque Jennifer Garner quis dar um tempo para cuidar do filho que teve com o ator Ben Affleck, e também porque Abrams não tinha mais tempo para cuidar dos roteiros.

Você sabia?

★SYDNEY BRISTOW USAVA PRATICAMENTE UMA PERUCA NOVA POR EPISÓDIO EM *ALIAS*. CADA UMA CUSTAVA CERCA DE 5 MIL DÓLARES.

★A ABERTURA DE *ALIAS* SÓ APARECIA NO FINAL DO PRIMEIRO BLOCO, ÀS VEZES LEVANDO MAIS DE 15 MINUTOS E, EM ALGUMAS OCASIÕES, NEM SENDO APRESENTADA EM TROCA DOS CRÉDITOS ROLANDO DURANTE AS CENAS. ESSE TIPO DE PROCEDIMENTO NÃO É NADA COMUM PARA UM SERIADO.

Quadrinhos na TV

A tecnologia digital e as montagens mais ágeis foram a base para que alguns personagens dos quadrinhos voltasssem a surgir na telinha. Os resultados nem sempre foram positivos, como em **Witchblade**, criação de Marc Silvestri para a Top Cow Comics. A detetive Sara Pezzini coloca acidentalmente uma luva mística que lhe confere poderes sobre-humanos de uma antiga linhagem de guerreiras. A arma, conhecida como Witchblade, só pode ser usada por mulheres destemidas e corajosas. A escolha de Yancy Butler no papel principal também não foi a mais acertada. Mesmo conferindo um ar sério à detetive, ela vinha tentando se curar do alcoolismo e do consumo de drogas, o que atrasava a produção dos episódios. No final da primeira temporada, ela se internou numa clínica de desintoxicação, mas quando voltou recebeu a notícia de que a série havia sido cancelada. Melhor sorte teve **Mutant X**, uma produção assinada por Avi Arad, que levou ao cinema personagens da Marvel Comics, como Blade, Homem-Aranha e X-Men. A série é uma variação do que acontece nos quadrinhos, com uma entidade que cuida e protege os humanos que começam a apresentar sinais de mutação genética, o que lhes confere poderes especiais. O grupo é liderado pelo professor Adam Kane, um importante geneticista que descobre como utilizar os mutantes para o bem, criando a organização Mutant X, que tem uma base secreta numa ilha. Contra a Mutant X está uma entidade secreta do governo chamada Genomex, chefiada por Mason Eckhart, cuja missão é capturar todos os mutantes. Com bons efeitos visuais e cenas de ação de primeira, a série tinha uma boa audiência nos EUA e havia sido renovada para a quarta temporada, quando foi cancelada repentinamente porque uma das companhias produtoras fechou.

Birds of Prey, inspirada nos quadrinhos *Aves de Rapina*, mostra a formação de um grupo de combate ao crime formado por Oráculo (ex-Batgirl), Caçadora e Canário Negro. Segundo a apresentação da série, feita pelo mordomo de Bruce Wayne, Alfred, Batman desapareceu da cidade depois de um confronto com o Coringa. Sabe-se que ele teve um envolvimento com Selina Kyle, a Mulher-Gato, e o resultado disso foi o nascimento de Helena Kyle, que se transforma na Caçadora. E sabe-se lá o motivo, o SBT rebatizou a série como *A Mulher-Gato*, apesar de ela nunca aparecer no seriado. O mico só não foi total porque a série acabou com 13 episódios, antes de completar a primeira temporada. Quem também não passou dos 12 episódios foi **Blade – O Caçador de Vampiros**. O personagem era considerado do segundo time de heróis da Marvel, um ser humano com sangue de vampiro em luta contra sua herança genética dada pela mãe grávida que fora mordida por uma criatura da noite. A série era pesada e com roteiros sombrios, tentando levar para a TV o clima da trilogia cinematográfica, mas nem isso foi o suficiente para garantir uma temporada inteira.

Menino Superpoderoso

A DC Comics nunca conseguiu emplacar o Super-Homem, um de seus principais personagens, em séries de TV, mesmo com eficientes tentativas ao longo de 50 anos de televisão, como *As Aventuras do Super-Homem*, *Superboy* e *As Novas Aventuras do Superman*, que duraram poucas temporadas, porém viraram objeto de culto. Foi a dupla de roteiristas e produtores Miles Millar e Alfred Gough que trouxe um novo ar ao herói ao criarem **Smallville**, contanto as aventuras do jovem Clark Kent no período em que morava com os pais na cidade de Smallville e ainda estava descobrindo lentamente seus fabulosos poderes. O que parecia uma idéia tosca se transformou num sucesso de audiência, tanto nos Estados Unidos como em outros países, provavelmente por criar uma nova mitologia para o personagem, mostrando-o como um adolescente comum enfrentando as dificuldades típicas da idade. No seriado, a vida de Clark e Lex Luthor irá se cruzar quando Luthor atropela acidentalmente Clark sobre uma ponte. Para evitar que Lex morra, Clark arranca a porta do carro submerso, salvando a vida de seu futuro inimigo. Assim como acontecia nos quadrinhos originais, os dois inicialmente têm um laço de amizade. Secretamente, porém, ele quer descobrir como aconteceu o acidente. Clark, por sua vez, ainda acredita na amizade de Lex, que o incentiva a revelar sua paixão por Lana Lang, outra personagem que, assim como Pete Ross, veio dos quadrinhos. Os produtores acrescentaram Chloe, uma estudante que quer se tornar uma grande repórter. Ela edita na escola o jornal *The Torch*, que investiga fatos relacionados com a queda dos meteoros verdes em Smallville. Esse é um elemento interessante na série, já que os efeitos da criptonita no ser humano são imprevisíveis, dando estranhos poderes que transformam uma pessoa no vilão ideal para enfrentar o Homem de Aço. Do universo dos quadrinhos, os produtores ainda trouxeram aos longo dos anos personagens importantes, como Aquaman, Perry White, Arqueiro Verde, Flash, Braniac e Lois Lane, além de uma participação especial de Christopher Reeve e Margot Kidder, o Homem de Aço e Lois Lane na série cinematográfica. A série atingiu em cheio o público jovem, sendo exibida no Brasil pela Warner e SBT. Aliás, este último acrescentou o subtítulo *As Aventuras do Superboy*, um erro, pois na série o personagem jamais usa o famoso uniforme azul e vermelho. A série transformou o ex-modelo Tom Welling numa sensação da TV, e deu a John Schneider, como Jonathan Kent, seu primeiro papel de destaque num seriado desde que estrelou *Os Gatões* nos anos 80.

Você sabia?

★ANNETTE O'TOOLE, QUE INTERPRETA A SRA. KENT, FOI LANA LANG NO FILME *SUPERMAN 3* (1983).

★A CADA EPISÓDIO, CLARK APARECE VESTIDO DE AZUL, VERMELHO OU AMARELO (OU AS TRÊS JUNTAS), INDICANDO AS CORES DO SEU FUTURO UNIFORME DE SUPER-HERÓI.

★EM 2007, TOM WELLING ESTAVA COM 31 ANOS, MAS CONTINUA REPRESENTANDO O ADOLESCENTE CLARK KENT EM SMALLVILLE, CUJA SÉTIMA TEMPORADA ENCERRA ESSA AVENTURA NA TV.

★A SÉRIE GEROU UM "SPIN-OFF" COM A PERSONAGEM CHLOE SULLIVAN, *SMALLVILLE: CHLOE CHRONICLES*, LANÇADO APENAS NA INTERNET E COMO EXTRA NOS DVDS DO SERIADO.

Do Outro lado da Vida

Se no dia-a-dia já é complicado conviver com tantas pessoas diferentes, como é conviver com pessoas que já morreram e antecipar dores de cabeça prevendo o futuro? Esse é o tema de alguns seriados de sucesso nos anos 2000, que têm como personagens principais pessoas comuns com dons extraordinários.

Johnny Smith (Anthony Michael Hall) é um professor que sofreu um acidente que o deixou em coma por cinco anos. Quando acordou, descobriu que podia prever o futuro das pessoas apenas tocando nelas ou em objetos pertencentes a elas. Seu grande problema é tentar impedir o fim do mundo, depois que descobriu que o congressista Greg Stillson, que ele cumprimentou, poderá se tornar presidente dos Estados Unidos e iniciar a Terceira Guerra Mundial. Baseado no livro de Stephen King, **The Dead Zone** (*O Vidente*) já havia sido levado ao cinema em 1983 como *A Hora da Zona Morta*, com Christopher Walken como Smith. Na série, as premonições dele são um show de efeitos visuais. Quem também tem o poder de ver o futuro é Allison Dubois, da série **Medium** (*A Paranormal*), uma dona-de-casa do Arizona com três filhas e um marido, que trabalha para o promo-

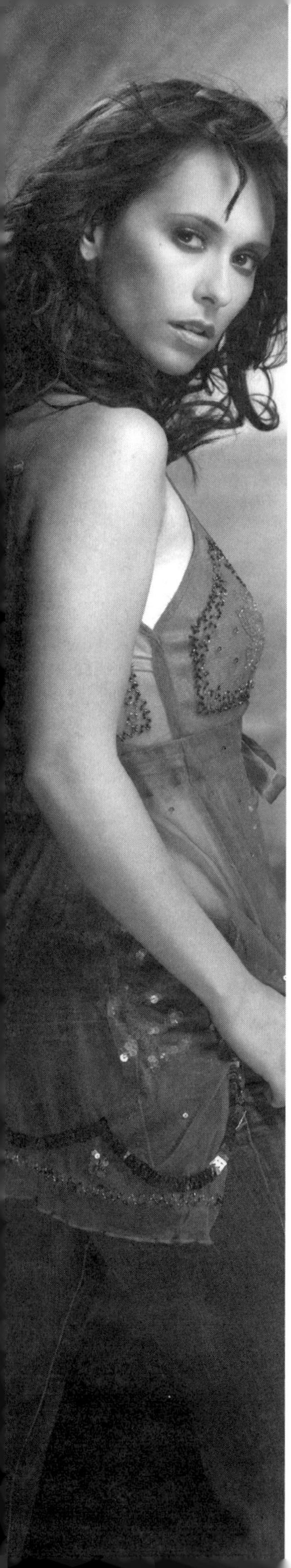

tor público da cidade, ajudando a resolver alguns casos policiais complicados. O seu poder é manifestado quando ela sonha com cenas ligadas que serão pistas essenciais para a resolução de um crime. Ela também consegue se comunicar com os mortos, que surgem em determinados momentos de uma investigação, dando mais dicas de como solucionar o caso. A série inspirou-se na vida da verdadeira Allison Dubois, que também é consultora do programa. A atriz Patricia Arquette, quando aceitou fazer a série, decidiu que não iria perder peso, alegando que ninguém ia acreditar que uma mulher de corpo modelado pudesse ser mãe de três filhas. Uma decisão que ajudou a dar credibilidade à personagem e lhe rendeu um Emmy de melhor atriz.

Melinda Gordon, personagem principal de **Ghost Whisperer**, pode se comunicar com os mortos. Ela os ajuda a resolver pendências que deixaram quando ainda eram vivos, mesmo que a princípio quase ninguém acredite nela. A série conquistou o público americano ao misturar drama com elementos sobrenaturais, com direito a sustos e muitas lágrimas, lembrando um pouco o clima do filme *Ghost* (1990). Melinda é interpretada por Jennifer Love Hewitt, a Sarah de *Party of Five* (*O Quinteto*). Para os irmãos Sam e Dean Winchester, da série **Supernatural** (*Sobrenatural*), os fantasmas são o menor dos problemas. A mãe deles foi brutalmente assassinada por um demônio. O pai, John, fica obcecado em encontrar e destruir essa força do mal, e para isso treina os filhos para lutarem contra fenômenos sobrenaturais. Quando ele desaparece, a dupla sai à sua procura, e a cada cidade que visitam se deparam com um novo fenômeno que têm que enfrentar. A série transformou-se num programa obrigatório para os fãs do gênero sobrenatural, lembrando um pouco o clima de *Buffy* e *Angel*. Não importa se o perigo da semana é uma criatura mais peçonhenta ou um poderoso demônio, os irmãos partem para cima, sabendo que a vitória os levará cada vez mais perto de localizar seu pai e vingar a morte da mãe. Em **Missing**, é a vez da jovem Jess Mastriani, que passa a ter visões após sofrer um acidente de carro. Ela usa seus poderes para ajudar a divisão de pessoas desaparecidas do FBI. Inicialmente descrente, a agente especial Brooke começa a encarar o dom da garota como algo fundamental para solucionar os casos do departamento, transformando-se numa grande amiga. A série ficou no ar por três temporadas, nunca mostrando casos violentos demais. Outro seriado envolvendo as forças além da vida é **Arquivos Sobrenaturais** (*The Dresden Files*), uma produção original para o canal Sci Fi. Estrelado pelo inglês Paul Blackthorne, o vilão na terceira temporada de *24 Horas*, a série é baseada nos livros de Jim Butcher, mostrando o dia-a-dia de Harry Dresden, um bruxo moderno que conhece as forças das trevas e as usa para ajudar sua amiga da polícia de Chicago, a tenente Connie Murphy, a resolver casos envolvendo lobisobens, vampiros e demônios. A série foi produzida por Nicholas Cage e era para ser uma produção para o cinema. No entanto não conquistou os fãs graças à confusão que os programadores fizeram com os episódios, exibindo-os na ordem errada; foi cancelada depois de 12 episódios. Parabéns.

Na Ilha do Perigo

Um avião com 47 passageiros sofre uma pane fatal, caindo numa ilha aparentemente deserta no meio do Pacífico. Cada um dos sobreviventes tem um passado misterioso e estranho como o ambiente inóspito onde estão agora. **Lost** entrou no ar para conquistar o público carente de mistério e aventura, em mais uma brilhante criação de J. J. Abrams, o homem por trás de *Alias*. A galeria principal de sobreviventes é composta do médico Jack (Matthew Fox, de *O Quinteto*); da fugitiva Kate (Evangeline Lilly); do bem-humorado Hurley (Jorge Garcia); de um ex-astro do rock viciado em drogas, Charlie (Dominic Monaghan); do ex-oficial iraquiano Sayid (Naveen Andrews); da filha de um mafioso coreano, Sun (Yunjin Kim), e de seu marido Jin (Daniel Dae Kim); do trambiqueiro e desconfiado Sawyer (Josh Holloway); de Michael (Harold Perrineau, de *Oz*), cuja custódia do filho de nove anos Walt (Malcolm David Kelley), ele ganhou após a morte de sua ex-mulher; do misterioso Locke (Terry O'Quinn), que parece ter uma conexão sinistra com a ilha; e dos irmãos Shannon (Maggie Grace) e Boone (Ian Somerhalder), que vivem brigando. Durante as temporadas, novos personagens foram surgindo, com direito até a uma pequena participação do brasileiro Rodrigo Santoro como um dos sobreviventes. Com mistérios e enigmas surgindo sem parar em todos os episódios e pouca coisa sendo esclarecida, a série se tornou alvo de um sem-número de explicações e teorias, que começaram a percorrer o mundo pela internet, dando possíveis causas para o que acontece na ilha. Os roteiristas também incluem diversos elementos mitológicos que intrigam ainda mais a numerosa base de fãs. *Lost* tornou-se não somente um fenômeno de audiência em todos os países onde foi exibido, mas também um fenômeno da cultura pop, em proporções até então inéditas para um seriado. Contudo a série quase deixou os fãs na mão, quando os produtores decidiram criar um intervalo de quase dois meses logo após os primeiros seis episódios da terceira temporada. Pela repercussão negativa que a iniciativa de manter o suspense no ar deixou, os produtores decidiram que a série teria mais três temporadas com 16 episódios cada, concluindo definitivamente o destino dos sobreviventes da ilha de *Lost*. Se isso vai dar certo, só o futuro dirá.

Você sabia?

★ **O GRANDE ELENCO E AS FILMAGENS NO HAVAÍ TORNARAM A SÉRIE UMA DAS MAIS CARAS DA TELEVISÃO.**

★ QUANDO FILMOU SUAS PRIMEIRAS CENAS, JOSH HOLLOWAY TENTOU ESCONDER SEU SOTAQUE SULISTA, ATÉ O CRIADOR J. J. ABRAMS LHE DIZER QUE UMA DAS RAZÕES PELAS QUAIS ELE HAVIA SIDO CONTRATADO ERA JUSTAMENTE PELO SOTAQUE.

★ **O PILOTO DE DUAS HORAS CUSTOU CERCA DE 12 MILHÕES DE DÓLARES, VALOR MAIOR DO QUE A PRODUÇÃO DE UMA TEMPORADA INTEIRA DE ALGUNS SERIADOS.**

Simplesmente Elementar

Existem alguns seriados que aparecem sem impressionar nos índices de audiência, mas que aos poucos vão ganhando cada vez mais público. Quando a CBS lançou em 2000 **CSI**, ninguém percebeu que ali estava um grande programa. A série acompanha o trabalho dos investigadores forenses do Departamento de Polícia de Las Vegas enquanto eles revelam as circunstâncias por trás de mortes e crimes pouco comuns. Para isso, eles se utilizam dos melhores métodos científicos e técnicos. Desta forma, conseguem descobrir, por exemplo, por que um mergulhador aparece morto no alto de uma árvore depois de um incêndio. A equipe é liderada pelo metódico Gil Grissom (William Petersen). Essas idéias saíram da mente de Anthony E. Zuiker, o homem que convenceu o poderoso produtor de Hollywood Jerry Bruckheimer (responsável pelos bem-sucedidos *Arquivo Morto* e *Desaparecidos*) a concretizar o seriado. O que fez de *CSI* um sucesso, além dos estranhos casos, foram os roteiros cheios de informações sobre, por exemplo, um corpo quebrado e as imagens realistas que ilustram as cenas. Geralmente acontecem dois casos, cujas peças vão sendo montadas como um grande quebra-cabeças na busca dos suspeitos.

Sabendo que o surgimento de outras séries imitando *CSI* seria inevitável (sem contar o potencial de sucesso de uma franquia), os produtores e o canal CBS resolveram se antecipar e criar logo um "spin-off", nascendo, então, **CSI: Miami**, que tem no comando o durão de coração mole Horatio Caine, que havia sido apresentado em um episódio de *CSI* sobre a investigação do assassinato de uma família em Las Vegas, cujas pistas levaram parte da equipe de Grissom até Miami, onde trabalharam em cooperação com a equipe de Horatio. Ao contrário da original, aqui apenas um caso é resolvido a cada episódio. Depois do sucesso desse primeiro "spin-off", Bruckheimer deu carta branca para uma nova equipe, desta vez na cidade que nunca dorme. **CSI: NY** começa em um episódio de *CSI: Miami,* quando Horatio vai até Nova York e conhece a equipe do detetive Mac Taylor (o consagrado ator de teatro e cinema Gary Sinise). Um dos melhores investigadores criminais da cidade, Mac luta para tentar esquecer a morte da esposa, que trabalhava no World Trade Center quando as torres foram atacadas nos atentados de 11 de setembro. Sua parceira é Stella (Melina Kanakaredes, de *Providence*). A série é considerada ainda mais violenta que as duas antecessoras.

Para não cometerem erros no desenvolvimento dos roteiros, as equipes de produção das três séries fazem questão de trocar informações entre elas, além de dar um tratamento bem diferenciado para cada programa. Talvez seja por isso que as três séries consigam estar entre as mais vistas pelo público americano, juntamente com outra franquia policial, *Lei & Ordem.*

Um Dia de Fúria

Quando os consagrados roteiristas Joel Surnow, da série *Um Homem Sem Passado*, e Robert Cochran, de *JAG – Ases Invencíveis*, apresentaram aos executivos da Fox um novo projeto de um seriado de ação, muitos deles não acreditaram que aquilo pudesse funcionar. A idéia era contar, em tempo real, um dia na vida de um agente secreto que combate o terrorismo. Cada episódio mostraria uma hora do dia (contando os minutos reservados para os intervalos comerciais), de modo que ao final da temporada de 24 episódios um dia inteiro teria sido mostrado. Mas a emissora acabou dando sinal verde, e nascia **24 Horas**, uma das séries mais marcantes dos anos 2000. O personagem central, Jack Bauer, foi assumido por Kiefer Sutherland, que achou a idéia do seriado desafiadora para sua carreira, que andava em baixa. A trama da primeira temporada girava em torno da tentativa de assassinato do primeiro candidato negro (interpretado por Dennis Haysbert) à presidência dos Estados Unidos. Jack precisa protegê-lo e descobrir de onde vem a ameaça, e ao mesmo tempo enfrenta o seqüestro da esposa e da filha. A cada episódio, o espectador vai descobrindo que não é somente o candidato que está na mira dos terroristas, mas também o próprio Bauer. A vida do agente só iria piorar nas temporadas seguintes, tornando suas atitudes e métodos cada vez mais radicais. A série fez muito sucesso também no Brasil, tanto na TV por assinatura como em sua primeira exibição pela Rede Globo, além de recolocar Sutherland nos holofotes, rendendo-lhe um Globo de Ouro e um Emmy por sua interpretação como o solitário agente que nunca pode perder tempo. *24 Horas* inovou o formato dos seriados, e contrariou a expectativa de muitos de que apostaram que, após a primeira temporada, a fórmula ficaria desgastada.

Você sabia?

★TODOS OS ATORES SÃO SOLICITADOS A APARAREM SEUS CABELOS A CADA CINCO DIAS.

★A SÉRIE TEM RECEBIDO MUITAS CRÍTICAS POR CAUSA DAS CENAS FREQÜENTES DE TORTURA, USADA PELOS AGENTES DO GOVERNO (INCLUINDO BAUER) PARA OBTER INFORMAÇÕES VALIOSAS QUANDO O TEMPO É CURTO. REPRESENTANTES DO FBI CHEGARAM A SE ENCONTRAR COM OS PRODUTORES DA SÉRIE, PREOCUPADOS COM A POSSIBILIDADE DE QUE OS SOLDADOS AMERICANOS, AO ASSISTIR AO PROGRAMA, PUDESSEM CONSIDERAR A TORTURA ALGO ÚTIL E JUSTIFICÁVEL.

★O ATOR KIEFER SUTHERLAND ESTEVE NO BRASIL PARA GRAVAR UM COMERCIAL PARA A CITROËN EM QUE, DE UMA MANEIRA SUTIL, MOSTRA QUE O SUCESSO DA SÉRIE *24 HORAS* ESTAVA PRESENTE COM ELE EM QUALQUER CANTO DO MUNDO. O CACHÊ DO ATOR, SEGUNDO INFORMAÇÕES DE BASTIDORES, PARA O COMERCIAL DE 30 SEGUNDOS FOI DE UM MILHÃO DE DÓLARES.

O Doutor Chegou!

Quem diria que o famoso **Dr. Who**, um dos principais personagens da ficção científica britânica, finalmente atravessaria o Atlântico e chegaria ao Brasil pelo canal por assinatura People & Arts. A primeira versão da série surgiu em 1963, mostrando um alienígena do obscuro planeta Gallifrey, membro de uma importante confraria de Lordes do Tempo, viajando pelo tempo e espaço para estudar a história do Universo. Essa versão, nunca exibida no Brasil, teve mais de 600 episódios em suas 26 temporadas e foi ao ar até 1989. Mas os fãs ingleses pressionaram a BBC para uma nova jornada do viajante do tempo, que voltou mais moderno e com uma linguagem mais universal, agora com Christopher Eccleston como o célebre personagem. Ele vem para a Terra nos dias de hoje e recruta a jovem Rose Tyler para acompanhá-lo em suas aventuras. Alguns dos mais clássicos inimigos do personagem também aparecem na nova versão, como os Daleks, uma raça guerreira cujo único propósito é exterminar a raça humana, e os Cybermen, robôs com muita atitude de conquista. Ao final da bem-sucedida primeira temporada, Eccleston cedeu sua vez para David Tennant. E por que o personagem se chama dr. Who? Em inglês, "who" quer dizer "quem", e a cada viagem o personagem é apresentado simplesmente como "o Doutor". E tem sempre alguém que retruca: "Quem?". Parece brincadeira, mas é a pura verdade.

Quem Conta um Conto...

Foram poucas as séries de antologia que circularam na televisão brasileira no novo século. A Globo, para não deixar o Projac parado, começou sua nova coletânea de adaptações de textos brasileiros com **Brava Gente**, que começou como minissérie, mas depois ganhou um horário fixo na grade de programação. O programa foi um excelente laboratório para cineastas como Fernando Meirelles e Kátia Lund, que adaptaram um dos capítulos do livro *Cidade de Deus*, "Palace II". Em tom de denúncia social e filmado em película, esse episódio foi reeditado, levando um prêmio no Festival de Berlim. A mais nova versão da criação de Rod Serling, **Além da Imaginação**, fez outra tentativa para agradar a nova geração de fãs de ficção e suspense, no entanto a série não empolgou o público. O mesmo aconteceu com **Night Visions**, em que Henry Rollins (ex-vocalista da Rollins Band) apresentava sombrias histórias de suspense e sobrenatural, que nunca tinham um final que agradasse. Para os fãs de terror, surgiu **Masters of Horror**, que traz todas as semanas os piores pesadelos já imaginados por uma série do gênero, a qual, por ser exibida num canal pago, pôde abusar do sexo, da violência e de vários litros de sangue.

O Amigo do Doutor

Por mais que a série *Dr. Who* seja uma das mais antigas da TV e tenha ganhado uma versão mais moderna a partir de 2005, os produtores da série nunca imaginaram criar nenhum outro seriado baseado no Lorde do Tempo. Entretanto, durante a segunda temporada, estrelada por David Tennant, surgiu a idéia de criar uma nova série trazendo duas referências do novo Dr. Who para uma nova série de ficção. A primeira delas é o capitão Jack Harkness, interpretado pelo escocês John Barrowman, que surgiu no episódio "Criança Sem Alma", da primeira temporada de Dr. Who. Já na segunda temporada com Tennant, surge uma organização secreta criada pela rainha Victoria com o objetivo de impedir invasões alienígenas e utilizar toda a tecnologia extraterrestre disponível para ajudar nesse objetivo. Nascia aí a série **Torchwood,** o primeiro "spin-off" de *Dr. Who*, mostrando o dia-a-dia dessa organização secreta, agora operando na cidade inglesa de Cardiff.

Você sabia?

★O ATOR DAVID TENNANT É O DÉCIMO ATOR A INTERPRETAR O LORDE DO TEMPO NA SÉRIE *DR. WHO*, PRECEDIDO POR CHRISTOPHER ECCLESTON (2005), PAUL MCGANN (1996), SYLVESTER MCCOY (1987-1989), COLIN BAKER (1984-1986), PETER DAVISON (1982-1984), TOM BAKER (1974-1981), JON PERTWEE (1970-1974), PATRICK TROUGHTON (1966-1969) E WILLIAM HARTNELL (1963-1966).

★A SÉRIE ENTROU PARA O *GUINNESS BOOK* COMO O PROGRAMA DE FICÇÃO CIENTÍFICA DE MAIOR DURAÇÃO DA HISTÓRIA DA TELEVISÃO MUNDIAL.

★A NAVE UTILIZADA PELO DOUTOR PARA SUAS VIAGENS NO TEMPO CHAMA-SE TARDIS – TIME AND RELATIVE DIMENSION(S) IN SPACE ("TEMPO E DIMENSÕES RELATIVAS NO ESPAÇO"), E TEM A FORMA DE UMA CABINE TELEFÔNICA DA POLÍCIA INGLESA DOS ANOS 50.

★O CAPITÃO HARKNESS, DE *TORCHWOOD*, É O PRIMEIRO PERSONAGEM OMNISSEXUAL DE UMA SÉRIE DE FICÇÃO: ELE PODE TRANSAR COM QUALQUER HUMANO OU ALIENÍGENA, INDEPENDENTE DO GÊNERO.

Novos Mundos, Novas Civilizações

A ficção científica continuou penando para conquistar mais espaço na grade das emissoras de TV. **Andromeda**, baseado no rascunho de uma idéia de Gene Roddenberry (criador de *Jornada nas Estrelas*), foi a primeira a chegar à telinha brasileira. A história mostra o capitão Dylan Hunt, comandante da Andromeda, uma das mais poderosas naves da Comunidade Galáctica, uma espécie de Federação Unida de Planetas. Durante uma batalha, ele é jogado num vórtice espacial, que o deixa parado no tempo por quase 300 anos até ser resgatado por uma nave de mercadores espaciais da capitã Beka Valentine. Para desespero de Dylan, a Comunidade desmoronou e cabe a ele e seus novos comandados tentarem reerguê-la. A série tinha seus méritos, como o fato de a nave possuir inteligência artificial e o personagem do andróide manter interessantes diálogos com Dylan. A idéia de um faroeste futurista foi a base de **Firefly**, criada por Joss Whedon, o mesmo de *Buffy* e *Angel*. Um grupo de caçadores de recompensas tenta sobreviver no século 26, quando uma poderosa corporação interplanetária chamada Aliança, uma coalizão de forças entre americanos e chineses, faz de tudo para capturá-los. Sob o comando do capitão Malcolm Reynolds (Nathan Fillion), a tripulação da Serenity, uma das últimas naves Firefly, tenta se manter viva até conseguir sair das enrascadas de cada missão em que se envolve. Mal apreciada pelo público americano, a série teve apenas 15 episódios produzidos e acabou sendo levada para o cinema em 2005, no filme *Serenity – A Luta pelo Amanhã*.

Melhor sorte teve **Jornada nas Estrelas – Enterprise**, que mostrava as primeiras missões terrestres no espaço profundo, depois que Zefram Cochrane desenvolveu os motores de dobra espacial e cem anos antes de Kirk, Spock e McCoy viajarem pela galáxia a bordo da USS Enterprise. No episódio piloto, "Broken Bow", uma nave klingon cai na Terra e uma missão para retornar o sobrevivente ao planeta natal é organizada a contragosto dos vulcanos, que acham que os terrestres não estão preparados para ir além dos limites impostos por eles. Mas o obstinado capitão Jonathan Archer acredita que esta é a oportunidade para os humanos conhecerem novos mundos e novas civilizações, e

embarca nessa arriscada missão a bordo da NX-01 Enterprise. Durante quatro temporadas, os fãs conheceram a Guerra Fria Temporal, com uma raça do futuro tentando impedir que os humanos criassem a Federação e, principalmente, o passado de vários personagens da clássica série e mesmo da nova geração. Destaque no elenco para Scott Bakula, como Archer, considerado pelos fãs de *Jornada nas Estrelas* um dos melhores capitães de todas as séries. Falando em "spin-off", quem gerou uma série paralela foi **Stargate SG-1**. Em Stargate Atlantis, descobre-se um portal estelar para um planeta na constelação de Pégaso, de onde a civilização atlante pode ter partido para visitar a Terra. Um grupo do Comando Stargate viaja até lá para descobrir mais informações sobre a raça que pode ter construído os portais estelares, e tem uma terrível revelação: a raça conhecida como Espectros, que usa os humanos como fonte de alimentação, tem planos para invadir a Terra em busca de mais comida. O visual da cidade construída pelos atlantes é impressionante, assim como os efeitos visuais, que incluíram uma batalha contra os Espectros para fã nenhum de *Star Wars* botar defeito.

Muito dos fãs da série dos anos 70 *Galáctica – Astronave de Combate* torceram o nariz para a nova versão, **Battlestar Galactica**, que é muito mais do que um seriado sobre humanos enfrentando uma raça de robôs com excesso de força. A história começa na minissérie feita dois anos antes, mostrando que os cilônios têm um plano diabólico para acabar com os humanos. Existem poucas matrizes, mas varias cópias de cada uma delas estão infiltradas nos mais diferentes locais dos 12 planetas que formam a Ordem Colonial, cada um batizado com um símbolo do zodíaco. Os robôs lançam um ataque em larga escala contra todas as colônias, obrigando os 40 mil sobreviventes a viverem fugindo pela galáxia, sendo protegidos pela única astronave de combate que sobreviveu ao ataque, a Galáctica, comandada por William Adama. O drama de fugir permanentemente da ira assassina dos cilônios é a base da série, que foi considerada pela crítica especializada uma das melhores de 2005. Os produtores mantiveram os olhos vermelhos dos robôs como homenagem ao seriado antigo, além de caprichar nos efeitos visuais, com batalhas incrivelmente alucinantes.

A família do século 21

No novo século, viver em família, de acordo com as séries, é um complicado exercício de aeróbica. Em **Sim, Querida**, conhecemos o casal apaixonado e quase perfeito, Greg e Kim Warner, que acabaram de receber a famosa visita da cegonha. Enquanto Kim é a estressada-padrão, que não quer sair de casa para se dedicar de corpo e alma à criação do filho Sam, o bem-sucedido Greg tenta mostrar para a mulher que neurose e maternidade não fazem parte do mesmo dicionário. Em **Two and a Half Men** (*Dois Homens e Meio*), Jon Cryer (conhecido no cinema por *A Garota Rosa-Shocking*, de 1986) é Alan Harper, um massagista terapêutico que é abandonado pela esposa e vai morar com seu filho Jake na casa do alucinado irmão Charlie (Charlie Sheen, de *Spin City – Limpando a Barra*), criador de jingles e mulherengo. A convivência alucinada entre os dois e as tiradas engraçadas do pequeno Jake transformaram essa comédia num sucesso de público. **My Wife and Kids** (*Eu, a Patroa e as Crianças*) é uma comédia sobre uma típica família negra americana de classe média. Entre discussões sobre como criar os filhos ou o melhor método de seduzir sua própria esposa, Michael Kyle (Damon Wayans) ainda tem que enfrentar a filha adolescente querendo namorar, o filho mais velho muito idiota e a genialidade precoce da caçula. **According to Jim** (*O Jim é Assim*) traz o comediante James Belushi (que também dirigiu vários episódios) como um grande malandro, que não perde a oportunidade para tirar um sarro da cunhada, divertir-se com as filhas, e tentar levar a esposa Cheryl para a cama a qualquer momento que ele ache conveniente.

Bill Miller apaixonou-se por Judy durante os agitados anos do colegial, e os dois resolveram ficar juntos o resto de suas vidas. Depois dos filhos adolescentes e da crise da meia-idade, eles decidem que não estão velhos para nada e resolvem encarar um pouco da anarquia que dirigia suas vidas quando ainda eram rebeldes sem causa no colegial. Isso só pode acabar em confusão, além de transformar *Apesar de Tudo* num grande momento da comédia na TV. Tentar viver uma vida normal depois de começar um relacionamento ainda na escola também é o problema básico do casal Sean e Claudia Finnerty, de **Grounded For Life**, que, numa tradução livre, seria algo como "de castigo para sempre". E é exatamente assim que eles se sentem no dia-a-dia, com três filhos para criar, um cunhado mais do que safa-

do e aproveitador, e o pai de Sean, que não sabe exatamente como ajudar a educar os netos. O que difere essa comédia familiar de outras do gênero é o jeito de contar a história, geralmente descrita em flashback. A série é dos mesmos criadores de *3rd Rock From the Sun* (*Êta Terrestre*). Mas em se tratando de família desajustada, não existe melhor exemplo do que os Bluths, de **Arrest Development**. A série mostra como uma simples gota de água pura não consegue salvar um rio poluído. No caso, Michael Bluth vê seu pai ir preso, depois que a Receita Federal descobre uma série de golpes que ele aplicou na empresa durante vários anos. O honesto Michael tenta então administrar o negócio e lidar com a família egoísta e manipuladora. A série é filmada em estilo documental e com narração na terceira pessoa (feita pelo produtor Ron Howard, que também é o diretor de *Uma Mente Brilhante* e *O Código da Vinci*). Liza Minnelli e Charlize Theron estiveram entre as participações especiais. Os elogios superlativos da crítica americana e os 22 prêmios (incluindo o Emmy de melhor série cômica) não foram acompanhados pelo sucesso de público, fazendo com que a série fosse cancelada após duas temporadas e meia.

Foi o nome do astro de *Três é Demais*, John Ritter, que transformou **8 Simple Rules** (*8 Regrinhas Básicas para Namorar Minhas Filhas Adolescentes*) num sucesso de audiência, mostrando como a vida de Paul Hennessy, um cronista esportivo, começa a ficar complicada quando ele percebe que suas duas filhas entraram na idade em que namorar e ir ao shopping com as amigas é sinal de dor de cabeça. Co-estrelada por Katey Sagal, a série ganhou o People's Choice Award como a mais divertida da TV em 2003. Durante a gravação de um dos últimos episódios da terceira temporada, Ritter sofreu um ataque do coração, morrendo a caminho do hospital. Dentro da série, seu personagem morreria da mesma causa, num episódio que seria uma homenagem comovente ao trabalho do ator na série. John Ritter recebeu uma indicação póstuma ao Emmy de melhor ator. E se a idéia de Matt Groening com a série animada *Os Simpsons* era detonar a classe média americana, **Malcolm** fez isso

em grande estilo com um elenco de carne e osso. A série mostra uma família totalmente disfuncional, à qual pertence o jovem Malcolm, um garoto que está entrando na adolescência e descobre que é superdotado. Seu pai desmiolado, Hal, e sua enérgica mãe, Lois, ficam surpresos com a notícia. Só que os quatro filhos desse casal gostam de aprontar, brigar e arrumar as mais diferentes confusões para a família, que está sempre em pé de guerra com os outros ou entre eles mesmos. Mais direta sobre o que acontece com o relacionamento de um casal sem novidades interessantes é **Til Death**, estrelada por Brad Garrett, de *Everybody Loves Raymond*, e Joely Fisher, de *Ellen*. Os dois estão casados há 25 anos, com os filhos fora de casa, quando descobrem que os novos vizinhos são recém-casados. Os divertidos conflitos entre a ingenuidade dos recém-casados e a experiência dos que já estão com anos de vantagem trouxeram para a telinha um novo jeito de fazer comédia sobre casais. Sarcasticamente engraçado, é claro. E o que faz a família de Bill Henrickson ser diferente das outras típicas famílias americanas do interior? Talvez o fato de ele ser mórmon, enquanto secretamente tem três esposas, vários filhos e o risco de parar na cadeia por poligamia. Essa é a base de **Amor Imenso**, uma mistura de drama e comédia de humor negro produzida por Tom Hanks para a HBO. A vida "normal" de Bill (Bill Paxton, ator de cinema visto em *Twister* e *Apollo 13*) o obriga a se entupir de Viagra para conseguir saciar sexualmente suas três famintas esposas. Elogiada pela crítica, a série chamou a atenção da mídia para as comunidades mórmons existentes nos EUA que ainda praticam a poligamia e causou polêmica entre elas por insinuar que essa prática não tem nada a ver com religião, e sim com a pura safadeza de quem faz. Vide o personagem sexagenário que é líder da igreja (interpretado por Harry Dean Stanton) e se casa com uma garota de 14 anos.

Você sabia?

★JANE KACZMAREK, A LOIS DE *MALCOLM,* RECEBEU SETE INDICAÇÕES CONSECUTIVAS AO EMMY DE MELHOR ATRIZ (UMA POR TEMPORADA QUE A SÉRIE TEVE), MAS NUNCA GANHOU.

Contontos de Duas Cidades

Viver isolado da vida moderna, numa pacata cidade do interior, é o sonho de todas as pessoas que estão cansadas da grande metrópole, da correria e da violência de um modo geral. É claro que isso não acontece nas cidades de Jericho e Eureka. **Jericho**, série criada pelo trio Stephen Chbosky, Josh Schaer e Jonathan E. Steinberg, mostra um momento trágico na vida da pequena cidade de Jericho, no interior do Kansas. Ao voltar para casa depois de uma briga com seu pai, Jake Green (Skeet Ulrich, da série *Milagres*) pensa em recuperar o tempo perdido e resolver seus problemas com sua família. Tudo isso muda radicalmente quando duas cidades americanas são atacadas por armas nucleares, causando pânico generalizado em Jericho. Suspense, medo, pavor e muita paranóia retratam com um realismo fantástico os acontecimentos na cidade. Menos apocalíptica foi a chegada do delegado federal Jack Carter (Colin Ferguson, de *Line of Fire*) a uma pacata cidade do interior americano na série **Eureka**. Depois de um acidente de carro, Jack e sua filha Zoe descobrem que Eureka é muito mais do que uma cidade do interior, é o lar das principais mentes científicas dos Estados Unidos. A chegada de Carter culmina com uma experiência sobre tempo e espaço que não dá certo, transformando Eureka num caos. Com seu senso de dever e sua habilidade, Carter acaba descobrindo uma saída para aquela situação, que já havia deixado o xerife local incapacitado. Por causa disso, Jack é convidado pela agência de segurança para ser o novo homem da lei de Eureka. A série foi uma das grandes surpresas da programação do canal Sci Fi.

Boas Idéias Fora do Ar

Uma das grandes frustrações dos fãs de seriados é começar a gostar de um e de repente descobrir que ele será cancelado em razão da baixa audiência. É a lei do mais forte na disputadíssima audiência americana, em que algumas idéias inteligentes parecem demais para o público médio. Algumas baixas foram especialmente sentidas. A série sobre os irmãos **Jack & Bobby** fugia do tradicional drama familiar. Desde o início, o espectador sabe que Bobby será presidente dos EUA em 2049, e diversos depoimentos em formato de documentário são mostrados nesse ano, com políticos e a primeira-dama falando sobre algumas atitudes dele como o líder do país. A série, que teve uma temporada completa, parecia ser uma alusão aos dois irmãos mais famosos da política americana, John e Bob Kennedy. Já Chris Carter, criador de *Arquivo X*, bolou um "spin-off" com um grupo de personagens bem interessantes e divertidos que apareciam na série dos agentes Mulder e Scully. Entretanto **Os Pistoleiros Solitários** não conseguiu nem mesmo o apoio dos fãs da série original para dar continuidade às aventuras desse atrapalhado trio de investigadores especialistas em conspirações governamentais. A série foi cancelada com apenas 13 episódios.

Contudo é a ficção científica que costuma tomar as maiores bordoadas do público americano, que, quando não consegue entender o que está se passando na tela, aperta o controle remoto para selar o destino de idéias inteligentes. **Odyssey 5** apresentava um grupo de astronautas em missão num ônibus espacial sobre a Terra, que eles vêem ser destruída. Presos no espaço e com o ar acabando, eles são resgatados pela nave de um alienígena, que os envia cinco anos no passado para descobrir quem destruiu a Terra e tentar impedir que isso aconteça novamente. A série terminou depois de vinte episódios, deixando muitas perguntas no ar. Melhor sorte teve **Invasion** (*Invasão*), cujos produtores conseguiram dar um encerramento decente quando souberam que não haveria uma segunda temporada. A série mostra a Terra sendo invadida por uma raça de outro planeta durante um grande furacão na costa leste dos Estados Unidos. Um guarda florestal (Eddie Cibrian, de *Parceiros da Vida*) e sua família que vivem na comunidade atingida passam a lidar com estranhas ocorrências, como o aparecimento de criaturas luminosas na água e pessoas que passaram a agir de modo diferente após terem sobrevivido ao ataque daquela noite.

Em termos de bizarrice, **Carnivale**, produção da HBO, é páreo duro. Após a morte de sua mãe, Ben acaba se juntando a um circo que viaja pelo interior americano durante a Grande Depressão dos anos 30. Tudo o que ele quer é esquecer seu passado, seu poder especial de curar as pessoas e os constantes pesadelos. Do outro lado aparece o pregador Justin Crowe, que tem a habilidade de subjugar os outros conforme seu desejo. O que eles não sabem é que um representa o bem e o outro o mal, e que um confronto de proporções bíblicas será inevitável. Com audiência decrescente, a série encerrou-se na segunda temporada, deixando muitas questões em aberto. Nem os 50 mil e-mails que a HBO recebeu num único final de semana em protesto ao cancelamento ajudou. **The Chronicle** modernizava *Kolchak e os Demônios da Noite*. O jovem jornalista Tucker, com dificuldades de arrumar emprego, vai trabalhar no tablóide sensacionalista *The World Chronicle*, especialista em matérias bizarras sobre alienígenas, fantasmas, fenômenos paranormais e coisas do tipo. A bem produzida série teve apenas uma temporada, mas ficou na lembrança pela criatividade dos roteiros e por dividir com o público que a verdade estava lá dentro do jornal.

Outro exemplo de uma idéia que poderia ter longevidade é **John Doe**, nome que a polícia dá para um corpo encontrado sem identificação nenhuma, algo como "Zé Ninguém". O personagem da série é encontrado no meio do oceano Pacífico por um barco de pescadores vietnamitas. O detalhe é que entende tudo o que eles estão falando porque, para surpresa dele mesmo, John Doe (Dominic Purcell, de *Prison Break*) pode falar qualquer língua. Quando chega a Nova York, ele também descobre que sua inteligência é acima do normal e que ele possui o conhecimento de toda a humanidade. Com isso ele começa a faturar uma grana nas corridas de cavalo para sobreviver, enquanto isso, tenta descobrir a resposta para o grande enigma: Quem é ele afinal? A série foi cancelada deixando mais perguntas no ar do que o próprio John Doe poderia responder.

Você sabia?

★UM ANO APÓS *JOHN DOE* SER CANCELADA, O CRIA-DOR REVELOU QUE JOHN TINHA MORRIDO NUM ACIDENTE DE BARCO E ENCONTRADO DEUS. DAÍ AS SUAS HABILIDADES, POIS, DE ACORDO COM A MITOLOGIA DO SERIADO, UMA PESSOA QUE MORRE SERIA ABENÇOADA COM TODO O CONHECIMENTO DE DEUS.

Uma das mais bem idealizadas séries de ação e ficção científica da TV, **Dark Angel** foi criada por James Cameron, o diretor do megassucesso *Titanic* (1997) e *O Exterminador do Futuro* (1984). Num futuro próximo, um grupo secreto está criando uma raça de super-homens, inteligentes e com força sobre-humana. Cansada de ser tratada como rato de laboratório, uma das supergarotas, Max, escapa para assumir uma outra identidade, logo após um atentado que detona uma bomba eletromagnética que queima todos os circuitos elétricos dos EUA. Habilidosa e sem medo de enfrentar nada, seu único problema é não poder ficar sem a dose de um medicamento essencial para a sua sobrevivência. Quando Max estava prestes a descobrir os responsáveis por sua criação, tiraram o fio da tomada: a série foi cancelada após duas temporadas, com a justificativa de que os custos de produção eram altos demais para a audiência alcançada.

O desapontamento maior foi com **Studio 60 on The Sunset Strip**, série criada por Aaron Sorkin, o responsável por *West Wing – Os Bastidores do Poder*. Sorkin queria mostrar ao público americano que nunca foi muito fácil fazer televisão nos Estados Unidos, especialmente em época de crise, de guerra, quando as pressões são bem maiores dentro da própria emissora do que fora. Para isso, ele mostra o que acontece quando o diretor do programa humorístico *Studio 60*, uma espécie de *Saturday Night Live*, exibido pelo fictício canal NBS (N de NBC, B de ABC, e S de CBS), surta e entra na abertura do programa, que é ao vivo, para criticar os rumos que a emissora está tomando por não deixar o *Studio 60* ser livre e independente. Para melhorar a situação, a nova diretora de programação da emissora (Amanda Peet, de *Jack & Jill*) decide chamar de volta dois ex-produtores e roteiristas do programa. Com diálogos inteligentes e um roteiro bem amarrado, *Studio 60* trazia a participação especial de vários astros da música e de Hollywood, Lauren Graham (*Gilmore Girls*) e do astro pop Sting. Porém tanta inteligência não foi fácil de assimilar pelo público médio americano, o que causou a retirada da série do ar.

Não Estou Entendendo...

Na onda de *Lost,* em que o cruzamento das histórias dos personagens principais com um mistério envolvendo todas elas é a base da série, algumas boas idéias acabaram sendo descartadas pelo público americano pelo fato das histórias começarem a ficar complicadas demais para se acompanhar. Nesse rumo, muitos barcos bem-estruturados foram a pique, sem dar a menor bola para quem iria sair no primeiro bote salva-vidas. Em **The Nine**, um grupo de pessoas é tomado como refém por dois ladrões de bancos durante uma tentativa de assalto. Elas ficam presas durante 50 horas aproximadamente, mas com um desfecho muito trágico. Os nove sobreviventes passam a conviver uns com os outros, tentando curar as feridas da tragédia e relembrando a participação de cada um no que aconteceu. Porém a cada episódio ficava cada vez mais obscuro o que havia acontecido dentro do banco, com resultados catastróficos para a audiência. Outro que também começou a seguir o caminho da autodestruição foi **Traveler**. Jay e Tyler desafiam Will a usar um skate dentro de um museu, enquanto eles filmam o feito. Após deixarem o local, recebem um telefonema de Will perguntando se os dois haviam conseguido sair. Instantes depois da confirmação, o museu explode e os dois amigos começam a ser caçados pela polícia como responsáveis por um atentado que juram não ter cometido. Até aí, tudo bem. As ramificações do complô contra esses dois laranjas vai desde uma organização sinistra dentro do governo americano até implicações com o crime organizado e espionagem industrial. São tantos elementos que, antes mesmo de descobrirem que Traveler está vivo e faz parte da conspiração, muita gente já tinha mudado de canal para assistir a versão de *No Limite* na CBS. A série **Surface**, na NBC, mostrava o

surgimento de uma nova espécie de vida animal marinha, muito maior do que um cachalote, mas dotada com a capacidade de gerar um pulso de energia capaz de derrubar aviões. Nos três primeiros episódios, três histórias paralelas dão a dimensão da série: a oceanógrafa que descobre a espécie nova e uma organização do governo que não quer que ela revele o que descobriu para o público; o irmão de um mergulhador que foi acidentalmente pego por uma das criaturas enquanto os dois mergulhavam; e um garoto que acha um ovo da criatura e resolve criar o estranho bicho dentro de casa. Depois disso, o clima de *Arquivo X* com *Missão Impossível* e *Viagem ao Fundo do Mar* foi tão intenso que a audiência começou a fazer água, literalmente, obrigando a NBC a cancelar a série. Outras duas séries também tiveram rumos iguais, principalmente por tratarem basicamente do mesmo tema. **Vanished** e **Kidnapped**, ambas lançadas em 2006 por emissoras diferentes nos Estados Unidos, tratavam de um caso de desaparecimento. Enquanto *Vanished* mostrava as investigações sobre o misterioso desaparecimento da esposa de um importante senador americano, *Kidnapped* apresentava o seqüestro do filho de um importante empresário. Mas tanto uma como a outra investigação foi apresentando tanto mistério que ambas acabaram agitando os controles remotos atrás de soluções menos enigmáticas. Todas essas produções, mesmo com histórias interessantes, não agüentaram a uma única pergunta da cabeça do público: Será que isso tudo um dia acaba? E pior, acabou...

Medicina Alternativa

Depois do sucesso de Plantão Médico, as séries com médicos começaram a se tornar cada vez mais populares, mesmo quando seus personagens principais têm comportamentos que não se esperam dessa profissão. Fã de *Os Simpsons*, Bill Lawrence declarou que queria fazer uma espécie de versão em carne e osso dessa série, com o mesmo estilo de humor, muitos convidados especiais e referências da cultura pop. Em **Scrubs**, a idéia dele é mostrar o dia-a-dia do jovem médico John Dorian (que também é narrador dos episódios) no hospital onde começou a trabalhar. Um dos pontos divertidos é a imaginação fértil de J. D., que sempre se interpõe sobre a realidade do que está acontecendo. Suas constantes brigas com o zelador do hospital e a luta para conseguir ser respeitado pelo cínico dr. Cox fazem de cada episódio um momento especial. **Grey's Anatomy** apresenta a vida dos médicos internos da ala cirúrgica de um importante hospital de Seattle, sempre misturando humor com drama (dos médicos e dos pacientes). Meredith é uma das melhores cirurgiãs do hospital, contudo tem que cuidar da mãe, que já foi uma das maiores médicas da América, antes de ser diagnosticada com o mal de Alzheimer. Ela inicia um caso com um médico, dr. Shepherd, para depois descobrir que, além de casado, ele será um de seus futuros chefes. *Grey's* começou como uma série substituta na chamada "midseason" (época em que os principais seriados saem do ar e as emissoras testam os projetos de menor apelo), com apenas nove episódios, mas fez tanto (e inesperado) sucesso que se tornou um dos campeões de audiência nos EUA, mesmo quando passou a ser exibida no mesmo horário de CSI. O programa já recebeu um Globo de Ouro de melhor série dramática e um Emmy de melhor elenco.

Seriedade é a base de **Strong Medicine**, produzida por Whoopi Goldberg. A série apresenta o cotidiano de uma clínica popular para mulheres, entre crimes sexuais, violência e doenças que algumas vezes podem ser tratadas com remédio e boa vontade. À frente da clínica está a determinada dra. Lu Delgado. Lá também começa a trabalhar a dra. Dana Stowe, que é responsável pelo atendimento médico num dos mais modernos e ricos hospitais da Filadélfia. O confronto entre essas duas realidades é o principal tempero da série, que mostra a realidade da mulher na sociedade americana de hoje. Com um cinismo peculiar e a filosofia pessoal de que todo paciente mente, o dr. Gregory House é o médico que conquistou seu lugar na TV com a série **House**, produzida por Bryan Singer, diretor dos dois primeiros filmes da série *X-Men*. Mesmo sendo tão cínico, House gosta de investigar os mais diferentes casos que chegam ao seu departamento, nem que isso contrarie a política do hospital. O doutor não deixa nenhuma evidência de lado, muitas vezes arriscando sua própria reputação para mostrar que ele estava no caminho certo. Mas nem sempre o final dos episódios é feliz. Afinal, descobrir uma doença rara nem sempre significa que ela foi diagnosticada em tempo. Hugh Laurie venceu dois Globos de Ouro consecutivos de melhor ator por *House*, e vem sendo responsabilizado pelo sucesso do seriado.

Você sabia?

★ A SÉRIE *HOUSE* SE INSPIROU EM UMA COLUNA DA REVISTA DO *NEW YORK TIMES* QUE ABORDA CASOS MÉDICOS POUCO COMUNS.

★ HUGH LAURIE FEZ O TESTE PARA O PAPEL EM UMA FILMAGEM EM VÍDEO NO BANHEIRO DE UM QUARTO DE HOTEL NA NAMÍBIA, ONDE FILMAVA O *VÔO DA FÊNIX*, DIZENDO QUE ERA O ÚNICO LUGAR COM ILUMINAÇÃO SUFICIENTE. ELE ACHAVA QUE O PERSONAGEM CENTRAL ERA O DR. JAMES WILSON, E SÓ SOUBE QUE ESTRELARIA A SÉRIE QUANDO RECEBEU O ROTEIRO DO PILOTO.

A psiquiatria e a cirurgia plástica estão em duas séries polêmicas, que abusam de sexo e drogas, mas sem muito rock'n'roll. Em **Huff**, o psiquiatra Craig Huffstodt, o Huff, enfrenta um furacão de emoções em sua vida no dia em que um de seus pacientes, que havia declarado aos pais que era gay, se suicida na frente dele. A partir daí, quem começa a ser analisado pelo espectador é o próprio Huff – que é processado pelos pais do garoto e passa a questionar se poderia ter evitado o ocorrido. Sexo é o principal ingrediente do explosivo **Nip/Tuck** (*Estética*), seriado que revela os bastidores da cirurgia cosmética, fazendo uma dura e sarcástica crítica a esse segmento da medicina. Através dos doutores Sean McNamara e Christian Troy, o espectador é levado à parte mais rica de Miami, com vícios e crimes que muitas vezes podem ser escondidos por trás do bisturi. Enquanto Sean faz o gênero bom moço, Troy é o pecado encarnado. Mas um segredo do passado dele vem à tona: ele é o pai biológico de Matt, que Sean pensou que era dele com a esposa Julia. A verdade aumenta ainda mais a tensão já existente entre o trio, principalmente depois que os dois médicos são ameaçados por um psicopata que vem violentando e cortando a cara de mulheres que foram tratadas por eles. *Nip/Tuck*, que numa tradução mais ousada seria algo como "tirando as pelancas", conquistou o público americano, sendo uma das séries de maior audiência na TV paga. O brasileiro Bruno Campos, de *O Quatrilho*, entra na terceira temporada interpretando o novo sócio (e pesadelo) de Sean e Troy. E o produtor de *John Doe*, David Manson, é o responsável por **Saved**, série que mostra o dia-a-dia do paramédico Wyatt Cole, que tem de salvar vidas e ainda lidar com o vício de jogo e a namorada carente. Wyatt é interpretado por Tom Everett Scott. É a força da interpretação de Everett que faz o programa gerar interesse. Sem isso, *Saved* seria apenas mais um programa de médicos dentro de uma ambulância.

A Um Passo da Eternidade

Depois da megaprodução para a TV *Taken*, uma minissérie produzida por Steven Spielberg, o rapto de terrestres por alienígenas entrou na lista de atenção dos produtores de TV. Para a alegria dos fãs, as idéias sobre esses contatos imediatos têm sido cada vez mais interessantes e criativas. Como aconteceu com **The 4400**, que começou como uma minissérie, mas, graças ao sucesso, transformou-se num seriado. O criador e produtor Scott Peters, um dos responsáveis pela nova versão de *Quinta Dimensão*, explora os estranhos acontecimentos relacionados com o desaparecimento de 4.400 pessoas nos últimos 60 anos. Presume-se que elas tenham sido abduzidas por alguma raça alienígena. Depois desses anos todos, essas pessoas são deixadas numa floresta do Canadá pela mesma força que as raptou. Levados para uma instalação do governo, todas elas passam por uma exaustiva avaliação médica para tentar entender o que se passou e, no caso específico da garota Maia, que sumira na década de 40, porque ela não apresenta nenhum sinal de envelhecimento. No entanto os problemas com esse grupo inusitado de desaparecidos não pára por aí. Todos desenvolveram poderes especiais, e aí está o diferencial dessa série, já que todos eles têm diferentes capacidades sobre-humanas.

Uma Segunda Chance

Os produtores de TV sempre tiram do baú algumas fórmulas já usadas, porém nem sempre conseguem garantir o sucesso da idéia original. Foi o caso da nova versão da série **O Fugitivo**, que foi sucesso nos anos 60 e um campeão de bilheterias quando foi levado ao cinema com Harrison Ford. Agora estrelado por Tim Daly, o seriado retoma o dr. Kimble, injustamente acusado de matar a esposa. Ele consegue fugir a caminho da prisão e vive se escondendo pelo país, enquanto busca pistas do verdadeiro assassino e é caçado por matadores de aluguel contratados pelo sogro e por um obstinado policial. Só que desta vez há uma conspiração para acusar Kimble, cujas explicações ficaram em aberto, pois a série não teve uma segunda temporada. A quarta versão de **O Homem Invisível**, contudo, apostou no inusitado para cativar o público, já que a idéia não reaparecia na TV desde a série dos anos 70. Agora Darien Fawkes é um ladrão de jóias que se dá mal durante um golpe e vai para a prisão. Lá ele recebe a visita do meio-irmão, um renomado cientista que propõe tirá-lo da cadeia em troca de sua participação em um projeto secreto de prateamento, que pode transformá-lo num homem transparente. Tudo dá certo, até que seu irmão se revela um agente inimigo interessado em faturar alto com a técnica. Fawkes foge, mas acaba caindo nas mãos de uma agência secreta americana e torna-se um agente a contragosto.

O público brasileiro também teve a oportunidade de rever dois sucessos do passado da Rede Globo, em novas e atualizadas versões. Em **Carga Pesada**, reencontramos Pedro (Antônio Fagundes) e Bino (Stênio Garcia) depois de 22 anos, agora mais velhos e experientes. A nova versão introduz a personagem Rosa (Patrícia Pillar), uma viúva que decide colocar o pé na estrada trabalhando como motorista de caminhão. A série também passa a tratar de assuntos mais complicados, como a disseminação de doenças sexualmente transmissíveis entre os caminhoneiros e, claro, o assustador aumento da violência nas estradas brasileiras. Já no caso de **A Grande Família**, o resgate da antiga série acabou se transformando num dos programas de maior audiência da Globo. A família de classe média do subúrbio carioca agora enfrenta problemas da vida moderna, ponto fundamental para conquistar o público. Personagens como Tuco (Lúcio Mauro Filho) e Bebel (Guta Stresser), os mais alienados e folgados, começaram a ter mais consciência de que tinham que ajudar no sustento da família, conseguindo arrumar trabalho. O próprio Agostinho (Pedro Cardoso), genro de Lineu, agora é um motorista de táxi. Ele continua folgado, mas pelo menos trabalha. A série conquistou o prêmio de melhor produção de TV em 2002 pela Associação dos Críticos de Arte, que também premiou como melhores ator e atriz Marco Nanini e Marieta Severo, que interpretam o casal Lineu e Nenê. A série ganhou uma versão para os cinemas: *A Grande Família – O Filme* (2007).

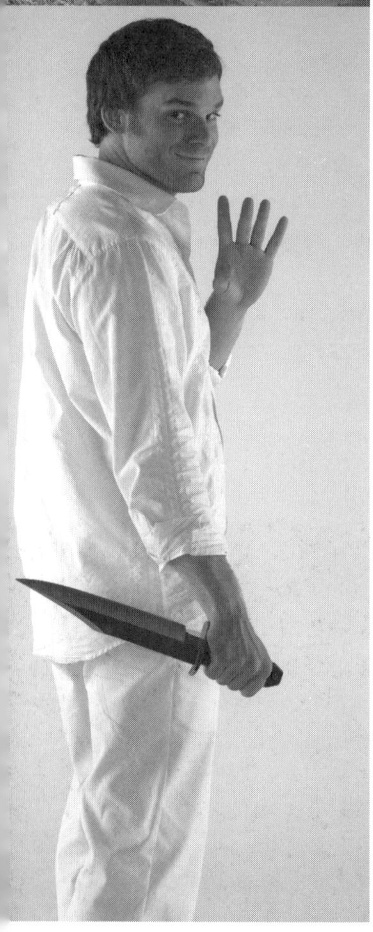

Acima de Qualquer Suspeita

Quando uma idéia nova de uma série dá resultado, é quase certo que ela será utilizada como base para outros seriados, que nem sempre se saem igualmente bem. Com o sucesso dos investigadores criminais de *CSI,* surgiram outros talentos dessa fantástica arte de desvendar crimes por meio das provas encontradas na cena de um delito. **Jordan – A Médica Legista** narra a trajetória de uma médica conhecida por sua habilidade em lidar com as provas de um crime, analisando profundamente os itens encontrados e questionando sempre se conseguiram provar que uma pessoa foi a culpada do crime. Despedida da polícia de São Francisco, ela volta para Los Angeles onde consegue, a duras penas, voltar a trabalhar com o antigo amigo e agora chefe do Departamento Forense. Sem papas na língua, Jordan passa por cima da burocracia para conseguir provar suas teorias sobre quem ou o que foi usado para cometer um assassinato. Em **Bones**, o público vai descobrir que mesmo que um corpo esteja enterrado há milhares de anos sempre é possível descobrir como ele foi morto e até mesmo quem foi o responsável pelo crime. A dra. Temperance Brennan é uma antropóloga especializada em investigar ossadas que lhe são encaminhadas por diversos museus do mundo. Ela também é chamada regularmente pelo agente especial Booth, do FBI, para usar seus conhecimentos para desvendar algum mistério que o birô não conseguiu. A série marca o retorno à TV de David Boreanaz, que está bem descontraído no papel, deixando para trás seu lado sério e sinistro na série *Angel*. A surpresa entre esses investigadores forenses é, sem dúvida, a série **Dexter**. Estrelada por Michael C. Hall, de *A Sete Palmos, Dexter* mostra o que se passa na mente de um assassino em série, passo a passo, antes de ele eliminar uma de suas vítimas. O detalhe importante e que faz a grande diferença na série é que Dexter Morgan trabalha para a polícia de Miami como especialista em manchas de sangue da área forense. Sim, ele é um assassino serial de assassinos seriais. A primeira temporada mostra partes de um quebra-cabeça sobre o passado desse homem. Tirado de uma cena de crime, Dexter é criado por um policial que vai orientando-o durante sua infância a não se expor quando sentir o desejo de matar. Aos poucos, Dexter vai crescendo e conseguindo resolver sua ansiedade por sangue, canalizando sua raiva naqueles a quem a justiça deixou escapar. E como todo bom assassino em série que gosta de colecionar algo de suas vítimas, Dexter tem uma coleção de lâminas de vidro, com uma pequena gota de sangue colhida momentos antes de dar fim a pessoas piores do que ele. Criado para os romances de suspense policial por Jeff Lindsay, Dexter se autodefine um monstro, mas ele é o único que pode eliminar os outros monstros que a justiça deixa escapar. Além disso, na primeira temporada, ele tem de lidar com um outro psicopata que sabe o que Dexter faz. Quem vai ganhar a corrida de quem é o monstro mais esperto, só assistindo a essa alucinada e criativa série pra saber.

Sem Censura

Séries como *Sex and the City* e *Família Soprano* abriram caminho para que os seriados exibidos pela TV paga americana continuassem investindo na ousadia. No policial **A Escuta**, um grupo de policiais tenta acabar com o tráfico de drogas na cidade de Baltimore, utilizando os mais requintados tipos de escutas telefônicas e ambientais para tentar encontrar pistas sobre os criminosos. A série foi concebida por David Simon, que trabalhou como repórter investigativo do jornal *Baltimore Sun* e escreveu um livro sobre o tráfico na cidade. A série descortina toda a cadeia envolvendo o tráfico, dos viciados aos vendedores, passando por policiais e políticos. Com um retrato realista da vida urbana e a exploração de temas sociais, a série foi considerada a melhor da TV por importantes publicações como *Time* e *The Guardian*. O prestígio junto aos críticos garantiu cinco temporadas, apesar da audiência baixa. Mostrar a realidade também foi o objetivo do comediante Denis Leary ao desenvolver a série sobre uma unidade do corpo de bombeiros de Nova York, em **Rescue Me**, que aborda o medo e a insegurança no trabalho dos combatentes do fogo, especialmente após o atentado de 11 de setembro. Ele interpreta o bombeiro Tommy Gavin, um mulherengo que está em crise com a ex-mulher e que começa a questionar seu próprio trabalho de salvar vidas. Mary-Louise Parker venceu o Globo de Ouro de melhor atriz por **Weeds**, em que interpreta Nancy, uma dona-de-casa suburbana que planta maconha para poder pagar suas contas. Após a morte do marido, ela descobre que tem mais dívidas do que poderia suportar, e encontra um meio de faturar alto ao se transformar na fornecedora de maconha para diversos (e ricos) moradores da região. A série ganhou a simpatia da crítica e do público por sua divertida ousadia de mostrar que a erva ainda é um objeto de consumo da classe média americana, que tem entre seus consumidores dentro da série o prefeito da cidade e a presidente da Associação de Pais e Mestres, magnificamente interpretada por Elizabeth Perkins.

Deadwood resgatou para a TV o gênero faroeste, muito popular entre os seriados nos anos 50 e 60. O espectador conhece a violenta cidade de Deadwood, na fronteira de Dakota do Sul, onde qual-

quer problema é resolvido à bala. A cidade ainda era um vilarejo quando se descobriu um grande veio de ouro, que levou para lá a escória do mundo, entre eles Al Swearengen (o britânico Ian McShane, que venceu o Globo de Ouro de melhor ator), que constrói a primeira taverna e o primeiro bordel do lugar. Quando tem algum desafeto, ele o elimina e dá o que sobrou para os porcos. Na cidade também chega o delegado Seth Bullock, que, cansado do trabalho de homem da lei, decide tentar a sorte com uma loja de ferramentas. O choque entre os dois é inevitável, mas esses dois opostos acabam unindo forças quando descobrem que a cidade pode ser encampada pelo governo federal. **Entourage** é produzida pelo ator Mark Wahlberg (de *Mar em Fúria* e *Os Infiltrados*), que, baseado em sua própria experiência, resolveu mostrar como é o cotidiano de um jovem ator em ascensão em Los Angeles, a meca do cinema. A série apresenta o jovem ator Vincent Chase e seus amigos Eric, Drama e Turtle, que se aproveitam do momento de fama do amigo para conseguir diversão sem limites. O agente do rapaz é Ari Gold, que faz de tudo para conseguir os melhores papéis para o novo ídolo da moçada. A série explora de maneira divertida as baladas desse pequeno grupo de amigos. No papel do alucinado Gold, Jeremy Piven conquistou as maiores atenções da série e recebeu o Emmy de melhor ator coadjuvante. A ex-*Friends* Courteney Cox resolveu deixar de lado a comédia para mergulhar no mundo sórdido da imprensa marrom americana na série **Dirt**. Ela é Lucy Spiller, editora responsável da *DirtNow*, literalmente sujeira. O dia-a-dia dessa jornalista é conseguir cavar as histórias mais sensacionalistas para aumentar as vendas da *DirtNow* e mostrar para todos que é a todo-poderosa da área. Ainda assim, ela sabe que o que está fazendo pode não agradar e até mesmo magoar as pessoas. Doença não é o problema de Hank Moody, um roteirista que anda em crise de trabalho, de relacionamento com a filha e de amores com a ex-namorada. Mas qualquer terapeuta indicaria várias sessões para Hank, que vem apresentando vários sintomas de um viciado em sexo. Assim é o personagem central de **Californication**, cuja tradução nem é preciso explicar muito. Hank é interpretado por David Duchovny, que, depois de *Arquivo X*, tentou fazer sucesso no cinema e volta à TV para essa produção da HBO, com direito a cenas de nudez e muita besteira falada.

Um Lugar Chamado Pecado

The Shield destaca-se por ser a primeira série policial em que o personagem principal é a corrupção dentro de uma delegacia num bairro da periferia de Los Angeles. Ninguém é perfeito nesse lugar, a começar pelo chefe do distrito, Aceveda, interessado em sair de lá a qualquer custo e se tornar vereador. Ele tem uma rixa com o detetive Vic Mackey, que lidera um grupo de elite para combater o tráfico de drogas e as gangues da região. Na realidade, Mackey controla algumas delas para se beneficiar do dinheiro que circula na atividade. A série começa com muita adrenalina, ao mostrar Mackey eliminando friamente um agente infiltrado dentro de sua tropa de elite. No decorrer dessa temporada, ele se mostra como um policial corrupto que aderiu ao crime para poder sustentar sua família e a de seus amigos, que estão na mesma onda. Por isso, é praticamente difícil não torcer por ele e seus parceiros, mesmo sabendo que são a pior espécie de policial que existe. Na quarta temporada, a série ganhou o reforço da consagrada Glenn Close, como a substituta de Aceveda. A atriz não quis renovar sua participação, mas a série ficou ainda mais quente no quinto ano, com a entrada de Forest Whitaker (Oscar de melhor ator por *O Último Rei da Escócia*), como o tenente Kavanaugh, da divisão de Assuntos Internos, que quer provar que a tropa de elite é corrupta e foi responsável pela morte do policial disfarçado cinco anos antes. Michael Chiklis, no papel de Vic, transformou-se num improvável símbolo sexual e o levou a conquistar um Emmy e um Globo de Ouro de melhor ator.

Os Órfãos de *Seinfeld*

Não é fácil recomeçar a andar depois de uma corrida vencedora. É o que deve ter passado pela cabeça do elenco principal de uma das séries de maior audiência na TV americana, *Seinfeld*, que durou nove temporadas, deixando muitos fãs curando sua ressaca com as constantes reprises e o lançamento em DVD. Jerry Seinfeld continua sua carreira de comediante, apresentando-se nos palcos de diversas cidades americanas. E quanto ao resto do elenco? Nem todos se deram bem quanto ele, que chegou a ganhar mais de um milhão de dólares por episódio a partir da sexta temporada. Michael Richards, o incontrolável Kramer, criou o **Michael Richards Show**, em que interpretava um atrapalhado detetive particular. O problema é que ele apenas imitava as estripulias de Kramer. Resultado: apenas oito episódios. Já Jason Alexander teve duas oportunidades para mostrar ao público que poderia ser outro personagem além do mal-amado e neurótico George Costanza. Não foi o caso de **Bob Patterson**, em que fazia um desses gurus da auto-ajuda, mas que não conseguia resolver seus próprios problemas de auto-estima. Resultado: dez episódios. Ele tentou novamente com **Listen Up**, em que fazia um comentarista esportivo de TV, com todos os tradicionais problemas que um homem

casado tem quando está na meia-idade e com filhos adolescentes. A série até garantiu uma temporada inteira, mas não seguiu em frente. Julia Louis-Dreyfus, a sem papas na língua Elaine Baines, fracassou com **Watching Ellie**, em que fazia uma cantora de boate envolvida com complicações demais para resolver num simples episódio de 30 minutos. Parecia que a maldição de *Seinfeld* também cairia sobre ela, que deu a volta por cima com **The New Adventures of Old Christine** (*As Novas Aventuras de Christine*), série pela qual ganhou o Emmy de melhor atriz de comédia em 2006. Ela faz a recém-divorciada Christine Campbell, que tenta encontrar um novo companheiro para esquecer que o marido a abandonou por uma mulher mais nova. De todo o grupo criativo que trabalhou em *Seinfeld*, quem conseguiu acertar um formato na TV foi o co-criador da série, Larry David. Ele criou e estrelou para a HBO a sarcástica **Segura a Onda**, em que interpreta a si mesmo, interagindo com a Hollywood que conhecemos. Feita em vídeo como se fosse um documentário, a série abusa do linguajar de boteco e das insinuações sexuais. A idéia é mostrar que um pouco do comportamento neurótico de George Costanza e Jerry Seinfeld vinha do próprio David, que se mostra como um chato insuportável durante as cinco temporadas. Por sua capacidade de aborrecer as pessoas e extrair das situações embaraçosas sempre boas risadas, *Segura a Onda* foi indicada para vários prêmios e recebeu o Globo de Ouro como melhor comédia.

Vida de Artista

Nem todo ator ou atriz que faz sucesso no cinema consegue repetir o mesmo desempenho na telinha. Principalmente porque o público americano é muito exigente em relação ao que acontece todas as noites no televisor de suas residências. Por isso, quando olhamos quem resolveu trabalhar na TV, as baixas são bem consideráveis. Começando pela diva Bette Midler e sua série **Bette**, em que interpretava a si mesma numa comédia que tinha tudo para ser uma campeã de audiência. No entanto os roteiros que misturavam sua vida pessoal com a carreira de atriz não ajudaram. O mesmo aconteceu com Whoopi Goldberg em **Whoopi**. Aqui ela é gerente de um pequeno hotel, onde tem que administrar os estranhos moradores, além do irmão, que foi demitido de uma grande corporação. Mas faltou um grupo de roteiristas que soubesse escrever boas situações para aproveitar o talento da atriz. Em **What About Joan**, a bola da vez foi a fantástica Joan Cusack, conhecida por comédias como *Uma Secretária de Futuro* e *Será que Ele é?*. Nesta série, ela interpreta uma professora do colegial que tem uma dificuldade muito grande em se relacionar com o sexo oposto. O que não deu certo? A repetição da mesma idéia toda semana, com a personagem sempre questionando se ela é a pessoa certa para o articulado executivo. O cotidiano de uma apresentadora de um programa de TV matinal em Chicago, casada com um médico e mãe de três filhos era o tema principal de **Life With Bonnie** (*A Vida com Bonnie*), estrelada por Bonnie Hunt, dos filmes *Jumanji, À Espera de um Milagre* e *Doze é Demais*. O grande trunfo da atriz para aumentar o interesse era sua lista de convidados especiais, ora fazendo eles mesmos, como Tom Hanks (que aparece num sonho da personagem), ora sendo personagens, como David Duchovny, de *Arquivo X*, como um ex-produtor de TV e desafeto dela. A série ainda durou duas temporadas, dando duas indicações ao Globo de Ouro para Hunt e uma no Emmy. Matt LeBlanc também foi indicado ao Globo de Ouro, mas isso não foi suficiente para salvar **Joey** (*Vida de Artista*) após duas temporadas. Produzida como um aguardado "spin-off" de *Friends*, a série leva o personagem Joey Tribbiani até Hollywood, onde ele tentará finalmente engrenar como ator. Mesmo com bons momentos vividos por Joey, faltava à série mais tempero do que somente as palhaçadas ou as conquistas de Joey. Dos 46 episódios produzidos, seis não foram ao ar.

No começo de sua carreira, Geena Davis (de *Thelma e Louise* e *O Turista Acidental*) fez pequenas participações em séries como *A SuperMáquina, Caras e Caretas* e *A Ilha da Fantasia*. Era de se esperar que ela conhecesse um pouco da máquina chamada televisão quando estrelou sua própria série, **The Geena Davis Show**. Ela interpretava uma mulher que namora um viúvo e tenta, de todas as formas possíveis, se entrosar com os filhos do futuro marido. Mesmo com 22 episódios produzidos, faltou química entre os personagens. Mas quis o destino que ela fosse escolhida para ser a primeira mulher presidente dos Estados Unidos, pelo menos numa série de TV. Em **Commander in Chief** ela é a vice-presidente Mackenzie Allen, que assume a presidência após a morte do titular. É claro que não foi tão simples assim. No leito de morte, o presidente pede que ela renuncie, por não ter partido político, cedendo o lugar para o presidente do Congresso, Nathan Templeton (Donald Sturherland). Mas quando ele brinca com o fato de que a América jamais poderia ter uma

mulher como presidente, ela decide bancar o jogo e assumir o papel de comandante-em-chefe. A série foi criada por Rod Lurie, diretor do filme *A Conspiração* (2002), que fala de um plano para impedir que uma mulher (Joan Allen) assuma a vice-presidência dos Estados Unidos. Segundo Lurie, a série a princípio deveria ser uma continuação dessa história, também estrelada por Allen. A série começou muito bem nos Estados Unidos, com Geena Davis fazendo um trabalho fantástico (que lhe deu o Globo de Ouro de melhor atriz), especialmente quando duelava com seu principal oponente, interpretado por Sutherland. Mas ela também não resistiu à votação popular chamada índice de audiência e acabou com apenas 18 episódios.

Nesse mundo de tentativas e erros na televisão, os seriados dramáticos também penam por não conseguir repetir o êxito da carreira de astros já consolidados no cinema. Em **Max Bickford**, Richard Dreyfuss tenta separar sua vida profissional da pessoal, mas não consegue, ao trabalhar como professor numa escola para mulheres onde sua filha adolescente também estuda. A crise entre os dois era apenas uma das facetas desse drama, que não conquistou o público. Quem se deu bem foi James Caan, ator de filmes como *O Poderoso Chefão* (1972) e *Louca Obsessão* (1990). Ele é o astro da série **Las Vegas**, em que atua como o diretor-geral de um dos mais importantes cassinos da cidade. A série mistura comédia, romance e suspense policial, com tramas envolvendo os personagens dentro do Montecito, um cassino resort que já foi alvo de ataques terroristas, assaltos e chantagens, tudo enfrentado com maestria e experiência por Ed Deline.

Versão Americana

O cinema americano sempre gostou de fazer sua própria versão de filmes de sucesso em outros países. Na televisão, o alvo mais direto dessas adaptações são as séries inglesas, embora nem sempre a escolha dê certo. Foi o que aconteceu com **Coupling**, série que estreou na BBC em 2000, mostrando o relacionamento de seis amigos que só pensam em sexo. Como uma versão mais adulta de *Friends*, a idéia cruzou o Atlântico na tentativa de também agradar o público americano, mas acabou fracassando. *Coupling Us*, uma brincadeira com o "United States" e o pronome "us" (nós), foi cancelada após dez episódios, com a triste conclusão de que o público americano ainda não consegue lidar muito bem com o sexo na televisão. O mesmo fiasco não aconteceu com **The Office**, criada por Ricky Gervais, sobre o dia-a-dia dos funcionários de uma empresa de papéis que precisam lidar com uma futura reestruturação e, por tabela, corte de pessoal. Na versão americana, também **The Office**, David muda de nome. Agora ele é Michael Scott, mas continua tendo um caráter duvidoso. Ele é bem interpretado por Steve Carell – ator de *O Virgem de 40 Anos* (2005) e *Pequena Miss Sunshine* (2006) – que pegou o melhor do personagem inglês e deu-lhe uma personalidade bem marcante. Acabou sendo recompensado com o Globo de Ouro de melhor ator, enquanto a série recebeu o Emmy como melhor comédia. A grande diferença entre essas duas séries é a duração. Enquanto o original inglês acabou em 14 episódios, a versão americana teve uma primeira temporada com seis, porém a segunda já entrou no padrão de 22. A surpresa, contudo, fica por conta da adaptação da telenovela colombiana *Betty – A Feia*, feita pela Touchstone/Disney para a rede ABC. **Ugly Betty**, assim como na telenovela, é uma garota introvertida que trabalha numa das maiores publicações de moda dos Estados Unidos. Usando óculos de grau, aparelho nos dentes e roupas sem estilo, Betty acaba conquistando o respeito dos colegas, mostrando-se inteligente e trabalhadora. A série cativou o público americano, dando um Emmy de melhor atriz para America Ferrera que interpreta a feia do seriado.

Que Aula de História

Muito já se falou, escreveu e produziu sobre o Império Romano, mas nunca o resultado foi tão surpreendente como em **Roma**, produzida pela HBO em 2005. Inicialmente, *Roma* deveria ser apenas uma minissérie em dez episódios, como aconteceu com *Band of Brothers*, de Steven Spielberg. No entanto o sucesso foi tão grande que os produtores Bruno Heller (*Touching Evil*), William J. MacDonald (*Witchblade*) e John Milius (*Conan – O Bárbaro*) aproveitaram que já tinham gastado algo em torno de 100 milhões de dólares na produção, entre a construção da praça central da Roma antiga, cenários interiores, figurino e, é claro, o salário de todo mundo, e resolveram transformá-la numa série regular. Infelizmente o projeto não deu certo, pois a audiência da segunda temporada não foi tão empolgante como na primeira. A primeira temporada mostra a ascensão de Júlio César ao poder em Roma e o golpe político que o levou à morte no Senado. Na segunda, o foco é a aspiração política de Marco Antônio, o braço direito do falecido imperador.

Eles com Eles e Elas com Elas

Se a TV por assinatura permite que os seriados abordem temas mais ousados, por que não fazer uma série realista sobre a comunidade gay americana? Inspirada na série homônima feita na Inglaterra, **Os Assumidos** enfoca a vida de cinco homens gays na cidade de Pittsburgh, na Pensilvânia: Brian, um bem-sucedido publicitário com um apetite sexual voraz, cobiçado por quase todos; Justin, um jovem por quem ele irá se apaixonar e ajudar após este ser vítima de um violento ataque homofóbico; Michael, viciado em quadrinhos e apaixonado por Brian; o engraçado Emmett; e Ted, cuja baixa auto-estima o levará às drogas. Entre os diversos temas abordados ao longo de cinco temporadas, estiveram a saída do armário, discriminação no trabalho, adoção de crianças, a homossexualidade dentro da Igreja Católica e a violência contra os gays. Ao tocar num tema polêmico, mesmo reconhecida pela crítica especializada e pela audiência, a série nunca foi indicada para o Emmy ou o Globo de Ouro. As garotas tiveram vez em **The L Word**, sobre a comunidade lésbica de Los Angeles. A série mostra a vida, os relacionamentos e as experiências de um grupo de lésbicas e seus amigos, familiares e parceiras. A personagem principal é Jenny, uma recém-chegada à cidade com seu namorado Tim. Ela passa a se questionar sobre sua orientação sexual após conhecer Marina, a dona do café The Planet, freqüentado pelo casal Bette e Tina, que estão juntas há sete anos e querem ter um filho. As cenas de sexo são um diferencial do programa, que tem um elenco mais conhecido do que seu similar masculino.

Você sabia?

★A SÉRIE *THE L WORD* FOI RENOVADA PARA UMA SEGUNDA TEMPORADA APENAS UM DIA APÓS O PILOTO SER EXIBIDO, E GARANTIU A TERCEIRA ANTES SEQUER DE A SEGUNDA ENTRAR NO AR.

★OS PRODUTORES DE *OS ASSUMIDOS* RESOLVERAM FAZER O SERIADO APÓS LER UM ARTIGO NO JORNAL *LOS ANGELES TIMES* QUE ELOGIAVA A SÉRIE INGLESA E DIZIA QUE QUALQUER TENTATIVA AMERICANA DE PRODUZIR UMA VERSÃO SERIA UM COMPLETO DESASTRE.

★NOS EUA, A EMISSORA SURPREENDEU-SE AO DESCOBRIR QUE UMA PARTE CONSIDERÁVEL DA AUDIÊNCIA ERA FORMADA POR MULHERES HETEROSSEXUAIS.

★*OS ASSUMIDOS* CAUSOU UM RIXA DE OPINIÕES ENTRE A COMUNIDADE GAY, DIVIDIDA ENTRE OS QUE CONSIDERARAM OS PERSONAGENS ESTEREOTIPADOS E O SEXO APELATIVO, E AQUELES QUE ACHARAM A SÉRIE UM RETRATO REALISTA DO MUNDO GAY, SEM MEDO DE ABORDAR TAMBÉM OS ASPECTOS NEGATIVOS.

A Nova Versão Brasileira

Num país como o Brasil, onde a produção de telenovelas é a mola mestra da indústria televisiva, fazer uma série regular é quase uma aventura. Ainda assim, algumas experiências bem inovadoras foram produzidas por emissoras convencionais e também pela TV por assinatura. A Record resolveu investir numa idéia do cantor Netinho de Paula e lançou a série **Turma do Gueto**, mostrando o dia-a-dia de professores e alunos da Escola Municipal Quilombo, na periferia de São Paulo. A luta dos moradores para viver com dignidade muitas vezes se choca com o tráfico de drogas e a violência das gangues, ao mesmo tempo em que a música e a lealdade são os ingredientes para tornar essa convivência menos traumática. Por seu tom realista, a série teve boa acolhida pela crítica e pelo público, mas não o suficiente para mantê-la no ar. A Record também investiu na produção de **Avassaladoras**, baseada no filme homônimo de 2002 de Mara Mourão, também responsável pela série, que, assim como no cinema, mostra quatro amigas que estão na casa dos 30 anos e têm em comum, além do amor pela vida, o fato de estarem solteiras e à procura do amor ideal. Como comédia romântica, lembra um pouco *Sex and the City*. A série registra a primeira co-produção entre a Fox e a Record, sendo exibida quase simultaneamente pelas duas emissoras. Também baseado num original do cinema, a Globo lançou **Cidade dos Homens**, inspirada no filme *Cidade de Deus* (2002), de Fernando Meirelles. Sob o ponto de vista dos garotos Laranjinha e Acerola, o público testemunha a luta pela sobrevivência dentro de uma favela carioca, enfrentando o crime, a violência descontrolada, o tráfico de drogas e a incompreensão das classes mais abastadas. Um verdadeiro soco no estômago, o seriado ganhou o prêmio de melhor série de 2002 da Associação Paulista dos Críticos de Arte.

Um outro lado do crime no Rio de Janeiro é mostrado na produção da HBO **Filhos do Carnaval**, criada por Cao Hamburger e Elena Soarez. Na série, conhecemos o poderoso

Anésio Gebara, um dos grande bicheiros cariocas, que está passando por uma crise por não saber quem vai cuidar de seus negócios no dia em que ele morrer. Para piorar a situação, a morte de seu primogênito desencadeia uma grande paranóia no personagem, que agora só pode se apoiar em um de seus filhos bastardos, Nilo (a revelação Thogun, um rapper descoberto no documentário *Fala Tu*, de 2004), com quem tem uma estranha relação de patrão e empregado. No papel central está Jece Valadão, que se consagrou interpretando tipos canalhas em clássicos do cinema brasileiro como *Os Cafajestes* (1962) e *Boca de Ouro* (1963). Convertido a uma igreja evangélica, ele só aceitou participar da série se não houvesse excesso de nudez e violência. O ator faleceu em 2006, mesmo ano em que a série foi exibida. Excessos não faltaram em **Mandrake**, também produzida para a HBO. A série é baseada no personagem criado por Rubem Foncesa, que aparece em vários episódios como narrador das aventuras desse advogado criminalista carioca, cínico e sensual, vivido por Marcos Palmeira. Com essas duas séries, a HBO abriu a temporada para produções nacionais, nos mesmos moldes das apresentadas pelo canal nos Estados Unidos, como *Família Soprano* e *Sex and the City*, com temas fortes, violência, cenas de nudez e sexo que jamais entrariam no ar numa emissora convencional. A mais recente produção nacional exibida pela HBO é **Alice**, estrelada por Andréia Horta, personagem central da trama que mostra uma jovem de Palmas, capital do Tocantins, que vem para São Paulo tentar descobrir um pouco sobre o falecido pai, com quem teve pouco contato. A série parece uma versão mais sensual de *Alice no País das Maravilhas*, principalmente pelas cenas de sexo. Alice é a primeira série lançada em formato americano, com 13 episódios para sua primeira temporada, e com garantias dos produtores e da HBO que mais temporadas virão no futuro.

Os Novos Detetives

Da Inglaterra vem **New Tricks**, uma produção independente exibida pela BBC. A nova superintendente da Divisão de Homicídios quer resolver alguns crimes do passado que ficaram sem solução e para isso tira da aposentadoria três dos melhores investigadores que a polícia já teve. Juntos eles começam a cavar pistas de casos que têm ligação com crimes atuais, usando sua experiência e sagacidade para conseguir localizar e prender os criminosos. Bem-humorada e criativa, a série foi uma das campeãs de audiência durante suas três temporadas, saindo do padrão de séries policiais produzidas na Inglaterra. Uma policial que tem um jeito diferente de lidar com suspeitos de um crime é a delegada-chefe Brenda Johnson, personagem principal de **The Closer**. Ex-funcionária da CIA, ela é contratada pelo Departamento de Polícia de Los Angeles para chefiar uma nova divisão de homicídios. É claro que ela terá que encarar a resistência de seus novos comandados e uma briga política com o antigo chefe do lugar. A série rendeu um Globo de Ouro de melhor atriz para Kyra Sedgwick, esposa do ator Kevin Bacon e conhecida do público brasileiro pelo filme *Vida de Solteiro* (1992). E que tal usar a matemática para descobrir os responsáveis pelos mais diferentes tipos de crimes em Los Angeles? Essa é a base de **Numb3rs**, série produzida pelos irmãos cineastas Ridley e Tony Scott. A série começa com a investigação de um serial killer que está transformando num inferno a vida do agente do FBI Don Eppes e sua equipe. O irmão dele, Charlie, um professor de matemática e cálculo aplicado, desenvolve uma teoria matemática que ajuda a prender o criminoso e se torna um colaborador nos futuros casos de Don. A série conquistou o público e a crítica pelo modo diferente e criativo com que os episódios são desenvolvidos.

A inteligência e a observação foram sempre as principais armas do famoso Sherlock Holmes. Imagine se esse consagrado detetive vivesse nos dias de hoje, fosse neurótico e sofresse de transtorno obsessivo-compulsivo. Esse personagem é Adrian Monk, que elevou à categoria de astro da TV Tony Shalhoub, que antes havia feito participações especiais em diversos seriados. Em **Monk – Um Detetive Diferente**, Adrian é um dos mais inteligentes e dedutivos detetives de São Francisco, aposentado precocemente depois de uma crise nervosa que teve quando sua mulher morreu numa explosão de carro. Sem saber quem foi o responsável pelo crime, Monk tornou-se cada vez mais recluso e neurótico. Mesmo com tudo isso, ele é o responsável por desvendar os crimes mais intrigantes que chegam à divisão de homicídios, graças à ajuda de seu ex-chefe de departamento, o capitão Stottlemeyer. O sucesso de público e crítica deu a Tony Shalhoub três Emmys e um Globo de Ouro como melhor ator em comédia. E quem gosta de brincar de detetive se passando por médium para faturar uma grana é Shawn Spencer, personagem principal de **Psych**. Durante sua infância, seu pai policial o treinava para observar os menores detalhes à sua volta. Sem conseguir emprego, ele começa a dar pistas anônimas para a polícia, mas elas são tão boas que passam a desconfiar que ele esteja envolvido nos crimes.

Somos Heroes

Um grupo de pessoas descobre que possui dons especiais com habilidades nunca imaginadas pela humanidade. A frase poderia descrever qualquer um dos grandes grupos de super-heróis dos quadrinhos, como os *X-Men*, os *Vingadores*, a *Liga da Justiça*, *Authority* ou *WildC.A.T.S.* A diferença é que a frase é a ponta do iceberg para uma das mais engenhosas e criativas séries de ficção, ação e aventura já desenvolvidas para a televisão, e que se transformou num fenômeno de audiência, em poucas semanas de exibição nos Estados Unidos. Trata-se de **Heroes**, série criada por Tim Kring em 2006 para a NBC. Kring criou uma série sobre pessoas comuns que desenvolvem habilidades sobre-humanas e não têm a mínima idéia de como lidar com isso. Para ajudá-lo a desenvolver as histórias com esses personagens, Kring chamou Jeph Loeb, um roteirista de quadrinhos de mão-cheia, responsável por algumas fantásticas histórias com super-heróis. A história de homens, mulheres e crianças com dons especiais começa na Índia, quando um importante geneticista desenvolve uma teoria de que certo grupo de pessoas, pela evolução natural do ser humano, começaria a criar poderes dos mais variados. Mas sua pesquisa é interrompida em Nova York com sua súbita morte, que começa a ser investigada por seu filho, Mohinder Suresh (Sendhil Ramamurthy). Mohinder descobre que existem diversas pessoas no mundo com habilidades especiais e que estas estão surgindo rapidamente nos últimos meses. É claro que esse grupo de futuros heróis teria que ter um vilão à altura. É o caso de Sylar (Zachary Quinto), o primeiro especial descoberto pelo pai de Mohinder. Ele pode assimilar o poder de outros ingerindo o cérebro de sua vítima. Será com ele o grande embate de Peter Petrelli para impedir a destruição de Nova York. Nas próximas temporadas, novos heróis serão adicionados à trama, dando mais agilidade e conteúdo aos episódios.

Você sabia?

★O ARTISTA TIM SALE, QUE DESENHOU A HISTÓRIA DE JEPH LOEB EM *BATMAN – UM LONGO DIA DAS BRUXAS*, É O RESPONSÁVEL PELAS PINTURAS FEITAS POR ISAAC MENDEZ.

★**A AUDIÊNCIA DO PRIMEIRO EPISÓDIO DE *HEROES* NA REDE RECORD TEVE UMA MÉDIA DE 14 PONTOS, COM PICOS DE 18, UM DOS MAIORES DA EMISSORA NAS NOITES DE DOMINGO.**

★O PRIMEIRO EPISÓDIO DA SEGUNDA TEMPORADA FOI VISTO NOS ESTADOS UNIDOS POR MAIS DE 15 MILHÕES DE PESSOAS.

O Drama Nosso de Cada Dia

A série dramática sobre relações humanas está sempre presente na grade das emissoras. **Boston Public** mostra os bastidores de uma escola pública em Boston, cidade onde o criador da série, David E. Kelley (responsável por sucessos como *Ally McBeal* e *Justiça Sem Limites*), adora ambientar suas produções, já que foi ali que se formou em direito, antes de começar a escrever e produzir para o cinema e a televisão. O seriado retrata o esforço do diretor Steven Harper para conduzir uma escola da melhor maneira possível, enfrentando as crises profissionais e os dramas pessoais dos professores, além dos problemas trazidos por estudantes e pais. Os roteiros aproveitavam para abordar algumas das questões mais presentes nos colegiais públicos americanos, como obesidade, gravidez na adolescência, tráfico de drogas, estupro, terrorismo e homofobia. O choque entre a cidade grande e o interior foi bem retratado em duas séries. Em **Everwood**, o renomado cirurgião Andy Brown (Treat Williams, que estrelou a versão cinematográfica de *Hair* em 1979) tenta seguir em frente após a morte da esposa. Carregando a culpa de não estar presente na vida da família, ele se lembra de que um dos desejos da mulher era morar numa cidade que tinha visto uma vez quando era criança: Everwood. E se muda para lá com os filhos, a pequena Delia e o adolescente Ephram, que não gostou nada da decisão do pai. Como ele não tem outra alternativa, começa a se rebelar contra as atitudes paternas. A série caminhou durante quatro temporadas entre um drama piegas e uma história consistente, mas deslizou quando não conseguia resolver a situação entre Ephram e Amy, que a cada temporada ficavam juntos ou brigavam. Otimismo sem limites pode ajudar a definir **Ed**, produzida pelo famoso apresentador de talk show David Letterman. O personagem-título (Tom Cavanagh) é um advogado que no mesmo dia é despedido do escritório onde trabalhava em Nova York e flagra sua esposa na cama com outro. Ele decide voltar para sua cidade natal, Stuckeyville. Lá ele reencontra diversos amigos que sentiram sua ausência, compra o boliche da cidade, passa a advogar em pequenas causas e tenta reconquistar sua paixão da adolescência, a professora Carol, que está noiva do diretor da escola.

Summerland foi uma das últimas produções assinadas por Aaron Spelling. Ava Gregory (Lori Loughlin), uma designer de moda, mora numa bela casa de praia no sul da Califórnia, junto com três amigos. Sua vida muda radicalmente quando ela recebe a notícia de que sua irmã e o cunhado morreram num acidente de carro, deixando para ela a responsabilidade de cuidar dos três filhos do casal. Da praia para o campo, vamos conhecer a jovem Kris Furillo, que deu um passo errado e foi parar numa instituição para jovens com problemas, onde tinha como amigo um velho cavalo de corridas. Cética em relação à vida e ao futuro, ela se transforma em outra pessoa quando está cavalgando Wildfire. Bem produzida e com uma temática voltada para o público jovem, **Wildfire** foi o último trabalho do veterano Dennis Weaver, o xerife McCloud da série *Os Detetives*.

Juventude em Conflito

Com a globalização, a disseminação da AIDS e a falta de perspectivas futuras enquanto ainda está no colegial, o jovem do novo século apresentado em várias séries ainda tem dificuldade de se relacionar com o sexo oposto e de entender gerações passadas. Na produção inglesa **As If**, um grupo de jovens londrinos tenta entender o seu lugar no mundo. Cada episódio é apresentado pelo ponto de vista de um dos personagens: Jamie é um típico adolescente de classe média que quer paquerar garotas e sair para curtir a vida. Rob é o mais velho do grupo, trabalha numa cafeteria e não desgruda os olhos de Sasha, uma bela garota que terminou o namoro com ele ao descobrir que ele a traía. Há ainda Alex, o melhor amigo de Jamie, que não revela que é gay. A série foi considerada um dos grandes seriados ingleses de 2001 por conseguir fazer um retrato fiel e moderno da juventude inglesa, sem preconceitos. A idéia foi levada para os Estados Unidos, numa adaptação que não conseguiu passar dos sete episódios. De vez em quando surgem numa mesma época idéias que poderiam ser consideradas quase iguais, como é o caso das próximas duas séries, ambas produzidas curiosamente pela Warner Bros. **One Tree Hill** (*Lances da Vida*) é sobre Lucas (Chad Michael Murray, que se tornou uma sensação entre o público adolescente feminino) e Nathan, apaixonados por basquete e que têm um passado complicado: são filhos do mesmo pai. Enquanto Nathan é o ídolo do time da escola, Lucas cresceu ao lado da mãe, sem saber quem era o seu pai. O destino os coloca lado a lado no mesmo time da escola, desenvolvendo assim o relacionamento dos dois e das pessoas que os rodeiam. A série foi exibida na TV aberta pelo SBT, que também mostrou **The O.C. – Um Estranho no Paraíso**. O nome original é a abreviatura de Orange County, uma região na costa da Califórnia habitada por novos-ricos. É lá que surge o jovem Ryan Atwood (Benjamin McKenzie), que é envolvido pelo irmão num roubo de carro e vai parar na cadeia. Lá ele conhece o advogado Sandy Cohen (Peter Gallagher, conhecido pelo filme *Sexo, Mentiras e Videoteipe*), que simpatiza com o garoto e o convida para morar temporariamente em sua bela mansão. Com esse palco armado, os dramas de relacionamento, as crises de família, os primeiros encontros amorosos e a sexualidade aflorando, a série se transformou num sucesso entre o público jovem. A atriz Mischa Barton decidiu abandonar a produção ao final da terceira temporada, quando sua personagem é morta num acidente de carro. A saída da personagem provocou a drástica queda de audiência na temporada seguinte e o cancelamento do seriado. Já **Gossip Girl**, baseada na série de romances escritos por Cecily von Ziegesar, vai fundo no envolvimento amoroso e sexual entre os jovens ricos e famosos de Nova York muito mais do que em séries predecessoras, como *The O.C.* ou *Lances da Vida*.

Você sabia?

★ MELINDA CLARKE (JULIE) E RACHEL BILSON (SUMMER) FARIAM APENAS PARTICIPAÇÕES ESPORÁDICAS, MAS SUAS PERSONAGENS FORAM PARTE ESSENCIAL DA POPULARIDADE DA SÉRIE, TORNANDO-AS PARTE DO ELENCO PRINCIPAL.

★ ***THE O.C.*** **TAMBÉM SE NOTABILIZOU PELA SUA TRILHA SONORA, AJUDANDO BANDAS DESCONHECIDAS A GANHAREM PROJEÇÃO. UM TOTAL DE SEIS CDS FORAM LANÇADOS.**

A Morte lhe Faz Bem

Para muita gente, lidar com a morte é algo muito complicado. Mas, para uma mente criativa, o tema pode ser uma fonte de inspiração para uma série de TV. Isso aconteceu com três produções que foram levadas ao ar depois da virada do século, fazendo a morte dar as caras na telinha. Sob a regência de Alan Ball (roteirista ganhador do Oscar pelo filme *Beleza Americana*, de 1999), que teve a idéia após a morte da sua irmã, o público conheceu a estranha família Fisher, em **A Sete Palmos**. Donos de uma agência funerária em Los Angeles, eles sofrem um forte trauma quando o patriarca da família morre num acidente de carro. Ele ia no aeroporto pegar seu filho Nate, que só pretendia passar o feriado, mas depois resolve ficar e ajudar na administração do negócio. Logo depois de desembarcar, Nate transa com Brenda num depósito do aeroporto e se apaixona por ela, que também tem uma vida complicada, já que seus pais, psicólogos, quase forçaram seu irmão Billy e ela a serem cobaias de uma experiência. Agora, Nate tenta recomeçar sua vida junto com a família, com Brenda e com o fantasma de seu pai, que vive aparecendo em momentos difíceis para o rapaz. Uma das grandes surpresas produzidas pela HBO, a série venceu duas vezes o Emmy de melhor elenco e ganhou um Globo de Ouro de melhor série dramática, levando para a televisão temas polêmicos como drogas, homossexualidade e relações incestuosas, sempre tratados de forma clara e objetiva.

Outro momento especial sobre a morte na televisão aconteceu com **Dead Like Me**, sobre o pior emprego do mundo: ser um ceifador, aquele personagem visto em filmes e gibis de terror com um grande capuz escuro e uma foice, e que é responsável por tirar a alma das pessoas que estão prestes a morrer. A história mostra a entediada ex-universitária George Lass, que nunca pensou que iria trabalhar num emprego tão desanimador. Mas quando a privada de uma estação espacial cai sobre sua cabeça, sua vida, quer dizer, sua morte muda tudo. Ela é transformada em uma ceifadora. Com um humor negro bem peculiar, a série foi criada para o canal pago Showtime. Pena que as qualidades da série se esgotaram já na metade da segunda temporada, obrigando George e seus amigos a se aposentarem mais cedo, com um último episódio também bem inspirado, em que todos os ceifadores comemoram o aniversário da morte dela. Outra série que teve um final brusco, mesmo sendo bem criativa, foi **Tru Calling**. A estudante de medicina Tru Davies (Eliza Dushku, a Faith de *Buffy*) perdeu a mãe, assassinada misteriosamente, quando tinha 11 anos de idade. Para pagar os estudos, ela começa a trabalhar no turno da noite do necrotério da cidade, quando acontece uma surpresa. Ao colocar o corpo de uma vítima de assassinato no refrigerador, o cadáver abre os olhos e diz para Tru: "Me salve". Neste momento, ela volta no tempo, acordando no mesmo dia em que a jovem é assassinada, o que lhe dá a oportunidade de evitar a tragédia. Nessa corrida contra o tempo, quem acaba em desvantagem é a própria Tru, que no final da temporada descobre que tem um inimigo à sua altura, Jack Harper. Nos EUA, o seriado batia de frente com *Friends*. Com isso, apenas seis dos 13 episódios previstos para a segunda temporada foram feitos. A Fox, bastante sutil, avisou a equipe do cancelamento no último dia de gravação do sexto episódio, que, ironicamente, celebrava o final do ano.

Comédias da Vida Complicada

O ser humano parece querer sempre complicar a vida, mesmo quando está tranqüilo. É o caso de Micky Barnes, colunista de um importante jornal de Chicago. Seu relacionamento com a esposa Donna, com quem tem um filho recém-nascido, está indo muito bem, segundo ele próprio. Então por que ele tem desejos incontidos de transar com sua assistente e freqüentar uma casa de massagens tailandesas mesmo quando está com Donna? Para saber a resposta, nada melhor do que conhecer **Fantasias de Um Homem Casado**, série escrita, dirigida e estrelada por Mike Binder. A idéia era brincar com o conceito de que mesmo quando o homem está totalmente feliz em seu relacionamento sempre existe a chance, mesmo que remota, de ele pular a cerca e ir brincar longe de casa. E que tal reunir duas pessoas cheias de manias, neuroses, paranóias e bem apaixonados? Em **Os Normais**, o casal Rui (Luiz Fernando Guimarães) e Vani (Fernanda Torres) vivem o seu cotidiano como se fossem pessoas comuns, mas são exatamente o contrário. Ele tem milhares de manias e implicâncias, enquanto ela vive numa crise existencial constante que não tem o menor fundamento. O divertido é que os dois acreditam serem as pessoas mais normais do mundo. A série conseguiu abordar de uma forma bem-humorada como as manias das pessoas acabam influenciando o dia-a-dia de quem está ao lado delas. Vencedor do prêmio da Associação Paulista dos Críticos de Arte como melhor programa de televisão de 2001, o seriado tinha um texto inteligente, ainda que apelasse na forma. A adaptação para o cinema *Os Normais – O Filme* (2003) contou como Rui e Vani se conheceram e foi um sucesso de bilheteria. Totalmente sem neuras e completamente cafajeste é o personagem Earl Hickey (Jason Lee), da série **My Name is Earl**, uma das surpresas da temporada 2005-2006. Safado a ponto de estacionar em vaga para portadores de deficiência, ele sempre viveu de pequenos golpes, até que um dia consegue faturar uma bela grana na loteria. Antes que pudesse comemorar, ele é atropelado, perde o bilhete e passa um bom tempo na cama do hospital, onde assiste a um programa de auditório que fala sobre carma. Ele passa a achar que sua má sorte é uma punição do destino pelas coisas erradas que fez na vida e, após algumas boas ações, consegue recuperar o bilhete. A adolescência do comediante americano Chris Rock, um dos expoentes do programa *Saturday Night Live*, ganhou a divertida comédia **Todo Mundo Odeia Chris** (*Everybody Hates Chris*), um título propositalmente criado em cima da comédia familiar de Ray Romano, *Everybody Loves Raymond*. Com o próprio Chris Rock fazendo a narração dos episódios, a série mostra de uma forma divertida os dramas e as crises vividas por Chris e sua família durante os anos 80, quando o futuro comediante ainda vivia no Queens, o bairro negro de Nova York. Mas o grande charme da série está na fantástica interpretação de Tyler James Williams, a versão criança de Rock, que demonstra uma presença de cena sem igual.

Vivendo sob pressão

Ninguém pode negar que o surgimento de *24 Horas* injetou adrenalina na programação da TV dos anos 2000. Criar uma série que não dá tempo para o espectador respirar entrou na ordem do dia de cada uma das emissoras americanas. A primeira série que seguiu essa idéia foi **Prison Break**. Lincoln Burrows (Dominic Purcell, o *John Doe*) está no corredor da morte por supostamente ter assassinado o irmão do vice-presidente. Somente seu irmão Michael (Wentworth Miller) acredita em sua inocência, arquitetando um ousado plano para livrar Lincoln da prisão. Ele tatua em seu corpo diversas informações sobre uma rota de fuga da prisão que ele próprio, que é engenheiro, ajudou a construir, e, para entrar, forja um assalto à mão armada, e vai cumprir pena na mesma penitenciária. Lá dentro, Michael começa a juntar as peças do enorme quebra-cabeça de sua rota de fuga. Mas, para conseguir isso, ele terá que fazer alianças com marginais e enfrentar uma conspiração política que quer ver seu irmão executado. A Fox recebeu o projeto em 2003, mas inicialmente teve receio de trabalhar com o conceito. A emissora voltou atrás após o sucesso de *24 Horas* e *Lost*, que seguiam o mesmo formato de "capítulos". A Fox também é responsável pelo drama **The Unit**, em que cada episódio apresenta uma missão suicida dos membros da Força Delta, uma unidade de elite do Exército americano, preparada para missões arriscadas em qualquer parte do mundo e comandada por Jonas Blane (Dennis Haysbert, em seu primeiro seriado após interpretar David Palmer em *24 Horas*). A explosiva série foi criada por David Mamet, um dos mais criativos dramaturgos e roteiristas dos EUA. Não saber o que está acontecendo com sua vida é o dilema que enfrenta Michael Westen, personagem vivivo por Jeffrey Donovan na divertida série **Burn Notice**. Westen é um dos melhores agentes independentes da CIA que, durante uma missão arriscada e supersecreta na África, é colocado na lista negra do serviço de inteligência. Sem saber por que foi jogado na lista negra da CIA, o problema de Westen agora é literalmente sobreviver, já que suas contas bancárias e suas finanças foram todas congeladas. A solução que ele encontra para sobreviver é justamente o que recheia o roteiro. Ele busca agentes renegados que possam lhe passar pequenos trabalhos.

Você sabia?

★13 PRISÕES AMERICANAS DEIXARAM DE EXIBIR *PRISION BREAK* COM MEDO DE QUE ELA SERVISSE DE INSPIRAÇÃO PARA FUGAS.

Mulheres à Beira de um Ataque de Nervos

Morar numa rua como Wisteria Lane, num tradicional subúrbio de classe média americana, nem sempre quer dizer estar de bem com a vida. Nesse lugar insuspeito moram cinco mulheres que se transformaram em grandes amigas: Susan (Teri Hatcher, a Lois Lane de *As Aventuras do Superman*), uma escritora de livros infantis recentemente divorciada; Lynette (Felicity Huffman), uma executiva que largou o emprego para cuidar dos três filhos; Gabrielle (Eva Longoria), que deixou a vida de modelo internacional para ficar em casa gastando os milhões do marido; Bree (Marcia Cross, de *Everwood*), que devota sua vida a cuidar neuroticamente da casa e dos filhos; e Mary Alice (Brenda Strong), uma enfermeira que aparentemente tem uma vida tranqüila com o marido e o filho, até o dia em que resolve dar um tiro em sua cabeça. Esse ato solitário cria uma avalanche de emoções reprimidas rua afora. A partir daí, o espectador começa a entrar no bizarro mundo de **Desperate Housewives** (*Donas-de-Casa Desesperadas*), em que cada episódio é narrado pela finada Mary Alice, que acompanha do além-túmulo o que aconteceu com suas amigas depois de sua morte, principalmente os desdobramentos da investigação sobre seu suicídio. Essa reunião de mistérios, somados aos novos personagens que entram na trama para aumentar ainda mais a quantidade de problemas das quatro amigas sobreviventes, transformaram a série num dos maiores sucessos da TV neste século e também num fenômeno cultural. As quatro atrizes principais tornaram-se celebridades instantâneas e apareceram em muitas capas de revista. Todas elas foram indicadas a prêmios, com Hatcher ganhando o Globo de Ouro e Huffman o Emmy.

Você sabia?

★ANTES DA SÉRIE, BRENDA STRONG, QUE FAZ A FINADA MARY ALICE, TEVE UMA PARTICIPAÇÃO NA PRIMEIRA TEMPORADA DE *EVERWOOD*, TAMBÉM COMO A FINADA ESPOSA DO PERSONAGEM DE TREAT WILLIAMS.

★O PROJETO DA SÉRIE FOI APRESENTADO PARA AS EMISSORAS COMO UMA COMÉDIA PARA MULHERES, MAS TODAS RECUSARAM, INCLUINDO A HBO. ELE FOI ENTÃO REESCRITO COMO UMA ESPÉCIE DE NOVELA PARA O HORÁRIO NOBRE, E CONSEGUIU SER VENDIDO.

★O EPISÓDIO PILOTO FOI VISTO NOS EUA POR 21 MILHÕES DE ESPECTADORES.

Mundo GLS

A Max de **Dark Angel** tinha como colega de trabalho e de happy hour a esperta, divertida e lésbica Original Cindy (Valarie Rae Miller), que se referia a ela mesma na terceira pessoa e de vez em quando ajudava a heroína a escapar de encrencas.

O policial Julien (Michael Jace), de **The Shield**, vive em conflito entre sua homossexualidade e sua rígida formação religiosa, o que o leva a ficar enrustido e sofrer uma série de chantagens.

Na série inglesa **As If**, o jovem Alex (Orlando Wells) é um gay sem estereótipos, fã de futebol e *Star Wars*. Relutante em sair do armário, ele terá um caso com o policial Dan e depois com o estudante Allen.

A Sete Palmos apresenta David, que, com seu irmão, administra a funerária da família. Ele mantém sua homossexualidade em segredo, enquanto é pressionado pelo namorado policial a se assumir.

Nenhuma série reuniu um grupo de personagens principais totalmente gays ou lésbicas como, respectivamente, **Os Assumidos** e **The L Word**. O sucesso foi imediato.

Da telinha para a telona

A agente Sydney Bristow de *Alias – Codinome Perigo* levou JENNIFER GARNER a fazer o papel de Elektra em *O Demolidor* (2003). A personagem ganhou um filme próprio, *Elektra*, dois anos depois.

Quando JESSICA ALBA apareceu em *Dark Angel*, era previsível que não tardaria para ela estar na tela grande. *Quarteto Fantástico* e *Sin City – A Cidade do Pecado*, dois sucessos de 2005, comprovaram que a atriz chama no cinema a mesma atenção que na TV.

Da telona para a telinha

JAMES SPADER teve uma boa carreira nos cinemas durante vários anos, destacando-se em produções como *Sexo, Mentiras e Videoteipe* (1989), *Stargate* (1984) e *Crash – Estranhos Prazeres* (1986). Mas nos últimos tempos ele só vinha conseguindo papéis ruins, até ser redescoberto pela TV como o advogado Alan Shore de *Justiça Sem Limites*, que lhe rendeu um Emmy de melhor ator.

ANTHONY MICHAEL HALL, astro de *The Dead Zone* (*O Vidente*), foi um dos principais atores de filmes para adolescentes nos anos 80. Ele esteve em *Gatinhas e Gatões* (1984), *Clube dos Cinco* (1985) e *Mulher Nota Mil* (1985).

PATRICIA ARQUETTE, irmã dos também atores David, Rosanna e Alexis, esteve em muitos filmes antes de aceitar estrelar *Medium*. Entre eles, os cults *Amor à Queima-Roupa* (1993), *Ed Wood* (1994) e *A Estrada Perdida* (1997), além do terror *Stigmata* (1999).

Um caso exemplar de como a TV pode salvar a carreira de um ator é o de KIEFER SUTHERLAND. Após um início promissor no cinema, em filmes como *Os Garotos Perdidos* (1987), *Linha Mortal* (1991) e *Tempo de Matar* (1996), o ator passou o final da década de 90 em filmes de segunda linha, até ser resgatado por *24 Horas*, que o colocou novamente no páreo e lhe rendeu um Emmy e um Globo de Ouro de melhor ator.

A filmografia de JASON LEE inclui alguns filmes de prestígio como *Procura-se Amy* (1997), *Dogma* (1999) e *Quase Famosos* (2000), mas foi a série *My Name is Earl* que lhe trouxe prestígio como ator.

MULHERES DE TIRAR O FÔLEGO

NATASHA HENSTRIDGE, KRISTEN MILLER e NATASHIA WILLIAMS – as beldades formavam o trio de agentes secretas de *She Spies (As Espiãs)*. A ex-modelo Henstridge era o maior destaque, tirando sarro da sua própria imagem de sex symbol, conquistada após diversos papéis de mulher fatal no cinema.

JENNIFER GARNER – quando a espiã Sydney Bristow entrava em ação em *Alias – Codinome Perigo*, a atriz mostrava bem mais do que seus dotes interpretativos. Seus disfarces a transformavam em umas das heroínas mais sexy da televisão.

JESSICA ALBA – *Dark Angel* não passou de duas temporadas, mas ninguém deixou de notar a atriz, que se transformou em uma sensação da noite para o dia ao viver Max, uma supermulher alterada geneticamente. As muitas cenas de ação revelavam a excelente forma física da provocante atriz.

EVA LONGORIA – das quatro *Desperate Housewives*, a intérprete de Gabrielle foi a que menos recebeu reconhecimento da crítica, mas não sofreu o mesmo problema com o público masculino.

OS MAIORES GALÃS DOS ANOS 2000

MICHAEL VARTAN – *ALIAS*

TOM WELLING – *SMALLVILLE*

MATTHEW FOX E JOSH HOLLOWAY – *LOST*

PATRICK DEMPSEY – *GREY'S ANATOMY*

COLIN FERGUSON – *EUREKA*

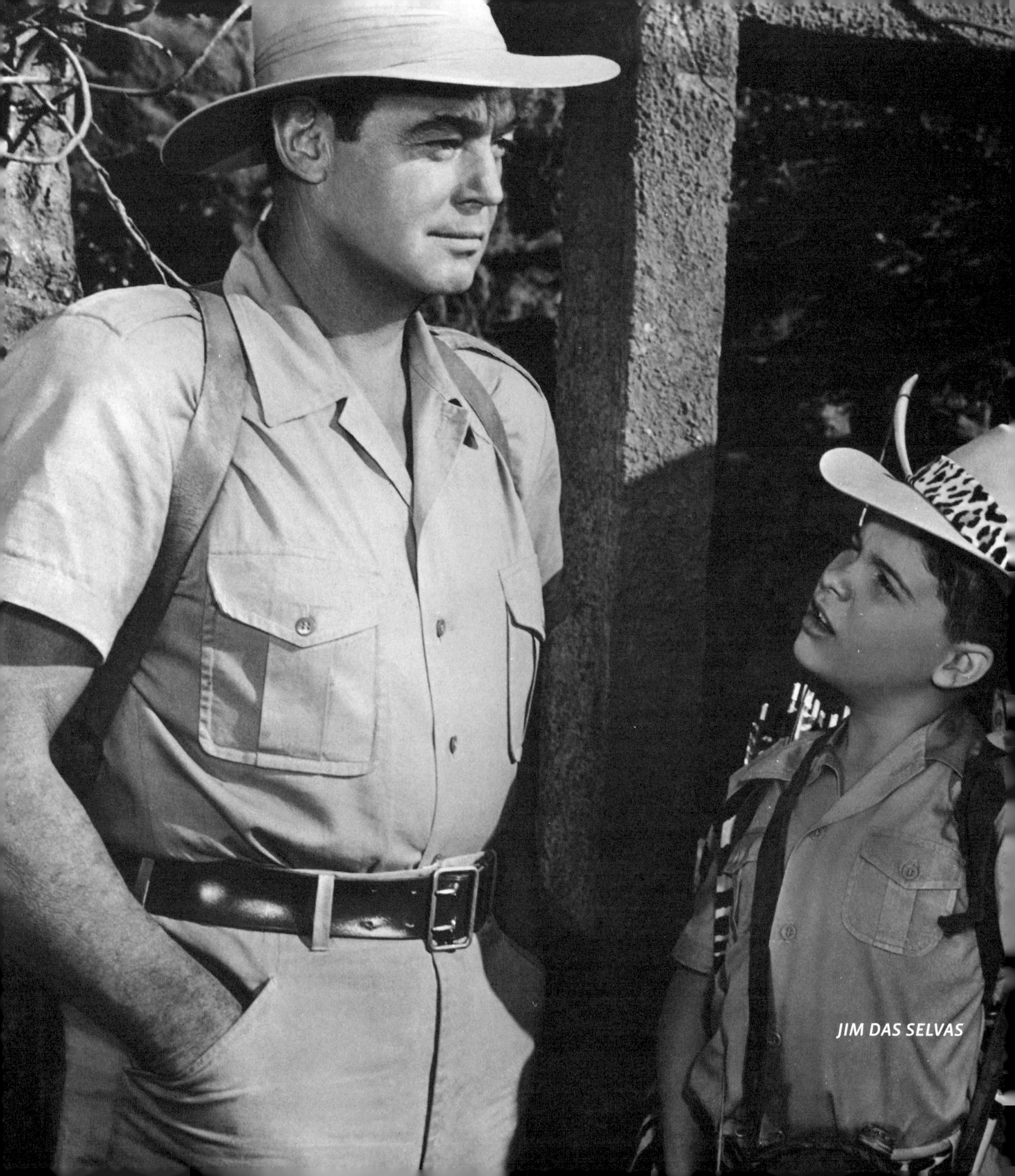

JIM DAS SELVAS

HEROES :::: SMALLVILLE

GREY'S ANATOMY :::: PLANTÃO MÉDICO

Bibliografia

Total Television, Alex McNeal, 1996
Television Programming Source Books BIB, Donna Witzleben, 2002
A Hollywood Brasileira – Panorama da Telenovela no Brasil, Mauro Alencar, 2002
50 anos de TV no Brasil, José Bonifácio de Oliveira Sobrinho, 2000
Memória da Telenovela Brasileira, Ismael Fernandes, 1997
Era Uma Vez a Televisão, João Loredo, 2000
Dicionário da TVGlobo, Silvia Regina Fiúza, 2003
Ficção Científica – Gilberto Schoeroder
Television Companion, Leslie Halliwells, 1986
Classic TV Series, Alkarim Jivani, 1999
The Complete Encyclopedia of Television Programs, Vincent Terrace, 1986
Television Characters: 1,485 Profiles From 1947 to 2004, Vincent Terrace, 2002
TV Babylon, Jeff Rovin,
TV Guide: Fifty Years of Television, Mark Lasswell, 2002
The Encyclopedia of Television, Chicago's Broadcast Museum, 2004
The Great Television Series, Jeff Rovin,1977.
Bad TV, Graig Nelson, 1995

Publicações Especializadas

Intervalo, São Paulo na TV, TV Séries, Starlog, ScifiNews

Pesquisa Adicional

Internet Movie Database (www.imdb.com)
RetroTV (www.retrotv.com.br)
TV Enciclopédia (www.museumtv/archives/etv)
Episode Guides (www.episodeguides.com)
Associação dos Funcionários da Tupi (www.protv.com.br)
Teledramaturgia (www.teledramaturgia.com.br)
Mofolândia (www.mofolandia.com.br)
Infantv (www.infantv.com.br)
Teleseries (www.teleseries.com.br)
Tv Magazine (www.tvmagazine.com.br)

IVANHOÉ :::: HOUSE :::: THE 4400

CARAS E CARETAS

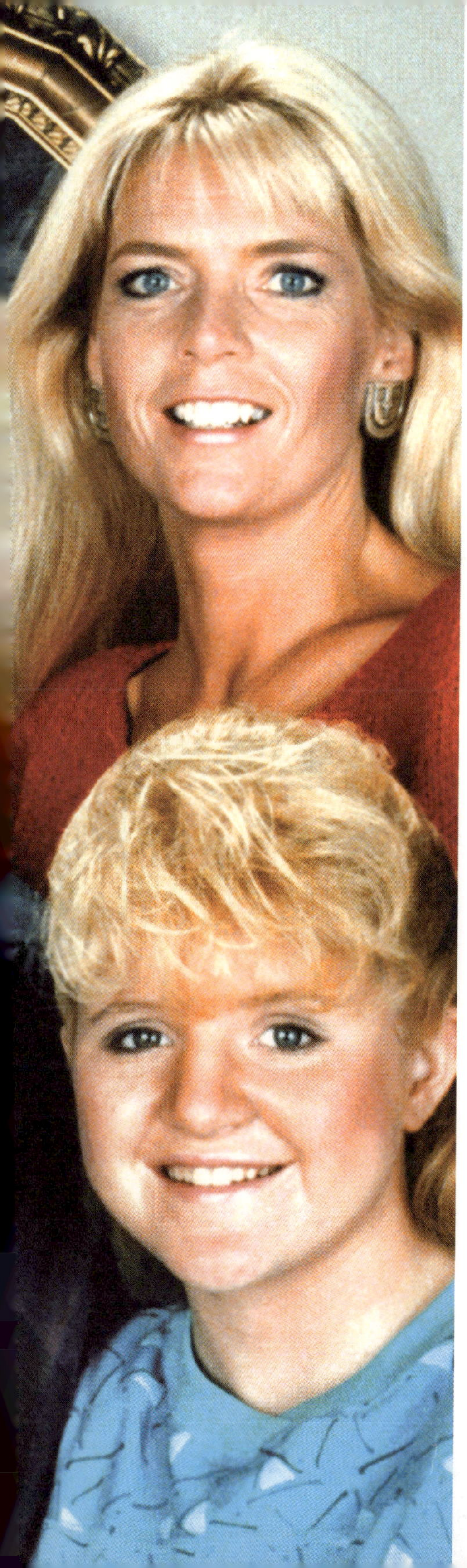

Agradecimentos

Existem muitas pessoas a quem preciso agradecer pela força moral, pela ajuda profissional e por simplesmente acreditar que essa idéia poderia se transformar em algo muito importante. Por isso, agradeço à minha amiga Eliane Munhoz, ao colecionador e fã de TV, Roosevelt Garcia, ao crítico e amigo Rubens Ewald Filho, e a Fred Botelho, da 2001 Video. Do lado profissional, aos amigos que fiz nesses anos de pesquisa como Ellie Whaba, Ricardo Rubini, Abel Mantovan, Elisabeth Blasques, da Fox Film Television; Roberto e Victor Berbara, da VTI-Network; Vanderlei Fucciollo e sua filha Andrea, e Ana Paula Assumpção, da Universal Pictures Television, aos Hélios Alvarez, pai e filho, e Otavio Silva, da Screen Gems, que virou Columbia e agora é Sony Pictures; Raimundo Rodrigues, da MGM e Worldivision; Elcan Diesendruck, que trouxe para o Brasil nos anos 60 as produções da Disney; e Maria Ângela de Jesus e Roberto Rios, da HBO Brasil.

Aos guerreiros silenciosos das dubladoras, criticados por seu importante trabalho de colocar o tempero brasileiro nas vozes internacionais, como Michael Stoll, Alan Stoll, Maria Inês Moane, e Pedro Tadeu, da Álamo; o lendário e carismático Herbert Richers; aos amigos da BKS, da Mastersound, Herbert Richers, Sincrovídeo, Van Marten, Dellarte e Som de Vera Cruz, que continuam lutando pela dublagem. Pela ajuda nas séries japonesas, meu colega Marcelo Del Grecco; a Rick Medeiros, Evilázio Xavier e Dorival Teruel Afonso, do SBT; Paulo Pugliese e Milton Zanella, da Rede Record; Paula Miranda, da Rede Globo; ao povo do brilhante site Retro TV, Maurício Viel, David Piraino e Elias de Lucena; ao Paulo Chede, Silvia Penhalbel, Lu Costa, Fabio Barreto, e Renata Primavera, da SciFi News; Paulo José, Bob Gomes e Ricardo Rigotti, do Jornal do Vídeo.

Aos incontáveis assessores de imprensa, homens e mulheres dos canais por assinatura e distribuidoras de vídeo, que forneceram informações cruciais para a elaboração deste trabalho, em especial minha amiga Patricia Hamada. À fantástica Fernanda Furquin e seu poço de informações da saudosa TV Séries. Pelo apoio moral Aldrin Mazzei, Rose Lázzaro, Elecir Lissa Amorin, Rose De Leo, Elise Campos e Sandra Bassi.

E um agradecimento especial a Romeu Pastorello, Marcos Ramos, Ana Paula Campos, e Gilberto Schoeroder, fantásticos amigos, colegas e fãs de TV, que sempre estiveram lá quando eu precisei de energia para o sprint final. E, finalmente, à Dona Zezé, minha mãe, que nunca perdeu um episódio da minha vida.

ESTE LIVRO FOI COMPOSTO EM *CELESTE* E *VISTA* E IMPRESSO PELA EDIOURO GRÁFICA SOBRE PAPEL OFFSET 120G/M² PARA A EDIOURO EM ABRIL DE 2008.